Siegbert Preuß

Eigentum in der Marktwirtschaft

Siegbert Preuß

Eigentum in der Marktwirtschaft

Die Rolle und Rechtfertigung des Eigentums in marktwirtschaftlich verfassten Gesellschaften

Centaurus Verlag & Media UG

Die Deutsche Bibliothek – CIP-Einheitsaufnahme

Preuß, Siegbert:
Eigentum in der Marktwirtschaft : Die Rolle und Rechtfertigung des Eigentums in marktwirtschaftlich verfassten Gesellschaften / Siegbert Preuß. – Herbolzheim : Centaurus-Verl., 2005
Zugl.: Berlin, Freie Univ., Diss., 2004

ISBN 978-3-8255-0615-5 ISBN 978-3-86226-928-0 (eBook)
DOI 10.1007/978-3-86226-928-0

D 188

Gedruckt auf alterungsbeständigem und säurefreiem Papier.

Satz & Layout: Stadermania, berlin chicago

Umschlaggestaltung: Antje Walter, Hinterzarten

Druck: primotec-printware, Herbolzheim

Inhaltsverzeichnis

Kapitel 1

Einleitung

1.1. Problemstellung

Die vorliegende Arbeit behandelt die Frage nach der Rolle, die Privateigentum in marktwirtschaftlich organisierten Gesellschaften spielt.

Dieser Analyse liegt die These zugrunde, dass marktwirtschaftliche Theorien die hier behandelte Eigentumsfunktion deshalb nicht adäquat thematisieren können und hinsichtlich ihrer Aussagefähigkeit zum Eigentumsproblem notwendig versagen müssen, weil sie einen reduzierten Eigentumsbegriff zur Anwendung bringen. Eigentum in ökonomischen Theorien begrenzt sich auf die juristische Perspektive und meint ausschließlich den institutionell-gesellschaftlich gesicherten Schutz des Eigentums vor Übergriffen Dritter. Auf der Basis einer solchen Begriffs- und Bedeutungsreduzierung ist es selbstverständlich nicht möglich, beispielsweise den wesentlichen Beitrag des Eigentums, den dieses zur Entfaltung und Dynamik des Tausches und damit zum Funktionieren des Marktes leistet, auch nur annähernd thematisieren zu können.

Daher besteht der konstruktive Teil meiner These in der Forderung bzw. der Suche nach einem erweiterten Eigentumsbegriff, der sich der Logik des Marktes anpasst und für den Tausch als eine interaktive Handlung konstitutiv ist. Eigentum in dieser hinreichenden Begriffsbestimmung lässt sich somit als die Motivation zur marktbezogenen Handlung verstehen: Damit Eigentum die Dynamik des Marktes vorantreiben kann, müssen die Marktteilnehmer sowohl ein Interesse als auch die Kontrolle über das Eigentum als Ressource besitzen. Denn ohne diese beiden Komponenten kann Tausch und damit Markt nicht stattfinden.

Die notwendige Suche nach einem erweiterten Eigentumsbegriff rechtfertigt sich aus dessen Genesis aus dem Naturrecht wie folgt: Das Gedankenexperiment des Gesellschaftsvertrags geht von einem Anfang, dem sog. Naturzustand aus, in dem Anarchie das Zusammenleben der Menschen bestimmt. Die Einsicht, dass eine externe Kontrolle zum Vorteil aller gereichen würde, wird daher allgemein geteilt. Die Zustimmung zur vertraglichen Festlegung einer von allen anerkannten staatlichen Ordnung mittels eines Gesellschaftsvertrags ist somit uneingeschränkt gegeben.

Wesentlich für die hier diskutierte Frage des Eigentums ist die Annahme, dass im Naturzustand jeder Teilnehmer mit Grundgütern ausgestattet ist, den dieser wegen des Fehlens eines äußeren Schutzes individuell zu verteidigen hat, wobei die Gefahr des Verlustes sehr hoch ist. Diese Grundausstattung bildet letztlich den argumentativen Ursprung des heute in der Ökonomie eingespielten reduzierten Eigentumsbegriffs: Die kontraktualistische Lösung zeigt, wie aus den individuell-privaten Besitzverhältnissen im Zuge der vertraglichen Einigung und der

Schaffung einer sozialen Ordnung das institutionell, d. h. durch positives Recht, gesicherte Privateigentum hervorgeht. Die Existenz des Privateigentums ist somit aus seiner kontraktualistischen Entstehungsgeschichte erklärbar.

Die für das hier behandelte Thema und insbesondere für die hier vertretene These wesentliche Aussage ist, dass in der Entstehungsgeschichte des Eigentums sowohl der auf den juristischen Aspekt reduzierte Eigentumsbegriff als auch der auf die Handlungsmotivation im Marktgeschehen erweiterte Eigentumsbegriff aufgehoben sind: Die für den Naturzustand charakteristische Ausstattung mit Grundgütern kann insofern als eine weite Auslegung von Besitzverhältnissen verstanden werden, als das egoistische Motiv zum Handeln die Grundlage des Zusammenlebens ausmacht und eine Sicherung der Besitzgüter durch geltendes Recht ja gerade fehlte.

Insofern lässt sich als argumentativer Ausgangspunkt des Genesisverlaufs eine weite Auffassung von Besitz annehmen, die im Zuge der kontraktualistischen Einigung, d. h. im Zuge der Entstehung einer sozialen Ordnung offenbar immer mehr verloren gegangen ist. Prinzipiell macht dieser Anfang deutlich, dass Eigentum mehr sein kann als eine Rechtsnorm. Zugleich ist unter dem Einfluss eben der neu entstandenen institutionellen Organisation von Gesellschaft, die Besitz zu allererst den Status von Eigentum zusprechen kann, die heute gegebene Reduzierung des Eigentums auf seine juristische Funktion entstanden.

Diese bedeutungsmäßige Verkürzung stellt einerseits einen praktischen Zugewinn dar, indem in vertraglich gesicherten sozialen Ordnungen die Unsicherheit des Naturzustandes überwunden und Eigentum gesellschaftlich gesichert ist, d. h. heute unter staatlichem Schutz steht. Zum anderen aber bedeutet diese entwicklungsbedingte Bedeutungsreduzierung eine Verarmung der Argumentation, damit der Erklärungskraft, insofern sie die alleinige Grundlage für erklärende Theorien bildet. Markttheorie hat den Hergang des von Angebot und Nachfrage bedingten Tausches ausgehend von den Handlungsmotiven, Interessen und Kontrollmöglichkeiten der Kontrahenten zu erklären, wozu ein rein juristischer Eigentumsbegriff nicht hinreichend ist. Eigentum als bloße Verfügungsmacht über Güter bildet die Grundlage von Macht, einer Komponente, die eher destruktiv auf Marktstörung ausgerichtet ist, weil Beherrschungsverhältnisse, nicht aber ein funktionierender Tausch, das Ziel sind. Indem ein weites Verständnis von Eigentum als Motivation zur Markthandlung das Ziel verfolgt, prinzipiell zum Gelingen des Tausches beizutragen und im Tausch das vorhandene Eigentum in seiner Eigenschaft als Ressource, als permanente Handlungsmöglichkeit zu mehren, kann es eine konstruktive Wirkung entfalten. Unabhängig von der gegenteiligen argumentativen Wirkung beider Eigentumsauffassungen bildet in der Praxis die institutionalisierte Rechtssicherheit des Eigentums selbstverständlich die Grundlage für den handlungsmäßigen Vollzug des Eigentums auf Märkten.

Abrundend zu der bisherigen Darstellung, dass Eigentum und marktwirtschaftlich organisierte Gesellschaften über die Entstehungsgeschichte von Eigentum zusammengedacht werden können, ist zu ergänzen, was das Besondere ausmacht, sofern die soziale Ordnung gerade mit einer marktwirtschaftlichen Organisation zusammengeht. Indem der Gesellschaftsvertrag explizit eine soziale Ordnung konstituiert, macht er implizit ebenso Aussagen zum Eigentum: Er muss festlegen, welche Rolle das Eigentum jetzt als gesellschaftlich gesicherte Institution im Rahmen der gewählten sozialen Ordnung spielt. Handelt es sich um eine marktwirtschaftlich organisierte Gesellschaft, so ist die Besonderheit gegeben, dass das Eigentum dezidiert als Privateigentum erscheint. Allein die Privatheit der Eigentumsverhältnisse erweist sich als konstitutiv für Marktwirtschaften. Es fehlt jegliche Möglichkeit, dass sich auch Gemeineigentum für Marktwirtschaften als konstitutive Kraft erweisen könnte.

Da die Entstehungsgeschichte des Eigentums untrennbar mit dem kontraktualistischen Argument verbunden ist, wird die vorliegende Analyse nicht unmittelbar mit der Betrachtung der ökonomischen Theorien beginnen, sondern die Erörterung der verschiedenartigen Ansätze der in der politischen Philosophie vertretenen Gesellschaftsvertragstheorien voranstellen. Sie diskutieren in einem weit angelegten Rahmen die für diese Arbeit grundlegende Genesis von Eigentum.

1.2. Aufbau der Arbeit

Das oben umrissene Thema wird in vier Schwerpunkten bearbeitet: Das Kapitel 2 befasst sich mit der detaillierten Diskussion des für diese Arbeit zentralen Problems der Genesis von Privateigentum aus dem Naturzustand. Die Entstehungsfrage muss jedoch ergänzt werden durch die Erörterung der Geltungsleistung, die der Gesellschaftsvertrag ebenso anzubieten hat.

Daher wird in einem ersten Schritt (Kap. 2.1.) gezeigt, inwiefern in der klassischen Rechtsphilosophie die Konzeption des Gesellschaftsvertrags die speziellen Konstitutionsbedingungen des Eigentums hergibt. Hier stehen sowohl die Erläuterung des kontraktualistischen Ansatzes als auch dessen legitimierende Wirkung für die soziale Ordnung, und damit Staat und Gesellschaft, im Mittelpunkt. Es geht hier um die Geltung des Gesellschaftsvertrags und damit um die Frage, wie der Staat vertraglich zu rechtfertigen ist. Es wird sich zeigen, dass die Staatslegitimation auf den Austausch von persönlichem Schutz gegen reduzierte persönliche Freiheit zurückgeführt werden kann. Während sich also das Kapitel 2.1. ausschließlich mit der legitimierenden Wirkung des Gesellschaftsvertrags befasst, werden im Kapitel 2.2. die einzelnen Etappen der oben erwähnten Genesis des Eigentumsbegriffs aus dem Naturzustand erörtert. Hier wird sichtbar, dass Eigentum nicht zwangsläufig formal verkürzt aufgefasst werden muss. Diese Erörterung geschieht in Anlehnung an einzelne Vertreter der klassischen politischen Philosophie. Indem bei Vertretern der klassischen politischen Philosophie geringfügige Variationen bei der Darstellung des Genesisproblems zu finden sind, erscheinen auch gewisse Nuancierungen bei der Erörterung des inhaltlichen Eigentumsbegriffs. Es wird sich zeigen, dass die ausgewählten Vertreter eines Kontraktualismus sowohl die Charakteristik des inhaltlichen Eigentumsbegriffes als auch dessen formale Verkürzung mittels sehr unterschiedlicher Argumentationen darstellen, die als Voraussetzung für die in Kapitel 3 geführte Diskussion innerhalb von ökonomischen Theorien bedeutsam sind.

Kapitel 3 fragt danach, inwieweit ökonomische Theorien einen Eigentumsbegriff explizit oder implizit einbezogen haben. Diese Problematik, inwieweit in ökonomischen Theorien das Eigentum als eine eigenständige Kategorie und zugleich als die notwendige und hinreichende Bedingung von Markt überhaupt enthalten ist, wird hauptsächlich bei Vertretern klassischer und neoklassischer Ökonomie untersucht. In dieser Gegenüberstellung werden die unterschiedlichen Auffassungen von der Rolle des Eigentums bei wirtschaftlichen Handlungen in beiden Bereichen sichtbar. So wird Eigentum beispielsweise bei Adam SMITH (1776) im Zusammenhang mit dem Ergebnis des gerecht geführten Tausches zu Arbeitsquantitäten als Thema eingeführt.[1] Es wird darauf einzugehen sein, dass die klassische Theorie eine soziale Zuordnung der Wirtschaftenden vornimmt. Indem die Klassik drei Einkommensarten (Lohn, Profit, Rente) unterscheidet, kann zugleich das Verteilungsproblem herausgearbeitet werden (RICARDO 1817). In der Arbeit ist zu zeigen, inwieweit diese Besonderheit klassischer Ökonomie, d. h. die soziale Einbindung der Wirtschaftenden noch mittels des formalen Eigentumsbegriffes adäquat analysiert werden kann oder inwieweit dies misslingen muss.

Die Analyse wird deutlich machen, dass die rechtlich gesicherten Austauschbeziehungen bei Dominanz der formalen Sichtweise zu einer Verdrängung der sozialen Integration führen, soziale Bindungen ausgeblendet werden, weil allein Effizienzgesichtspunkte die ökonomische Handlung determinieren.

In dem abschließenden Kapitel 4 wird der Frage nachgegangen, inwieweit sich die aus dem Naturzustand hervorgegangene Ungleichheit der Eigentumsverteilung dann verändert, wenn der Übergang zu einer Geldwirtschaft stattgefunden hat. Ausgehend von den KEYNESianischen Geldfunktionen soll untersucht werden, inwieweit die Spekulationskasse als der Ausdruck von Eigentum an Geld gleichermaßen vom Lohnabhängigen und vom Produktionsmittelsbesitzer genutzt werden kann, um seine Eigentumsposition zu verbessern. Es wird sich zeigen, dass der Lohnabhängige sehr viel ungünstigere Voraussetzungen im Markt vorfindet, um eine Veränderung durchzusetzen.

Der hier zu führenden Analyse wird eine Produktionsökonomie anstelle der neoklassischen Tauschökonomie zugrunde gelegt. Daher wird herauszuarbeiten sein, in welchen Nuancierungen die hier herangezogenen Autoren das Eigentum als notwendig und hinreichend für produzierende Wirtschaften betonen.

Bereits MARX und ENGELS hatten darauf hingewiesen, dass in Klassengesellschaften das Recht als der Ausdruck der materiellen Lebensverhältnisse zu begreifen ist.

---

[1] Siehe hierzu SMITH, Adam (1776 a), I.vi., 42ff.; (1776 b), I.vi., 126 ff.

Die im System von KEYNES zu betrachtende Frage ist auf die Rolle von kreditfinanzierten Investitionen gerichtet: Der hier zu betrachtende Grundtatbestand geht von der Gegenüberstellung von Kreditgeber und Kreditnehmer sowie von deren Zins- und Risikoerwartungen aus. Es wird also herauszuarbeiten sein, inwiefern die Eigentumsposition des Kreditgebers, als dem Vermögenseigentümer, es gestattet, auf dem Wege der Kreditgewährung einen Einfluss auf die wirtschaftliche Entscheidung des Kreditnehmers auszuüben und inwieweit dies wiederum von den Eigentumsverhältnissen des Kreditnehmers abhängt. Auf dem Hintergrund der Eigentumsverhältnisse beider Seiten werden hierzu Aussagen möglich sein. Wesentlich bei dieser Analyse wird sein, wie weit ein verkürzter Eigentumsbegriff als Rechtsnorm die Diskussion der eigentumsbedingten Wirkung von Kreditgeschäften überhaupt ermöglicht.

Kapitel 2

Die Entwicklung vom ungesicherten Besitz im Naturzustand zum gesicherten Eigentum in vertraglich hergestellter sozialer Ordnung

Mit den folgenden Ausführungen wird das Spannungsverhältnis von Natur- und Gesellschaftszustand mit dem Ziel untersucht, eine Begründung für die Notwendigkeit des Gesellschaftszustands herauszuarbeiten. Dabei wird der Naturzustand als eine Situation begriffen, die anarchisch angelegt ist, wobei sich die Individuen schon durch unterschiedlichen Besitz unterscheiden. Allerdings ist mit dieser Denkfigur auch die Vorstellung verbunden, dass für die Individuen und deren unterschiedliche Besitzverhältnisse keine Sicherheit vorliegt. Sie müssen ständig davon ausgehen, dass ihr Besitz durch die Wegnahme seitens anderer Individuen gefährdet ist. Erst in der Gesellschaft finden die vereinzelten Individuen Sicherheit, indem die bereits im Naturzustand angeeigneten Güter durch Kontrakt mit den anderen Gesellschaftsmitgliedern zu einer gesicherten Rechtsposition werden. Indem eine gesellschaftliche Ordnung durch bindende Verträge eingegangen wird, entsteht eine gesicherte Zuordnung von Dingen, die den ursprünglichen Zugriffs auf natürliche Ressourcen zu einer Eigentumsposition verändert, und zwar als Normierung des neuen individuellen Privateigentums. Neben der Festsetzung wird dadurch jedes Gesellschaftsmitglied zur Akzeptanz des legalisierten Urzustands verpflichtet. Im Naturzustand liegt demzufolge die Genesis des Eigentums, die Legalisierung ist allerdings erst das Ergebnis des Gesellschaftszustandes durch die Gestaltung von rationalen Handlungen in Gestalt von Verträgen.

2.1. Der Gesellschaftsvertrag in seiner legitimierenden Funktion

Die hier vorgelegte Untersuchung hat das Privateigentum hinsichtlich seines Status, seiner Begründung, der Entstehung von eigentumsbedingten Problemen und deren Konsequenzen für die ökonomische Theorie zum Gegenstand. Es soll die Logik der Rechtfertigung des Eigentumsbegriffs rekonstruiert werden. Es zeigt sich, dass eine derartige historische Rekonstruktion auch zur Klärung von aktuellen eigentumsbezogenen Problemen genutzt werden kann. Da Eigentum als ökonomischer und normativer Begriff verwendet wird, müssen die Folgen beider Begriffsaspekte untersucht werden. Hinsichtlich des normativen Aspektes gilt, dass aus der Rechtsidee des Eigentums und dessen praktischer Einlösung die Möglichkeit der Realisierung von Lebenschancen folgt. Der normative Eigentumsbegriff liegt der konkreten individuellen Verfügungsgewalt zugrunde. Der Umfang der Verfügungsgewalt über Eigentum zeigt sich als ein Ergebnis der Rechtsordnung.

Hinsichtlich des normativen Eigentumsbegriffs besteht die folgende Besonderheit: Die Rechtsphilosophie hatte sich ursprünglich das Ziel gesetzt, die Freiheit der Person durch Rechtsgleichheit zu gewährleisten. Die Realisierung der persönlichen Freiheit schließt den Schutz des von der Person erworbenen Eigentums ein und bietet die Möglichkeit zum fortgesetzten Eigentumserwerb. Historisch zeigte sich jedoch, dass die Wahrnehmung dieses Rechtes auf Eigentum soziale Weiterungen zur Folge hatte.

Im Zuge der Diskussion der einzelnen Varianten von Gesellschaftsverträgen wird deutlich werden, dass die unbeabsichtigten sozialen Probleme zwei Arten von Lösungen erfahren können. Im Rahmen einer internen Lösung wird das Normensystem als prinzipielle Konstitutionsgröße beibehalten. Der kritische Einwand richtet sich gegen die Gesetze, die neu formuliert oder modifiziert werden müssen, um das Normensystem unverfälscht umsetzen zu können. Aus externer Sicht werden die Normen selbst in Frage gestellt. Sie müssen durch neue ersetzt und/oder ergänzt werden, um die unerwünschten sozialen Folgen beseitigen zu können. Konkret stellt sich die Frage, inwieweit die aus der Verfügungsgewalt über Eigentum hervorgegangenen negativen Folgen behoben werden können.

Angesichts der Fragestellung nach der Begründung des Eigentums wird im Rahmen der Arbeit auf rechtsphilosophische Erörterungen rekurriert. Die damit verbundene problemgeschichtliche Untersuchung erörtert die Herausbildung des Eigentums in den frühen Stadien der Rechts- und Staatsphilosophie der frühbürgerlichen Aufklärung, beginnend mit der Diskussion im 17. Jahrhundert und endend mit der des 19. Jahrhunderts. Diese Vorgehensweise ist erforderlich, weil nicht die geschichtliche Entwicklung des Eigentums im Vordergrund steht, sondern die Frage nach den logisch begrifflichen Konstitutionsbedingungen des Eigentums. Dazu werden unterschiedliche Varianten der Konstitutionsbedingungen erörtert, die bei entsprechender Ausformulierung auch in der Rechtsordnung praktische ökonomische Konsequenzen zeigen.

Während die rechtsphilosophische Untersuchung die unterschiedlichen Vorstellungen über die Eigentumsverfassung zum Thema hat, analysiert die Ökonomie die aus der Verfügungsgewalt über Privateigentum hervorgehenden Wirkungen. Damit behandelt die Ökonomie nicht die Legitimation der ökonomischen Handlung, sondern deren aus dem Eigentum folgende gesellschaftliche Auswirkungen. Dieses Problem der Handlungsfolgen wird bereits in der ökonomischen Klassik gesehen. Im historischen Ablauf wurde deutlich, dass das Gewähren der individuellen Verfügungsgewalt über Privateigentum eine nicht intendierte Folge zeigte, nämlich das Entstehen sozialer Probleme. In der anfänglichen Lösung mittels des Marktmechanismus war man der Meinung, dass die gewählten Normen zur Regelung individueller Handlung prinzipiell ausreichten, aber nicht immer eingehalten werden. Weil diese Normenverletzung aus Sicht des Interventionismus als nicht vermeidbar gesehen wurde, waren weitere Handlungsnormen notwendig, die die individuelle Handlung und damit die Möglichkeit der Normenverletzungen einschränken sollten. Dies bedeutet im Rückschluss, dass gute Normen als Konstitutionsbedingungen für eine gute Gesellschaft nicht ausreichen, so dass die rechtliche Gleichheit und der Schutz des Privateigentums um staatsinterventionistische Normen erweitert werden mussten. Bereits in der Rechtsphilosophie des deutschen Idealismus finden sich eindeutige Hinweise auf die negativen Wirkungen der Eigentumsordnung und führen – beispielsweise bei FICHTE – zu einer frühen Begründung für staatsinterventionistisches Verhalten.

Des Weiteren äußern kritische Ökonomen des 19. und 20. Jahrhunderts die Auffassung, dass die Handlungen der Privateigentümer nicht nur soziale Gerechtigkeit verhindern, sondern durch ihre Aktivitäten zwangsläufig ökonomische, d. h. gesellschaftliche Krisen herbeiführen. Das Ergebnis dieser Analysen liegt in der notwendigen Beschränkung des Privateigentums, soweit eine Korrektur innerhalb der bürgerlichen Gesellschaft für möglich gehalten wird (KEYNES) oder im zwangsläufigen Scheitern der Korrekturbemühungen (MARX und ENGELS).

Es ist auffällig, dass die Eigentumsdiskussion innerhalb der ökonomischen Theorie – insoweit sie überhaupt stattfindet – Schwierigkeiten mit dem als konstitutiv angesehenen Privateigentum hat. Wenn aber Eigentum Konstitutionselement der bürgerlichen Gesellschaft ist, dann müsste auch die Ökonomie das Begründungsproblem von Eigentum in seiner logischen Stringenz erkennen. Sie müsste Anleihen bei der Philosophie nehmen. Ökonomie aber begreift diesen Zusammenhang nicht und diskutiert den Eigentumsbegriff verkürzt als Wirkungs- und nicht auch als Konstitutionsproblem. Dass die Konstitutionsproblematik bei der Eigentumsdiskussion hinreichend mitgedacht werden muss, verfehlen sowohl Klassik als auch Neoklassik. Die moralische Begründung der Klassik erweist sich als eine ebenso unzureichende Legitimation wie die effizienztheoretische Begründung der Neoklassik. Die moralische Begründung greift insofern zu kurz, als die Moralnormen auch bei strikter Einhaltung die soziale Gerechtigkeit nicht gewährleisten könnten. Vielmehr zeigt sich ein Zielkonflikt zwischen Freiheit und Eigentum als Kriterien der ökonomisch relevanten individuellen Gleichheit auf der einen Seite und den sozialen Folgen als Merkmal der sozialen Gleichheit auf der anderen Seite. Aus effizienztheoretischer Sicht müsste die Tauschregel des subjektiven Vorteils negative soziale Folgen vermeiden können. Dies würde voraussetzen, dass gewisse Anfangsbestände an Eigentum für alle (z. B. an Produktionsfaktoren) vorausgesetzt werden, die durch keine ökonomische Handlung verloren gehen können. Dass wir Eigentumspositionen durch Tausch auch verlieren können, ist für die Neoklassik durch die Figur der pareto-optimalen Tauschrelation ausgeschlossen.

Vor diesem Hintergrund ist ebenso kritisch anzumerken, dass Ökonomie nicht nur die Konstitutionsbedingungen aus ihrer Diskussion ausspart, sondern auch die der Konstitution zugrunde liegenden Ziele und Interessen nicht thematisiert.

2.1.1. Inhalt des Gesellschaftsvertrags

Da die Verfügungsgewalt an Eigentum als institutionalisierte Regelung zwischen Personen verstanden werden muss, kann die fehlende Begründungsbasis nicht von der ökonomischen Theorie geliefert werden. Demgemäß ist eine andere Disziplin heranzuziehen, die den Begründungszusammenhang des Eigentums in den Mittelpunkt ihrer Erörterungen gestellt hat. Mit dem Beginn der Neuzeit unternimmt die Rechtsphilosophie eine Begründung des Entstehens der bürgerlichen Gesellschaft.

Die Rechtsphilosophie betrachtet das Konstitutionsproblem von Eigentum in der bürgerlichen Gesellschaft ausgehend von den je unterschiedlich formulierten Konzepten des Gesellschaftsvertrags. Die Idee des Gesellschaftsvertrags umfasst zwei Aspekte. Zum einen ist er Kritik an der bestehenden feudalistischen Gesellschaft, zum anderen ist er Grundlage für die Konstitution einer neuen auf Freiheit gegründeten Gesellschaftsordnung. In beiden Hinsichten stützen sich die Gesellschaftsvertragstheoretiker auf die Idee des Naturzustandes, die sowohl die Kritik am Feudalismus beinhaltet, als auch das Normensystem einer rein bürgerlichen Gesellschaft benennen soll.

Die Stellung der Individuen in der frühgermanischen und mittelalterlichen Rechtsauffassung ist eng verknüpft mit der Vorstellung einer organischen Einbindung des Individuums, wobei sich die jeweilige soziale Stellung als Resultat von Rechten abzeichnet, die seine soziale Position von der durch Geburt festgelegten Zugehörigkeit zu einer sozialen Gruppe oder einem Familienverband abhängig macht. Diese Determiniertheit von Lebenschancen findet ihre Entsprechung in der von Gott abgeleiteten Herrschaftsgewalt mit gegenseitigen Rechten und Pflichten, die auch das Eigentum insoweit betreffen, als der Souverän das Obereigentum besitzt und über es im Interesse der feudalen Gemeinschaft verfügen darf.[1]

Durch einen naturrechtlich fundierten Gesellschaftsvertrag wird die Begründung und Sicherung der feudalen Gesellschaftsordnung einschließlich ihrer klerikalen Grundlage einer Fundamentalkritik unterzogen. Der Gesellschaftsvertrag beinhaltet die Vorstellung, dass die bürgerliche Gesellschaft durch einen Vertragsabschluß gleicher Individuen begründet wurde, denn alle Individuen sind von Geburt aus außer mit Eigentum prinzipiell auch mit Vernunft und Bedürfnissen ausgestattet.[2] Mit dem Abschluss des Gesellschaftsvertrags geben die gleichberechtigten Individuen einen Anteil ihrer ursprünglichen Freiheit auf, weil ohne Rechtsbindung und ohne Zurücknahme individueller Interessen kein gesellschaft-

---

[1] Vgl. GURJEWITSCH, Aaron J. (1972): Das Weltbild des mittelalterlichen Menschen, Dresden 1978, 194–197.

[2] So erstmals bei HOBBES, Thomas (1651 a): Leviathan oder Stoff, Form und Gewalt eines kirchlichen und bürgerlichen Staates, hrsg. von Iring Fetscher, 4. Aufl., Frankfurt am Main 1991, Kap. 13, 94 ff.

licher Zustand begründet werden kann. Das Ergebnis ist die bürgerliche Gesellschaft, deren Mitglieder als Gleiche angesehen werden, wobei die Gleichheitsvorstellung durch die Rechtsgleichheit aller vor dem Gesetz nicht nur das Weiterbestehen der ursprünglichen Freiheitsmöglichkeit beinhaltet, sondern zudem mit der Schutzfunktion für alle Gesellschaftsmitglieder verbunden ist. Dabei ist hier unerheblich, ob die Lehre vom Gesellschaftsvertrag jemals eine empirische Fundierung hatte. Es geht vielmehr darum, dass das Begründungskonzept von Eigentum in der bürgerlichen Gesellschaft prüfbar sein muss im Hinblick auf Folgen für diese Gesellschaftsformation.

Hierbei ist die Rechtsidee der bürgerlichen Gesellschaft, wonach die Realisierung der Gerechtigkeit unmittelbar erfolgen kann, zu unterscheiden von der Idee des Mittelalters, wonach Recht erst am Tage des Jüngsten Gerichts angerufen werden kann. Betrachtet man die Realisierung der Naturrechtsidee in historischer Entwicklung, dann zeigt sich, dass diese zu einer führenden politischen Kraft bei der Durchsetzung der politischen Macht des aufstrebenden Bürgertums wurde. Das Besondere der rechtsphilosophischen Position liegt darin, dass die konstituierten Normen universelle Geltung beanspruchen. In diesem Zusammenhang gilt, dass Normen den Handlungsbereich konstituieren. Mit dieser Festlegung des Handlungsrahmens werden Handlungsmöglichkeiten eröffnet und ausgeschlossen. Daher müssen auch die aus dieser normativen Setzung des Eigentums resultierenden sozialen Folgen unter dieser doppelten Wirksamkeit von Normen gesehen werden. Es ist beabsichtigt, in der Untersuchung auch die hinter den Normen stehenden Interessen zu diskutieren.

Mit Hilfe der naturrechtlichen Begründung wird eine politische Diskussion intendiert, die kritisch gegenüber dem feudalen Gesellschaftszustand auf eine rechtlich-soziale Praxis orientiert.[1] Das Konstrukt des naturrechtlich begründeten Gesellschaftsvertrags behauptet die ursprüngliche Gleichheit aller Menschen vor dem Gesetz und reklamiert eine Veränderung der feudalen Verhältnisse. Mit der Gesellschaftsvertragskonzeption wird eine universelle Rechtsgeltung beansprucht, die für alle zivilisierten Menschen gelten soll. Die naturrechtliche Grundlage eröffnet dabei die Möglichkeit, relativ unabhängig von religiösen Positionen eine Begründung des Gesellschaftszustandes vorzunehmen und dabei traditionelle Vorstellungen der feudalen Gesellschaft und ihrer ständischen Organisationen in Frage zu stellen. Die naturrechtliche Begründung verdrängt dabei die Vorstellungen von einer göttlich gegebenen Ordnung, ohne dabei die religiöse Frage insgesamt auszublenden. Die Begründung für den Gesellschaftsvertrag unterstellt als

---

[1] Dass die naturrechtliche Argumentation sowohl kritisch als auch affirmativ gegenüber der bestehenden Gesellschaftsordnung auftreten kann, wird beispielsweise durch WESEL, Uwe (1984): Juristische Weltkunde. Eine Einführung in das Recht, Frankfurt am Main, 75 f. betont und für die mittelalterliche Epoche am Beispiel des Thomas von AQUIN herausgestellt.

Resultat ein vernunftgemäßes Handeln, so dass mit dem Gesellschaftszustand auch die Persönlichkeit von Menschen ebenso wie die Rechtfertigung von Gesellschaften – und damit des (absolutistischen) Staates – in den Vordergrund treten. Diese Rechtfertigung des Gesellschaftszustandes beinhaltet die damit verbundenen Legitimationsgründe, die erst den Gesellschaftszustand konstituieren. Diese Zielsetzung wird in der ordnungssichernden Funktion, die allen gesellschaftlich verbundenen Menschen auch entsprechende Entwicklungschancen einräumt, einschließlich der damit verbundenen friedensstiftenden Maßnahmen gesehen. Daraus resultiert, dass ohne eine Zusicherung von Eigentumspositionen kein Gesellschaftszustand erreicht werden kann. Unter diesem Gesichtspunkt wird in der vorliegenden Untersuchung die jeweilige theoretische Position unter der Fragestellung behandelt, was das Eigentum für den Gesellschaftszustand bedeutet, worin die Folgen seiner Gewährleistung liegen und ob ohne eine Garantie des Privateigentums das Ziel des gesellschaftlichen Zustandes überhaupt erreicht werden kann.

Der Naturzustand impliziert die Möglichkeit der Durchsetzung von ökonomischen Interessen, ohne auf die Mithilfe von anderen Menschen angewiesen zu sein. Demgegenüber ist der Gesellschaftszustand als institutionalisierte Tauschwirtschaft charakterisiert, und zwar als ein Ergebnis der zunehmenden Arbeitsteilung. Diese Tauschökonomie erzwingt durchsetzbare Regelungen, damit ihre Funktionsfähigkeit gesichert werden kann. Neben der gesellschaftlichen Garantie einer individuellen Handlungsfreiheit ist es auch erforderlich, die bestehenden und durch den Tauschprozess veränderten Eigentumspositionen dem gesellschaftlichen Schutz zu unterwerfen. Diese ökonomische Differenzierung ermöglicht einerseits die Freisetzung von Wachstumspotentialen als Folge der Durchsetzung von individuellen Interessen und hebt andererseits im Laufe der Entwicklung die ursprünglich vorfindbare oder auch nur modellierte ökonomische Gleichheit auf, die mit der Veränderung von privaten Verfügungsrechten verbunden ist. Als Folge dieser Entwicklung wird eine weitere Steuerung der gesellschaftlichen Entwicklung notwendig, weil anderenfalls die soziale Integration aller Gesellschaftsmitglieder in Frage gestellt wird. Für MARX ist damit die Herausbildung einer Gesellschaft verbunden, die durch einen unauflösbaren Interessengegensatz zwischen den sozialen Klassen charakterisiert ist und demgemäß zur Steuerung der Produktionsverhältnisse einer legitimen staatlichen Gewalt bedarf. Dieser Widerspruch ist typisch für Klassengesellschaften und führt zu innergesellschaftlichen Krisen, sofern der Interessengegensatz nicht harmonisiert werden kann.

Der Widerspruch von Normen führt zu Rechtfertigungszwängen. Das Problem für die weitere gesellschaftliche Entwicklung liegt darin, zu begründen, wie der ungleiche Umfang von Eigentumspositionen gesellschaftlich gerechtfertigt werden kann, ohne dass damit die legitime Gesellschaftsordnung in Zweifel gezogen werden muss. Die Antwort für die liberal-kapitalistische Gesellschaftsformation liegt in der Differenzierung zwischen einem ökonomischen und einem politischen System, wobei die Tauschökonomie eine relativ staatsfreie Einrichtung der autonomen Eigentümer darstellt, während mit Hilfe des politischen Systems die gesellschaftliche Bestandserhaltung durch institutionelle Regeln aufrechterhalten wird. Diese klassischen Staatsaufgaben ergänzen den Marktmechanismus ohne dessen Wirkungen aufzuheben oder das Ergebnis einer Tauschökonomie insgesamt in Frage zu stellen, solange damit keine destruktiven gesellschaftlichen Wirkungen verbunden sind. Solange das Entstehen von Armut und Arbeitslosigkeit theoretisch begründet werden kann und damit prinzipiell auch lösbar erscheint, gilt das Privateigentum in der bürgerlichen Gesellschaft als wichtige Steuerungsgröße, die nicht verändert werden muss.

Ebenso wie MARX macht auch MISES darauf aufmerksam, dass sich in marktwirtschaftlich verfassten Gesellschaften alle Gesellschaftsmitglieder durch egoistische Verhaltensweisen mit dem Ziel der jeweiligen Vorteilsmaximierung auszeichnen. Bei dieser Vorstellung ist es dann unmöglich, nur eine Gruppe und deren Verhaltensweisen, die als gesellschaftlich negativ angesehen werden könnten, zu eliminieren, weil sie die Gesellschaft insgesamt charakterisieren und zugleich stabilisieren.[1] Diese Gleichsetzung von Eigentümern ist hinsichtlich der Gesellschaftskonzeption konsequent, selbst wenn damit die Unterschiede hinsichtlich der Verfügung über unterschiedliche Vermögenswerte nicht angemessen berücksichtigt werden können. Zweifellos lassen sich die Handlungen aller mit Verfügungsrechten ausgestatteten Gesellschaftsmitglieder auf eine präferenztheoretisch begründete Handlungsweise reduzieren. Dadurch kann das Moment der sozialen Gerechtigkeit unberücksichtigt bleiben, soweit keine andere Lösung angeboten wird, die bei unterschiedlicher gesellschaftlicher Wohlfahrt eine Gleichsetzung von ökonomischen Interessen bei allen Individuen behauptet.

2.1.2. Normenprobleme der Gesellschaftsvertragskonzeptionen

Dem Gesellschaftszustand wird der ursprüngliche Naturzustand gegenübergestellt. Dabei dient der Naturzustand als Beispiel für eine – postulierte – histori-

---

[1] „Für die gesellschaftliche Kooperation der Menschen gibt es nur *eine* wirkungsfähige Ordnung: die auf dem Sondereigentum an den Produktionsmitteln beruhende Marktwirtschaft. Wenn man diese Ordnung nicht vernichten und die Kultur nicht zerstören will, darf man nicht Massnahmen und Verhaltensweisen fordern, die ihr Wirken unmöglich machen. Das Getriebe der Marktwirtschaft wird durch die Faktoren in Gang erhalten, die der Moralist als Profitsucht, Eigennutz und Mammonismus verdammen will. Weil jeder Einzelne sein Unbefriedigtsein so weit abstellen will, als er es kann, weil jeder Einzelne auf seinen Vorteil bedacht ist und gewinnen und nicht verlieren will, arbeitet das Getriebe. Es ist ein Missgriff, wenn man aus dem ganzen Gefüge die Unternehmer, die Kapitalisten und die Bodeneigentümer herausgreift und nur an ihrem Verhalten Kritik übt." MISES, Ludwig von (1940): Nationalökonomie. Theorie des Handelns und Wirtschaftens. Reprint München 1980, (The International Carl Menger Library), 704 f.

sche Epoche, die im Interesse aller Individuen überwunden werden muss und ohne die ein Gesellschaftszustand nicht denkbar erscheint. Das hervorstechende Merkmal des Naturzustandes liegt in der eindeutigen Abgrenzung, und zwar als eine negative Chiffre für den positiven Entwicklungssprung in die bürgerliche Gesellschaft. Das muss zunächst erstaunen, weil der Naturzustand tendenziell durchaus vorteilhaft für die vereinzelten Individuen angesehen werden kann. Immerhin herrscht schrankenlose Freiheit, im Gegensatz zur notwendigen Rücksichtnahme auf andere innerhalb des Gesellschaftszustandes. Und häufig wird außerdem auf das Eigentum als Voraussetzung für die individuelle Reproduktion verwiesen, das auch im Naturzustand schon vorhanden ist. Was also bringt Menschen zu der Vorstellung, diesen Gesellschaftszustand aufzugeben und durch eine staatliche Organisation einzutauschen, die sich Individuen gegenüber durch den vorher nie gekannten Mechanismus der Gewaltausübung gegen sie auszeichnet? Die positive Charakterisierung der staatlichen Ordnung erzwingt eine Legitimation.

Mit Hilfe der Modellierung des Gesellschaftsvertrags wird aus der Natur des Menschen heraus der Maßstab entwickelt, wodurch eine staatliche Ordnung eine zureichend begründete Rechtfertigung erfahren kann. Diese Rechtfertigung fragt nach dem Grund des Aufgebens des Naturzustandes und stellt die Sicherung des Privateigentums sowie die Ausgestaltung des Gesellschaftszustandes durch Verträge in den Mittelpunkt der Antwort. Die hier untersuchten Gesellschaftsvertragskonzeptionen basieren auf einem Vernunftrecht, das die Stellung der Individuen von diesen beiden Institutionen – Eigentum und Verträgen – abhängig macht und in je spezifischen Erörterungen untersucht. Damit sind Probleme angesprochen, die sowohl die ethische Begründung der naturrechtlichen Basis als auch deren Rechtfertigung für staatliche Organisationen beinhalten. Im Rahmen der Untersuchung wird der naturrechtlichen Argumentation gemäß keine historische Diskussion folgen, stattdessen werden die rechtsphilosophisch begründeten Gesellschaftsverträge unter dem Aspekt ihrer Bedeutung für die Eigentumsdiskussion einer kritischen Würdigung unterzogen.

Die methodische Fragestellung nach der Begründung des Eigentums ist grundlegend, weil neben dem Ergebnis von Aussagen über die Möglichkeit der Wahrheitsfähigkeit von naturrechtlichen Normen und der Vorstellung, dass jede Rechtsordnung, die das Ergebnis eines vorkonstitutionellen Rechts beinhaltet, mit der Fragestellung konfrontiert ist, ob die postulierten Normen als angeborene oder erworbene Rechte rubriziert werden können. Die Folgen liegen in der weiteren Ausgestaltung der Rechtsordnung, deren Möglichkeiten damit entweder auf die Deskription von unveränderlichen Rechten aller Menschen reduziert wird und in diesem Sinne nur Aussagen über Normen betreffen oder ob das jeweilige Normensystem einer je spezifischen gesellschaftlichen Begründung bedarf und weiter entwickelt werden kann. Der universalistische Charakter der naturrechtlichen Argumentation wird beispielsweise auch von ENGELS herausgestellt und zugleich mit der Forderung nach Gleichberechtigung aller Gesellschaftsmitglieder verder verknüpft.[1] Das Problem von naturrechtlichen Normen liegt demnach in der moralischen Argumentation über vernunftgemäßes Handeln. Diese naturrechtliche Argumentation umfasst zweck- und sinnrationale Handlungen, die auch interessengeleitet zu verstehen sind. Daraus wird ersichtlich, dass Klärungsversuche über ein begründetes Verhalten auch für die naturrechtliche Argumentationsfigur mit kommunikativen Handlungen verbunden ist und keineswegs die Setzung von Normen als ausreichend angenommen werden kann.[2]

Auch die naturrechtliche Begründung von Normen ist mit dem Problem der Letztbegründung konfrontiert. Insoweit unterliegen Normensetzungen aus naturrechtlicher Sichtweise beispielsweise dem Verdikt des kritischen Rationalismus, aus Zielvorstellungen Normen abzuleiten, also vom Sein zum Sollen zu argumentieren und damit dem naturalistischen Fehlschluss zu unterliegen, weil durch eine indikative Aussage kein imperatives Verhalten begründet werden kann. Damit wird eine Normenbegründung, sofern deren Hintergehbarkeit nicht angenommen wird, zu einem analogen Problem wie bei positiv-rechtlichen Rechtssetzungen. Das Ergebnis der Normenbegründung bzw. das naturrechtliche Postulat Normen a priori vorauszusetzen führt zu der Fragestellung, ob naturrechtliche Lösungen positiv-rechtlichen Setzungen vorausgehen und wie in einer konfliktären Situation die entsprechende Lösung auszusehen habe. Aus naturrechtlicher Sicht wird

---

[1] ENGELS, Friedrich (1878): Herrn Eugen Dührings Umwälzung der Wissenschaft (Anti-Dühring), in: Marx-Engels-Werke, Bd. 20, 17 ff; 95 ff. (zit. als MEW, Bd. *xx*)

[2] Der naturrechtliche Geltungsanspruch wird hinsichtlich der postulierten Allgemeingültigkeit von Normen und der damit verbundenen Problematik der Wahrheitsfähigkeit von RIEDEL folgendermaßen problematisiert: „Gemäß dem historischen Selbstverständnis der Tradition eines ‚von Natur' bestehenden Rechts wäre eine solche Bezugnahme auf immer und überall geltende Regeln ohne Zweifel als deskriptiver Hinweis zu interpretieren, so daß hier wiederum das Geltungsproblem mit dem Problem der Wahrheit vermischt wird. Es bleibt jedoch eine methodische Schwierigkeit, Behauptungen über das Bestehen (die ‚Existenz') oder die Geltung (die ‚Wahrheit') von Normen, die niemals eigens in Kraft gesetzt werden und auch nicht außer Kraft gesetzt werden können, zu verifizieren oder zu falsifizieren. Dennoch kann man die von den Naturrechtlern geltend gemachten Normen, auch wenn man ihren Anspruch auf ‚Wahrheit' abweist, durchaus *als begründet anerkennen* – nämlich anerkennen, daß das positive Recht ihnen gemäß gestaltet werde und man selbst ihnen gemäß leben *sollte* – , womit wir aber bereits die Grenzen der Normentheorie verlassen haben und uns auf dem Boden der kommunikativen Ethik befinden." Moral- und Rechtsnormen. Zu einigen Grundfragen in Normentheorie, in: Perspektiven der Philosophie. Neues Jahrbuch, Bd. 3, hrsg. von R. DERLINGER, E. FINK, F. KAULBACH, W. SCHRADER, 81–95. Wiederabdruck in: ders., (1979): Norm und Werturteil. Grundprobleme der Ethik, Stuttgart, 65. Zur Normenüberprüfung vgl. SCHWEMMER, Oswald (1976): Theorie der rationalen Erklärung. Zu den methodischen Grundlagen der Kulturwissenschaften, München, 136–139.

damit die Behauptung verbunden, ein höherrangiges Recht darzustellen, das damit auch dem positiven Recht bei der Begründung seiner Normen zur Geltung verhelfen kann. Dabei ist nun allerdings zu beachten, dass die naturrechtliche Argumentation seit der Antike keine einheitliche Begründungsbasis aufweist und demzufolge eine ungesicherte Rechtfertigung für positive Rechtsnormen beinhaltet. Das Spannungsverhältnis von naturrechtlicher Gegebenheit und positiver Rechtssetzung durch legitimierte Verfahren ist angesichts der Normenproblematik als gleichberechtigt und prinzipiell mit analogen Wertproblemen behaftet.[1]

Weiterhin ist zu berücksichtigen, dass die Voraussetzung eines allgemeingültigen Normensystems gesellschaftliche Veränderungen nicht angemessen berücksichtigt und demgemäß zwischen relativem Wissen und Vermutungen nicht angemessen unterschieden werden kann. Diese Problemlage führt zu der Frage, nach der Existenz von objektiven Werten und erzwingt eine Beantwortung. Für die Existenz von objektiven Werten spricht die PLATONsche Auffassung, währenddessen durch die intentionale Haltung von MOORE die Lösung in einer utilitaristischen Bewertung von Handlungen gesehen wird. Eine Problemverschärfung tritt durch MACKIE auf, der die Existenz von objektiven Werten verneint und stattdessen eine konsensualistische Auffassung vertritt.[2]

Mit dieser Argumentation soll keinesfalls das Erfordernis von moralischen Regeln in Zweifel gezogen werden, sondern auf deren Begründungsprobleme hingewiesen werden, denn gesellschaftliches Leben erscheint ohne eine Bindung an Grundwerte nicht vorstellbar. Insoweit vernünftiges Argumentieren über Normen zu akzeptierten Handlungsfolgen führt, kann das Problem der Letztbegründung seitens der naturrechtlichen Position methodisch als geklärt angesehen werden, sofern Recht und Moral als Ergebnis eines diskursiven Handelns angesehen werden. So kann auch MACKIE auf die Folgen aufmerksam machen, die mit der naturrechtlichen Argumentationsfigur verbunden sind, weil deren Unbestimmtheit

---

[1] Vgl. in diesem Zusammenhang die Auseinandersetzung über die Durchsetzung von Menschenrechten bei KLENNER, der den Geltungsanspruch des Völkerrechts von unterschiedlichen Eigentumsvorstellungen zwischen kapitalistischen und sozialistischen Ländern abhängig macht; KLENNER, Hermann (1980): Menschenrecht, friedliche Koexistenz und das Völkerrecht der Gegenwart, in: Menschenrechte im Klassenkampf, Bd. I, (Aktuelle Beiträge der Staats- und Rechtswissenschaft, H. 207), Potsdam-Babelsberg, 152–177.

[2] „Es gibt keine objektiven Werte. [...] Die Moral gilt es nicht zu entdecken, sondern zu entwickeln oder auszuarbeiten: Wir müssen entscheiden, welche moralischen Regeln wir annehmen, auf welchen Standpunkt wir uns festlegen wollen. Zweifellos werden die Ergebnisse unser eigenes Gerechtigkeitsgefühl, unser moralisches Bewußtsein, widerspiegeln und offenlegen – und zwar unser moralisches Bewußtsein nicht notwendig zu Anfang, sondern am Ende der Diskussion." MACKIE, John Leslie (1977): Ethik. Auf der Suche nach dem Richtigen und Falschen, Stuttgart 1981, 11; 132.

zu affirmativen oder kritischen Haltungen gegenüber Gesellschaftszuständen führen kann.[1] Aus praktischen Erwägungen können jedoch naturrechtliche Normierungen in positive Rechtsnormen übernommen werden, sofern deren Durchsetzung mit den moralischen Auffassungen einer Gesellschaft nicht konfligieren.[2]

2.1.3. Folgen des Gesellschaftszustandes

Die naturrechtliche Argumentation des Gesellschaftszustandes steht im Gegensatz zur Ursprünglichkeit, nämlich zur Vorstellung einer ursprünglichen Freiheit. Als Folge einer auf Vernunft basierenden Erkenntnis gelangen die autonomen Individuen zu der Einsicht, dass sie nur innerhalb des Gesellschaftszustandes über Entwicklungsmöglichkeiten verfügen. Dieser Übergang vom vorgesellschaftlichen Zustand in die bürgerliche Gesellschaft wird durch Verträge begründet, wobei neben der Legitimation des Gesellschaftszustandes auch das Eigentum als konstitutiv behauptet wird. Das Eigentum wird innerhalb der Gesellschaftsvertragskonzeptionen zu einer Bezugsgröße, ohne die der Gesellschaftszustand schlechterdings nicht denkbar erscheint. Mit dem Eintritt in den Gesellschaftszustand kann die individuelle Interessendurchsetzung nur noch innerhalb eines gesellschaftlich akzeptierten Rollenverständnisses durchgeführt werden. Die Möglichkeit der individuellen Zwangsausübung entfällt und wird auf gesellschaftliche Institutionen übertragen. Damit ist die Vorstellung verbunden, dass bei Aufrechterhaltung der individuellen Autonomie die Durchsetzung von Rechten als eine gesellschaftliche Funktion begriffen wird, die allgemeine Geltung beanspruchen und nicht länger von der physischen Interessendurchsetzung einzelner abhängig gemacht werden kann. Damit wird allerdings auch deutlich, dass neben der Beschränkung von individuellen „Rechten" ein weiterer Gesichtspunkt der naturrechtlichen Diskussion eingeführt wird, nämlich die Vorstellung, mit der Allgemeingültigkeit des Naturrechts zugleich ein Zwangsrecht zu installieren[3], dass die gesellschaftliche Stabilität gewährleistet. Diese Interessendurchsetzung erzwingt

---

[1] MACKIE, John Leslie (1977), 297 f.

[2] „Die Lehre vom Naturrecht stellt eine Schleuse dar, durch die bestimmte Inhalte irgend eines Moralsystems ins Recht übergehen, ein Verfahren, durch das sich die Gesetzgebung durch bereits akzeptierte Elemente einer Moral beeinflussen läßt. Aber dies ist nicht das einzige Verfahren, das dazu dienen kann: Die ausdrückliche Gesetzgebung kann Begriffe wie ‚vernünftig', ‚schädlich' oder ‚verwerflich' verwenden, deren Unbestimmtheit in der Praxis jeweils durch eine moralisch qualifizierte inhaltliche Füllung erst aufgehoben wird, und auch die traditionellen Methoden der Gesetzesinterpretation können zu demselben Ergebnis führen." MACKIE, John Leslie (1977): Ethik, 298.

[3] So beispielsweise auch LUHMANN, Niklas (1981): Rechtszwang und politische Gewalt, in: ders. (1981): Ausdifferenzierung des Rechts. Beiträge zur Rechtssoziologie und Rechtstheorie, Frankfurt am Main, 185 ff.

neben der individuellen Zurückhaltung eine gesellschaftliche Organisation mit deren Hilfe Rechtspositionen durchgesetzt werden können. Dadurch werden nicht nur die allgemeine Freiheit der Individuen gesichert, sondern willkürliche und damit gesellschaftlich kontraproduktive Handlungen insgesamt verhindert. Allerdings ist als Voraussetzung zu beachten, dass sich die Individuen freiwillig aus Einsicht oder Pflicht dem gesellschaftlich akzeptierten Zwangssystem unterwerfen. Konstitutiv für diesen Gesellschaftszustand sind die gegenseitigen Verträge, die das Gemeinwesen, die societas civilis begründen. Dem freiwilligen Abschluss des Gesellschaftsvertrags liegt einerseits die Vertragsfreiheit zugrunde und andererseits werden Grenzen gegenüber den Regelungen behauptet, die gegen das Naturrecht selbst und damit gegen den Gesellschaftszustand verstoßen, obwohl auch der Gesellschaftsvertrag weitergehende ökonomische individuelle Interessen beinhaltet.[1]

Die Bedeutung des Eigentums für den Gesellschaftszustand impliziert, dass vorstaatliche Gemeinschaften nicht über das Privateigentum definiert werden können. Mit der vorliegenden Untersuchung wird jedoch keine historische Analyse von älteren Gesellschaftsformationen des menschlichen Zusammenlebens intendiert. Dementsprechend ist nur aufzuzeigen, inwieweit das Eigentum in den vorgesellschaftlichen Phasen bereits als konstitutives Element seinen Ausdruck in den theoretischen Erörterungen der Neuzeit findet oder ob das Privateigentum erst das Ergebnis der modernen bürgerlichen Gesellschaft ist. Als Ergebnis der vorliegenden Analyse wird dabei herausgearbeitet, dass bereits für den vorgesellschaftlichen Zustand den – fast ohne jegliche Beschränkung – lebenden Individuen Eigentumspositionen zugeordnet werden, obwohl das Eigentum erst für die bürgerliche Gesellschaft konstitutiv sein soll. Es ist deshalb die Frage nach dem Inhalt der Eigentumsposition zu beantworten.

Das Konstrukt der Gesellschaftsvertragskonzeptionen weist in diesem Zusammenhang zwei Eigentumsformen auf, das naturrechtlich begründete Eigentum an der eigenen Person sowie einem Eigentum an Sachen. Die Vorstellung, dass jeder von Natur aus Eigentümer seiner eigenen Person ist, setzt eine Subjektvorstellung voraus, die mit dem Recht auf Leben auch Abwehrrechte repräsentiert. Das Eigentum an der eigenen Person beinhaltet zudem die Möglichkeit, sich entsprechend den individuellen Fähigkeiten reproduzieren zu können. Für beide Vorstellungen des Eigentums soll zudem gelten, dass andere Individuen von der Verfügung ausgeschlossen werden können. Die Individuen des Naturzustandes sind aus diesem Blickwinkel als unabhängige Individuen anzusehen. Die „natürliche"

[1] „Die Vertragsfreiheit und alle Sätze über das legitime Eigentum, welche daraus abgeleitet wurden, waren selbstverständlich das Naturrecht der Marktinteressenten als der an endgültiger Appropriation der Produktionsmittel Interessierten." WEBER, Max (1922): Wirtschaft und Gesellschaft. Grundriß der verstehenden Soziologie, 5. Aufl., hrsg. von Johannes WINCKELMANN, Tübingen 1985, 500.

Freiheit des vorgesellschaftlichen Zustandes beinhaltet das Sacheigentum. Ohne den Anspruch auf Eigentum können sich Individuen nicht reproduzieren.[1] Es kann deshalb behauptet werden, dass bereits für den vorgesellschaftlichen Zustand das Eigentum als konstitutiv angenommen wird.

Die Differenz zwischen der bürgerlichen Gesellschaft und dem vorgesellschaftlichen Zustand liegt also nicht in dem Fehlen von Eigentumspositionen, sondern in der unterschiedlichen Begründung von Eigentum. Die natürliche Freiheit des Menschen schließt Eigentum an Sachen ein, wobei der Gesellschaftszustand das Privateigentum insoweit konstituiert, als es erstmalig unter den Schutz der Gesellschaft gestellt wird. Erst durch die bürgerliche Gesellschaft sind die umfassende individuelle Verfügung sowie der Ausschluss von anderen gewährleistet. Der Gesellschaftszustand entwickelt erstmals Regeln nach denen sich der Austausch von Eigentumspositionen vollzieht. Dabei wird sich herausstellen, dass die unterstellte Freiheit des Naturzustandes durch die garantierte Eigentumsposition innerhalb des Gesellschaftszustandes gerade nicht mit einer Entwicklung bzw. Stabilisierung der individuellen Freiheit verbunden ist. Der ursprüngliche Anspruch auf Eigentum, der das Eigentum an Sachen beinhaltet, führt in Tauschwirtschaften zu dem Problem, dass Gesellschaftsmitglieder ohne Sacheigentum ihre individuellen Entwicklungschancen nicht nutzen können und stattdessen gezwungen sind, ihre Arbeitskraft zu verkaufen. Bis heute ist keine eindeutige theoretische Klärung über die Lohnhöhe sowie über das Produkt der verkauften Arbeitsleistung erfolgt. Sehr früh macht LOCKE darauf aufmerksam, dass mit dem Verkauf der Ware Arbeitskraft das Arbeitsergebnis in die Verfügungsmacht des Käufers eingeht. Damit kommt eine naturrechtliche Prämisse in Schwierigkeiten, nämlich gleiche Bedingungen zwischen den vertragschließenden Parteien annehmen zu müssen. Die Entwicklung vom Naturzustand zur bürgerlichen Gesellschaft geht einher mit einer Verstetigung der Arbeitsteilung und dem Austausch von Produkten auf durch Konkurrenzbeziehungen charakterisierten Märkten. Damit wird das Problem der individuellen Zurechnung des Ertrages virulent, weil das individuelle Recht der Reproduktion nicht länger als individuel-

---

[1] Diese Vorstellungen werden als Zusammenfassung einer kritischen Position aus dem 17. Jahrhundert von MACPHERSON wie folgt zusammengefasst: „Das eigentlich menschliche eines Individuums ist seine Unabhängigkeit vom Willen anderer Personen, seine Freiheit, sich an der eigenen Person zu erfreuen und seine eigenen Fähigkeiten zu entfalten. Die eigene Person ist Eigentum nicht im metaphorischen Sinn, sondern wesenhaft; das Eigentum das man an ihr hat, besteht in dem Recht, andere von ihrem Gebrauch und Genuß auszuschließen. Das Eigentum an der eigenen Arbeitskraft – exakter umrissen als das umfassendere Eigentum an der Person – ist Eigentum im materiellen Sinn, denn es ist die Erhaltung des Eigentums an der Arbeitskraft, und die Bedingung seiner Erhaltung ist der Besitz materiellen Eigentums." MACPHERSON, Crawford Brough (1962): Die politische Theorie des Besitzindividualismus. Von Hobbes bis Locke, Frankfurt am Main 1973, 175.

ler Arbeitseinsatz begriffen werden kann, sondern unter kapitalistischen Bedingungen zu einer gesellschaftlichen Veranstaltung wird. Das Problem liegt in der Schwierigkeit, eine individuelle Zurechnung des Arbeitseinsatzes bei zunehmender Arbeitsteilung vornehmen zu müssen.[1]

Auch der Gesichtspunkt der Freiwilligkeit ist nicht länger aufrechtzuerhalten, sofern die individuelle Reproduktion nur durch den Verkauf der Arbeitskraft gesichert werden kann. Diese Überlegungen führen zu einer gesellschaftlichen Entwicklung, die eine Rechtfertigung des Eigentums vornimmt ohne dabei zu prüfen, inwieweit die Existenz des Privateigentums das naturrechtliche Gleichheitspostulat für die bürgerliche Gesellschaft in Frage stellt. Angesichts der organisierten Austauschbeziehungen über Märkte ist – selbst bei der Vorstellung von gleichen Ausgangsbedingungen – auf Dauer keine gleiche Weiterentwicklung zu gewährleisten.

2.2. Der Eigentumsbegriff in seiner Entwicklung vom Naturzustand zur gesellschaftlichen Ordnung des Gesellschaftsvertrags: Das Genesisproblem des Eigentums

Zum tiefer gehenden Verständnis des Eigentums und seiner verschiedenen Ausprägungen ist es erforderlich, diejenigen gesellschaftstheoretischen Momente aufzuzeigen, die wesentlich für das Begründungsmodell des Eigentums waren. Damit wird allerdings nicht allein eine historische Rubrizierung angestrebt, sondern vielmehr der Versuch unternommen, einen Diskussionsstrang deutlich zu machen, der nicht allein das philosophische Denken bestimmt, sondern des Weiteren basale Auswirkungen auch auf die ökonomische Theorie aufzuweisen hat. Unter diesem Gesichtspunkt soll gezeigt werden, in welchem Umfang die aktuelle ökonomische Diskussion auf derartige gesellschaftstheoretische Argumente zurückgreift bzw. diesen Diskussionspfad verlassen hat. Die Auswahl der unterschiedlichen theoretischen Vorstellungen erfolgt unter dem Gesichtspunkt ihrer Relevanz für den philosophischen und gesellschaftlichen Bereich unter Berücksichtigung von ökonomischen Reflektionen.

2.2.1. Der Gesellschaftsvertrag bei Thomas Hobbes

HOBBES Gesellschaftstheorie stellt den Versuch dar, das Naturrecht in Anlehnung an das Modell der Naturwissenschaften rationalistisch zu begründen. Das Ziel ist,

---

[1] „Wo aber überhaupt Verwertung der Produkte auf einem Markt mit freier Konkurrenz den Ertrag bestimmt, verliert der Inhalt jenes Rechts des Einzelnen unvermeidlich den Sinn eines – gar nicht mehr existierenden – individuellen ‚Arbeitsertrags' und kann nur als Kollektivanspruch der in gemeinsamer Klassenlage Befindlichen Sinn behalten." WEBER, Max (1922), 500.

mit Hilfe einer streng mathematischen Analyse die Fehler der „dogmatischen Wissenschaft" zu umgehen, zumal die jeweiligen Ergebnisse auch widersprüchlich sind. Deshalb „gibt es keinen andern Weg als diesen: Erstens muss man Prinzipien zu Fundamenten nehmen, die der Egoismus sich arglos gefallen lässt und nicht von vornherein zu zerstören trachtet; ferner gilt es dann, auf diesem Fundament Sätze in Betreff der Einzelfälle – welche bislang in die Luft sind gebaut worden – nunmehr in das Gesetz der Natur hineinzubauen, bis das Ganze als eine uneinnehmbare Festung sich darstellt."[1]

Die Gesellschaftsphilosophie kann also nur dann eine ähnlich positive Entwicklung wie die Naturwissenschaften durchlaufen, wenn sie auf eine analoge Basis, als deren Ausgang sich die Mathematik anbietet, gestellt wird. Methodisch bedeutet das die Annahme einer voraussetzungslosen Mathematik, verbunden mit einem ahistorischen Weltbild. Das HOBBESianische Naturrechtssystem geht von der Vorstellung einer voraussetzungslosen Modellkonstruktion der gesellschaftlichen Wirklichkeit aus, wobei geschichtliche Entwicklungen in dieser Konstruktion keinen Platz finden. Eben die „Verkennungen der Geschichtlichkeit des Rechts" stellen jedoch nach KAUFMANN den negativen Gesichtspunkt einer insgesamt als wegweisend hervorgehobenen theoretischen Leistung durch HOBBES im Hinblick auf die Erörterung von gesellschaftstheoretischen Entwicklungsstadien dar.[2]

Menschliche Handlungen sind für HOBBES ein Ergebnis von Vorstellungen, wobei die bewusste Zielerreichung nach einem Lust-Unlust-Schema erfolgt, also eine Situation mit positiver Wirkung angestrebt wird, wobei die negative Wirkung einer Sache eher zu einem Vermeidungsverhalten führen wird. Hiermit wird zugleich eine Nutzenvorstellung offenbar, die erkenntnistheoretisch angenommen wird: Menschliche Zielvorstellungen sind prinzipiell unendlich.[3] Diese persönlich begründeten Zielvorstellungen können durch Mitwirkungen von anderen verstärkt werden. Individualpsychologisch wird dieses an sich positive Moment in das Gegenteil verkehrt, sofern hier ungezügelte Leidenschaften als Triebkraft dominieren. Skeptisch wird von HOBBES die Nächstenliebe eingeschätzt, bei der er vermutet, dass sie nur zur Befriedigung des eigenen Nutzens und der damit verbundenen Lust stattfindet. Der sichtbare Unterschied in menschlichen Handlungen ist durch die jeweiligen Einflüsse (Affekte) bestimmt, die zugleich ein wichtiges Unterscheidungsmerkmal von Menschen insgesamt darstellen. Damit verbundene Fehlhaltungen, bedingt durch individuelle Handlungen, sind gesellschaftsschädlich. Andererseits kann es keinem Menschen verwehrt werden, aus

---

[1] HOBBES, Thomas (1640): Naturrecht und allgemeines Staatsrecht in den Anfangsgründen, (Aus der Widmung an den Grafen von Newcastle), Essen 1926. Reprint Darmstadt 1983, 33.

[2] KAUFMANN, Artur (1976), in: HOBBES, Thomas (1640), VIII.

[3] HOBBES, Thomas (1640), 60 f.

Gründen der Nutzensteigerung bzw. Unlustvermeidung, seine Interessen gegenüber anderen durchzusetzen. Das Gegenteil dieser Handlungen würde als nicht vernunftgemäß angesehen werden und führt zwangsläufig zu individuellen Gewalttaten. Die Konsequenzen dieser individuellen Handlungen sind deutlich: Es herrscht ein permanenter gesellschaftlicher Konkurrenzdruck, der als Kriegszustand charakterisiert wird.[1]

Die Verfolgung der als natürlich angenommenen egoistischen Interessen kann sich allerdings nur dort in einem positiven Sinne vollziehen, wo ein Berechtigter nicht auf einen anderen trifft, der mit den gleichen Machtpotentialen ausgestattet ist. Der Vorteil einer zugebilligten Rechtsposition kann demnach durch die Handlungen von anderen Gesellschaftsmitgliedern in Frage gestellt werden.[2]

Der permanente Kriegszustand, begründet durch schrankenloses Handeln zur eigenen Interessensdurchsetzung, muss zwangsläufig zu gesellschaftlichen Wohlfahrtsverlusten führen. Unter dem Gesichtspunkt der Gefährdung der gesellschaftlichen Reproduktion ist es deshalb erforderlich, diesen als natürlich empfundenen Gesellschaftszustand zugunsten einer individuellen Handlungseinschränkung aufzuheben. Zugleich fungiert die menschliche Einsicht als ein natürlicher Regulator, weil unter Entwicklungsgesichtspunkten vermutet werden darf, dass gesellschaftliche Machtpositionen nicht dauerhaft nur von einem Individuum besessen werden können. Die damit einhergehende Rücksichtnahme wird also durch Zwang in die Einsicht hervorgerufen, anderenfalls einem Krieg in Form von vernichtenden Wettbewerbsbedingungen ausgesetzt zu sein.[3] Diese Gleichgewichtsvorstellung steht im Widerspruch zu einer gesellschaftlichen Entwicklung und Veränderung von Machtpositionen, so dass die einmal erreichte Situation für ein Individuum nicht verbessert werden kann und es von daher eine umfangreiche Machtsicherung betreiben sollte.[4]

Wenn die individuellen Handlungen die gesellschaftliche Entwicklung bzw. deren Bestand gefährden, so bedarf es der Einsicht, um derartige Situationen zu vermeiden. Insoweit verfügen alle Individuen über die naturgesetzliche Konstante Vernunft, da die Menschheit insgesamt – als Summe der Individuen – einen Vorteil realisieren will. Damit diese Situation auch erreicht werden kann, bedarf es der naturrechtlichen Vorstellung, wonach die Zielerreichung allein durch Aufgabe des ursprünglichen Gewaltverhältnisses erfolgen kann. Anderenfalls würde das Gesamtergebnis der individuellen Handlungen dem Naturgesetz widersprechen.[5]

---

[1] HOBBES, Thomas (1640), 98.

[2] HOBBES, Thomas (1640), 98 f.

[3] HOBBES, Thomas (1640), 99.

[4] HOBBES, Thomas (1640), 99 f.

[5] „Eins der Gebote des Naturgesetzes sagt daher, daß jeder Mensch sich des Rechts, daß er von Natur auf alles hat, begeben müsse. Denn wenn ver-

Diese vernunftgemäße Handlungsweise ist das Ergebnis von individuellen Verträgen. Die darin enthaltenen Erklärungen verpflichten beide Parteien bzw. haben auch begünstigenden Charakter. Solch ein Rechtsgeschäft setzt allerdings voraus, dass irgendeiner vorher über etwas verfügen konnte und somit in der Lage war, andere von Handlungen bzw. Leistungen auszuschließen.[1] Bei der Übertragung von Rechten ist weiterhin zu beachten, dass die Vertragsparteien entsprechend ihrer vertraglichen Verpflichtung auch eine Leistung bewirken. Hier wird auf mögliche Störungen aufmerksam gemacht, die aus den Voraussetzungen der individuellen Handlungsweisen resultieren können. Insoweit der angenommene Urzustand nicht mehr vorherrscht, ist davon auszugehen, dass die geschlossenen Verträge auch bindend und damit institutionell durchsetzbar sind. Deshalb ist es für eine Vertragserfüllung unerheblich, ob der Beweggrund individuelle Bereicherung bzw. das Ergebnis einer Bedrohung war. Allein die Möglichkeit, bestimmte Verträge nicht einhalten zu müssen, weil sie gesellschaftlich nicht akzeptiert werden, würde den Verpflichteten von seiner Leistung befreien. Damit wird in groben Umrissen das Moment einer Marktwirtschaft skizziert, wobei deutlich wird, dass die geschlossenen Verträge aus dem gegenseitigen Interesse heraus zu erfüllen sind.[2]

Neben der als erforderlich angenommenen institutionellen Ausgestaltung fungiert auch hier eine naturrechtliche Schranke, die allen Individuen als Grenze bekannt ist. Anderenfalls könnte kein vernünftiger Grund dafür angegeben werden, worin denn der Vorteil für das Aufgeben des gesellschaftlichen Kriegszustandes liegt. Dies ist beispielsweise dort der Fall, wo jemand Handlungen aus Gründen des guten Glaubens bzw. Vertrauens durchführen wird.[3]

Sofern Menschen sich um ihre Mitmenschen kümmern, geschieht auch dies nur aus dem einzigen egoistischen Grund, sich selbst einen Vorteil dadurch zu verschaffen, so dass sie in irgendeiner späteren Situation Vorteile durch reziproke

---

schiedene Menschen nicht nur auf alle anderen Dinge, sondern auf die Persönlichkeit des Mitmenschen ein Recht haben, so entsteht, wenn sie von demselben Gebrauch machen, ein Angriff auf der einen Seite und Widerstand auf der anderen, also Krieg; und daher dem Naturgesetz zuwiderlaufend, dessen Wesen im Frieden stiften besteht.“ HOBBES, Thomas (1640), 101.

[1] „Die Übertragung des Rechts auf einen anderen bedeutet, daß man dem Empfänger desselben deutlich zu verstehen gibt, daß man ihm gemäß dem Rechte, das man vor der Abtretung besaß, keinen Widerstand leisten oder ihn behindern wolle. Denn wenn von Natur jeder Mensch ein Recht auf alles hat, so ist es für einen Menschen unmöglich, irgendein Recht auf einen anderen zu übertragen, das er nicht vorher hatte.“ HOBBES, Thomas (1640), 102.

[2] „Denn was nützt es dem Menschen, wenn irgend etwas ihm gegeben oder versprochen wird, wenn der, der gibt oder verspricht, es nicht vollzieht oder sich noch das Recht vorbehält, zurückzunehmen, was er gegeben hat?“ HOBBES, Thomas (1640),107 f.

[3] HOBBES, Thomas (1640), 110.

Handlungen erwarten können. Dieses Moment der Reziprozität führt zudem auch zur internationalen Sicherheit, sofern anderen Ländern die Möglichkeit des Freihandels eingeräumt wird, weil dadurch Kriege, bedingt durch unterschiedliche Wohlfahrtsniveaus, verhindert werden können.[1]

Im Gegensatz zur aristotelischen Auffassung einer Ungleichheit unter Menschen, wird von HOBBES darauf verwiesen, dass die Vermeidung des gesellschaftlichen Kriegszustandes nur dadurch herbeigeführt werden kann, dass die Gesellschaftsmitglieder sich als Gleiche anerkennen. Damit ist zugleich die Forderung verbunden, dass jedes Individuum angesichts der von ihm verlangten Rechtspositionen diese im gleichen Umfang auch den anderen zubilligt. Anderenfalls wäre auch hier das Moment von Gleichheit verletzt.[2] Der Gesichtspunkt der Gleichheit tritt auch bei einer gemeinsamen Nutzung von Gütern auf. Hier darf nur jemand ausgeschlossen werden, sofern ein anderer auf seine Verfügung verzichtet. Keine Verletzung des Gleichheitspostulats bedeutet demgegenüber ein gesellschaftlich festgelegtes Verfahren bei nicht teilbaren Gütern. Insoweit stellt auch die Okkupation von Boden – weil er zuvor niemandem gehört hat – keine Ungleichheit und demzufolge keine individuelle Bevorzugung dar.[3]

Die rechtlichen Wirkungen können nur friedensstiftend sein, sofern die Möglichkeit der einseitigen Vorteilnahme ausgeschlossen wird. Aus diesem Grund ist es erforderlich, institutionalisiertes Recht zu schaffen, das die streitenden Parteien durch einen Urteilsspruch bindet. Normverletzungen sind bei den vermuteten Affekten, d. h. den allen Menschen innewohnenden Leidenschaften ein stetes Merkmal für humane Gesellschaftsorganisationen und die damit einhergehende Gefährdung des gesellschaftlichen Konsenses im Sinne einer relativen Stabilität. Dennoch besteht für jedes Individuum die Möglichkeit, sich der naturgesetzlichen Regeln dadurch zu versichern, dass es sich unparteiisch in die Person des anderen hineindenkt und damit die naturgesetzliche Lösung hervorruft, die Auskunft über die natürliche Rechtmäßigkeit einer durchzuführenden Handlung gibt.[4]

---

[1] „Es ist auch ein Naturgesetz daß die Menschen ohne Unterschied einander Handels- und Verkehrsfreiheit einräumen." HOBBES, Thomas (1640), 112.

[2] „Solange einige Menschen sich mehr Ehre anmaßen als sie andern geben wollen, kann man sich nicht vorstellen, wie sie in Frieden miteinander leben können, und folglich müssen wir annehmen, daß, um des Friedens willen, die Natur dies Gesetz gegeben hat: daß jedermann den andern als seinesgleichen anerkenne. [...] Auch verlangt das Naturgesetz nicht, sich anderer Rechte zu entäußern als nur derjenigen, welche man nicht ohne Verlust des Friedens genießen kann. Da wir also sehen, daß viele Rechte uns erhalten bleiben, wenn wir miteinander in Frieden leben wollen, so fordern die Vernunft und das Naturgesetz, daß wir jedes Recht, das wir zu besitzen wünschen, auch jedem andern Menschen zugestehen." HOBBES, Thomas (1640), 114.

[3] HOBBES, Thomas (1640), 116.

[4] HOBBES, Thomas (1640), 118.

Die rechtlichen Grenzen werden dort formuliert, wo sich herausstellt, dass sie im gegenseitigen Interesse der Gesellschaftsmitglieder eine Schutzfunktion erfüllen. Und allein diese Situation schafft einen relativen Frieden.[1] Die Funktion des unabhängigen Richters ist zwar eine gesellschaftliche, wird hier aber übertragen auf die Bewertungen der eigenen Handlungsweisen. Dieser Gesichtspunkt wird in der späteren englischen Moralphilosophie von LOCKE bis hin zu Adam SMITH erneut aufgegriffen und theoretisch ausgeführt werden.

Wenngleich der Urzustand durch gewaltsame Aneignung gekennzeichnet war, ist dennoch zu konstatieren, dass lebensbedrohliche Handlungen gegenüber anderen keine naturgesetzliche Rechtfertigung fanden. Unter dem Gesichtspunkt einer gesicherten gesellschaftlichen Reproduktion sind Koalitionsbildungen gegen Übergriffe vonnöten. Allerdings muss der damit verbundene Schutz so umfassend sein, dass ein potentieller Angreifer hiervon auch abgeschreckt wird. Damit wird allerdings noch nicht das erforderliche Maß für die individuelle und allgemeine Befriedigung hergestellt, die sich nur aufgrund einer allgemein akzeptierten gesellschaftlichen Macht einstellen kann. Dieser Zustand wird durch individuellen Vertragsabschluß, der die Individuen gegenseitig bindet, hergestellt, wobei das Moment das Legitimität der Gewalt einer Person bzw. einem Parlament übertragen wird, dem sich die Individuen durch den genannten Vertragsabschluß unterwerfen.[2]

Durch diese Organisationsform wird das einzelne Individuum zu Handlungen verpflichtet, die es entweder zu dulden, zu unterlassen bzw. durchzuführen hat.[3] Die so durch freiwillige Vereinbarung entstandene Organisation wird als Chiffre für die bürgerliche Gesellschaft insgesamt angenommen. In Analogie zu den einzelnen Individuen wird dieser Träger von Macht als deren Summe bezeichnet, nämlich als politischer Körper.[4] Autoritär wird argumentiert, dass weder ein Kö-

[1] „In jenem Naturzustande daher, in dem alle Menschen gleich sind und jeder sein eigener Richter sein darf, ist auch die Furcht, welche sie voreinander haben, gleich, und jeder vertraut seiner eigenen List und Stärke: Folglich, wenn einer von ihnen seiner natürlichen Neigung folgt und jene Naturgesetze bricht, bleibt keine andere Sicherheit der Selbstverteidigung für die andern als die Vorbeugung. Und aus diesem Grunde bleibt jedem einzelnen sein Recht [...] das zu tun, was er für gut hält, als ein notwendiges Mittel zu seiner Selbsterhaltung. Daher leben die Menschen im Kriegszustande, solange keine Sicherheit oder Gewähr unter ihnen ist dafür, daß sie jene Naturgesetze einer dem andern halten, und nichts ist für einen Menschen ungesetzlich, was zu seiner eigenen Sicherheit und Wohlfahrt dient: und diese Sicherheit und Wohlfahrt besteht in der gegenseitigen Hilfe und Unterstützung, die einer dem andern gewährt, woraus auch die gegenseitige Furcht des einen vor dem andern folgt." HOBBES, Thomas (1640), 125.

[2] HOBBES, Thomas (1640), 128.

[3] HOBBES, Thomas (1640), 129.

[4] HOBBES, Thomas (1640), 129.

nig noch das Parlament aufgrund der individuellen Machtübertragung einer weiteren Instanz unterworfen werden können und demzufolge die Letztentscheidung innehaben.[1] Die vertragliche Situation erfordert demzufolge bewusste Zurückhaltung von individuellen Handlungen zugunsten der auf einen Souverän (König, Parlament) übertragenen Vollmachten, ohne dass hier bereits die Möglichkeiten erörtert würden, die mit dem Moment von Legalität und Legitimität verbunden sind. Der Staat als „politischer Körper" überwindet den vormaligen Naturzustand durch freiwilliges Aufgeben von Rechten, die ehedem zur individuellen Interessendurchsetzung erforderlich waren. Wenn mit dieser Vorstellung auch die bürgerliche Gesellschaft in ihren Grundelementen charakterisiert wird, kommt damit zum Ausdruck, dass nicht die Konkurrenzsituation als solche, sondern nur deren lebensbedrohliche Auswirkungen einer staatlichen Normierung unterliegen müssen, damit zumindest das Gemeinwohl nicht gefährdet wird. Allerdings ist nicht allein Vernunft der Auslöser für diese individuelle Handlungsweise, sondern die höhere Einsicht, anderenfalls die eigene Existenz zu gefährden. Insoweit ist es auch unerheblich, ob die gemeinschaftliche Verbindung ein Ergebnis des Schutzes ist oder aus dem Moment der Unterdrückung entstand.[2]

Die Herausbildung des „politischen Körpers" vollzieht sich analytisch durch zwei Entwicklungsschritte. Erstens müssen die vereinzelten Individuen mit ihren unterschiedlichen Interessenlagen den Willen bekunden, sich aus Sicherheitsgründen zu vereinigen, wobei dieser Zustand noch als Naturzustand bezeichnet werden muss, weil hier noch die gegenseitige Gewalt vorherrscht. Mit dieser eindeutigen Absicht, die eigene Machtbasis zugunsten des Sicherheitsmomentes zu schmälern, wird in der zweiten Stufe das Organisationsproblem eines einheitlichen „Gesamtwillens" durch Unterwerfung gelöst. Es geht hier nämlich um die Übertragung von Macht auf einen Souverän. Die Folge davon ist, dass dieser zukünftig für die Gesamtheit, also für jeden einzelnen sprechen darf, wobei ihm gleichzeitig Sanktionsmöglichkeiten eingeräumt werden. Erst diese Möglichkeit, Normen durchsetzen zu können, beendet endgültig den Naturzustand, weil erst jetzt jedes Individuum in einer relativen Sicherheit lebt und andererseits nicht mehr durch eigene Macht die eigene Interessensverfolgung betreiben darf. Damit entfällt jedes Moment für eine individuelle Eigenjustiz. Für den jeweiligen Souverän bedeutet der politische Aufgabenkatalog die Notwendigkeit von Entscheidungen, die andererseits den Aufbau von Verwaltungen erzwingen. Die individuelle Aufgabe von umfassenden Einzelrechten beendet den Naturzustand und führt desgleichen zur Aufgabe des Widerstandes gegenüber dem Souverän, dem das „Schwert der Gerechtigkeit" übertragen wurde und von dem jetzt mit Recht be-

[1] HOBBES, Thomas (1640), 129 f.

[2] HOBBES, Thomas (1640), 130.

hauptet werden kann, dass er rechtmäßige Entscheidungen, die für alle Gesellschaftsmitglieder bindend sind, treffen darf.[1]

Mit dieser umfassenden Aufgabenstellung wird auch eine Straffreiheit des Souveräns befürwortet. Eine Rechtfertigung für diese umfassende Freizeichnung liegt für HOBBES in der ehedem freiwilligen Aufgabe von Macht und des Weiteren in der erforderlichen Machtdurchsetzung des Souveräns, weil andernfalls der frühere Naturzustand wieder eintreten könnte. Denn es stellt sich die Frage, wie und in welchem Umfang die politischen Entscheidungen in einem Gemeinwesen getroffen werden können, sofern der Souverän nicht die Möglichkeit besitzt, Entscheidungen durch eigene Machtvollkommenheit durchzusetzen, wenn beispielsweise gegenüber den Mitgliedern eines Parlamentes nicht die Möglichkeit besteht, sie zur Teilnahme an Sitzungen zu verpflichten. Damit würde aber erneut der gewaltsame Zustand einsetzen, der gerade durch die bürgerliche Gesellschaft verhindert werden soll. Unter diesem Gesichtspunkt wird auch von HOBBES eine Gewaltenteilung für die höchste Staatsgewalt verworfen. Nur durch die Konstruktion der absoluten Vollmacht vermeint HOBBES, Entscheidungsschwächen zu entgehen, wobei von ihm auch besonders die Qualität von Entscheidungen hervorgehoben wird, sofern jemand absolut und unabhängig über ein Gemeinwesen regieren kann.[2] In Anlehnung an das römische Recht wird im Hinblick auf das Verhältnis von Herren und Knechten darauf Bezug genommen, dass Diener einschließlich ihrer gesamten Habe dem Eigentum des Herren zufallen.[3]

Erst durch die „herrschende Gewalt" wird die Summe der Individuen in die Lage versetzt, über Eigentum zu verfügen und Sachen als Eigentum durch ein gesellschaftlich garantiertes Recht in den Privatbereich einzuordnen. Im Gegensatz zum Naturzustand schafft das Gemeinwesen eine Garantie des Privateigentums. Zugleich werden allerdings auch Eingriffe in das individuelle Eigentum notwendig, um die erforderlichen Staatsausgaben zu finanzieren. Hierbei ist die Aufgabe des Souveräns dem Naturgesetz verpflichtet, indem er den Volkswohlstand zu fördern hat.[4] Insgesamt wird die Wohlfahrt durch staatliche Regulierung gefördert, sofern diese nicht dem Naturgesetz widerspricht. Das beinhaltet die Möglichkeit der Freizügigkeit bei einer funktionsfähigen Infrastruktur, also

---

[1] HOBBES, Thomas (1640), 135 f.

[2] Die weitere Diskussion hinsichtlich unterschiedlicher Regierungsformen wird hier nicht weiter verfolgt. Siehe hierzu HOBBES, Thomas (1640), 141 f.

[3] HOBBES, Thomas (1640), 151 f.

[4] Als minimale Staatsaufgaben werden benannt: „Das zeitliche Wohl des Volkes nun besteht aus folgenden vier Teilen: 1. Menge [einer gezielten Bevölkerungspolitik, S. P.]; 2. Bequemlichkeit des Lebens [durch garantierte Freiheit, Freizügigkeit und Tauschhandel, S. P.]; 3. Ruhe im Innern; 4. Verteidigung nach außen." HOBBES, Thomas (1640), 201.

die Chiffre für die Tauschgesellschaft.[1] Insbesondere wird aber das Moment des Privateigentums als positiv herausgestellt, weil es die individuelle Motivation fördert, zugleich eine gesellschaftliche Befriedung herstellt und mit ihm eine Ordnung verbunden ist, die als akzeptierte Regelung alle Gesellschaftsmitglieder bindet.[2]

Das mechanistische Weltbild von HOBBES erfährt eine Verschärfung in seiner staatstheoretischen und -philosophischen Untersuchung „Vom Bürger". Als Ziel seiner Moralphilosophie wird der Frage nachgegangen, welches die konstitutiven Bedingungen von Staaten unter der Berücksichtigung von divergierenden Einzelinteressen sind. Bis dahin sind Erfahrungen die Ausgangstatsache, um zu bestimmen, wie Menschen sich zusammenfinden, um letztendlich einen Staat zu bilden. Insoweit erfolgt eine Beschreibung der bürgerlichen Gesellschaft, weil nur in ihr und durch sie ein Leben des einzelnen und seiner Entwicklung garantiert werden kann, denn im Gegensatz zum Naturzustand, der durch einen allgemeinen Kriegszustand gekennzeichnet ist, erfährt menschliches Handeln durch vernunftgemäßen Einsatz die Möglichkeit, den als negativ eingeschätzten Urzustand zu verlassen.[3]

Das gesellschaftliche Moment der Vereinigung von Individuen vollzieht sich immer nur aus Gründen des Eigennutzes; der Vorteil für den einzelnen steht im Vordergrund für Gesellschaftsbildungen.[4] Es sind die individuellen Nutzenvor-

---

[1] HOBBES, Thomas (1640), 202.

[2] „Zur Aufrechterhaltung des Friedens im Innern sind so viele Sachen in Erwägung zu ziehen und so viele Anordnungen zu treffen, als es verschiedene Ursachen gibt, die zum Aufruhr zusammenwirken. Und zunächst ist es nötig, jedem Untertan sein Eigentum und seine bestimmten Güter und Ländereien zuzuweisen, damit er seine eigene Betriebsamkeit entfalten und den Segen derselben genießen kann; denn ohne diese Maßregel würden die Menschen sich untereinander entzweien, [...] in die Rechte des andern eingreifen und sich soviel als möglich von dem gemeinsamen Vorteil aneignen, was zu Zwang und Aufruhr führen würde." HOBBES, Thomas (1640), 202.

[3] „Wenn man daher die Menschen nicht schon deshalb von Natur böse nennen will, weil sie nicht von Natur die Zucht und den Gebrauch der Vernunft haben, so muß man anerkennen, daß die Menschen von Natur Begierde, Furcht, Zorn und andere tierische Leidenschaften haben können, ohne deshalb von Natur böse erschaffen zu sein. [...] Darauf zeige ich nun, daß der Zustand der Menschen außerhalb der bürgerlichen Gesellschaft (den ich den Naturzustand zu nennen mir erlaube) nur der Krieg aller gegen alle ist, und daß in diesem Kriege alle ein Recht auf alles haben. Ferner, daß alle Menschen aus diesem elenden und abscheulichen Zustande, von ihrer Natur genötigt, herauskommen wollen, sobald sie dessen Elend einsehen; daß dies aber nur möglich ist, wenn sie durch Eingehung von Verträgen von ihrem Recht auf alles abgehen." HOBBES, Thomas (1642): Vom Bürger, in: ders., Vom Menschen. Vom Bürger, (Elemente der Philosophie II, III), Hamburg 1959. Reprint der 2. Aufl., Hamburg 1977, 69 f.

[4] HOBBES, Thomas (1642), 77.

stellungen, denen ein gesellschaftsstiftendes Moment innewohnt. In Tauschwirtschaften ist mit dem Nutzenaspekt zugleich der von einer permanenten Furcht verbunden. Insoweit stellen Gesellschaften ein Zweckbündnis für Individuen zur Vermeidung von unkalkulierbaren Risiken dar. Bei dieser Situation ist es erforderlich, dass Individuen sich auch gegen die Angriffe von anderen schützen. Hieraus resultiert, dass die jeweilige Einschätzung im Naturzustand auch nur dem Individuum selbst zufällt, dieses also als letzte und einzige moralische Instanz fungiert. Da naturrechtlichem Handeln auch ein vernunftgemäßes Bewerten von Handlungskonsequenzen innewohnt, wäre prinzipiell jedes andere Individuum in der Lage, die jeweilige Aktion zu bewerten und würde demzufolge zu einem gleichen Resultat gelangen. Im Hinblick auf das Eigentum wird dieser Naturzustand dadurch gekennzeichnet, dass jeder prinzipiell die Möglichkeit hat, einen Gegenstand in Besitz zu nehmen und beliebig mit ihm zu verfahren. Jeder hat also die Möglichkeit, alles zu beanspruchen, so dass niemand die Möglichkeit hat, einen anderen von einer Verfügung auszuschließen. Diese anarchische Rechtssituation führt neben der Aneignung demzufolge auch zum Widerstand von denjenigen, die einen Anspruch nicht aufgeben wollen. Der damit skizzierte Zustand ist der Krieg, bei dem jeder davon ausgehen muss, dass irgendwann sein Anspruch ihm von einem anderen streitig gemacht werden wird.[1]

Zur Vermeidung von gesellschaftlichen Nachteilen – weil nie davon ausgegangen wird, dass ein Mächtiger seine Machtbasis behalten kann – ist eine Koalition gegen andere erforderlich. Im reinen Naturzustand muss allerdings befürchtet werden, dass positionale Situationen stets einer Gefährdung unterliegen, so dass mit Hilfe der menschlichen Vernunft ein anderer Zustand angestrebt werden muss, der des Friedens.[2] Das Aufgeben des Naturzustandes vollzieht sich durch eine Willenserklärung in Form des Verzichts auf die Durchsetzung eines eigenen Anspruchs.[3]

Der als Frieden charakterisierte Gesellschaftszustand bedarf bei Vertragsabschluß der Vermutung, dass eine gewollte Folge auch von den vertragschließenden Parteien eingehalten wird. Denn anderenfalls gäbe es für die Individuen keinen Vorteil gegenüber dem früheren Zustand des Krieges aller gegen alle.[4]

---

[1] HOBBES, Thomas (1642), 82 f.

[2] „Indes können die Menschen, solange sie sich im Naturzustande, d. h. im Zustande des Krieges befinden, wegen jener Gleichheit der Kräfte und der anderen menschlichen Vermögen nicht erwarten, sich lange zu erhalten. Deshalb ist ein Gebot der rechten Vernunft, den Frieden zu suchen, sobald eine Hoffung auf denselben sich zeigt, und solange er nicht zu haben ist, sich nach Hilfe für den Krieg umzusehen. Dies ist ein Gesetz der Natur ..." HOBBES, Thomas (1642), 85.

[3] HOBBES, Thomas (1642), 88.

[4] HOBBES, Thomas (1642), 98.

Bei der skeptischen Sicht von menschlichen Leidenschaften geht HOBBES weiterhin der Frage nach, welche Bedingungen erfüllt sein müssen, damit ein geschlossener Vertrag auch erfüllt und damit Unrecht vermieden wird. Handlungen werden im Hinblick auf die Bewertung als gerecht bzw. ungerecht in kommutative und distributive eingeteilt.

Die Notwendigkeit, Handlungen werten zu müssen, führt zu der Fragestellung, welche Möglichkeiten existieren, um eindeutige Entscheidungen zwischen gerecht und ungerecht durchführen zu können. Als Lösungsmöglichkeit wird das Befolgen von Gesetzen angeboten, wobei das gerechte Handeln durch unterschiedliche Motivationen der Individuen hervorgerufen werden kann.[1] Für Tauschgesellschaften wird die so genannte „kommutative Gerechtigkeit" angenommen, wobei der Güteraustausch sich in Form von Äquivalenten vollzieht. Demgegenüber wird als „distributive Gerechtigkeit" die Güterrelation verstanden, die auf eine bestimmte Population zu verteilen ist. Für die Tauschgesellschaft wird dabei herausgestellt, dass die Gewinnerzielung durch den Kaufakt des Käufers keine ungerechte Handlung seitens des Verkäufers darstellt, weil der Käufer ganz offensichtlich aus freien Erwägungen gehandelt hat. Demgegenüber stellt sich die distributive Gerechtigkeit als das Moment zur Gleichbehandlung aller Gesellschaftsmitglieder dar.[2]

Die postulierte Gleichheit von Individuen ist für den angenommenen Naturzustand eine unproblematische Sichtweise, das Moment der Ungleichheit tritt erst in der bürgerlichen Gesellschaft durch deren institutionelle Ausgestaltung auf.[3] Demgemäß wird auch gegen ARISTOTELES argumentiert, der die menschliche Ungleichheit als Ergebnis des natürlichen Prozesses ansieht. HOBBES macht im Gegenteil darauf aufmerksam, dass es sich hierbei um keinen geschlossenen Gesellschaftsvertrag handelt, weil nicht einsichtig ist, weshalb jemand von vornherein auf die Vorteilhaftigkeit von gesellschaftlichen Positionen verzichten soll. Aus logischen Gesichtspunkten heraus verweist HOBBES darauf, dass entweder die Gleichheit von Individuen akzeptiert oder aber davon ausgegangen werden muss, dass die Situation der Ungleichheit zu individuellen Vorteilen führen kann, so dass gerade hierdurch der Gesellschaftsvertrag notwendig wird. Offensichtlich

---

[1] HOBBES, Thomas (1642), 100.

[2] „Wenn man seine Sachen so teuer verkauft, wie man kann, so geschieht dem Käufer, der sie von mir gewollt und verlangt hat, kein Unrecht; und wenn ich von dem Meinigen dem mehr gebe, der es weniger verdient, so geschieht dennoch keinem Teile ein Unrecht, solange ich das gebe, was ich versprochen habe. [...] Es trifft also jene Einteilung nicht die Gerechtigkeit, sondern die Gleichheit. Indes wird man nicht leugnen können, daß die Gerechtigkeit eine Art Gleichheit ist, insofern wir nämlich von Natur alle gleich sind, hat der eine nicht mehr Recht zu beanspruchen, als er dem andern zugesteht, falls er dies Recht nicht durch Vertrag erlangt hat." HOBBES, Thomas (1642), 101 f.

[3] HOBBES, Thomas (1642), 104 f.

sind Menschen zwar zur Einsicht fähig, andererseits unterliegen nicht alle Handlungen dem Vernunftgebot. Diese Leerstelle muss demzufolge durch eine gesellschaftliche Normierung herbeigeführt werden, und zwar durch rechtliche Regeln. Durch Anwendung der Gesetze wird demzufolge auch das angemessene moralische Verhalten herbeigeführt. Diese Abweichungen, die ständig das gesellschaftliche Leben beeinflussen, sind das Ergebnis des Auseinanderfallens von gegenwärtigen und zukünftigen Wünschen, wobei angenommen wird, dass der gegenwärtige Konsum dem zukünftigen vorgezogen wird.[1]

Im Gegensatz zu ARISTOTELES geht HOBBES davon aus, dass menschliche Gesellschaften sich durch folgende Eigenschaften von denen anderer Primaten unterscheiden: Es herrscht Wettbewerb zwischen den einzelnen Individuen, Güter werden nur begehrt, sofern hiermit Vorteile verbunden sind. Aufgrund des Intellekts treten unterschiedliche Auffassungen über Situationen auf, die Veränderungen herbeiführen, hierzu gehört insbesondere die Möglichkeit der Ausdrucksfähigkeit vermittels der Sprache, die in diesem Zusammenhang durch die Möglichkeit von Missverständnissen zu gesellschaftlichen Problemlagen führen kann. Daneben besteht auch noch die Möglichkeit der Bewertung von Handlungen, die andere Individuen durchgeführt haben, wobei dies auch mit Vorurteilen einhergehen kann. Diese vier Elemente führen im Gesellschaftsprozess zu Problemen, die im Tierreich auf natürliche Art und Weise gelöst worden sind, wobei für menschliche Gesellschaften eine „künstliche“ Konfliktregelung in Form der gegenseitigen Verträge erforderlich wurde. Hier bedarf es allerdings auch der institutionellen Ausgestaltung von Macht, damit abweichendes individuelles Verhalten auch sanktioniert werden kann.[2]

Die Staatsgründung wird vollzogen, indem sich die einzelnen Individuen einem gemeinsamen Willen unterwerfen, etwa in Form der einzelnen Person (des Königs) oder dem des Parlaments. Dieser Zusammenschluss von Individuen geschieht zwar freiwillig, allerdings nur zur weiteren Durchsetzung von eigenen Interessen, die anderenfalls aufgrund von unsicheren Zukünften nicht gesichert werden. Neben dem Moment der Gleichheit in der Gesellschaft wird weiterhin davon ausgegangen, dass die Individualität nicht aufgehoben ist. Das Ergebnis des Gesellschaftsvertrags ist damit auch die Sanktionierung von ungleichen Ausgangspositionen, die andere Gesellschaftsmitglieder von den Nutzungen bestimmter Güter ausschließt. Diese individuelle Verfügung über Güter ist nur möglich, weil das Eigentumsrecht die ausschließliche Nutzung einem Individuum zubilligt und andere davon ausschließt.[3] Die Möglichkeit des Ausschlusses von anderen durch einen Eigentumstitel ist demgemäß erst das Ergebnis der bürgerlichen Gesellschaft, weil in dem Urzustand der Kampf aller gegen alle dazu führt,

---

[1] HOBBES, Thomas (1642), 112 f.

[2] HOBBES, Thomas (1642), 127.

[3] HOBBES, Thomas (1642), 130.

dass Eigentumsrechte nur von vorübergehender Dauer sind.[1] Die Möglichkeit der Durchsetzung von Eigentumsrechten schafft demzufolge das Eigentum selbst und ermöglicht durch diesen gesellschaftlichen Schutz auch dessen Verteidigung. Insoweit stellt das „Schwert der Gerechtigkeit" eine wichtige Ausgestaltung der gesellschaftlichen Institutionen dar, weil nicht davon ausgegangen werden kann, dass Verträge von vornherein eingehalten werden, sofern keine Strafandrohung vorliegt.[2]

Unter Vertragsgesichtspunkten erhalten Individuen Eigentumspositionen, über die sie ihren Vorstellungen entsprechend verfügen können. Allerdings handelt es sich hierbei um eine Regelung, die erst durch die Staatsautorität geschaffen wird.[3] In Analogie zum privaten Eigentum der Bürger wird auch die politische Macht eines für eine bestimmte Zeit gewählten Souveräns gesehen. Nach dessen Tod fällt die Herrschaft wieder dem Volk zu, weil der Regent nur eine zeitliche Verfügungsmacht besaß.[4]

Anhand des Eigentums über Sklaven und Tiere werden ursprüngliche Eigentumsformen erörtert. Während jedoch das Eigentum an Sklaven beispielsweise durch deren Freilassung aufgegeben werden kann, handelt es sich bei Tieren um ein naturrechtlich begründetes Eigentum, das auf Macht und Kraft von Menschen basiert. Allerdings mit der naturrechtlichen Begründung, dass ansonsten die Reproduktion der menschlichen Gattung in Frage gestellt wäre.[5]

Die Relativität von Eigentumspositionen wird dadurch hervorgehoben, dass der Gesichtspunkt des absoluten Eigentums, also der jeweiligen unbeschränkten Verfügungsmacht, in Zweifel gezogen wird. Die staatliche Organisation, die

---

[1] In dem ursprünglichen regellosen Zustand, „... wo alles allen gehört; da ist für das Mein und Dein, was man Besitzrecht oder Eigentum nennt, noch kein Platz; denn es fehlt noch die Sicherheit, welche nach dem früher Dargelegten zur Beobachtung der natürlichen Gesetze erforderlich ist." HOBBES, Thomas (1642), 132.

[2] „Für die Sicherheit muß deshalb nicht durch Verträge, sondern durch Strafen gesorgt werden; und genügende Vorsorge ist erst dann getroffen, wenn so hohe Strafen für die einzelnen Vergehen festgesetzt werden, daß aus ihrer Begehung augenscheinlich ein größeres Übel als aus ihrer Unterlassung folgt. Denn alle Menschen wählen mit Naturnotwendigkeit, was ihnen als ein Gut für sie selbst erscheint." HOBBES, Thomas (1642), 133.

[3] „Da nach dem Frühern vor der Errichtung des Staates alles allen gehört und niemand etwas sein nennen kann, was nicht mit demselben Recht jeder andere als das Seine beanspruchen kann (denn wo alles gemeinsam ist, kann niemandem etwas zueigen gehören), so folgt, daß das Eigentum erst mit den Staaten begonnen hat), und daß jedem nur das zu eigen ist, was er nach den Gesetzen und vermöge der ganzen Staatsmacht, d. h. durch den, dem die höchste Macht übertragen worden, für sich behalten kann." HOBBES, Thomas (1642), 141.

[4] HOBBES, Thomas (1642), 157.

[5] HOBBES, Thomas (1642), 165.

durch den freiwilligen Zusammenschluss entstanden ist, garantiert erst die Möglichkeit des Privateigentums, schafft es also erst durch die gesellschaftliche Organisation der Individuen. Insoweit besteht eine Abhängigkeit der Individuen von dem unabhängigen Souverän und dieser kann dann selbstverständlich auch Einschränkungen vornehmen, sofern sie erforderlich werden. Angesichts der Souveränität, die der Staat durch die freiwillige Aufgabe erlangt hat, bedarf es nach HOBBES keiner weitergehenden Begründung für diese Maßnahme, weil anderenfalls der Staat insgesamt in Zweifel gezogen würde.[1] Die Grenze für staatliches Handeln gegen den Eigentümer ist naturrechtlich begründet und hat dort eine natürliche Schranke, wo staatliche Willkürmaßnahmen gegen die allgemeine Friedens- und Wohlfahrtspflicht verstoßen.[2]

Im Zusammenhang mit der freiwilligen Vereinigung zu einem Staat werden folgende Vorteile für die vordem vereinzelten Individuen hervorgehoben: „1. daß man gegen äußere Feinde verteidigt wird; 2. daß der innere Frieden erhalten wird; 3. daß man sein Vermögen, soweit es sich mit der öffentlichen Sicherheit verträgt, vermehren kann; 4. daß man seine Freiheit soweit genießt, als kein Schaden daraus entsteht. Denn die Herrscher können für das Glück innerhalb des Staates nicht mehr tun, als dass die Bürger vor äußern und innern Kriegen gesichert werden und dadurch ihr durch eigenen Fleiß erworbenes Vermögen genießen können."[3] Diese naturrechtlich begründeten Staatsaufgaben beinhalten in der liberalen Epoche die Vorstellung, dass darüber hinaus keine weiteren Einschränkungen für das individuelle Verhalten erforderlich sind, und darüber hinaus die Vorstellung, dass in einer Tauschwirtschaft die Kapitalakkumulation ein schützenswertes Gut darstellt. Die individuelle Wohlfahrt stellt sich als Ergebnis aus Arbeitsleistung und Sparen dar. Insoweit ist die staatliche Gesetzgebung ein wichtiger Motor für die wirtschaftliche Entwicklung, als es hierbei um das Moment der Gleichheit geht, also der Gleichbehandlung und Garantie von Freiheitsrechten zur Durchführung von wirtschaftlichen Aktivitäten.[4]

---

[1] „Die siebente dem Staat feindliche Lehre lautet, daß den einzelnen Bürgern an ihren Gütern ein absolutes Eigentum zustehe, d. h. ein solches Eigentum, daß es das Recht jedes andern, nicht nur aller seiner Mitbürger, sondern auch des Staates selbst darauf ausschließt. [...] Nun ist aber der Staat infolge seiner Begründung der Herr aller Bürger. Vor Annahme des staatlichen Jochs hatte niemand ein besonderes Recht, sondern alles war allen gemein. Sag also: woher hast du dieses dein Eigentum, wenn nicht vom Staate? Woher aber hatte es der Staat, wenn nicht daher, daß jeder sein Recht auf den Staat übertragen hat? Mithin hast auch du dein Recht dem Staat übertragen; dein Besitzrecht und dein Eigentum an deinen Sachen kommen dir nur insoweit und so lange zu, als der Staat es will ..." HOBBES, Thomas (1642), 198.

[2] HOBBES, Thomas (1642), 205.

[3] HOBBES, Thomas (1642), 206 f.

[4] HOBBES, Thomas (1642), 213 f.

Staatliche Handeln zeichnet sich also durch eine Förderung von wirtschaftlichen Aktivitäten aus. Hierbei wird Sparsamkeit als tugendhaft angesehen, während der Luxuskonsum eine negative Einordnung erfährt. Das staatliche Handeln ist demgemäß verpflichtet, einen minimalen Konsens durch die Gesetzgebung hervorzubringen, weil anderenfalls die individuellen Aktivitäten zu Lasten der gesellschaftlichen Wohlfahrt zu stark eingeschränkt werden. Es gilt also im modernen Sinne das so genannte Übermaßgebot.[1]

Die Eigentumsregelung, verstanden als ein typisches Moment der bürgerlichen Gesellschaft, beinhaltet nicht allein die Zuschreibung eines Gegenstandes zu einer bestimmten Person, sondern vor allen Dingen die Berechtigung, nur eine bestimmte Person über eine Sache verfügen zu lassen. Dazu gehört die rechtliche Bestimmung, dass andere von einer Nutzung ausgeschlossen werden dürfen. Denn anderenfalls hätte der Eigentümer keine Möglichkeit, sein berechtigtes Interesse durchsetzen zu können. Er bliebe nämlich Eigentümer, selbst wenn er nicht über sein Eigentum verfügen kann.[2]

Eine Sicherung des inneren Friedens kann allein dadurch gewährleistet werden, dass der Vollstrecker des staatlichen Willens selbst nicht durch einen Vertrag gegenüber den Individuen gebunden ist. Insoweit beinhaltet die Macht des Herrschers den gesamten Umfang der individuellen Macht, die ihm durch Vertrag zufällt. Der Verpflichtung der Bürger zur Anerkennung von staatlichen Regelungen steht keine angemessene Verpflichtung der obersten staatlichen Macht gegenüber, es sei denn, diese verstößt gegen das Naturrecht. Dieser Gesichtspunkt ist Gegenstand einer moralphilosophischen Erörterung mit praktischer Konsequenz.[3]

Die Einwilligung zu staatlichen Aktivitäten kann erst durch den bewussten Verzicht der Individuen auf eigene Handlungen hergestellt werden, weil anderenfalls der Naturzustand wieder einsetzen würde. Damit wird durch HOBBES das Spannungsverhältnis von individueller Einsicht und Notwendigkeit des Gesellschaftsvertrags aufgezeigt. Andererseits ist die rechtliche Bindung zwischen dem Individuum und dem Herrscher ebenfalls moralphilosophisch codiert, allerdings in einem deutlichen Über-Unterordnungsverhältnis.[4] In der Analyse des Bürger-

---

[1] HOBBES, Thomas (1642), 214.

[2] HOBBES, Thomas (1642), 222.

[3] HOBBES, Thomas (1679): Behemoth oder Das Lange Parlament, Frankfurt am Main 1991, 51.

[4] Dieses Moment wird in der folgenden Dialogsituation durch die Sprecher A und B, von HOBBES charakterisiert: „**B** Mir scheint, du machst einen Unterschied zwischen der Ethik der Untertanen und der Ethik der Herrscher. **A** Jawohl, die Tugend des Untertanen besteht ganz und gar im Gehorsam gegen die Gesetze des Staates. Den Gesetzen zu gehorchen ist recht und billig, das ist das Naturrecht und dadurch auch das bürgerliche Recht bei allen Nationen der Welt, und nichts anderes ist ungerecht und unbillig als das, was gegen das Gesetz verstößt. Ebenso ist der Gehorsam gegen das Ge-

krieges wird von HOBBES auf eine neue Entwicklung verwiesen, die in Abgrenzung zur feudalen Situation eine politische Krise durch Marktgesetzlichkeiten hervorrufen kann.[1]

Für die marxistisch orientierte Philosophie stellt die HOBBESianische Vorstellung von Menschen, denen nicht das Gemeinwohl als Handlungsorientierung dient, einen wesentlichen Kritikpunkt dar. Andererseits wird aber auch deutlich hervorgehoben, dass die Vorstellung der wertschaffenden Arbeit angesichts der feudalistischen Verhältnisse als gedanklicher Fortschritt begriffen werden muss.[2] Insoweit werden seine philosophischen Erörterungen aber auch in die Nähe einer Rechtfertigung für die bürgerliche Gesellschaft gerückt. Indem HOBBES die Tauschwirtschaft beschreibt, macht er eben auch deutlich, dass der Arbeitsmarkt von keinen anderen Elementen als denen der Angebots- und Nachfragekonfigurationen abhängig ist, wobei hier noch nicht das damit verbundene Verteilungsproblem aufgegriffen wird.[3] Im Vermögen der HOBBESianischen Gedankenwelt kann KLENNER jedoch keine Möglichkeit erkennen, gegen die kapitalistische Gesellschaftsformation vorzugehen. Vielmehr rekurriert er in Anlehnung an MARX und LENIN auf die zwangsläufige Abschaffung des Staates und der damit verbundenen Denkmöglichkeit einer klassenlosen Gesellschaft. Hierdurch erscheint allerdings das HOBBESianische Problem erneut, wieder in Gestalt des „Behemoth", allerdings positiv gewendet.[4]

Neben der mechanistischen Vorstellung wird von FEUERBACH gegen HOBBES die Beschränktheit der individuellen Handlungsmöglichkeiten hervorgehoben. Bei dieser Kritik am Empirismus wird deutlich, dass die individuellen Vorstellungen nicht das Ergebnis von Introspektion, sondern außenweltlichen Einflüssen

---

setz Klugheit für den Untertan, denn ohne diesen Gehorsam kann der Staat, welcher jedermanns Sicherheit und Schutz ist, nicht bestehen." HOBBES, Thomas (1679), 51.

[1] HOBBES, Thomas (1679), 14.

[2] Vgl. hierzu KLENNER, Hermann (1978): Leviathan und Behemoth oder Vernunft und Aufruhr, in: HOBBES, Thomas (1651 b), 339–368.

[3] „Die *Geltung* oder der *Wert* eines Menschen ist wie der aller anderen Dinge sein Preis. Das heißt er richtet sich danach, wieviel man für die Benützung seiner Macht bezahlen würde und ist deshalb nicht absolut, sondern von dem Bedarf und der Einschätzung eines anderen abhängig. [...] Und wie bei anderen Dingen, so bestimmt auch bei den Menschen nicht der Verkäufer den Preis, sondern der Käufer. Denn mag jemand, wie es die meisten Leute tun, sich selbst den höchsten Wert beimessen, so ist doch sein wahrer Wert nicht höher, als er von anderen geschätzt wird." HOBBES, Thomas (1651 a), 67.

[4] „Da bedarf es des Nachweises, daß der Leviathan nicht nur ein *sterblicher* Gott ist – und kein unsterblicher Gott existiert, ihn zu schützen –, sondern sterben muß, wenn die Vernunft siegen soll. [...] Das aber ist nicht mehr das Problem ‚Leviathan' oder ‚Behemoth', das ist das Problem ‚Staat und Revolution'!" KLENNER, Hermann (1978), in: HOBBES, Thomas (1651 b), 368.

sind. Insoweit sind Individuen in Abhängigkeit von ihrer Umwelt zu sehen und deshalb weitgehend nur als reaktiv handelnde Menschen zu betrachten. Neben dem Gesichtspunkt der Unterschiedslosigkeit wird des Weiteren die Relativität von moralischen Begriffen deutlich, weil nämlich keine eindeutige Auskunft über gute und/oder schlechte Handlungen vorgenommen werden kann, sofern keine geeignete Relation zu anderen Personen bzw. Situationen vorliegt. Folgerichtig wird auch der bürgerliche Staat als ein Zustand betrachtet, dem keine ursprüngliche, natürliche Begründung zugrunde liegt, sondern der das Resultat eines Konstrukts ist. Und gerade aus dieser Situation heraus müssen dann auch die von HOBBES skizzierten Probleme auftreten.[1] Diese theoretische Konstruktion erzwingt demzufolge eine Autorität, die in der Lage ist, die unterschiedlichen, individuellen Interessen zu koordinieren, bzw. deren negative Wirkungen auch zu sanktionieren. Hierzu gehört auch, dass die oberste Instanz keinen gesetzlichen Beschränkungen unterliegt, so dass sie – analog zu den vereinzelten Individuen innerhalb des Naturzustandes – uneingeschränkt zu handeln vermag. Die staatstragende Macht beinhaltet demgemäß alle diejenigen Möglichkeiten, die jemals den einzelnen zukamen, bevor sie ihre natürlichen Freiheitsmöglichkeiten und -rechte aufgaben. Dieses Moment der staatlichen Machtausübung wird von FEUERBACH deshalb kritisiert, weil der Staat keine sittliche Instanz mehr darstellt, sondern seine Aufgabe allein darin findet, lediglich die rohen Naturgewalten der Gesellschaftsmitglieder zu kanalisieren.[2]

Da im Vordergrund der HOBBESianischen Staatsauffassung neben der Vorstellung der Zwangsorganisation auch die vom angenehmen Leben steht, wird im gleichen Moment auf ein Defizit der Moralphilosophie verwiesen, weil die im status civiles lebenden Individuen keine Verhaltensänderung erfahren können. Sie leben wie vor dem gesellschaftlichen Zustande – allerdings mit den freiwillig eingegangenen Verpflichtungen. Die einzige Ausnahme stellen die gesellschaftlichen Regelungen dar, die den vormaligen Kriegszustand zu überwinden helfen.[3] Nicht die individuelle Weiterentwicklung in moralischer Sicht ist demzufolge das Ziel des Staates, sondern allein die Garantie der individuellen Wohlfahrt. Sofern aus organisatorischen Gründen auch moralische Regeln zum Staatsziel erhoben

---

[1] FEUERBACH, Ludwig (1847): Geschichte der Neuern Philosophie von Bacon von Verulam bis Benedikt Spinoza, 2. Aufl., Leipzig, 1990, 97–99.

[2] FEUERBACH, Ludwig (1847), 100.

[3] „Der Staat daher, indem er zum Zwecke das physische Wohlsein der einzelnen, der dissolutae multitudinis [der zerstreuten Menge] hat, ist nur eine Limitation des Naturzustandes, d. h. er hemmt und beschränkt nur die Individuen, so daß sie ebenso ohne alle geistige und sittlich Bestimmung und Qualität, ebenso auseinander, nur auf sich selbst und ihr sinnliches Selbst bezogen, ebenso viehisch und brutal bleiben, wie sie es im statu naturali waren, nur daß sie jetzt ihre Brutalität nicht mehr in der Form eines den Frieden, die Selbsterhaltung und das angenehme Leben aufhebenden Krieges äußern." FEUERBACH, Ludwig (1847), 101 f.

werden, dienen auch sie nur der Durchsetzung des Friedenszustandes.[1] Dieses verengte Staatsziel führt nach FEUERBACH nur zu einem höchst eingeschränkten Gemeinwesen, weil das Gesamtinteresse durch die Staatsgewalt, nicht jedoch die Bürger bestimmt wird. Unter diesem Gesichtspunkt ist dann die Beschreibung des Unterschiedes zwischen dem Naturzustand und dem des staatlich garantierten Friedens bei HOBBES für FEUERBACH zu vage, als dass er hierdurch eine angemessene Staatsbestimmung finden kann, obwohl er auch andererseits deutlich heraushebt, dass erst durch eine Staatsbildung der Mensch zum Menschen wird und den Zustand des Krieges verlassen kann.[2] Diese Kritik kann aber nur Geltung beanspruchen, sofern sich herausstellt, dass die soziale Organisation Staat keine im HOBBESianischen Sinne angemessene Lösung darstellt, weil die Konstruktion nicht der menschlichen Natur gemäß ist.

BLOCH betont den Unterwerfungscharakter, der dem Staatsvertrag zugrunde liegt. Staatliche Autorität einerseits und rechtliche Sicherung andererseits werden als interessengeleitete Motivation des „aufsteigenden Bürgertums" (BLOCH) hervorgehoben. Denn immerhin kann die Leitung des Staates dem König zufallen, allerdings auch einer republikanischen Staatsform.[3] Gerade die Verfolgung von egoistischen Zielen, die letztendlich zu einer gesamtgesellschaftlichen Wohlfahrt führen, veranlassen BLOCH, auf die gleiche Argumentation bei MANDEVILLE und SMITH zu verweisen und hierbei allerdings mit MARX auf den transitorischen Zustand der bürgerlichen Gesellschaft zu rekurrieren.

Angesichts des Realitätsbezuges bei HOBBES geht WILLMS davon aus, dass hier nicht von einer Legitimation zugunsten der bürgerlichen Gesellschaft und ihrer ökonomischen Basis gesprochen werden kann. Dieser Gesichtspunkt, das bürgerliche Weltbild zum Maßstab aller Dinge zu wählen und dabei eine unkritische Haltung einzunehmen, scheint insoweit ein typisches Merkmal des 19. Jahrhunderts zu sein, obwohl schon bei LOCKE diese Vorstellung auftaucht.[4] Insoweit erfährt dann auch das ideologische Moment der Politik eine Bestätigung durch die HOBBESianische Position, weil erkenntnistheoretisch gesellschaftliche und individuelle Basisprobleme auf Gesetzmäßigkeiten zurückgeführt werden müssen, damit entweder angemessen über sie gesprochen bzw. eine Problemlösung herbeigeführt werden kann. Hierbei handelt es sich dann um das Moment der politischen Theologie, die gerade der fehlenden Begründungsbasis wegen durchaus beim Dezisionismus von Carl SCHMITT enden muss. Das andererseits aber hierdurch Fragen von weitreichender Tragweite angesprochen werden, wenn

---

[1] FEUERBACH, Ludwig (1847), 102.

[2] FEUERBACH, Ludwig (1847), 107 ff.

[3] Vgl. BLOCH, Ernst (1961): Naturrecht und Menschliche Würde, in: Gesamtausgabe Bd. 6, Frankfurt am Main 1977, 59–67; BLOCH, Ernst (1972): Vorlesungen zur Philosophie der Renaissance, Frankfurt am Main, 141–152.

[4] WILLMS, Bernard (1987): Thomas HOBBES. Das Reich des Leviathan, München, 226 f.

es um die basale Ausgestaltung von Macht und Herrschaft geht, wird unabhängig von der jeweiligen Gesellschaftsformation deutlich, denn immer wird im Vordergrund die Frage des gesellschaftlichen Friedens ebenso gestellt werden müssen, wie die nach der Berechtigung bzw. Zulassung von abweichenden Vorstellungen.[1]

Die Eigentumsgarantie durch den Souverän führt erst zu den gewünschten ökonomischen Aktivitäten, weil anderenfalls bei Wegfall des Handlungsmotivs Sicherheit den Naturzustand ohne garantierte Schutzfunktionen beschreiben würde.[2] Dieser Gesichtspunkt wird später auch von BENTHAM und MILL in den Vordergrund der Erörterungen gerückt, wobei allerdings eine wichtige Veränderung des Arguments eintritt: Während die Eigentumsregelung nicht für den Souverän gilt, stellt sie für das utilitaristische Denken insofern eine wichtige Situation dar,

---

[1] „Das ‚striving after power' ist nach HOBBES eine allgemeine Kennzeichnung der Natur des Menschen, dieses Machtstreben aber läßt sich durchaus berechnen: Aus seiner Absurdität des Gegeneinanders entsteht die Einsicht in die allgemeinen Regeln der Vernunft, die nichts anderes sind, als Regeln der Ordnung und des Friedens. Diese Vernunft allein gibt konkreten politischen Leistungen und Errungenschaften Sinn, nicht aber bestimmen abstrakte Inhalte wie etwa ‚Freiheit', ‚Gleichheit', ‚Brüderlichkeit', ‚Weltrevolution' oder ‚Änderung der Produktionsverhältnisse' das Ziel oder den Sinn von Politik. Jede Verwirklichung von Macht ist einzig und allein gerechtfertigt durch das Maß an Ordnung und Frieden, das sie in ihrem Einfluß- und Wirkungsbereich faktisch realisiert. Es geht in der Politik zunächst nicht um die Unterschiede in den Vorstellungen über die Entfaltung und Entwicklung der Gesellschaft. Es geht um die konkrete Voraussetzung der Grundlage für die Möglichkeit dieser Entfaltung von Mensch und Gesellschaft schlechthin. Politik ist in Bezug auf jede denkbare Gesellschaft transzendental im genauen Sinne, in dem Kant diesen Ausdruck als die Bedingung der Möglichkeit der Erkenntnis überhaupt verwandte." WILLMS, Bernard (1987), 253.

[2] „Deshalb trifft alles, was Kriegszeiten mit sich bringen, in denen jeder eines jeden Feind ist, auch für die Zeit zu, während der die Menschen keine andere Sicherheit als diejenige haben, die ihnen ihre eigene Stärke und Erfindungskraft bieten. In einer solchen Lage ist für Fleiß kein Raum, da man sich seiner Früchte nicht sicher sein kann; und folglich gibt es keinen Ackerbau, keine Schiffahrt, keine Waren, die auf dem Seeweg eingeführt werden können, keine bequemen Gebäude, keine Geräte, um Dinge, deren Fortbewegung viel Kraft erfordert, hin- und herzubewegen, keine Kenntnis von der Erdoberfläche, keine Zeitrechnung, keine Künste, keine Literatur, keine gesellschaftlichen Beziehungen, und es herrscht, was das Schlimmste von allem ist, beständige Furcht und Gefahr eines gewaltsamen Todes – das menschliche Leben ist einsam, armselig, ekelhaft, tierisch und kurz." HOBBES, Thomas (1651 a), 96. Die englische Fassung lautet präziser: „In such condition, there is no place for Industry; because the fruit thereof is uncertain: and consequently no Culture of the Earth", in: ders., (1651), 62.

als das Eigentum von Individuen gerade zu respektieren ist, weil nur hierdurch eine positive ökonomische Haltung erzeugt werden kann.

Für HEGEL stellt die HOBBESianische Betrachtungsweise einen erkenntnistheoretischen Fortschritt dar, der die ehedem idealistischen Weltbilder abzulösen vermochte. Durch HOBBES wird demzufolge ein der Vernunft gemäßes, rationales Weltbild entworfen.[1] Positiv wird von HEGEL hervorgehoben, dass die Aufhebung des Naturzustandes die konsequente Forderung darstellt, weil er andererseits nicht die Möglichkeit besitzt, die menschliche Vernunft zu entwickeln.[2] Die Bindung der Individuen an das staatliche Zwangsrecht wird von HEGEL unter dem Gesichtspunkt vom vernünftigen Handeln der autonomen Individuen interpretiert.[3] Die aufgeworfene Frage von HOBBES, wodurch sich eine soziale Ordnung konstituiert, ist die konsequente Umwandlung in einen staatlichen Zustand, der für alle Beteiligten als ein besserer angenommen wird. Damit wird die Autonomie von individuellen Handlungen zwar eingeschränkt, jedoch als vorteilhaft angesehen, sofern eine zentrale Instanz in der Lage ist, die individuellen Handlungszusammenhänge mit den gesellschaftlichen Interessen zu verbinden. Von HABERMAS wird zum Begründungsproblem des rationalen Naturrechts angemerkt, dass gerade das Herausstellen der freiwillig abzuschließenden Verträge eine Rechtssituation hervorruft, die von den Individuen angegriffen und damit verändert werden kann.[4]

---

[1] HEGEL, Georg Wilhelm Friedrich (1833): Vorlesungen über die Geschichte der Philosophie, Bd. III, in: Werke, Bd. 20, 226.

[2] HEGEL, Georg Wilhelm Friedrich (1833), 228.

[3] „Nun geht HOBBES zu den G e s e t z e n der Vernunft, welche den Frieden erhalten. Dieses Gesetz ist, den Privatwillen dem allgemeinen Willen zu unterwerfen; die natürlichen, besonderen Willen müssen unterworfen werden dem allgemeinen Willen, den Gesetzen der Vernunft. Dieser allgemeine Wille ist aber nicht der aller einzelnen, sondern der Wille des Regenten, der somit den einzelnen nicht verantwortlich, vielmehr gegen diesen Privatwillen gerichtet ist; ihm müssen alle gehorchen. So wird die Sache jetzt auf ganz andere Gesichtspunkte gestellt. So geht aus der ganz richtigen Ansicht, indem der allgemeine Wille verlegt wird in den Willen des Einen, des Monarchen, ein Zustand der absoluten Herrschaft, des vollkommenen Despotismus hervor. Der gesetzliche Zustand ist aber etwas anderes, als daß die Willkür Eines schlechthin Gesetz sein soll; dieser allgemeine Wille ist damit nicht Despotismus, sondern vernünftig, in Gesetzen ausgesprochen und in Konsequenzen bestimmt.“ HEGEL, Georg Wilhelm Friedrich (1833), 228 f.

[4] „... mit dem Modell eines Vertrages, [...] entsprechen die modernen Naturrechtstheoretiker als erste der Forderung nach einer prozeduralen Begründung des Rechts, d. h. einer Begründung aus Prinzipien, deren Geltung ihrerseits kritisiert werden kann. Insofern stehen in diesem Kontext ‚Natur' und ‚Vernunft' nicht für irgendwelche metaphysischen Gehalte; sie umschreiben vielmehr die formalen Bedingungen, denen ein Einverständnis genügen muß, wenn es legitimierende Kraft haben, und das heißt: ra-

Die HEGELianische Auffassung vom Staat ist also nicht mehr diejenige einer zwanghaften Unterordnung, sondern beinhaltet die Vorstellung von einer Verwirklichung der sittlichen Idee innerhalb eines Gemeinwesens. Diese staatsphilosophische Sichtweise beschränkt demnach die staatlichen Funktionen nicht allein auf ihre Gewaltfunktion, sondern beinhaltet ein Moment der moralischen Entwicklung. Vernunft und Wirklichkeit stellen demzufolge keine Gegensätzlichkeiten dar, sondern werden jetzt als Einheit verstanden.[1]

Die Begründung für die mechanistische Vorgehensweise findet HOBBES in den Erkenntnisfortschritten der Naturwissenschaft. Deshalb erscheint es für ihn nur folgerichtig, sich dieser mechanischen Methode zu bedienen.[2] Der durch Vertragsschluss zustande gekommene Staat bedarf für seine Weiterentwicklung einer materiellen Basis, die durch Eigentumsrechte hergestellt wird. Hierbei wird deutlich hervorgehoben, dass Rohstoffe ein knappes Gut sind und die gesellschaftliche Wohlfahrt sich letztlich als ein Ergebnis der Arbeitsproduktivität definieren lässt.[3] Die gesellschaftliche Wohlfahrt ist demzufolge ein Resultat der gesellschaftlichen Produktion und des Güteraustauschs mit dem Ausland, wobei die Arbeitskraft ebenso wie jede andere Ware ihrer Vorteilhaftigkeit wegen – aus Profitgründen – ausgetauscht wird.[4] Die Distribution erfolgt unter der Voraussetzung, dass an den Gütern Eigentumsrechte vorliegen, die durch eine staatliche Autorität geschaffen werden.[5] Angesichts von knappen Naturressourcen geht HOBBES davon aus, dass anfänglich eine Verteilungsregel geschaffen werden muss, die in späteren Perioden durch den Souverän auch zu schützen ist.[6] Zur Vermeidung von unberechtigter Urteilsnahme und damit der Möglichkeit, den Gesellschaftsvertrag kündigen zu können, ist das Staatsvermögen zur Vermeidung von Spekulationen nicht zu hoch anzusetzen. Grundlage für diese Entscheidung ist der Umfang der Aufgabenerfüllung. Das Eigentumsrecht gestattet den Austausch von Gütern, dient also zu deren Übertragung und demzufolge unterliegen diese ökonomischen Transaktionen einer staatlichen Regelung. Hierdurch

---

tional sein soll.“ HABERMAS, Jürgen (1981): Theorie des kommunikativen Handelns, Bd. 1, Handlungsrationalität und gesellschaftliche Rationalisierung, Frankfurt am Main, 357 f.

[1] HEGEL, Georg Wilhelm Friedrich (1821): Grundlinien der Philosophie des Rechts oder Naturrecht und Staatswissenschaft im Grundrisse, in: Werke, Bd. 7, Frankfurt am Main, 1986, 409.

[2] Vgl. HOBBES, Thomas (1655): Vom Körper, 2. Aufl., Hamburg 1967, 9–13.

[3] HOBBES, Thomas (1651 a), 190.

[4] „Denn die menschliche Arbeit ist ebenso wie jedes andere Ding eine Ware, die mit Gewinn ausgetauscht werden kann.“ HOBBES, Thomas (1651 a), 190.

[5] HOBBES, Thomas (1651 a), 190 f.

[6] HOBBES, Thomas (1651 a), 191.

wird die frühkapitalistische Tauschgesellschaft angemessen skizziert.[1] Zur Entlohnung der Arbeitskraft bemerkt MACPHERSON, dass der Umfang des Arbeitskräfteangebots zu einer Entlohnung auf der Höhe des Existenzminimums führte.[2]

2.2.2. Vertragsdenken bei John Locke

Die politischen Schriften von LOCKE beginnen mit der Diskussion der menschlichen Natur und des Naturzustandes, um in der weiteren Argumentation den Zustand der bürgerlichen Gesellschaft mit seinen institutionellen Rahmenbedingungen darzustellen. Neben dem Gesichtspunkt der Staatsentstehung und dem damit verbundenen Moment der Akzeptanz wird, deutlicher als bei HOBBES, ein neues Medium innerhalb der bürgerlichen Gesellschaft hervorgehoben, nämlich das Geld und dessen konstitutive Funktion für die Eigentumsvorstellungen. Durch LOCKE erfährt auch die Natur eine neue Interpretation, sie wird Einsatzfaktor und unterliegt damit zwangsläufig der menschlichen Bearbeitung. Das alles war schon vordem bekannt und wurde praktiziert. LOCKE liefert jetzt allerdings eine weitergehende Begründungsbasis für diese Aktivitäten. Auch bei ihm stehen keine moralischen Überlegungen im Vordergrund. Selbst wenn die Kenntnis von moralischen Regeln in Zweifel gezogen wird, gilt es dennoch, ein wichtiges gesellschaftliches Organisationsprinzip aufrecht zu erhalten, nämlich das von Verträgen und ihrer Einhaltung.[3] Im Mittelpunkt von LOCKEs staatsphilosophischen Un-

---

[1] „Da es ferner zur Erhaltung eines Staates nicht genügt, das jedermann Eigentümer eines Stücks Land oder einiger weniger Güter ist oder eine natürliche Fertigkeit in einem nützlichen Gewerbe besitzt, und da es auf der Welt kein Gewerbe gibt, das nicht entweder zum Leben oder zum Wohlbefinden beinahe aller Menschen notwendig ist, so ist es unbedingt erforderlich, daß sie ihre entbehrlichen Güter verteilen und das Eigentum daran gegenseitig durch Austausch und gegenseitige Verträge übertragen. Und deshalb steht es dem Staat, das heißt dem Souverän, zu, festzulegen, auf welche Weise alle Arten von Verträgen, wie Kauf, Verkauf, Tausch, Ver- und Entleihen, Verpachten und Pachten, abgeschlossen werden und bei welchen Worten und Zeichen sie als gültig angesehen werden sollen." HOBBES, Thomas (1651 a), 193.

[2] MACPHERSON bezieht sich auf eine Stelle im Leviathan, in der es heißt: „Und wie bei anderen Dingen, so bestimmt auch bei den Menschen nicht der Verkäufer den Preis, sondern der Käufer." MACPHERSON, Crawford Brough (1961): Die politische Theorie des Besitzindividualismus, Frankfurt am Main 1967, 82, vgl. HOBBES, Thomas (1651a), 67.

[3] „In der *Gerechtigkeit* und im Halten von Verträgen scheinen doch die meisten Menschen übereinzustimmen. Das ist ein Prinzip, von dem man annimmt, sein Geltungsbereich erstrecke sich bis in die Diebeshöhlen und in die Vereinigungen der ärgsten Schurken ... Sie befolgen sie in ihren eigenen Gemeinschaften als Regeln der Zweckmäßigkeit. [...] Gerechtigkeit und Treue sind die Bindeglieder der Gesellschaft und deshalb müssen sich selbst Vogelfreie und Räuber, die sonst mit aller Welt gebrochen haben, untereinander die Treue halten und die Regeln der Billigkeit befolgen, andern-

tersuchungen steht die Untersuchung des Privateigentums in der bürgerlichen Gesellschaft.[1]

Die Konstitutionsprobleme der bürgerlichen Gesellschaft, ihre Begründung sowie die mögliche Gefährdung sind Gegenstand der staatsphilosophischen Schriften von LOCKE. Selbst wenn die nachstehenden theoretischen Erörterungen die Emanzipation des englischen Bürgertums zum Gegenstand haben, die sich von den letzten feudalen Fesseln zu befreien suchen, darf hierbei auch nicht vergessen werden, dass die Bedeutung des Privateigentums in einer späteren Phase der kapitalistischen Entwicklung eine Klasse von Besitzlosen hervorbrachte, denen es nicht vergönnt war, am Eigentum und seinen positiven Auswirkungen zu partizipieren.

Dass das Eigentum im Zentrum des LOCKEschen Denkens steht, scheint heute unbestritten.[2] Immerhin ist das Staatsvolk für LOCKE die Summe der Eigentümer, die bei Abschluss des Gesellschaftsvertrags ihren Eigentumsanteil einbringen und durch die Finanzierung von Staatsorganen auch eine Einschränkung von Vermögenspositionen erfahren.[3] Dass durch erforderliche Zwangsabgaben die personale Zustimmung bzw. die Zustimmung durch eine Mehrheitsentscheidung erforderlich ist, ist gerade auch deshalb geboten, weil anderenfalls der Staatszweck nicht mehr eingehalten werden kann. Insoweit besteht auch in der bürgerlichen Gesellschaft eine Gefährdung des Privateigentums durch staatliche Willkürmaßnahmen, die allerdings durch entsprechende organisatorische Maßnahmen eingedämmt werden können.[4] Die weiteren Ausführungen werden zeigen, dass die LOCKEsche

---

falls sie nicht zusammenhalten könnten.“ LOCKE, John (1694): Über den menschlichen Verstand. Berlin 1968, I ii, 2, 53 f.

[1] „Das große und hauptsächliche Ziel, weshalb Menschen sich zu einem Staatswesen zusammenschließen und sich unter eine Regierung stellen, ist also die Erhaltung ihres Eigentums.“ LOCKE, John (1689): Zwei Abhandlungen über die Regierung, 2. Aufl., Frankfurt am Main 1977, Traktate II 124, 278.

[2] „Ob Locke den Ursprung von Gesellschaft und Staat, ob er die Sklaverei, ob er die unterschiedlichen Staatsformen, ob er die verschiedenen Staatsgewalten und ihre Rangordnung, ob er die gesellschaftlichen Aufgaben von Staat und Regierung, ob er die Notwendigkeit der Gesetzlichkeit und ob er schließlich die Rechtmäßigkeit von Rebellion und Revolution behandelt, stets liegt sein Bewertungsmaßstab, der Kristallisationskern seiner Gedanken, von dem aus und zu dem hin er argumentiert, im Eigentum ...“ KLENNER, Hermann (1980): Mr. Locke beginnt zu publizieren oder Das Ende der Revolution, in: LOCKE, John: Bürgerliche Gesellschaft und Staatsgewalt. Sozialphilosophische Schriften, hrsg. von Hermann KLENNER, 2. Aufl., Berlin 1986, 303.

[3] LOCKE, John (1689), II 120, 276. Bei Eingriffen in das Eigentum wird von der Einwilligung der Betroffenen ausgegangen, da auch eine Regierung nicht ohne weiteres in das Eigentum von Bürgern eingreifen darf, LOCKE, John (1689), II 140, 289 f.

[4] „... das Eigentum eines Menschen ist keineswegs sicher, mag es auch gute und billige Gesetze geben, zwischen ihm und seinen Mituntertanen die Grenzen zu bestim-

Eigentumsbegründung insoweit widersprüchlich ist, als neben dem rationalen Begründungszusammenhang auch eine theologische Sichtweise auftritt. Ähnliches gilt für LOCKEs Verhältnis zur Legitimität von staatlicher Macht. Dass zudem menschliche Gesellschaften durch die egoistischen Verhaltensweisen ihrer Mitglieder einer permanenten Gefährdung unterliegen, hatte er schon im „Ersten Traktat" angemerkt.[1]

Das staatliche Zwangsverhältnis führt immer zur Einschränkung von individuellen Freiheiten. Allerdings ist hier zu berücksichtigen, dass diese Situation kein Ergebnis von vernunftgeleitetem Handeln ist. Unter diesem Aspekt sieht LOCKE eine Lösung, die der von HOBBES ähnelt. Der Souverän erhält auch die Letztentscheidung über ethische und religiöse Fragen.[2] Hier wird noch nicht der Frage nachgegangen, woher die Macht des Fürsten resultiert, ob sie göttlichen Ursprungs oder nur eine Übertragung der Bürger auf den obersten Landesherren sei. Hier wird immerhin noch die Autorität aus einem göttlichen Ursprung heraus abgeleitet, obwohl andererseits darauf hingewiesen wird, dass die ursprüngliche Freiheit in dem Umfang ihrer freiwilligen individuellen Aufgabe untersagt werden kann.[3] Diese Einschränkung erfolgt, weil im Naturzustand noch keine gesellschaftlichen Regelungen vorliegen, die erst moralische Bewertungen ermöglichen. Da im Naturzustand niemand über einen anderen verfügen kann, ist die staatliche Autorität ein Akt des göttlichen Willens bzw. des Fürsten. Der nicht durch Gesetze geregelte Bereich bindet demzufolge die Individuen nicht, gibt ihnen allerdings die Möglichkeit, den Regelungsumfang auf andere, also staatliche Organe, zu übertragen. Nach dieser vertraglichen Regelung sind die Gesellschaftsmitglieder – aus naturrechtlicher Sicht und göttlichem Gebot – gebunden.[4] Die angeborene Freiheit ist von den Individuen demzufolge aufzugeben, weil anderenfalls nicht von einer Akzeptanz anderer bei der Durchsetzung von unterschiedlichen Interessen ausgegangen werden kann.[5] Ähnlich wie bei HOBBES ge-

men, wenn derjenige, der über diese Untertanen gebietet, die Macht hat, jedem Privatmanne von seinem Eigentum wegzunehmen, was ihm gefällt, und es zu gebrauchen und darüber zu verfügen, wie er es für gut hält." LOCKE, John (1689), II 138, 288.

[1] LOCKE, John (1689), I 58, 111 f.

[2] Das Spannungsfeld von Tyrannei und Anarchie werden von LOCKE als zwei nicht wünschbare Pole gesehen, von denen allerdings vermutet wird, dass sie eine ständige Gefährdung von menschlichen Gesellschaften darstellen. Die weiteren Ausführungen betreffen die Rückkehr Karl II. und der damit beginnenden Restaurationsphase. LOCKE, John (1660): Zur Frage: Ob die staatliche Obrigkeit von Rechts wegen den Gebrauch unwesentlicher Dinge im Rahmen von Gottesdiensten vorschreiben und festlegen darf, in: LOCKE, John (1980), 11 f.

[3] LOCKE, John (1660): Traktat über die Obrigkeit, 16 f.

[4] LOCKE, John (1660), 17 f.

[5] „Auch wenn wir davon ausgehen, daß dem Menschen von Natur her eine vollständige Freiheit eignet und er dergestalt Herr seiner selbst ist, [...] ist es dennoch eine un-

hört in den Kanon der Regelungsmöglichkeiten auch die Religion, allerdings handelt es sich bei LOCKE um eine Handlung, die aus der unmittelbaren Bevollmächtigung durch Gott hervorgeht. Der Ausgang aus dem Naturgesetz ist für das Individuum deshalb eine Notwendigkeit, weil anderenfalls keine angemessene Regelungssituation hergestellt werden könnte. Dies ist begründet durch das egoistische Verhalten und die damit verbundenen divergenten Interessen. Die religiöse Begründung der Monarchie entspricht andererseits derjenigen für das Eigentum. Damit wird die Frage der Souveränität gestellt. Die an ADAM verliehene Macht entspricht in der Erbfolge der „väterlichen Autorität" jedes Fürsten, die dadurch über eine absolute Herrschaftsgewalt sowohl über die Untertanen als auch über deren Sachen verfügen.[1] LOCKE kritisiert den behaupteten Umfang von staatlicher Autorität und Legitimität. Insbesondere sind es die fehlenden Argumente, die sich der Zeit entsprechend überwiegend auf Bibelzitate stützen.[2] Für den Naturzustand wird von FILMER behauptet, dass die Welt dem ADAM durch Schenkung mit dem Recht übereignet wurde, seine Nachfolger, wann immer es ihm beliebte, auszuschließen. Daraus folgt, dass spätere Eigentümer ihren Rechtsanspruch aus der Verwandtschaft zu ADAM ableiten müssen. LOCKE führt demgegenüber aus, dass mit der Eigentumsübertragung ein allgemeines Recht auf die Welt gemeint war, und zwar für alle Menschen, womit allerdings keine souveränen Herrscherrechte gegenüber anderen verbunden waren.[3]

---

veränderliche Bedingung der Gemeinschaft und des Staates, daß jeder einzelne Mensch zwangsläufig diesem Recht auf seine Freiheit entsagen und die Obrigkeit mit einer ebenso weitgehenden Gewalt über sein gesamtes Handeln betrauen muß, wie er selbst sie besitzt, da ja unmöglich jemand den Befehlen eines anderen Untertan sein kann, der sich die freie Verfügung über die eigene Person vorbehält und Herr über eine gleichgroße Freiheit ist." Insoweit stellen auch absolute Monarchie und Parlamentarismus keinen Gegensatz dar, weil auch im letzteren Fall die Mehrheit über politische Situationen entscheidet, und der Einzelne sich auch in dieser Situation zu unterwerfen hat: „Alles, was ihm zu tun bleibt [...] ist, die Mehrheit zu überzeugen, die der eigentliche Monarch ist." LOCKE, John (1660), 18.

[1] LOCKE, John (1689), I 9, 73.

[2] Zu dieser religiös begründeten monarchischen Vorstellung bemerkt SCHMITT: „Für eine andere – wenn auch leicht in die religiöse Vorstellung von dem Gott-Vater übergehende – Begründung ist der Monarch ein Vater. Die Autorität und Macht des Vaters in der Familie, die patria potestas, wird auf den Staat übertragen, der infolge dessen als eine vergrößerte Familie aufgefaßt wird." SCHMITT, Carl (1928): Verfassungslehre, 283.

[3] „Durch diese Verleihung [...] hat Gott ihm kein persönliches Besitzrecht über die niederen Lebewesen übertragen, sondern ein der gesamten Menschheit gemeinsames Recht. Er [Adam, S. P.] war somit auch kein Monarch auf Grund des Eigentums, das ihm hier übertragen wird." LOCKE, John (1689), I 24, 84.

Bemerkenswerterweise wird in diesem Zusammenhang von LOCKE auch der damit begründete Herrschaftsanspruch der ersten Frau, EVA, diskutiert.[1] Hinsichtlich der gesellschaftlichen Entwicklung werden für den Naturzustand weitere Entwicklungen des Eigentumsrechts zwischen ADAM und NOAH geltend gemacht, weil hier der Eigentumsumfang auch auf das Tierreich ausgedehnt wurde. Insoweit kann für LOCKE das Eigentumsrecht verändert werden, sofern es die gesellschaftlichen Bedingungen erfordern.[2] Im Gegensatz zum absoluten Eigentum geht LOCKE davon aus, dass mit dem positionalen Vorteil des Eigentums auch eine Verpflichtung zur Unterstützung von Not leidenden Individuen verbunden ist, die immer aus dem Überschuss gratifiziert werden sollen. Die damit verbundene Rechtsposition ist allerdings als Akt einer freiwilligen Unterwerfung zu sehen und für LOCKE noch kein Ergebnis der dahinter liegenden Eigentumsposition.[3] Selbst wenn dieses Handeln als moralisch verwerflich rubriziert wird, liegt ihm dennoch kein Ergebnis von Eigentumspositionen zugrunde, sondern allein das Ausnutzen eines zufälligen Vorteils. Sofern ein allgemeines Eigentumsrecht der Menschheit an allen Dingen angenommen wird, stellt sich die Frage nach der Erbrechtsfolge. Es schiene doch konsequent, wenn das persönliche Eigentum des Erblassers wieder in das allgemeine Eigentum der gesamten Menschheit zurückfallen würde. Dies Argument gilt insbesondere, sofern von der ursprünglich göttlichen Schenkung ausgegangen wird. Nur im Falle einer unmittelbaren persönlichen Aneignung konnte davon ausgegangen werden, dass Eigentumsrechte vererbt werden können. Das Erbrecht stellt sich für LOCKE als ein Resultat der menschlichen Reproduktion dar, die – göttlichen Ursprungs – anderenfalls nicht gewährleistet wäre.[4] Insoweit ist eine naturrechtliche Erbfolge begründet und nur bei fehlender Nachkommenschaft fällt das Eigentum wieder der Allgemeinheit zu.

Die Eigentumsposition dient der individuellen Reproduktion und bedarf des staatlichen Schutzes gegenüber unberechtigten Eingriffen durch andere Gesell-

---

[1] LOCKE, John (1689), I 29, 88 f.

[2] „Und so kann das menschliche Eigentumsrecht geändert oder erweitert werden, wie es hier nach der Sintflut geschah, wenn andere Verwendungszwecke erlaubt werden, die es vorher nicht gegeben hat. Ich glaube, [...] daß weder Adam noch Noah alleiniges Herrschafts- und Eigentumsrecht an den Geschöpfen mit Ausschluß ihrer Nachkommenschaft besessen haben, insofern diese allmählich in deren Bedürfnis hineinwachsen und befähigt werden, richtigen Gebrauch davon zu machen." Locke, John (1689), I 39, 97.

[3] LOCKE, John (1689), I 42–43, 99 f.

[4] Eine naturrechtliche Begründung folgt für LOCKE nicht aus dem gesellschaftlichen Handeln, sondern aus der Sicherung menschlichen Lebens. Demzufolge haben beispielsweise Kinder einen „Rechtsanspruch (durch die Vorstellung von, Anmerkung von S. P.) einem natürlichen Erbrecht auf den Besitz ihrer Eltern, auf den die übrige Menschheit keinen Anspruch erheben kann." LOCKE, John (1689), I 88–89, 138 f.

schaftsmitglieder. Neben der berechtigten Nutzung hat der Eigentümer auch die Möglichkeit, es zu vernichten. Damit ist der Umfang des absoluten Eigentums bestimmt.[1] Für die staatliche Autorität gilt, dass sie ein Ergebnis von individuellen Verträgen ist. FILMERs Argumentation wird letztlich auch deshalb zurückgewiesen, weil in der Neuzeit keine ausreichenden Informationen über die behauptete Erbfolge vorliegen. Demzufolge gibt es keine gerechtfertigte Legitimität aus der historischen Kenntnis und aus abgeleiteten Bibelzitaten.[2] Für LOCKE folgt aus den vorangestellten Argumenten, dass es keinen Grund zu der Annahme gibt, eine göttlich abgeleitete Legitimität für den jeweiligen Fürsten darzustellen. Es bedarf deshalb einer neueren Legitimationsbasis zur Rechtfertigung der politischen Macht.

Naturzustand

Innerhalb des natürlichen Zustandes vollzieht sich das menschliche Leben in den als natürlich empfundenen Regelungen, die dem Charakter von minimalen Normen entsprechen, wobei der individuelle Handlungsrahmen sehr weit gesteckt ist und auf keine anderen Handlungen Rücksicht nehmen muss. Dieser Naturzustand wird deshalb gleichgesetzt mit dem der vollkommenen Freiheit und Gleichheit, wobei insbesondere von einer Gleichverteilung des Besitzes ausgegangen wird. Abweichendes Verhalten darf im Naturzustand durch den einzelnen Betroffenen unter dem Gesichtspunkt einer individuell bestimmten Gerechtigkeitsvorstellung gerächt werden.[3] Dieser Gesichtspunkt von Freiheit und Gleichheit erfährt dort eine Einschränkung, wo naturrechtswidriges Handeln den Gemeinschaftsfrieden stört und deswegen der Betroffene bzw. die Betroffenen zur Vermeidung von Wiederholungen mit Sanktionen reagieren müssen.[4] Die damit verbundene Gewaltmaßnahme steht unter dem Gesichtspunkt, das Gemeinwohl insgesamt zu schützen. Insoweit hat sich die individuelle Strafzumessung nicht an irrationalen Verhaltensweisen auszurichten, selbst wenn sie verständlich sind, sondern ein Kriterium für Strafangemessenheit zu entwickeln.[5] Diese Sanktionsmöglichkeit ist allgemein, wobei deren Akzeptanz ebenso erforderlich ist wie bei den positiven Gesetzen der bürgerlichen Gesellschaft. Es wird allerdings vorausgesetzt, dass im Naturzustand die beschränkende Normierung von Handlungen eine un-

---

[1] LOCKE, John (1689), I 92, 141.

[2] LOCKE, John (1689), I 125, 166.

[3] „Es ist ein Zustand *vollkommener Freiheit*, innerhalb der Grenzen des Gesetzes der Natur ihre Handlungen zu regeln und über ihren Besitz und ihre Persönlichkeit so zu verfügen, wie es ihnen am Besten scheint, ohne dabei jemanden um Erlaubnis zu bitten oder vom Willen eines anderen abhängig zu sein. Es ist darüber hinaus ein *Zustand der Gleichheit*, in dem alle Macht und Rechtsprechung wechselseitig sind, da niemand mehr besitzt als ein anderer ...“ LOCKE, John (1689), II 4, 201.

[4] LOCKE, John (1689), II 6–7, 203 f.

[5] LOCKE, John (1689), II 8, 204, vgl. hierzu auch II 9–12.

eingeschränkte Akzeptanz und Einsichtsfähigkeit der Individuen beinhaltet, weil gerade die Einsichtsfähigkeit keine weitere Interpretation von Normen innerhalb des Naturzustandes erforderlich macht.[1] Sofern für den Naturzustand eingewandt wird, dass die einzelnen parteiisch und demzufolge hinsichtlich ihrer Strafzumessung nicht adäquat handelten, wird von LOCKE darauf aufmerksam gemacht, dass auch der oberste Fürst nur ein Mensch sei und einem Fehlverhalten unterliegen könne. Insbesondere stellt sich für die Individuen heraus, dass die Aufgabe des Naturzustandes für sie mit einer negativen Folge belastet wird, jetzt verlieren sie nämlich ihre individuellen Freiheiten, die allein durch naturrechtliche Normen beschränkt werden. In einem autoritären System müssen sie sich dem Willen der obersten Staatsautorität unterwerfen, selbst wenn sich diese ihren Untertanen gegenüber willkürlich verhält.[2] Der Naturzustand kann nur in der bürgerlichen Gesellschaft aufgehen, sofern die einzelnen Individuen durch vertragliche Regelung einen Staat gründen wollen. Nur durch die bewusste Aufgabe des Naturzustandes kann diese Gesellschaftsformation überwunden werden, weil andererseits auch Zustände denkbar sind, in denen trotz Beibehaltung des Naturzustandes vertragliche Regelungen vereinbart werden. Und insoweit konstituiert auch die bürgerliche Gesellschaft nicht das Moment von Wahrheit und gegenseitigem Vertrauen, sondern bestätigt nur allgemeine Grundsätze eines Gemeinwesens.[3] Der geregelte Naturzustand ist also das Kennzeichen mit dem sich LOCKE von HOBBES' Vorstellung abgrenzt. Und der Kriegszustand ist demgemäß eine spezielle Form, sofern ein einzelner oder mehrere ihre Interessen gewaltsam in der naturrechtlich begründeten Gemeinschaft durchsetzen wollen. Danach befinden sich die bedrohten Individuen in einem Kriegszustand, der sie zu allen erforderlichen Abwehrhandlungen einschließlich des Rechts zu töten, ermächtigt. Insoweit ist das Individuum wieder der einzige Richter, weil seine Handlungen naturrechtlich legitimiert werden müssen. Kennzeichnend für den angenommenen Naturzustand ist demzufolge auch das Fehlen jeglicher Instanzen, die derartige Entscheidungen übernehmen könnten.[4] Als Grund für die Bildung von staatlichen Gesellschaften und damit auch der Aufgabe des Naturzustandes wird die Gefahr benannt, dass der einmal entstandene Kriegszustand nicht beendet werden könne. Immerhin

---

[1] „Jedes Verbrechen, das im Naturzustand begangen werden kann, darf im Naturzustand genauso und mit derselben Strenge wie in einem Staate bestraft werden." LOCKE, John (1689), II 12, 207.

[2] LOCKE, John (1689), II 13, 208.

[3] „Denn nicht jeder Vertrag beendet den Naturzustand unter den Menschen, sondern nur jener, in dem sie gegenseitig übereinkommen, eine Gemeinschaft einzugehen und einen politischen Körper zu bilden. […] Die Versprechen und Tauschgeschäfte [...] sind für sie verbindlich, obwohl sie sich in ihrer Beziehung zueinander vollkommen im Naturzustand befinden. Denn Wahrheit und Vertrauen gebührt dem Menschen als Menschen und nicht als Glied der Gesellschaft." LOCKE, John (1689), II 14, 208.

[4] LOCKE, John (1689), II 19, 211 f.

besteht im Naturzustand nicht die Möglichkeit, sich einer allgemein akzeptierten Autorität zu bedienen, so dass die Individuen bei ihren erforderlichen Abwehrmaßnahmen auf sich selbst gestellt sind. Selbst wenn die gemeinschaftswidrigen Handlungen insgesamt als unrechtmäßig rubriziert werden können, kann es höchst schwierig werden, sich gegen widerrechtlich Handelnde zu wehren. Das Fehlen einer Autorität zur Rechtsdurchsetzung führt einerseits zum Ausbruch des Kriegszustandes, andererseits zur Staatengründung, innerhalb derer mit Hilfe einer Autorität friedensstiftende Maßnahmen hergestellt werden können.[1] Dem Naturzustand entspricht die unabhängige, individuelle Handlungsdisposition, weil kein Mensch Macht über einen anderen Menschen hat. Demgegenüber erfolgt in der bürgerlichen Gesellschaft eine Beschränkung der individuellen Handlungsmöglichkeiten auf den durch Gesetze geregelten Umfang, soweit diese durch den Willen der Gesellschaftsmitglieder bzw. deren Vertreter zustande gekommen ist.[2]

Eigentum

Ausgangspunkt für die Rechtfertigung des individuellen Eigentums ist die Vorstellung, dass Gott die Erde den Menschen insgesamt übereignet hat und trotz dieses Gemeineigentums dennoch die Möglichkeit besteht, an bestimmten Sachen individuelle Eigentumsrechte haben zu können.[3] Das Gemeineigentum wird für diejenigen Dinge angenommen, die ohne menschlichen Einfluss existieren bzw. hervorgebracht werden. Durch die persönliche Aneignung wird die Grenze des Gemeineigentums verdeutlicht, weil anderenfalls keine persönliche Verfügung gewährleistet werden kann.[4] Das Gemeineigentum ist demzufolge charakteristisch für den Naturzustand. Allerdings dürfen sich die Individuen zum Zwecke ihrer persönlichen Reproduktion Dinge aneignen und dadurch andere ausschließen. Die Begründung liegt einerseits in der individuellen Nutzung und andererseits in der damit eingesetzten Arbeitskraft, die den einzelnen in die Lage versetzt, Eigentum zu erwerben, weil anderenfalls nicht die Möglichkeit besteht, ei-

---

[1] LOCKE, John (1689), II 21, 212 f.

[2] LOCKE, John (1689), II 22, 213 f.

[3] „... es ist auf jeden Fall klar, daß Gott [...] *die Erde den Menschenkindern* gegeben hat und daß er sie den Menschen gemeinsam gegeben hat.". LOCKE, John (1689), II, 25, 215 f.

[4] „Die Erde und alles, was auf ihr ist, ist den Menschen zum Unterhalt und zum Genuß ihres Daseins gegeben. Alle Früchte, die sie natürlich hervorbringt, und alle Tiere, die sie ernährt, gehören den Menschen gemeinsam, weil sie wild wachsend von der Natur erzeugt werden; und niemand hat ursprünglich ein persönliches Herrschaftsrecht mit Ausschluß aller übrigen Menschen über irgendetwas, da es sich so in seinem natürlichen Zustand befindet. Doch da die Früchte den Menschen zu ihrem Gebrauch verliehen wurden, muß es notwendigerweise Mittel und Wege geben, sie sich irgendwie *anzueignen*, bevor sie dem einzelnen Menschen von irgendwelchem Wert oder überhaupt nützlich sein können." LOCKE, John (1689), II 26, 216.

ne Sache auch individuell zu nutzen. Daneben existiert ein natürliches Recht am eigenen Körper, so dass hieraus zwangsläufig folgt, keinem anderen zwangsweise dienen zu müssen.[1] Dass Arbeit als Eigentumsposition charakterisiert wird, zeigt in der späteren Diskussion der klassischen politischen Ökonomie eine Analogie zum Begriff des Kapitals. Es erscheint in diesem Zusammenhang auch wichtig, hervorzuheben, dass der Wert schaffende Gesichtspunkt der Arbeit mit dem Recht verbunden ist, andere von der Nutzung auszuschließen. Dies erscheint insoweit auch konsequent, weil anderenfalls die individuelle Leistung der Gemeinschaft zugute käme, ohne dass bei dieser Konstruktion das Individuum angemessen entschädigt würde. Es erscheint in diesem Zusammenhang auch wichtig hervorzuheben, dass Arbeit als einziger Wert schaffender Faktor das Eigentumsrecht des Arbeiters an einer Sache konstituiert und damit das Recht auf den vollen Arbeitsertrag gewährleistet.

Die Arbeit dient demzufolge zur Begründung von Eigentumsrechten, weil sie wertbildend ist. Andererseits bricht die individuelle Aneignung das ursprüngliche Gemeinschaftsrecht.[2]Allein die individuelle Aneignung beim Gebrauch einer Sache wird demgemäß durch das Eigentumsrecht gedeckt. Nicht das Gemeineigentum wird dadurch insgesamt infrage gestellt, sondern nur immer diejenigen Teile, die durch einzelne berechtigt angeeignet werden. Das Moment der individuellen Zuordnung, ausgelöst durch jedwede menschliche Tätigkeit, führt demzufolge zur Herausbildung von individuellem Eigentum.[3] Selbst wenn die individuelle Möglichkeit der Aneignung eingeräumt und dadurch das Gemeineigentum prinzipiell geschwächt wird, gilt für den Naturzustand eine naturrechtliche Schranke. Nur insoweit die Individuen Sachen für ihre Reproduktion benötigen, erwerben sie berechtigt Eigentumstitel und dürfen demzufolge auch berechtigt andere von der Nutzung ausschließen. Sofern der Umfang der Güteranhäufung die individuelle Reproduktion überschreitet und damit die Gefahr besteht, dass Güter nicht mehr ihrer sachgemäßen Verwendung zugeführt werden können, müssen bei knappen Ressourcen negative Auswirkungen für die anderen Menschen befürchtet werden.

---

[1] „... so hat doch jeder Mensch ein *Eigentum* an seiner eigenen *Person*. Auf diese hat niemand ein Recht als nur er allein. Die *Arbeit* seines Körpers und das *Werk* seiner Hände sind, so können wir sagen, im eigentlichen Sinne sein Eigentum. Was immer er also dem Zustand entrückt, den die Natur vorgesehen und in dem sie es belassen hat, hat er mit seiner *Arbeit* gemischt und ihm etwas eigenes hinzugefügt. Er hat es somit zu seinem *Eigentum* gemacht. [...] Denn da diese *Arbeit* das unbestreitbare Eigentum des Arbeiters ist, kann niemand außer ihm ein Recht auf etwas haben, was einmal mit seiner Arbeit verbunden ist. Zumindest nicht dort, wo genug und ebenso gutes den anderen gemeinsam verbleibt." LOCKE, John (1689), II 27, 216 f.

[2] LOCKE, John (1689), II 28, 217 f.

[3] LOCKE führt weitere Beispiele an, die aus dem Gemeineigentum jeweils Privateigentum werden lässt, so zum Beispiel durch Jagen und Fischen, LOCKE, John (1689), II 30, 218.

Sie würden dann nur in entsprechend geringerem Maße ihre Konsumwünsche befriedigen können.[1] Die Übergabe der Erde als Gemeineigentum an die Menschheit war allerdings mit der Verpflichtung verbunden, sie sich auch anzueignen. Daraus schlussfolgert LOCKE, dass damit auch die individuelle Nutzung beabsichtigt war, die konsequent zum Privateigentum führt.[2] Die für den Naturzustand geltende Möglichkeit der individuellen Aneignung findet seine Grenze innerhalb der bürgerlichen Gesellschaft und der dort vorherrschenden Existenz von positiven Gesetzen.

Der für den Naturzustand angenommene Rahmen für das private Eigentum lag in der beschränkten Verfügung über die Ressourcen, deren Grenze die individuelle Reproduktion darstellte. Bei Einhaltung dieser Norm erfolgte zwar ein Ausschluss von anderen Individuen hinsichtlich ihrer Nutzungsmöglichkeiten, es war aber immerhin noch gesichert, dass sie sich die für ihre Reproduktion erforderlichen Güter aneignen konnten. Dieser Annahme liegt die Vorstellung zugrunde, dass eine Gleichverteilung der Ressourcen möglich wäre.[3] Der Austritt aus dem Naturzustand in die bürgerliche Gesellschaft und die damit verbundene Aufhebung der ehedem naturrechtlichen Schranken des Privateigentums sind demzufolge ein Ergebnis der entwickelten Tauschwirtschaft, in der neben den Werten von Gütern ein weiterer, nämlich der des Geldes, existiert.

Der Eigentumserwerb im Naturzustand ist an den individuellen Arbeitseinsatz geknüpft, der für die Reproduktion erforderlich ist. Insoweit stellt auch die private Aneignung sogar noch eine positive Situation dar, weil ein höheres Produkt als im Naturzustand hervorgebracht wird und dadurch die Reproduktionsbedingungen insgesamt verbessert werden können. Deshalb kann LOCKE auch berechtigt davon ausgehen, dass die individuelle Wertsteigerung durch den Arbeitseinsatz der Gemeinschaft insgesamt zugute kommt, weil dadurch auch nur ein geringerer Teil an Naturressourcen angeeignet werden muss.[4]

---

[1] „*So viel Land* ein Mensch bepflügt, bepflanzt, bebaut, kultiviert und so viel er von dem Ertrag verwerten kann, so viel ist sein *Eigentum*. Durch seine Arbeit hebt er es gleichsam vom Gemeingut ab. [...] Wer, [...] sich irgendein Stück Land unterwarf, es bebaute und besäte, fügte ihm dadurch etwas hinzu, das sein *Eigentum* war, worauf kein anderer einen Anspruch hatte und was ihm niemand nehmen konnte, ohne ein Unrecht zu begehen." LOCKE, John (1689), II 32, 219 f.

[2] „Gott gab die Welt den Menschen gemeinsam. Doch da er sie ihnen zu ihrem Nutzen gab und zu den größtmöglichen Annehmlichkeiten des Lebens, die sie ihr abzugewinnen vermochten, kann man nicht annehmen, er habe beabsichtigt, daß sie immer Gemeingut und unkultiviert bleiben sollte. Er gab sie dem Fleißigen und Verständigen zur Nutznießung (und *Arbeit* sollte seinen *Rechtsanspruch* darauf bewirken) ..." LOCKE, John (1689), II 34, 220.

[3] LOCKE, John (1689), II 36, 221 f.

[4] LOCKE, John (1689), II 37, 223.

Bürgerliche Gesellschaft

Konstitutiv für den Zustand der bürgerlichen Gesellschaft ist nicht allein das Eigentum, das durch Aneignung und Arbeitseinsatz bereits im Naturzustand vorhanden war, sondern die Einführung des Geldes verbunden mit dem Wegfall der naturrechtlichen Schranke, über die eigene Reproduktion hinaus Güter zu akkumulieren. Es scheint ein Motiv menschlichen Handelns zu sein, über mehr Dinge verfügen zu wollen, als für den unmittelbaren Bedarf erforderlich sind. Mit Hilfe des Tauschmittels Geld, dem institutionell vermittelt ein Wert beigemessen wird und das zudem über den Vorteil verfügt, im Gegensatz zu dem überwiegenden Teil aller Rohstoffe, unbegrenzt haltbar zu sein, begründet sich eine Tauschwirtschaft. Hierdurch wird es möglich, über den Umfang der eigenen Reproduktion hinaus Güter zu akkumulieren, und sie nicht allein gegen andere, längerlebige zu tauschen, sondern stattdessen das Tauschmittel Geld als Medium der Wertaufbewahrung zu benutzen.[1] Die Tauschmittelfunktion des Geldes führt auch zu einer neuen Qualität des gesellschaftlichen Lebens. Durch seine Einführung wird die Möglichkeit eröffnet, auf Dauer Werte zu bilden. Selbst wenn diese Möglichkeit auch schon für den Naturzustand als zulässig angenommen wurde, sofern dadurch keine Vernichtung von Gütern erfolgte, sondern dadurch die Reproduktionsmöglichkeiten anderer Gesellschaftsmitglieder erhöht werden konnten,[2] wurde erst mit der Einführung des Geldes die Möglichkeit einer umfassenden Besitzakkumulation geschaffen und gerechtfertigt. Im Gegensatz zum Naturzustand beinhaltet die Wertaufbewahrung keinen gesellschaftlichen Widerspruch, weil der neue Maßstab Geld prinzipiell keiner Veränderung unterliegt.[3] Die Akkumulation von Eigentum wird allerdings nur dort folgen können, wo Menschen in der Lage sind, ihre Güter gegen andere auszutauschen. Auch die Landnahme erhält durch die Geldfunktion eine neue Qualität. Hier wird nämlich festgestellt, dass Individuen ihren Eigentumsanteil am Boden ausdehnen können, insoweit sie anderen

---

[1] LOCKE, John (1689), II 37, 222 f.

[2] „Wenn er wiederum seine Nüsse für ein Stück Metall weggab, [...] oder seine Schafe gegen Muscheln eintauschte, oder seine Wolle gegen einen funkelnden Kiesel oder Diamanten, und diese sein ganzes Leben bei sich aufbewahrte, so griff er damit nicht in die Recht anderer ein. Er durfte von diesen beständigen Dingen so viel anhäufen, wie er wollte. Denn die *Überschreitung der Grenzen seines rechtmäßigen Eigentums* lag nicht in der Vergrößerung seines Besitzes, sondern darin, daß irgendetwas ungenutzt verdarb.“ LOCKE, John (1689), II 46, 229.

[3] „*So kam der Gebrauch des Geldes auf*, einer beständigen Sache, welche die Menschen, ohne das sie verdarb, aufheben und nach gegenseitiger Übereinkunft gegen die wirklich nützlichen, aber verderblichen Lebensmittel eintauschen konnten. [...] Und wie die verschiedenen Stufen des Fleißes, das unterschiedliche Verhältnis ihres Besitzes bedingte, so gab die *Erfindung des Geldes* ihnen Gelegenheit, den Besitz zu vergrößern und beständig zu machen.“ LOCKE, John (1689), II 47–48, 229.

einen adäquaten Wert in Form von Geld bzw. Edelmetallen übereignen, und diesen dadurch die Möglichkeit eröffnen, über ein Äquivalent zu verfügen. Dass allerdings hierdurch auch eine ungleiche Vermögensverteilung in der Gesellschaft auftreten kann, wird als Ergebnis einer monetär bestimmten Ökonomie deutlich hervorgehoben.[1] Die ursprüngliche Begründung, dass die in den Dingen inkorporierte Arbeitszeit auch mit dem Eigentumsanspruch einhergeht, wird zumindest in diesem Umfang für die bürgerliche Gesellschaft in Zweifel gezogen. Zumindest stellt sich heraus, dass durch ungleiche Vermögensverteilung rechtliche Auseinandersetzungen auftreten, weil die naturrechtliche Schranke der reproduktiven Aneignung nicht mehr allgemein akzeptiert wird.[2]

Staat

Für die Staatsgewalt wird in diesem Zusammenhang deutlich, dass die gesellschaftliche Wohlfahrt in erster Linie durch eine liberale Gesetzgebung gefördert wird. Das Aufgeben des Naturzustandes ist eine rationale Entscheidung, weil nur dadurch die Unsicherheit beseitigt werden kann, durch unrechtmäßige Eingriffe am Eigentum geschädigt zu werden. Selbst wenn der Umfang der Beeinträchtigungen nur von einer geringen Zahl von Menschen ausgeht, sind die Opportunitätskosten durch die Aufgabe der ursprünglichen Freiheit geringer als jene, die durch das Moment der Unsicherheit im Naturzustand hervorgerufen werden.[3] Der Einzelne gibt mit seinem Naturzustand zugleich die Möglichkeit auf, sich selbst zu verteidigen. Der durch den Gesellschaftsvertrag entstandene Staat tritt an diese Stelle, weil ihm die Aufgabe des umfassenden Rechtsschutzes übertragen wurde.[4] Dieser bürgerliche Staat zeichnet sich durch gesetzliche Regelungen aus, die für jeden gleichermaßen gelten und erst dadurch Freiheit ermöglichen, dass alle Menschen frei sind, ihre Handlungen entsprechend den eigenen Vorstellungen in den gesetzlich vorgeschriebenen Bahnen zu realisieren. Zugleich entfällt jedoch

---

[1] Im Gegensatz zu den produzierten Gütern, die ihre Wertbildung durch die menschliche Arbeitskraft erhalten, gelten für Edelmetalle nur die Wertbildung kraft einer gesellschaftlichen Institution, als deren Folge eine individuelle Vermögensaneignung resultiert: „Denn sie haben durch stillschweigende und freiwillige Zustimmung einen Weg gefunden, wie ein Mensch auf redliche Weise mehr Land besitzen darf, als er selbst nutzen kann, wenn er nämlich als Gegenwert für den Überschuß an Produkten Gold und Silber erhält, jene Metalle, die in der Hand des Besitzers weder verderben noch umkommen und die man, ohne jemandem einen Schaden zuzufügen, aufbewahren kann. Diese Verteilung der Dinge zu einem ungleichen Privatbesitz haben die Menschen, außerhalb der Grenzen der Gemeinschaft und ohne Vertrag nur dadurch ermöglicht, daß sie dem Gold und Silber einen Wert beilegten, und stillschweigend in den Gebrauch des Geldes einwilligten." LOCKE, John (1689), II 50, 230 f.

[2] LOCKE, John (1689), II 51, 231.

[3] LOCKE, John (1689), II 123, 278.

[4] LOCKE, John (1689), II 88, 254.

die Möglichkeit, unter der patrimonialen Gewalt eines anderen stehen zu müssen.[1] Wurde für den Naturzustand schon auf die Wertbildung durch menschliche Arbeitskraft verwiesen, gibt es angesichts einer stärkeren Differenzierung der Gesellschaft auch das Herr-Knecht-Verhältnis. Hiermit wird eine zeitgebundene Dienstleistung bezeichnet, ohne dass weitere Ausführungen zum Arbeitsergebnis gemacht werden.[2]

Die Übertragung der Macht auf gesellschaftlich legitimierte Instanzen wird erneut als Kriterium der bürgerlichen Gesellschaft in § 87 erörtert. Für die bürgerliche Gesellschaft wird des Weiteren betont, dass mit ihr die Regierungsform der absoluten Monarchie prinzipiell nicht vereinbar ist, weil jeder in der Gesellschaft an Recht und Gesetz gebunden ist, dies aber nicht für einen absoluten Fürsten gelten kann. Neben der vermuteten Parteilichkeit wird insbesondere hervorgehoben, dass für die Gesellschaftsmitglieder keine Überprüfungsmöglichkeit für die staatlich legitimierten Handlungen vorgesehen ist, gerade deshalb haben allerdings die Individuen ihren Naturzustand freiwillig aufgegeben, damit ihr zukünftiges Leben sich in Sicherheit vollziehen kann.[3] Gerade die Bindung an das Gesetz entspricht der bürgerlichen Gesellschaft, und zwar ohne jede Ausnahme.[4] Als Folge des freiwilligen Austretens aus dem Naturzustand durch einen Gesellschaftsvertrag folgt andererseits auch, dass die in diesem Staatswesen geborenen Kinder nicht automatisch ihre Freiheit aufgegeben haben, weil diese eben keine verbindliche Verpflichtung gegenüber der Gesellschaft eingegangen sind.[5] Damit aber nicht die frühere Übereinkunft permanent wiederholt werden muss, genügt das stillschweigende Einverständnis der späteren Gesellschaftsmitglieder durch konkludentes Handeln, indem sie auf einem bestimmten Territorium leben bleiben. Die Verpflichtung des Staates erstreckt sich auf den Schutz des Eigentums seiner Gesellschaftsmitglieder mit Hilfe einer an die Rechtsvorschriften gebundenen Legislative. Des Weiteren bedarf es der Garantie der inneren Sicherheit sowie des Schutzes der Staatsgrenzen. Oberstes Ziel dieser bürgerlichen Gesellschaft ist demzufolge das Gemeinwohl.[6]

---

[1] LOCKE, John (1689), II 57, 234.

[2] LOCKE, John (1689), II 85, 251 f.

[3] LOCKE, John (1689), II 90–93, 255–258.

[4] LOCKE, John (1689), II 94, 259.

[5] LOCKE, John (1689), II 116, 273 f.

[6] „Mit ihrem Eintritt in die Gesellschaft verzichten nun die Menschen zwar auf die Gleichheit, Freiheit und exekutive Gewalt des Naturzustandes, um sie in die Hände der Gesellschaft zu legen, damit die Legislative so weit darüber verfügen kann, wie es das Wohl der Gesellschaft erfordert. Doch geschieht das nur mit der Absicht jedes einzelnen, um damit sich selbst, seine Freiheit und sein Eigentum besser zu erhalten [...]. *Man kann deshalb auch nie annehmen*, daß sich die Gewalt der Gesellschaft oder

Mit dem Bestandsschutz der einmal gegründeten Gesellschaft ist auch die Forderung verbunden, das Eigentum gesellschaftlich anzuerkennen. Anderenfalls wären die Individuen in den Naturzustand zurückgeworfen, den sie gerade des Eigentums wegen aufgegeben haben. Eingriffe in das Eigentum sind demzufolge immer nur dann rechtmäßig, wenn die Menschen ihnen zustimmen. Insoweit hat auch keine Regierung das Recht, ohne hierzu bevollmächtigt zu sein, durch gesellschaftlichen Beschluss in Form eines Gesetzes in das Privateigentum einzugreifen. Die oberste Voraussetzung für derartig legitimes Handeln wird durch einen gesellschaftlichen Konsens, der mehrheitsfähig sein muss, hergestellt. Das andererseits aber auch Eigentum als eine relative Position angesehen werden kann, wird am Beispiel der absoluten Regierungsform deutlich. Hier ist nicht sichergestellt, dass die Eigentumsgarantie auch eingehalten werden wird, weil die Enteignungsmaßnahmen stets in Abhängigkeit von Bewertungsmaßstäben erfolgen, die keiner weiteren Kontrolle unterliegen.[1] Sofern allerdings die oberste Gewalt gegen die Interessen der Gemeinschaft verstößt, haben die Mitglieder die Möglichkeit, durch Abwahl bzw. Widerstandsrecht ihre individuellen Freiheitsrechte zu schützen.[2] Andererseits stellt sich heraus, dass Eigentumspositionen auch durch Kriegseinwirkungen nicht untergehen. Der Sieger in einem gerechten Krieg kann zwar über das Leben der Unterlegenen disponieren, keineswegs aber entspricht es dem Rechtszustand, auch in ihr Vermögen einzugreifen, soweit es nicht aus Gründen von Schadensersatzansprüchen geschieht.[3]

Resümee

LOCKEs Argumentation stellt im Naturzustand und innerhalb der bürgerlichen Gesellschaft das Eigentum in den Vordergrund, indem er deutlich macht, dass der Gesellschaftsvertrag nur aus den Sicherheitsgründen gegenüber den jeweiligen

---

der von ihr eingesetzten *Legislative weiter erstrecken soll als auf das gemeinsame Wohl.*“ LOCKE, John (1689), II 131, 281.

[1] „Denn das *Eigentum* eines Menschen ist keineswegs sicher, [...] wenn derjenige, der über diese Untertanen gebietet, die Macht hat, jedem Privatmanne von seinem Eigentum wegzunehmen, was ihm gefällt, und es zu gebrauchen und darüber zu verfügen, wie er es für gut hält.“ LOCKE, John (1689), II 138, 288.

[2] LOCKE, John (1689), II, 293 f.

[3] Zur Verteidigung des Eigentums ist es durchaus zulässig, auch das Leben des anderen zu beschädigen, jedoch nicht, ihm sein Eigentum wegzunehmen: „Seine [des Diebes, S. P.] Gewalttat und der Kriegszustand, in den er sich versetzte, ließen ihn sein Leben verwirken, sie gaben mir jedoch keinerlei Rechtsanspruch auf seinen Besitz. Das Recht *der Eroberung erstreckt sich folglich nur auf das Leben* der Menschen, die an dem Krieg teilnahmen, *nicht aber auf ihren Besitz*; letzteres nur, um für den erlittenen Schaden und die Lasten des Krieges Entschädigung zu leisten, und das wiederum nur unter Vorbehalt der Rechte der unschuldigen Frauen und Kinder.“ LOCKE, John (1689), II 182, 316.

Eigentumspositionen geschlossen wird. Die naturrechtliche Argumentation, dass sich niemand mehr aneignen dürfe, als er selbst für seine Reproduktion benötigt, entfällt für den Zustand der bürgerlichen Gesellschaft durch das Vorhandensein von Geld. Dadurch erhalten die Gesellschaftsmitglieder die Möglichkeit, der natürlichen Schranke der Verschlechterung von Gütern zu entgehen und dennoch zu akkumulieren. Dass die Anhäufung von Grundeigentum analog zu den anderen Gütern argumentativ verwendet wird, ist ebenfalls einer speziellen Geldfunktion zuzuschreiben, nämlich der, auch Wertaufbewahrung zu sein. Die Wertbildung der Ware Arbeitskraft führte im Naturzustand zur Eigentumsübertragung, weil davon ausgegangen wurde, dass die menschliche Arbeitskraft der alleinige Wert schöpfende Faktor ist. Dieser Gesichtspunkt wird für die bürgerliche Gesellschaft nicht aufgehoben, allerdings relativiert. Selbst wenn durch die Arbeit des Menschen das Eigentumsrecht an einer Sache begründet wird, ist eine Aneignung solange rechtens, wie der damit entstehende Ertrag auch persönlich verwertet werden kann. Hierzu bedarf es zumindest im Naturzustand auch nicht der Einwilligung von anderen. Aus dieser Situation des Aneignungsrechtes heraus verfügt der Herr über das Arbeitsergebnis seines Knechtes, Sklaven bzw. Lohnarbeiters. Angesichts des Geldes resultiert daraus in der bürgerlichen Gesellschaft auch eine ungleiche Vermögensverteilung, sofern die Individuen der Güterakkumulation die von Geldvermögen vorziehen. Durch diese gedankliche Konstruktion erfährt eine ungleiche Eigentumsverteilung auch ihre Rechtfertigung in der bürgerlichen Gesellschaft. Unter diesem Gesichtspunkt wird dann auch die Staatfunktion abgeleitet, als deren oberstes Ziel die Erhaltung des Eigentums der Gesellschaftsmitglieder angesehen wird.

Der auftretende Aspekt, Arbeitskraft als Kapital zu sehen, scheint deshalb nur legitimatorischen Charakter zu haben. Immerhin wird bei der Behandlung des Armuts- und Arbeitslosenproblems deutlich, dass der „Eigentümer" der Ware Arbeitskraft von der entsprechenden Nachfrage abhängig ist, um ein entsprechendes Einkommen erzielen zu können. Insoweit ist die Analogie zu anderen Eigentumspositionen durchaus angemessen beschrieben. Andererseits wird nicht deutlich herausgestellt, dass andere Eigentümer in der Gesellschaft, wie nämlich Produktions- und Grundeigentümer, über die Arbeitskraft disponieren und nicht der Eigentümer der Arbeitskraft selbst. In welchem Umfang gerade die Arbeitskraft von gesellschaftlichen Entwicklungen abhängig ist, wird bei LOCKE anlässlich einer Novellierung zur Armengesetzgebung und zur Verhinderung von Arbeitslosigkeit deutlich. Hier stellt sich heraus, dass Armut und Arbeitslosigkeit auch als ein Ergebnis von mangelnder Arbeitsmoral bei zu hohen Lohnforderungen begriffen werden kann, ohne hierbei andere gesellschaftliche Momente wie zum Beispiel den Prozess der Einhegung einzubeziehen.[1] Für TAWNEY sind LOK-

---

[1] LOCKE, John (1697): Plan zur Beseitigung der Arbeitslosigkeit, in: ders., (1980), 271–288.

KEs Vorstellungen Ausdruck des Zeitgeistes der Landeigentümer und der Kaufleute. Aber erst das 18. Jahrhundert wird seine Gedanken in diesem Sinne zur „Religion erheben“.[1]

Damit wird der politische Einfluss dieser Gesellschaftsklasse deutlich, die ihr Eigentum unmittelbar mit dem gesellschaftlichen Wohl verknüpfte. Begünstigt durch die politischen und ökonomischen Entwicklungen, vollzieht sich der Einhegungsprozess mit den bekannten negativen Folgen. Im Vordergrund des Handelns steht in zunehmendem Maße das Selbstinteresse als Ausfluss eines naturrechtlichen Gedankengebäudes. Immerhin war es LOCKE, der darauf aufmerksam machte, dass die Menschen sich die Erde Untertan zu machen hatten und gemäß Gottes Weisung auch den Wohlstand zu mehren hatten. Insoweit ist das egoistische Handeln durchaus konform mit der realhistorischen Entwicklung und findet seine Rechtfertigung in LOCKEs Staatsphilosophie. Deshalb kann LEE auch behaupten: „It is an undeniable maxim that everyone by the light of nature and reason will do that which makes for his greatest advantage. ... The advancement of private persons will be the advantage of the public.”[2] Insoweit dienen also LOKKEs Ausführungen der Legitimation der herrschenden bürgerlichen Klasse. Die Auswirkung des Prozesses der Einhegungen auf Armut und damit auch auf Arbeitslosigkeit wurde offen diskutiert und findet auch bei LOCKE seine Entsprechung im „Plan zur Beseitigung der Arbeitslosigkeit“. Insbesondere stellt sich im Laufe dieses Diskussionsprozesses heraus, dass die Funktion des Eigentums eine andere soziale Dimension bekommt, als sie von den LEVELLERS angesehen wird. Eigentum ist jetzt mit einer wichtigen Staatsfunktion verbunden, dient also nicht allein der Reproduktion.[3] Weiterhin gibt es auch Bemühungen, den Einhegungsprozess moralisch zu begründen. Denn der Großgrundbesitzer findet jetzt die Möglichkeit, sich um die Moral seiner Arbeitskräfte zu kümmern, wenn es ihnen dann auch nicht mehr möglich ist, als freie Bauern zu arbeiten.[4] Die Legitimation des Privateigentums, die letztendlich in einer Rechtfertigung der ungleichen Vermögensverhältnisse gipfelt, ist ein Resultat der ungleichen Aneignungsmöglichkeiten. Diese werden allerdings für den Naturzustand insoweit ausgeglichen,

---

[1] TAWNEY, Richard H. (1925): Religion and the Rise of Capitalism. London 1929, 258.

[2] Zit. nach: TAWNEY, Richard H. (1925), 259.

[3] „The theoretical basis of the policy of protecting the peasant by preventing enclosure have been a conception of landownership which regarded its rights and its duties as inextricably interwoven. Property was not merely a source of income, but a public function, and its use was limited by social obligations and necessities of state. With such a doctrine the classes who had taken the land in the struggle against the monarchy could make no truce. Its last vestiges finally disappeared when the restauration parliament swept away military tenures, and imposed on the nation, in the shape of an excise, the financial burden previously borne by themselves.“ TAWNEY, Richard H. (1925), 258.

[4] Tawney, Richard H. (1925), 260.

als davon ausgegangen wird, dass auch der weniger Vermögende über angemessene Aneignungsmöglichkeiten verfügt. Daraus resultiert dann andererseits die Situation, dass jeder Anspruch auf das Vermögen berechtigt zurückgewiesen werden kann.[1] Damit wird der ursprüngliche Schutz gegenüber unberechtigten staatlichen Eingriffen auch in sein Gegenteil verkehrt.[2] Der Umfang der gesellschaftlichen Armut findet seinen Niederschlag in der entsprechenden Armengesetzgebung sowie in der Errichtung von Armenhäusern. Der Auffassung, Armut als ein Ergebnis des sozialen Anpassungsprozesses zu sehen, steht das Erklärungsmuster vom individuellen Versagen gegenüber. Teilweise erfolgt die Rechtfertigung der Vorgehensweise gegen die entwurzelten Bauern und deren Familien auch mit Hilfe religiöser Argumente.[3]

2.2.3. Eigeninteresse und Moralphilosophie: David Hume

In welchem Umfang das naturwissenschaftliche Denken und die praktischen Fragestellungen der Zeit das Denken der politischen Ökonomie beeinflusst haben, wurde bei HOBBES und LOCKE deutlich. Die praktische Ausrichtung, die englische Autoren im Gegensatz zu dem kontinentaleuropäischen Denken in den Vordergrund stellten, sind nicht zuletzt ein Ergebnis ihrer praktischen Tätigkeit und den damit verbundenen Fragestellungen.[4] In diesem Zusammenhang beschreibt PETTY, ganz im Stil seiner Zeit, die physikalische Methode als eine, die den naturwissenschaftlichen Ergebnissen entsprechend, auch dem sozialen Gegenstand angemessen ist.[5] Der bisher angenommene Gesellschaftsvertrag wird als Basis jeglicher Staatengründung von HUME als Fiktion zurückgewiesen. Ausgangs-

---

[1] LOCKE, John (1689), II 34, 220.

[2] Ein Gesichtspunkt, auf den auch STEINVORTH aufmerksam macht: „Mit zunehmender Kenntnis gesellschaftlicher Abhängigkeiten konnte daher Kritik an Lockes Verteidigung der unbegrenzten privaten Aneignung und seiner auf sie gegründeten Staatstheorie kaum ausbleiben. Locke selbst hatte auch dazu schon beigetragen, denn die Elemente seines Kriteriums, mit dem er die private Aneignung zu rechtfertigen versuchte, Freiheit und Glück, ließen sich auch zu seiner Kritik gebrauchen." STEINVORTH, Ulrich (1981): Stationen der politischen Theorie. Stuttgart, 95 f.

[3] Zu den unterschiedlichen Zyklen und Begründungsbasen der Interpretation von Armut und Reichtum vgl. TAWNEY, Richard H. (1925), 262–273.

[4] Siehe hierzu TAWNEY, Richard H. (1925), 250.

[5] Gegenstand dieser sozialwissenschaftlichen Analyse ist der Zustand Englands, wobei als Methode keine intellektuelle Auseinandersetzung mit den vorherrschenden Argumenten gewählt wird, sondern analog der naturwissenschaftlichen Methode argumentiert wird, nämlich: „to express my self in Terms of Number, Weight or Measure; to use only Arguments of Sense, and to consider only such Causes, as have visible Foundations in Nature; leaving those that depend upon the mutable Minds, Opinions, Appetites, and Passions of particular Men, to the Consideration of others ..." PETTY, William (1690): Political Arithmetick, Preface, 7, London. Reprint Düsseldorf 1992.

punkt seiner Überlegungen ist eine empirisch–sensualistische Auffassung von menschlicher Erkenntnis. Daneben wird der Gesichtspunkt des Gesellschaftsvertrags auch hinsichtlich der unterschiedlichen Schlussfolgerungen beleuchtet. Denn immerhin besteht seit HOBBES die Möglichkeit, entsprechend der jeweiligen Begründungsbasis, hieraus politisch andere Schlussfolgerungen ziehen zu können. Wird einerseits mit Hilfe des Gesellschaftsvertrags die absolute Monarchie gerechtfertigt, lässt sich andererseits auch mit LOCKE das Recht auf Widerstand ableiten. Beides erscheint für HUME ein Ergebnis der spekulativen Vorgehensweise zu sein. Indem er von dem eindeutig Erkennbaren ausgeht, kann er aus seiner Position Fiktionen wie die des Gesellschaftsvertrags zurückweisen. Nicht allein die unterschiedliche Bewertung macht für ihn das kritische Moment gegenüber dieser Vertragsvorstellung aus, sondern vielmehr die Tatsache, dass die damit verbundenen Vorstellungen nicht beweisbar sind.

In Ermangelung eines anderen Beweises wird davon ausgegangen, dass Staaten das Ergebnis eines göttlichen Einfalls sind, weil anderenfalls das Moment von Sicherheit für die menschliche Zivilisation nicht gewährleistet werden kann.[1] Im Naturzustand wird auch von HUME davon ausgegangen, dass prinzipiell die Menschen über gleiche Fähigkeiten und Machtpotentiale verfügen, so dass keineswegs ein Vorteil für das Individuum gegenüber anderen angenommen werden kann. Insoweit könnte der Gesellschaftsvertrag als eine freiwillige Übereinkunft angesehen werden, weil Menschen die Gleichmäßigkeit ihres Lebens, das heißt in diesem Falle die Sicherheit in den Vordergrund ihrer Überlegungen stellen. Dabei wird allerdings deutlich, dass über derartige Gesellschaftsverträge keine historisch nachprüfbaren Belege existieren, so dass Zweifel angebracht sind, in welchem Umfang eine derartige historisch anzunehmende Vertragsgestaltung überhaupt stattgefunden hat.[2] Hier wird des Weiteren in Zweifel gezogen, ob die Staatsgründung ein Resultat von Verträgen gewesen ist oder nicht vielmehr eine freiwillige Unterwerfung unter ein stärkeres Mitglied in einer Gemeinschaft. Für HUME ist deutlich, dass nicht ein Vertrag im Vordergrund der Handlungen stand,

---

[1] „Da die Menschheit ohne den Schutz durch eine Regierung zumindest nicht in angenehmen und sicheren Verhältnissen leben könnte, muß diese Institution zweifellos von jenem wohltätigen Wesen vorgesehen worden sein, welches für all seine Geschöpfe das Beste beabsichtigt. [...] Alle tatsächlichen Geschehnisse sind im allgemeinen Plan unter der Absicht der Vorsehung zusammengefaßt." HUME, David (1777 k): Über den ursprünglichen Vertrag, in: ders., Politische und Ökonomische Essays, Bd. 2, Hamburg 1988, 302, (zit. als (1777 *x* in der Reihenfolge der Essays) I bzw. II).

[2] Daraus folgt für HUME, dass die Vertragsgestaltung nicht schriftlich fixiert gewesen sein muss und es lediglich der übereinstimmenden Willenserklärung der Individuen bedurfte, um ein Staatswesen zu begründen. Hinsichtlich seines Zeitalters wird allerdings konstatiert: „Die Macht, die jetzt vorherrscht und sich auf Flotten und Armeen stützt, ist offensichtlich politisch und beruht auf Autorität als Ergebnis etablierter Regierung." HUME, David (1777 k) II, 303.

sondern konkludentes Handeln, das gemeinschaftsbildenden Charakter hatte.[1] Im Hinblick auf das Widerstandsrecht, das sich aus der Vorstellung einer allgemeinen Gleichheit von Menschen herausgebildet hat, wird eingewandt, dass auch hier die reale Situation nicht mit den gedanklichen Vorstellungen übereinstimmt. Vielmehr zeichnet sich das gesellschaftliche Leben durch ein bestimmtes Maß an Gleichförmigkeit aus, dem ganz offensichtlich ein hohes Maß an Subordination inhärent ist und zudem für die Gestaltung von gesellschaftlichen Prozessen erforderlich.[2] Der Verlust an gesellschaftlichem Erinnerungsvermögen führt zu der Annahme eines irgendwann abgeschlossenen Vertrages. Aufgrund der sozialen Amnesie ist jedoch ein Rückbezug nicht mehr möglich, sondern nur noch durch Annahme rekonstruierbar. Des Weiteren wird herausgestellt, dass überwiegend nicht von einer freiwilligen Aufgabe der ursprünglichen Freiheit ausgegangen werden kann, sondern vielmehr die Durchsetzung eines Gewaltverhältnisses kennzeichnend für Staatsgründungen gewesen ist.[3] Stabilität und Legalität in Staaten sind demzufolge ein Resultat des konkludenten Handelns der einzelnen Gesellschaftsmitglieder. Gegen die Kündigung des behaupteten Gesellschaftsvertrags spricht außerdem die fehlende Möglichkeit einzelner Gesesellschaftsmitglieder, aufgrund bestimmter Merkmale (z. B. Sprachbarrieren) ihr Land zu verlassen. Außerdem könnten umfassende Auswanderungen auch gegen das Interesse des jeweiligen Landesherren verstoßen, der sie demzufolge untersagen wird.[4] Hinsichtlich der gesellschaftlichen Veränderungen wird vermutet, dass revolutionäre Prozesse eher gesellschaftsschädlich sind und, sofern Modernisierungen vom Fürsten ausgehen, zu Legitimationsproblemen führen können. Allerdings kann hier im Regelfalle auch von einem hohen Anpassungsverhalten der Individuen ausgegangen werden.[5]

---

[1] HUME, David (1777 k) II, 304.

[2] „Gehorsam und Unterwerfung werden derart zur Gewohnheit, daß die meisten Menschen nicht mehr nach ihrem Ursprung oder nach ihrer Begründung fragen, ebenso wie beim Gesetz der Schwerkraft, des Reibungswiderstands und den allgemeinsten Naturgesetzen." HUME, David (1777 k) II, 305.

[3] HUME, David (1777 k) II, 306.

[4] „Können wir allen Ernstes behaupten, daß ein armer Bauer oder Handwerker die freie Wahl hat, sein Land zu verlassen, wenn er keine Fremdsprache spricht oder Umgangsformen kennt und Tag für Tag von seinem geringen Lohn lebt? [...] Wenn ein Fürst feststellte, daß viele seiner Untertanen vom Drang besessen wären, in fremde Länder auszuwandern, würde er sie zweifellos zurückhalten, um die Entvölkerung seines eigenen Königreichs zu verhindern. Würde er durch ein solches weises und vernünftiges Gesetz die Loyalität all seiner Untertanen verlieren? Die Entscheidungsfreiheit wäre ihnen in diesem Falle sicherlich genommen." HUME, David (1777 k) II, 311 f.

[5] HUME, David (1777 k) II, 312 f.

Die Notwendigkeit der gesellschaftlichen Bindung ist das Ergebnis einer begrenzten Einsicht in das egoistische Handeln, das die Eigentumsposition von anderen nicht respektiert. Diese Beschränktheit der menschlichen Erkenntnis führt zwangsläufig zur Bildung von Staaten und damit der Unterwerfung unter eine Autorität. Durch die Akzeptanz der Staatsgewalt erfolgt eine Sicherung der jeweiligen Eigentumspositionen aus Einsicht in die Notwendigkeit der Unterwerfung, wobei dieser Gesichtspunkt zugleich als Verpflichtung begriffen wird.[1] Den moralisch begründeten Pflichten steht die staatliche Sanktionsmöglichkeit bei abweichenden Verhaltensweisen gegenüber. Insoweit stellt sich auch die Freiheitsaufgabe der Gesellschaftsmitglieder für sie insgesamt als positiv heraus, weil das Einhalten von Verträgen im gegenseitigen Interesse ist. Entwickelte Tauschwirtschaften könnten ohne eine derartige Basis nicht funktionieren.[2] Angesichts des Naturzustandes und der damit verbundenen urwüchsigen Verhaltensweisen stellt die Aufgabe und Einordnung in die bürgerliche Gesellschaft einen Zwang gegenüber dem Individuum dar. Hier tritt zum ersten Mal auch der Gedanke von Adam SMITH über die innere Einsicht in Handlungen, die gesellschaftsgefährdend sind, auf. Diese sind aus dem begründeten Eigeninteresse zu unterlassen. Damit wird zugleich ein bestimmter Umfang von gesellschaftlichem Zwang akzeptiert, ohne den Gesellschaften nicht existieren könnten.[3] Die persönliche Sicherheit und der Schutz des Privateigentums sind auch bei HUME das hervorstechende Merkmal für den Eintritt in die bürgerliche Gesellschaft. Bei Vorherrschen von egoistischen Interessen lässt sich das Gemeinwohl nur angemessen schützen, indem sich die Individuen all derjenigen Handlungen enthalten, die zu einer Gefährdung der bürgerlichen Gesellschaft beitragen würden. Darüber hinaus erfährt das individuelle Handeln eine Korrektur durch bewusste Eingriffe der staatlichen Autorität. Das Hinüberwechseln aus dem Zustand der Ursprünglichkeit in den der bürgerlichen Gesellschaft ist für die Individuen jedoch kein Akt der Vernunft, sondern vielmehr das Ergebnis eines gewaltsamen historischen Prozesses, der allerdings für die Individuen mit Vorteilen verbunden ist. Angesichts dieser Feststellung kann die These von einer freiwilligen Aufgabe des Naturzustandes nicht aufrecht erhalten bleiben und wird deshalb von HUME als Spekulation zurückgewiesen.

---

[1] „Besäßen alle Menschen ein so sicheres Gerechtigkeitsgefühl, daß sie niemals das Eigentum anderer begehrten, so hätten sie auf Ewigkeit in völliger Freiheit und ohne jegliche Unterwerfung unter einen Magistrat oder eine politische Gesellschaft leben können. Doch man hält die menschliche Natur zu Recht für unfähig zu solcher Vollkommenheit. [...] Die ursprüngliche Regierung wurde gewaltsam errichtet, und man unterwarf sich ihr gezwungenermaßen. Auch die darauf folgenden Regierungen werden durch Macht gestützt, und die Menschen stimmen ihnen nicht aus freien Stücken, sondern aus Zwang zu." HUME, David (1777 k) II, 310 f.

[2] HUME, David (1777 k) II, 316 f.

[3] HUME, David (1777 k), 317 f.

Der Zustand der bürgerlichen Gesellschaft zeichnet sich aus durch die Garantie des Privateigentums. Die damit verbundene individuelle Verpflichtung, das Eigentum anderer Individuen nicht zu schädigen, sichert gesellschaftliche Stabilität.[1]

Die Grenze für egoistisches Handeln wird aus moralphilosophischer Sicht dort gezogen, wo gerade das tugendhafte Handeln als individuell positiv eingeschätzt und dieser Wirkung wegen auch durchgeführt wird. Im Gegensatz zu späteren Auffassungen stehen das moralische Handeln im Vordergrund und zugleich die damit verbundene angenehme Wirkung.[2] Die gesellschaftliche Stabilität durch allgemeine Normierung führt insgesamt zu weiteren Folgen, beispielsweise dem Modernisierungsprozess und der damit verbundenen Entwicklung der Wissenschaften.[3] Wesentlich für die Herausbildung der bürgerlichen Gesellschaften und ihrer Institutionen war das Eigentum. Allerdings wird bei HUME deutlich gemacht, dass damit keine gleiche Vermögensverteilung verbunden ist.[4] Bereits bei LOCKE finden wir den Gedanken, dass keine Möglichkeit existiert, eine eindeutige historische Zuordnung des Eigentums vorzunehmen. Ganz offensichtlich sind zu einem bestimmten Zeitpunkt Eigentumspositionen gesellschaftlich zu akzeptieren. Die unterschiedliche Vermögensverteilung ist allerdings kein Spezifikum der bürgerlichen Gesellschaft. Bereits im Naturzustand habe es unterschiedliche Vermögensverteilungen gegeben und damit verbunden auch das Moment von Ausbeutung.[5] Wirtschaftspolitisch zeichnet sich der bürgerliche Staat durch bewusste Abstinenz von Eingriffen in den Handlungsablauf aus. Eine derartige Vorgehensweise führt zu einer positiven Entwicklung für die Gesellschaftsmitglieder ebenso wie für den Landesherren.[6] Für die Wertschöpfung wird deutlich vermerkt, dass allein menschliche Arbeitskraft Werte schaffend ist und zudem nur die individuelle Motivation Anlass gibt, die Arbeitskraft zu verausgaben.[7]

---

[1] „Die Verpflichtung zur Gerechtigkeit beruht ausschließlich auf den Interessen der Gesellschaft, die Achtung vor dem Eigentum fordern, um so Frieden unter den Menschen zu sichern." HUME, David (1777 l): Über passiven Gehorsam, II, 325.

[2] HUME, David (1777 j): Über Würde und Gemeinheit, I, 92 f.

[3] HUME, David (1777 m): Über Aufstieg und Fortschritt der Künste und Wissenschaften, I, 129 f.

[4] „Private Gerechtigkeit und Respekt vor dem Eigentum anderer sind zugegebenermaßen bedeutende Tugenden. Es ist jedoch einleuchtend, wenn man seinen Weg von Hand zu Hand sorgfältig untersucht, daß jedes Eigentum an beständigen Gütern, wie Land oder Häuser, irgendwann einmal durch Betrug oder Ungerechtigkeit erlangt worden sein muß. Die Erfordernisse der Gesellschaft erlauben weder im privaten noch im öffentlichen Leben eine solche genaue Untersuchung." HUME, David (1777 k), II, 318.

[5] HUME, David (1777 b): Über Verfeinerung in den Künsten, II, 200.

[6] HUME, David (1777 a): Über Handel, II, 182.

[7] „Alles in der Welt wird durch Arbeit erkauft, und nur unsere Leidenschaften sind der einzige Anlaß zu arbeiten." HUME, David (1777 a), II, 183.

Zugleich werden die Disziplinierung innerhalb der bürgerlichen Gesellschaft und die daraus folgende Motivation thematisiert. Für den Lohnarbeiter gilt, dass sein Arbeitseinsatz abhängig ist vom Umfang der ihm zur Verfügung gestellten Güter. Von einem bestimmten Umfang an kann davon ausgegangen werden, dass seine Arbeitsleistung zunehmen wird und des Weiteren die damit verbundene Arbeitsmotivation.[1] Eine weitere Förderung der Arbeitsmotivation stellt die Erzeugung von Luxusgütern dar, durch die Konsumwünsche geweckt und bei entsprechendem Arbeitseinsatz auch befriedigt werden. Wird für den Naturzustand schon eine ungleiche Einkommens- und Vermögensverteilung angenommen, besteht der Vorteil in der bürgerlichen Gesellschaft darin, dass die jeweiligen Eigentumstitel durch gesellschaftliche Anerkennung geschützt sind. Die Wohlfahrt der einzelnen gesellschaftlichen Gruppen führt zu einer weiteren Vermögensanhäufung und damit zugleich zu einer Stabilisierung der Gesellschaft, deren Gesetze allgemein akzeptiert werden.[2] Dieser Zustand der Ungleichheit erfährt seine Verstärkung innerhalb der bürgerlichen Gesellschaft. Neben der ungleichen Vermögensverteilung wird damit das Problem aufgeworfen, dass bei einer Ausdehnung des Grundeigentums auch in entsprechendem Umfang Lohnarbeiter beschäftigt und entlohnt werden müssen. Damit ist ihre Lohnhöhe zu bestimmen, die hier nicht weiter thematisiert wird.[3]

Es stellt sich im Laufe der Entwicklung der bürgerlichen Gesellschaft heraus, dass neben den Landeigentümern die neue Gruppe der Vermögenseigentümer auftritt. Mit der Notwendigkeit, Kredite durch den Staat aufzunehmen, wird an-

---

[1] „Es ist gewaltsam und in den meisten Fällen undurchführbar, wenn man einen Landarbeiter zu großer Anstrengung zwingen wollte, damit er aus dem Boden mehr erntet, als er für den eigenen Unterhalt und den seiner Familie braucht. Stellt Waren und Bequemlichkeiten bereit, und er wird es von allein tun. Danach wird man ohne Schwierigkeiten einen Teil seiner überschüssigen Arbeit beanspruchen und ohne den erhofften Gewinn im Dienst der Öffentlichkeit einsetzen können. An Fleiß gewöhnt, wird er dies weniger schmerzlich finden, als wenn man ihn von Anfang an zu mehr Arbeit ohne jeden Gewinn gezwungen hätte." HUME, David (1777 a), 184. Dieser Gesichtspunkt der Disziplinierung innerhalb der bürgerlichen Gesellschaft wurde umfassend behandelt bei FOUCAULT, Michel (1975): Überwachen und Strafen, 2. Aufl., Frankfurt am Main 1977 sowie in VESTER, Michael (1970): Die Entstehung des Proletariats als Lernprozeß, Frankfurt am Main 1975.

[2] HUME, David (1777 b), II, 201.

[3] „Hat ein Volk sich auch nur im geringsten vom Zustand der Wildheit entfernt, und seine Zahl ist über die ursprüngliche Größe gestiegen, wird sofort eine Ungleichheit im Eigentum entstehen und während einige große Landstriche besitzen, sind andere in engen Grenzen gehalten, und einige haben gar keinen Landbesitz. Wer mehr Land besitzt, als er bearbeiten kann, beschäftigt diejenigen, die keines besitzen und zustimmen, einen festgesetzten Teil der Erträge zu erhalten." HUME, David (1777 d): Über Zinsen, II, 221.

genommen, dass die Klasse der Vermögenseigentümer zunimmt und diese aufgrund ihrer Zinseinkünfte eine dominante gesellschaftliche Rolle einnehmen werden. Darüber hinaus ist zu konstatieren, dass im Gegensatz zu den Grundeigentümern und anderen Kaufleuten Aktivitäten der Vermögenseigentümer mit weniger Aufwand verbunden sind.[1] Unter diesem Gesichtspunkt wird auch herausgearbeitet, dass der Vermögenseigentümer seinen ökonomischen Vorteil ohne die Bindung an ein bestimmtes Land realisieren kann, während der Grundeigentümer durch hohe Steuerbelastung eine Verschlechterung seiner Eigentumsposition befürchten muss.

Eine Kritik an der Theorie des Gesellschaftsvertrags wird von HUME aus historischen und logischen Gründen abgelehnt. Denn selbst wenn die hypothetische Situation vorläge, dass jemals ein Gesellschaftsvertrag geschlossen worden wäre, ließe sich daraus nicht für die einzelnen jetzt lebenden Gesellschaftsmitglieder die Forderung nach Akzeptanz der staatlichen Autorität ableiten. Es bleibt die Frage offen, weshalb ein fiktiv abgeschlossener Gesellschaftsvertrag eingehalten werden muss. Die Begründung erfolgt bei HUME aus dem Staatszweck, der dem Schutz des einzelnen und der Gemeinschaft gilt, insoweit eine Interessenidentität behauptet werden kann. Kennzeichnend für das menschliche Verhalten ist seine Ambivalenz. Einerseits wohnt ihm das Moment von Vergesellschaftung inne, andererseits versuchen die Menschen, egoistische Zielsetzungen zu verfolgen. Dieser Gesichtspunkt macht es dann erforderlich, den Naturzustand der Vereinzelung zu überwinden und in einem Gesellschaftsverband aufzugehen.[2] Angesichts der von Natur aus gegebenen Schwäche der Menschen finden sie nur eine angemessene Überlebenschance und damit auch umfassende Bedürfnisbefriedigung nach Gütern innerhalb einer Gemeinschaft. Das Mängelwesen Mensch mit der „unnatürlichen Verbindung von Schwäche und Bedürfnis" findet erst in der Vergesellschaftung die umfassende Realisierungsmöglichkeit für seine individuellen Neigungen und Wünsche.[3] Das Eigeninteresse führt zur Gesellschaftsbildung mit den

---

[1] „Auch läßt sich beobachten, daß es [...] eine Gruppe von Menschen gibt, die halb Kaufleute, halb Anteilseigner sind. Man kann davon ausgehen, daß diese bereit sind, mit geringen Profiten zu handeln, da Handel nicht ihre wichtigste oder einzigste Stütze ist und ihre Einkünfte aus den Fonds eine sichere Ressource für sie und ihre Familien sind. Gäbe es keine Fonds, so verfügten große Kaufleute über kein Mittel, außer dem Ankauf von Ländereien, Teile ihres Profits zu verwirklichen oder zu sichern. [...] Der größere Teil der Staatsanleihen liegt immer in der Hand müßiger Menschen, die von ihren Einkünften leben. Auf diese Art ermutigen unsere Fonds sehr stark ein nutzloses und untätiges Leben." HUME, David (1777 i): Über Staatskredit, II, 277–279.

[2] HUME, David (1751): Eine Untersuchung über die Prinzipien der Moral. Stuttgart, 1984, 199 sowie ders. (1777 n): Über Nationale Charaktere, I, 160.

[3] „Nur durch Vergesellschaftung kann er diesen Mängeln abhelfen und sich zur Gleichheit mit seinen Nebengeschöpfen erheben, ja sogar eine Überlegenheit über dieselben gewinnen. Durch die Gesellschaft wird seine Schwäche ausgeglichen, und

Vorteilen von höherer Produktivität durch Arbeitsteilung und entsprechender Sicherheit. So vorteilhaft sich dieser Zusammenschluss für die einzelnen Individuen auch darstellt, es handelt sich hierbei nicht um die bewusste Durchsetzung der Vernunft, die für den Naturzustand den Menschen nicht unterstellt werden kann. Vielmehr sind es ihre unmittelbaren Bedürfnisse, die den Wunsch und Willen nach einem gesellschaftlich zufriedenstellenden Zustand herbeiführen. Dieser Nützlichkeitsgesichtspunkt wird als Ergebnis eines Lernprozesses begriffen und schließlich von allen für vorteilhaft gehalten.[1] Dem Vorteil der Gesellschaft steht allerdings das menschliche Verhalten gegenüber, das als egoistisch eingestuft wird. Hierdurch kann der einzelne nicht sicher sein, dass andere sein Eigentum nicht unrechtmäßig angreifen und in ihren Besitz nehmen. Diese permanente Bedrohung ist das Ergebnis der knappen Ressourcen bei prinzipiell unendlich angenommenen menschlichen Bedürfnissen.[2] Angesichts dieser Unsicherheit besteht die Notwendigkeit, einen kollektiven Schutzmechanismus zu entwickeln. Die Problemlösung liegt in der Lernfähigkeit der Individuen, die durch Vergleich von zwei Zuständen ihren Vorteil der gesellschaftlichen Bindungen begreifen und deshalb gemeinsam den Schutz des jeweiligen Eigentums vereinbaren. Hierdurch wird einerseits das kollektive Interesse nach innerer Sicherheit befriedigt und andererseits auch das individuelle, indem Eigentümer eine Bestandsgarantie erhalten. Die Gegenseitigkeit und das damit verbundene Vertrauen in die Einhaltung des Versprechens, das jeweilige Eigentum des anderen nicht anzugreifen, führen zur Herausbildung einer Rechtsordnung. Dadurch wird das Privateigentum gesellschaftlich garantiert und zudem mit dem Vorteil verbunden, dass prinzipiell die Möglichkeit einer Vermehrung des Privateigentums besteht. Es ist demzufolge für die Individuen lohnend, den gesellschaftlichen Zustand nicht durch das Eigeninteresse zu gefährden.[3] Neben dem individuellen Streben nach Eigentum ist

---

wenn auch innerhalb derselben seine Bedürfnisse sich jeden Augenblick vermehren, so nehmen doch seine Fertigkeiten in noch höherem Grade zu. So wird er in jeder Beziehung glücklicher und zufriedener, als er es im Zustande der Wildheit und Vereinsamung jemals hätte werden können." HUME, David (1739): Ein Traktat über die menschliche Natur, Bd. 2. Reprint der 2. Aufl., Hamburg, 1989, 228 (zit. als (1739), II).

[1] HUME, David (1739), II, 229.

[2] Die durch Arbeitseinsatz aber auch durch Zufall erworbenen Güter „sind der gewaltsamen Aneignung durch andere ausgesetzt und können ohne Einbuße und Veränderung auf sie übertragen werden. Gleichzeitig ist keine genügende Menge solcher Güter vorhanden, um die Wünsche und Bedürfnisse aller zu befriedigen. Die Vermehrung dieser Güter ist der Hauptvorteil der Gesellschaft; zugleich aber ist die *Unsicherheit* ihres Besitzes vereint, mit ihrer *Begrenztheit*, das Haupthindernis derselben." HUME, David (1739), II, 231.

[3] „Mag man den Affekt des Eigennutzes für bös oder für tugendhaft halten, dies tut hier nichts zur Sache. In jedem Falle kann er nur durch sich selbst im Zaum gehalten werden. Ist er tugendhaft, so werden die Menschen durch ihre Tugend gesellig; ist er

Knappheit konstitutiv, weil sich anderenfalls jeder die ihm wünschenswert erscheinenden Sachen aneignen könnte, ohne dabei den Konsum eines anderen zu beeinträchtigen. Dies ist allerdings nur bei freien Gütern der Fall, bei denen keine Eigentumsrechte existieren und die demzufolge nicht einzelnen, sondern allen Gesellschaftsmitgliedern gehören.[1] Dieser eigentumslose Zustand könnte ein Ergebnis von veränderten Produktionsmethoden sein, in denen der Güterumfang drastisch gesteigert wird.[2] So ist dann die Rechtsordnung kein Resultat der menschlichen Vernunft, sondern ein künstliches Produkt als Ergebnis einer erzwungenen Einsicht in die Notwendigkeit des gesellschaftlichen Zustandes. Das Rechtsbewusstsein konnte sich erst in dem Stadium entwickeln, als eine Vorstellung von Recht bzw. Unrechtsbewusstsein vorlag.[3] Der Zustand der umfangreichen Bedürfnisbefriedigung der Individuen durch eine gesellschaftliche Überschussproduktion kommt dem MARXschen Gedanken der kommunistischen Gesellschaft sehr nahe, indem der Verteilungsaspekt nicht von der jeweiligen Leistung, sondern dem Bedürfnis abhängig ist. In welchem Umfang allerdings eine derartige Gesellschaftsformation tatsächlich auf eine Rechtsordnung verzichten kann, muss höchst zweifelhaft bleiben. Selbst wenn keine Eigentumsdelikte vorkommen mögen, lassen sich doch deviante Verhaltensweisen der einzelnen Gesellschaftsmitglieder nicht ausschließen, die aus Gründen der gesellschaftlichen Bestandserhaltung, sanktioniert werden müssen. Allein der Umfang der Güterversorgung kann hier keineswegs als ausreichend betrachtet werden, um auf weitergehende gesellschaftliche Normen verzichten zu können.[4]

Bei allen Erörterungen über die Garantie des Privateigentums muss allerdings auch der Frage nachgegangen werden, weshalb Individuen sich an ihr gegebenes Versprechen, das Eigentum von anderen zu schützen, eigentlich halten. Ein Teil

---

schlecht, so hat ihre Schlechtigkeit den gleichen Erfolg. Der Affekt des Eigennutzes wird durch die Regel, die die Sicherheit des Besitzes begründet, in Schranken gehalten." HUME, David (1739), II, 236.

[1] An freien Gütern existiert kein Privateigentum, sie sind in unendlicher Menge vorhanden, so dass jeder Konsum befriedigt werden kann: „In diesem Falle hört der Unterschied des Besitzes vollständig auf und alles bleibt Gemeingut. Dies gilt z. B. mit Bezug auf Luft und Wasser, obgleich diese die wertvollsten aller äußeren Güter sind; hieraus können wir leicht schließen, daß Rechtsordnung und Rechtswidrigkeit gleich unbekannt in der Menschheit sein würden, wenn den Menschen alles in gleichem Überfluß zuteil würde, oder wenn *jeder* für *jeden anderen* dieselbe Zuneigung und zarte Rücksicht hätte, wie für sich selbst." HUME, David (1739), II, 239.

[2] HUME, David (1739), II, 238.

[3] HUME, David (1739), II, 240.

[4] Vgl. hierzu die weiteren Ausführungen in Kap. 4.2. zu Karl MARX und Friedrich ENGELS sowie die Kritik von Jürgen HABERMAS an den „Grundannahmen des historischen Materialismus", in: ders., (1971): Theorie der Gesellschaft oder Sozialtechnologie – Was leistet die Systemforschung?, Frankfurt am Main, 285 f.

der Begründungsbasis für dieses rationale Verhalten ist in der Gesellschaftsordnung selbst begründet. Ohne die rechtlichen Rahmenbedingungen, wozu der Schutz des Privateigentums gehört, bestünde die Gefahr einer Auflösung der bürgerlichen Gesellschaft, da die Gesellschaftsmitglieder nicht mehr ihre ureigenen Interessen, nämlich die der Kapitalakkumulation, realisieren könnten.[1] Dass die Möglichkeit der Auflösung nicht stattfindet, liegt wiederum in dem Verhalten der Individuen begründet, deren Lernvermögen den Vorteil der bürgerlichen Gesellschaft zu erkennen vermag. Insoweit werden sie sich nicht gegen den notwendigen organisatorischen Rahmen wenden, sondern ihr Verhalten daran ausrichten und demzufolge als tugendhaft gelten. Diese Verhaltensweise ist also ein Ergebnis des gesellschaftlichen Prozesses und weniger das der individuellen Einsicht. Zugleich wird durch das Konstrukt der „sympathy" die Möglichkeit eröffnet, gesellschaftlich abweichendes Verhalten als ein negatives zu erfahren und demzufolge auch entsprechend einzuordnen. Das damit verbundene Unlustgefühl führt zur Vermeidung derartiger Situationen, so dass positive Handlungen bevorzugt werden. Auch die Sympathie ist demzufolge ein Ergebnis von egoistischen Handlungsweisen, weil es gilt, sie zu vermeiden. Neben der individuellen Lernfähigkeit kann hier eine Verstärkung durch politische Mechanismen erfolgen.[2] Immer sind es jedoch die individuelle Haltung und der damit verbundene Versuch, den Umfang der gesellschaftlichen Anerkennung nicht zu verlieren, sondern auszudehnen, die zu diesem angepassten Sozialverhalten führen werden.[3]

Der Naturzustand hat sich nach HUME nicht dadurch ausgezeichnet, dass unberechtigte Eingriffe in das fremde Eigentum legalisiert wurden, sondern allein durch das Moment der fehlenden Sicherheit für den Besitz des Individuums gegenüber der unfreiwilligen Wegnahme von anderen. Rechtswidrig wäre diese Situation immer gewesen, nur gab es keine Möglichkeit, sich dagegen angemessen zu schützen. Erst mit dem Entstehen der bürgerlichen Gesellschaft wird eine Garantie des Eigentums hergestellt und damit ein allgemeiner Zustand von Sicherheit für alle Individuen garantiert. Als Folge muss eine Rechtsordnung mit allgemeiner Akzeptanz und allgemeinen Regeln etabliert werden, damit von vornherein die Möglichkeit einer individuellen Vorteilsnahme ausgeschlossen wird. Angesichts einer vermuteten ungleichen Vermögensverteilung und der Notwendigkeit, Eigentum an andere Personen übertragen zu müssen, ist das Eigentumsrecht so auszubilden, dass alle gesellschaftlich relevanten Vorkommnisse auch entsprechend geregelt werden. Im Vordergrund steht dabei nicht allein die Garantie des Eigentums im Übergang vom Naturzustand zur bürgerlichen Gesellschaft, son-

---

[1] „Ohne Rechtsordnung würde die Gesellschaft sich alsbald auflösen und jedermann würde in jenen wilden und vereinsamten Zustand zurückfallen, der unendlich schlimmer ist, als die denkbar schlechteste Lage in der Gesellschaft." HUME, David (1739), II, 241.

[2] HUME, David (1739), II, 242–244.

[3] HUME, David (1739), II, 244 f.

dern die damit verbundene Garantie im gesellschaftlichen Zustand einer Marktgesellschaft.[1] Hinsichtlich der ersten Besitzergreifung wird zudem angenommen, dass die historischen Möglichkeiten, den rechtmäßigen Erwerb zu überprüfen, erschöpft sind. In diesem Fall muss angenommen werden, dass der langjährige Besitzer mangels anderer Möglichkeiten der Rechtsüberprüfung auch der berechtigte Eigentümer ist. Insoweit wird ein berechtigter Eigentumserwerb lediglich vermutet.

Ist einerseits die Garantie des Privateigentums für die bürgerliche Gesellschaft das hervorstechende Merkmal für ihre Gründung, resultieren andererseits gerade aus dem Eigentum gesellschaftsgefährdende Momente. Sofern der Umfang der gesellschaftlichen Güter als beschränkt angenommen wird, führen Eigentumspositionen zum Ausschluss von anderen Gesellschaftsmitgliedern, selbst wenn sie über diese verfügen möchten. Einerseits muss hierbei festgestellt werden, dass Knappheit vorherrscht, andererseits auch Zufälle Individuen begünstigen, wie z. B. durch Schenkungen und Erbfolgen. Zur Vermeidung von gesellschaftlichen Konfliktsituationen mit denjenigen, denen die Eigentumsrechte an diesen Gütern verwehrt werden, bedarf es einer umfassenden gesellschaftlichen Garantie für den augenblicklichen Eigentümer. Anderenfalls muss davon ausgegangen werden, dass gesellschaftliche Konflikte die Stabilität der bürgerlichen Gesellschaft gefährden. Eine gleiche Garantie beansprucht allerdings auch derjenige, der berechtigt Eigentum von einem anderen erwirbt. Eine Verbindung stellt hier das Versprechen dar, eine bestimmte Leistung auch zu erbringen. Diese Handlung erfolgt unter dem Gesichtspunkt des jeweiligen Vorteils des Tauschaktes. Hierbei stellt sich heraus, dass der erfolgreiche Austausch und damit die Übertragung von Eigentumsrechten davon abhängig ist, dass alle Vertragspartner prinzipiell sicher sein können, dass ihr Interesse auch durch andere erfüllt werden wird. Leitmotiv für das Einhalten von Verträgen ist neben dem Interesse am Austausch die damit verbundene gesellschaftliche Verpflichtung, Versprechen einzuhalten. Diese Beziehung steht in engem Zusammenhang mit dem Schutz des Privateigentums und ist ebenso stark ausgeprägt, weil das Einhalten von Verträgen auch mit einem gesamtgesellschaftlichen Vorteil verbunden ist. Es sind demzufolge die beiden Elemente Egoismus und gesellschaftliche Norm, welche die bürgerliche Gesellschaft repräsentieren und erst den Austausch von Gütern ermöglichen.[2] Die befürchteten individuellen Sanktionen anderer Gesellschaftsmitglieder schaffen demzufolge die erforderliche Verbindlichkeit im Austausch von Gütern. Insoweit

---

[1] „Wir müssen deshalb nach einem anderen Umstand suchen, der das Eigentumsrecht entstehen lassen kann, nachdem einmal die Gesellschaft gegründet ist. Solche Umstände finde ich vier, die von besonderer Bedeutung sind, nämlich: [erste] Besitzergreifung, Verjährung, Zuwachs und Erbfolge." HUME, David (1739), II, 249.

[2] HUME, David (1739), II, 269.

ist es für den einzelnen tatsächlich vorteilhaft, Verträge einzuhalten, die ihn zwar binden, jedoch günstig eine Leistung erzielen lassen.

Die bürgerliche Gesellschaft stellt sich insoweit als eine gewinnbringende Zwangsgemeinschaft dar, deren Regeln zu keinem anderen Zweck aufgestellt werden, als Austauschbeziehungen zu ermöglichen. Insoweit kann auch darauf hingewiesen werden, dass im vermuteten „goldenen Zeitalter" die Vorstellungen vom Eigentum nur sehr fragmentarisch entwickelt waren. Der gesellschaftliche Urzustand als „Kindheit der Gesellschaft" besaß noch kein entwickeltes Regelsystem zur Steuerung der individuellen und öffentlichen Interessen. Neben dem Fehlen einer umfassenden Rechtsordnung zeichnet sich der Naturzustand auch durch die Abwesenheit einer Regierung aus. Die Verpflichtung, einer staatlichen Autorität Gehorsam zu leisten, folgt aus der freiwilligen Aufgabe des Naturzustandes. Stärker als die anfängliche Bindung ist jedoch auch hier eine sittliche Verpflichtung, weil anderenfalls der Bestand der bürgerlichen Gesellschaft nicht garantiert werden kann.[1] Auch hier liegt es im individuellen Interesse, die Legitimität staatlichen Handelns nicht in Zweifel zu ziehen, wobei die notwendige Einsicht auch durch politische Maßnahmen verstärkt werden wird. Unabhängig von der Regierungsform besteht die Verpflichtung zum Gehorsam[2], zumal für die bürgerlichen Regierungen allein das öffentliche Interesse im Vordergrund ihrer Handlungen steht, sie also dem Allgemeinwohl verpflichtet sind.[3] Diese Auffassung von der Handlungsneutralität der Regierung entspricht einem unbewussten Alltagswissen. Die individuelle Unterwerfung findet dort ihre Grenze, wo eine Regierung ihren Verpflichtungen nicht mehr nachkommt. Allerdings ist das Widerstandsrecht sehr stark eingeschränkt, weil anderenfalls der Bestand der bürgerlichen Gesellschaft gefährdet erscheint. Die Regel stellt demzufolge die Akzeptanz der staatlichen Gewalt dar, während der Widerstand die Ausnahme bildet. Und auch hier setzt bei den Individuen ein Lernprozess ein, der ihnen insgesamt deutlich vor Augen führt, dass die Einhaltung der Gesetze und damit die Sicherheit in der bürgerlichen Gesellschaft allemal höher einzuschätzen sind. Die Erfah-

[1] „Das Ziel unserer bürgerlichen Pflichten ist die Erzwingung der natürlichen Pflichten; aber das *erste* Motiv der Erfindung, wie der Ausführung beider ist nichts als Selbstsucht. Dies hindert doch nicht, daß das Interesse an dem Gehorsam gegen die Obrigkeit von dem Interesse an der Erfüllung von Versprechungen verschieden ist. Also müssen wir auch die Verpflichtung als eine verschiedene betrachten. Der Gehorsam gegen die bürgerlichen Obrigkeiten ist zur Erhaltung der Ordnung und Eintracht in der Gesellschaft notwendig. Versprechungen zu halten ist notwendig, damit gegenseitiges Vertrauen und Zuversicht bei den gewöhnlichen Angelegenheiten des Lebens bestehen könne. Die Ziele also und die Mittel sind bei beiden vollkommen verschieden; es ist demnach keines von beiden dem anderen untergeordnet." HUME, David (1739), II, 294 f.

[2] HUME, David (1739), II, 296.

[3] HUME, David (1739), II, 288.

rung aus dem Naturzustand ermöglicht die Einsicht, dass die Einhaltung von Recht und Gesetz mit einem individuellen Nutzenvorteil verbunden ist.

Die moralphilosophische Basis ist bei HUME unmittelbar verknüpft mit der Vorstellung, dass menschliche Handlungen ein Ergebnis von Lust-Unlust-Beziehungen darstellen. Diese beiden Gefühlsmomente sind ausschlaggebend und richtungweisend. Das Handlungskalkül lautet, Unlustgefühle zu minimieren. In gleichem Umfang werden auch Handlungen gegenüber den Mitmenschen bewertet, insoweit durch ein Mitgefühl deren positive Reaktionen auch auf das handelnde Individuum selbst einwirken. Vermöge eines derartig konstruierten Moralsystems lassen sich innerhalb der bürgerlichen Gesellschaft die divergierenden Interessen vereinigen und prinzipiell Krisen vermeiden. Unter diesem Gesichtspunkt werden alle positiven Handlungen als lustvoll empfunden, währenddessen aus gesellschaftsschädlichem Verhalten ein Unlustgefühl resultiert. Der sittliche Wert besteht für das Handlungskalkül nun darin, den Umfang von positiven Erlebnissen auch unter dem Gesichtspunkt von individuellen Interessen zu verstärken. Selbst wenn das Eigeninteresse nicht im Vordergrund steht, existiert ein Bewertungsmaßstab, der durch die Sympathie hergestellt wird.[1] Die Unterscheidung in eine natürliche Tugend, die allen Menschen gemeinsam ist, sich demzufolge aus der Natur des Menschen ergibt und die künstliche Tugend, als Ergebnis des gesellschaftlichen Einflusses auf die Individuen, wird angesichts der zwiespältigen Aufnahme dieser Vorstellungen noch einmal aufgegriffen und in einem Pamphlet erläutert. Für die natürliche Tugend gilt, dass sie ein Verhalten erzeugt, dass der Natur des Menschen entspringt und schon zu allen Zeiten vorhanden war. Demgegenüber ist die sog. künstliche Tugend eine gesellschaftliche Notwendigkeit, weil anderenfalls moralische Pflichten keine angemessene Rechtfertigung erhalten würden. Mit dieser Unterscheidung soll aber keineswegs eine Relativität der künstlichen Tugenden behauptet werden. Vielmehr will HUME dadurch nur die unterschiedliche Begründungsbasis darstellen, in diesem Sinne also eine analytische Trennung vornehmen, ohne damit eine Bewertung zu beanspruchen. Denn auch für die künstlichen Tugenden gilt, dass ihr Geltungsbereich von allen Menschen akzeptiert wird und von daher keinen Veränderungen unterliegt. Immerhin wird dabei deutlich, dass die eingegangenen Verträge erst ein Ergebnis des bürgerlichen Gesellschaftszustandes sind, das eingehalten werden muss, während auf der anderen Seite sich der Naturzustand ebenfalls nicht als ein regelloses System begreifen lässt. Nur herrschen hier andere Regelmechanismen vor. Jede Gesellschaft würde aufhören zu existieren, sofern die einzelnen Gesellschaftsmitglieder nicht einen bestimmten Umfang an erforderlicher Koordination unterstützten. Verpflichtungen gegenüber anderen zeichnen demzufolge alle Gesellschaftsformationen aus, jedoch sind der Umfang und die Ausgestaltung jeweils anders bestimmt. Daraus zieht HUME auch den Schluss, dass beispielsweise Ge-

[1] HUME, David (1739), II, 345.

rechtigkeit für den gesellschaftlichen Zustand eine quasi natürliche Tugend darstellt, weil anderenfalls die Gesellschaft selbst nicht existieren könnte.[1]

Dass auch für die Moralphilosophie die Erfahrung als Ausgangspunkt jeder Erkenntnis gilt, hatte HUME nach Publikation des „Traktat" in einer anonymen Selbstanzeige erneut herausgestellt. Neben der prinzipiellen Erkenntnismöglichkeit für eine praktische Philosophie ist deren erkenntnistheoretische Basis neu zu bestimmen. Deshalb steht im Vordergrund seiner Moralphilosophie auch die Vorstellung, dass die weitere Entwicklung jedweder Wissenschaft von der Lösung der Frage nach den Ursachen des menschlichen Denkvermögens und seiner Anwendungen auszugehen habe. Da dieser Gesichtspunkt sowohl für die Natur- als auch für die Geisteswissenschaften zu gelten habe, muss des Weiteren der Frage von Erkenntnismöglichkeiten nachgegangen werden. Hier wird für jede praktische Philosophie davon ausgegangen, dass die Begründungsbasis allein aus der Empirie abgeleitet werden kann. Anderenfalls würden sich allein hypothetische Ergebnisse ohne praktische Folgewirkungen für die Wissenschaften einstellen.[2] Für die Eigentumsdiskussion bedeutet die Einhaltung von gesellschaftlichen Regeln aus dem Eigeninteresse aller Individuen heraus eine Garantie des Privateigentums. Nur dadurch ist ein gesellschaftlicher Zustand, der mit dem Moment der inneren Sicherheit verbunden ist, verträglich. Sofern andere denkbare Gesellschaftsordnungen, in denen eine Garantie des Privateigentums nicht unmittelbar zur Auflösung der gesellschaftlichen Verhältnisse führt, herstellbar sind, kann im Sinne von HUME auch die Abschaffung des Privateigentums vorgenommen werden. Während im „Traktat" die moralphilosophische Begründung eine psychologische Basis beinhaltet, werden in der „Untersuchung über die Prinzipien der Moral" soziologische Komponenten erörtert, die eine individuelle Moralausbildung beeinflussen.[3]

Grundsätzlich werden Menschen als gesellige und vernünftig handelnde Individuen betrachtet, die als Mängelwesen der Gesellschaft bedürfen. Insoweit erwächst ihnen aus der bürgerlichen Gesellschaft durchaus ein Vorteil. Allerdings ist der individuelle Vorteil auch verbunden mit positiven gesellschaftlichen Einflüssen, die menschliche Entwicklung erst in vollem Umfang ermöglicht.[4] Für

---

[1] An dieser Stelle soll nicht untersucht werden, welche Konsequenzen die analytische Trennung in künstliche und natürliche Tugenden beinhaltet. S. hierzu HUME, David (1745): Brief eines Edelmannes an seinen Freund in Edinburgh, in: ders., Abriß eines neuen Buches, betitelt: Ein Traktat über die menschliche Natur, etc., Brief eines Edelmannes an seinen Freund in Edinburgh, Hamburg 1980, 121–123.

[2] HUME, David (1739), I, 2–7.

[3] Vgl. STREMINGER, Gerhard (1984): Einleitung zu David HUME (1751): Eine Untersuchung über die Prinzipien der Moral, Stuttgart 1984, 22 f.

[4] HUME, David (1748): Eine Untersuchung über den menschlichen Verstand. Reprint der 2. Aufl., Stuttgart 1990, 21.

menschliche Gesellschaften wird vorausgesetzt, dass neben gleichen Anlagen auch uniforme Verhaltensweisen charakteristisch sind. Aus dieser Erkenntnis heraus lassen sich im Sinne einer Ursache-Wirkungs-Analyse für analoge Situationen auch ebenfalls gleichförmige Handlungsmuster erwarten. Diese zeitlose Menschennatur verfügt demzufolge über jeweils gleiche Reaktionsmuster, die unabhängig von der jeweils gebundenen gesellschaftlichen Wirklichkeit sind. Der Umfang der Erkenntnis über menschliche Verhaltensweisen ist, entsprechend der empirischen Vorgehensweise, abhängig von dem Zeitablauf der sich damit befassenden Wissenschaft. Der gleiche Reaktionsumfang muss nun allerdings nicht bedeuten, dass zu jedem Zeitpunkt genau dieselben Reaktionsmuster auftreten, sondern zugleich mit Differenzierungen zu rechnen ist. Hier sind dann letztlich gesellschaftliche Einflüsse prägend für die jeweiligen Reaktionsmuster. Immer wird jedoch davon ausgegangen, dass die theoretische Erfahrung der Wiederholung von gleichförmigen Ereignissen bedarf, weil anderenfalls beim Fehlen von Regelmäßigkeiten keine allgemeingültigen Aussagen getroffen werden können.[1] Das Mängelwesen Mensch bedarf zu seiner Entfaltung der anderen Gesellschaftsmitglieder. Dazu gehört insbesondere auch die Sicherheit des Lebens. Desgleichen wird für die Tauschwirtschaft vermutet, dass durch den Verkauf von Waren auch die eigene Reproduktion gesichert werden kann. Die damit einhergehenden ökonomischen Handlungen werden für andere Menschen ebenso vermutet, wie sie das Individuum selbst durchführt, wobei der Umfang der bisherigen Erfahrungen handlungsgestaltend ist.[2] Aufgrund ähnlicher Wertvorstellungen gelten für die Menschen im Zustand der bürgerlichen Gesellschaft ähnliche moralische Vorstellungen. Dabei ist nicht die letzte Gewissheit ausschlaggebend, sondern der Gesichtspunkt von bisheriger Erfahrung, der eine derartige Einschätzung von menschlichen Verhaltensweisen ermöglicht. Die damit verbundene Bewertung von Sachverhalten ist ein Ergebnis der Einschätzung positiver und negativer Situationen unter dem Gesichtspunkt ihrer Bedeutung für die menschliche Gesellschaft. Dabei wird herausgestellt, je positiver die moralische Bewertung ausfallen wird, desto größer wird der Nutzen für die Gesellschaft sein.[3]

Die praktischen Folgen der als gleichförmig angenommenen menschlichen Verhaltensweisen und die andererseits dennoch auffindbaren Unterschiede durch Erziehung bzw. andere gesellschaftliche Einflüsse führen für eine praktische Moralvorstellung zu der Frage, wie unterschiedliche Auffassungen bewertet werden können. Dass moralische Handlungen auch nützlich für das Individuum sind, wird durch die damit verbundene soziale Anerkennung deutlich herausgestellt.[4] Insoweit sind die moralischen Überlegungen stets in Abhängigkeit von ihrer ge-

---

[1] HUME, David (1748), 109.
[2] HUME, David (1748), 116 f.
[3] HUME, David (1748), 132.
[4] HUME, David (1751), 97.

sellschaftlichen Nützlichkeit zu betrachten, entweder den Mikro- bzw. Makrobereich betreffend.[1] Sofern der Naturzustand sich durch einen Güterüberschuss auszeichnete, wären einerseits Vorstellungen vom Eigentum nicht erforderlich und andererseits bestünde die Möglichkeit, bestimmte soziale Tugenden besonders auszubilden. Dem steht gegenüber, dass damit aber auch eine andere Sicht von Gerechtigkeit verbunden wäre, weil keine Eigentumsdifferenzierungen erforderlich sind. In diesem Zustand wären demzufolge auch keine Eigentumsdelikte bekannt. Dass der Umfang der freien Güter tatsächlich mit einem Gemeineigentum verbunden ist, lässt sich beispielsweise am unentgeltlichen Gebrauch des Meeres verdeutlichen.[2] Ähnlich ließe sich argumentieren, falls der Boden in ausreichendem Maße zur Verfügung stünde. Sofern innerhalb der Gesellschaft eine gleichgewichtige Situation vorherrscht, lässt sich durchaus vorstellen, dass auf Eigentumsrechte verzichtet werden kann. Als Beispiel lässt sich hier das altruistische Verhalten in der Familie anführen. Moralische Regeln dienen der gesellschaftlichen Bestanderhaltung. Von daher sind sie historisch wandelbar und haben der jeweiligen Situation zu entsprechen.[3] Für die bürgerliche Gesellschaft gilt jedoch nicht der Naturzustand, in dem die individuelle Reproduktion ohne Leistungen gesichert werden kann, vielmehr geht es um Eigentumspositionen bei der Vorstellung von knappen Ressourcen. Aus diesem Grunde ist es unbedingt erforderlich, dass die moralische Kategorie Gerechtigkeit und damit verbunden auch die Garantie des Privateigentums eingehalten werden. Das Moment der Knappheit erzwingt demzufolge die Schaffung von Eigentumstiteln.[4] Selbst wenn die Vorstellung vom Naturzustand abgelehnt wird, macht HUME deutlich, dass die vermutete Gleichheit der Individuen zu umfassenden Herrschaftsansprüchen mit Sicherheit zu Nachteilen für gesellschaftlich schwächere Individuen führen musste. Darüber hinaus stellt er die bedürftige Menschennatur in den Vordergrund, die gesellschaftsfähig ist und aus Sicht des individuellen Vorteils in einem Familien-

---

[1] Deshalb kann HUME die Behauptung aufstellen: „Bei allen Bestimmungen der Sittlichkeit hat man in erster Linie stets diesen Umstand des öffentlichen Nutzens im Auge; und wo immer Meinungsverschiedenheiten über die Grenzen der Pflicht entstehen, [...] kann diese Frage in keinem Fall mit größerer Sicherheit entschieden werden als dadurch, daß man auf beiden Seiten die wahren Interessen der Menschheit ermittelt." HUME, David (1751), 98 f.

[2] HUME, David (1751), 102.

[3] „Der Nutzen und Zweck dieser Tugend [als Gerechtigkeit, S. P.] ist es, durch Aufrechterhaltung der Ordnung in der Gesellschaft Glück und Sicherheit herbeizuführen ..." HUME, David (1751), 105 f.

[4] „Wenige Genüsse empfangen wir aus der offenen und freigebigen Hand der Natur; aber durch Geschicklichkeit, Mühe und Fleiß können wir sie in großer Anzahl gewinnen. Dadurch werden aber die Eigentumsideen unentbehrlich; von hier leitet die Gerechtigkeit ihre Nützlichkeit für die Öffentlichkeit ab; und darauf allein beruht ihr Wert und ihre moralisch verpflichtende Kraft." HUME, David (1751), 107.

verband leben und austauschen will. Damit entwickelt sich dann ganz zwangsläufig ein wichtiges Fundament der öffentlichen Moral: Gerechtigkeit.

Die Eigentumsordnung stellt sich als wichtiges Fundament der bürgerlichen Gesellschaft dar, selbst wenn eine Gleichverteilung des gesellschaftlichen Vermögens denkbar und vielleicht für alle Beteiligten sehr angenehm wäre. Wichtig ist dabei, dass die damit verbundenen Nachteile überwiegen. Würde einerseits versucht, den Umfang der gesellschaftlichen Armut einzudämmen, müsste andererseits festgestellt werden, dass Tauschwirtschaften keine stabile Einkommens- und Vermögensverteilung garantieren können. Die Ergebnisse des ökonomischen Handelns unterliegen keinen statischen Gesetzmäßigkeiten, so dass eine Zusicherung von Gleichverteilung nur mit umfassender Staatsintervention erkauft werden kann, die zwangsläufig mit Überwachungsfunktionen verbunden sein muss. Deshalb bedeutete eine derartige Vorstellung von ökonomischer Gleichheit für die Gesellschaftsmitglieder, dass damit auch ökonomische Aktivitäten verhindert würden.[1] Wird einerseits eine gleiche Einkommens- und Vermögensverteilung als prinzipiell wünschenswerte Situation benannt, steht dem andererseits der Verwertungsgesichtspunkt innerhalb einer Tauschgesellschaft gegenüber. Es stellt sich nämlich heraus, dass gesellschaftlich die Frage beantwortet werden muss, wem das Eigentum an einer Sache gehört, sofern mit Arbeitsaufwand Veränderungen herbeigeführt wurden. Wenn verhindert werden soll, dass Gesellschaften in einer statischen Situation verharren, scheint es deshalb unumgänglich zu sein, Eigentumspositionen anzuerkennen.[2] Des Weiteren erfordert die Tauschgesellschaft auch eine Eigentumsgarantie für die Übertragung von Eigentumspositionen durch Beträge, ebenso wie eine Regelung für Erbfolgen aus gesellschaftlichen Gründen erforderlich wird. Für Tauschgesellschaften wird damit das Kriterium von allgemeiner Sicherheit, d. h. von Vertrauen in die jeweilige Position des Eigentums als erforderlich angesehen, weil anderenfalls die individuellen ökonomischen Aktivitäten verhindert würden. Die Garantie des Privatinteresses auf der einen Seite und des öffentlichen Interesses auf der anderen wird durch eine Gesetzgebung hervorgerufen, die von allen Gesellschaftsmitgliedern akzeptiert

---

[1] „Doch die Historiker und sogar der gesunde Menschenverstand können uns belehren, daß diese Ideen von einer *vollkommenen* Gleichheit [...] doch äußerst *schädlich* für die menschliche Gesellschaft sein würden. Wie gleichmäßig Eigentum auch verteilt sein mag, der unterschiedliche Grad an Geschicklichkeit, Sorge und Fleiß wird diese Gleichheit sofort durchbrechen. Hindert man aber die Entwicklung dieser Tugenden, drückt man die Gesellschaft auf das Niveau äußerster Armut herab; und anstatt Not und Bettelei bei einigen wenigen zu verhindern, macht man sie für die ganze Gesellschaft unabwendbar." HUME, David (1751), 114.

[2] HUME, David (1751), 115.

wird.[1] Insoweit stellt sich heraus, dass Gerechtigkeitsvorstellungen ein wesentliches Element für die Sicherung der bürgerlichen Gesellschaft darstellen. Wegen der allgemeinen Akzeptanz von Gerechtigkeitsregeln, die sich in allen Gesellschaften finden sollen, schließt HUME, dass hier menschliches Einfühlungsvermögen zusammen mit Nützlichkeitserwägungen diese wichtige Tugend entwikkelt haben.

Die Einhaltung und Überwachung der Tugend Gerechtigkeit ist ein Resultat menschlichen Verhaltens, weil anderenfalls aufgrund der individuellen Interessen kein Friedenszustand innerhalb von Gemeinschaften garantiert werden kann. Erst die bürgerliche Gesellschaft schafft die existenziellen Voraussetzungen für das Mängelwesen Mensch, dass ohne seine Artgenossen prinzipiell nicht überlebensfähig wäre. Hierzu gehört dann auch eine angemessene Organisation zur Regelung von individuellen und öffentlichen Bedürfnissen.[2] Insoweit sind Regelwerke ein Ergebnis der bürgerlichen Gesellschaft, ohne die keine Funktionsfähigkeit erlangt werden könnte. Daraus folgt erneut, dass sozialen Tugenden das Moment von Nützlichkeit immanent ist, deretwegen sie auch befolgt werden, selbst wenn hiermit eine Einschränkung der egoistischen Handlungsweisen verbunden ist.[3] Insoweit festgestellt wird, dass auch das öffentliche Interesse von Individuen bei ihren Handlungsalternativen berücksichtigt und ein damit verbundener gesellschaftlicher Vorteil individuell als positiv empfunden wird, erfährt das egoistische Handeln eine Schranke. Deshalb sind diese Handlungen auch entsprechend zu vollziehen, gerade weil sich Menschen als Teil ihrer sozialen Umwelt begreifen und die damit verbundenen Vorteile auch schätzen gelernt haben.[4] Hierdurch werden dann auch die Grenzen der egoistischen Handlungsweisen benannt: Prinzipiell wird in Analogie zu einer Kosten-Nutzen-Relation die Situation des anderen mitgedacht und, wo es möglich ist, auch in das eigene Handlungskalkül einbezogen, um negative Auswirkungen auf andere Menschen zu vermeiden. Bei einer Interessenkollision muss diese Situation allerdings nicht eintreten, ein wohl typisches Ergebnis für Tauschgesellschaften. Immerhin wird eine Grenze benannt, die nie überschritten werden darf: der gesellschaftliche Bestandsschutz. Sofern nämlich die Gesellschaft insgesamt durch individuelle Handlungen ge-

---

[1] In einer Fußnote wird von HUME die Relevanz der Rechtsordnung für das bürgerliche Eigentum und das damit verbundene öffentliche Interesse deutlich herausgestellt, HUME, David (1751), 117.

[2] „Die menschliche Natur kann in keiner Weise ohne die Vereinigung der Individuen existieren; und diese Vereinigung könnte nie stattfinden, wenn nicht die Gesetze der Fairneß und Gerechtigkeit beachtet würden.“ HUME, David (1751), 127.

[3] HUME, David (1751), 139 f.

[4] HUME, David (1751), 141.

fährdet erscheint, hat sich das Individuum seiner Möglichkeiten zu enthalten.[1] Abgesehen von dem denkbaren Fall einer absoluten Bösartigkeit, ist diese moralphilosophische Barriere allen Menschen inhärent. Und sie werden sich immer an der Leitmaxime ausrichten, die Wohlfahrt von anderen zu berücksichtigen, wenn immer dadurch ihre eigenen Interessen nicht tangiert werden.[2] Diese moralische Haltung der Individuen erfährt eine Verstärkung durch die gesellschaftliche Kommunikation. Der Austausch mit anderen wirkt insoweit anregend und befördert kritische Haltungen gegenüber der eigenen Position, als sich im Laufe der Zeit ein gesellschaftlicher Wertmaßstab herausbildet, der Grundlage von Handlungsmaximen wird. Dennoch muss davon ausgegangen werden, dass diese harmonische Vorstellung auch durch Brüche charakterisiert wird, weil immer wieder Rückfälle hinsichtlich der individuellen Vorteilsentnahme zu beobachten sein werden.[3] Trotz möglicher Abweichungen kann prinzipiell davon ausgegangen werden, dass das Gefühl für die gesellschaftliche Wohlfahrt immer ein wenig stärker ist, als das von individuellen Interessen.[4]

Als weitere Tugend stellt sich die Kapitalakkumulation dar, die durch Konsumverzicht hergestellt wird und sich deutlich gegen das Negativmoment von Geiz abgrenzt. Neben dieser Tugend werden andere diskutiert, die ganz offensichtlich vorteilhaft für kapitalistische Unternehmungen sind.[5] Gerechtigkeit als Maß für soziale Tugend ist kein Ergebnis des individuellen Handelns, sondern entsteht durch gesellschaftliche Koordination. Der Nutzenumfang wird nicht durch die individuellen Handlungen bestimmt, sondern durch das gesellschaftliche Ergebnis, das durch den Umfang der Individuen herbeigeführt wird. Denn individuelle Handlungen haben die Tendenz, auch gesellschaftsschädlich zu sein. Für die Gesamtgesellschaft ist es jedoch erstrebenswert, Ruhe und Ordnung, d. h. eine gesellschaftliche Friedenssituation herzustellen und dafür zu sorgen, dass die

---

[1] HUME, David (1751), 149. Ähnlich argumentiert auch Adam Smith, wenn er menschliche Handlungen dort beschränken will, wo sie mit gesellschaftlichen Nachteilen verbunden sind.

[2] HUME, David (1751),150.

[3] HUME, David (1751), 152.

[4] „Es zeigt sich, daß eine Tendenz zum öffentlichen Wohl und zur Förderung von Frieden, Harmonie und Ordnung in der Gesellschaft, in dem sie die menschenfreundlichen Grundzüge unseres Wesens berührt, uns immer für die sozialen Tugenden einnimmt." HUME, David (1751), 155.

[5] „Außer *Besonnenheit, Vorsicht, Unternehmungsgeist, Fleiß, Beharrlichkeit, Genügsamkeit, Sparsamkeit, Vernünftigkeit, Klughaftigkeit, Unterscheidungskraft*, außer diesen Eigenschaften, [...] gibt es noch viele andere, denen auch der entschiedenste Skeptizismus keinen Augenblick den Tribut des Lobes und des Beifalls verweigern kann. *Mäßigkeit, Nüchternheit, Geduld, Beständigkeit, Ausdauer, Vorsorge, Rücksichtnahme, Verschwiegenheit, Ordnung, Liebenswürdigkeit, Anstand, Geistesgegenwart, rasche Auffassungsgabe, Gewandtheit im Ausdruck*." HUME, David (1751), 168.

gesellschaftlichen Normierungen auch durchgesetzt werden. Insbesondere wird die gesellschaftliche Sicherheit durch die Garantie des Privateigentums hergestellt und durch die moralische Verpflichtung zu Gerechtigkeit dauerhaft für Tauschwirtschaften gesichert.

2.2.4. Der Gesellschaftsvertrag bei Jean-Jacques Rousseau

Für Leo STRAUSS wird „die erste Krise der Moderne" durch Jean-Jacques ROUSSEAU eingeleitet. Wie seine Vorgänger auch, stellt er den bürgerlichen Staat in den Mittelpunkt seiner Erörterung, allerdings nur, um ihn hinsichtlich seiner negativen Folgen zu überprüfen. Es stellt sich für ihn die Frage, ob nicht der verlassene Naturzustand die geeignetere Gesellschaftsformation für Menschen darstellt, als es der moderne Staat mit seinen erforderlichen Organisationsgebilden ist. Damit wird der Frage umfassend nachgegangen, wo die individuellen Vorteile liegen, die mit der Aufgabe des Naturzustandes im Übergang zur Zivilisation verbunden sind und welche Organisationsvorstellungen einen Konflikt mit den Individuen in der Gesellschaft herbeiführen. Die Auseinandersetzung ROUSSEAUs mit der Moderne erfolgt in zwei Preisschriften, in denen die Moralbegründung sowie der Ursprung der Ungleichheit unter den Menschen thematisiert werden. Daneben wird auch der Stellenwert von Wissenschaft für die Entwicklung aller Bevölkerungskreise zum Gegenstand der Diskussion erhoben. Während die erste Abhandlung eher den erkenntnistheoretischen Rahmen der bürgerlichen Gesellschaft zum Thema erhebt, wird in der zweiten Abhandlung der Frage nach sozialer und politischer Ungleichheit nachgegangen, wobei hier sehr ausführlich das Privateigentum im Vordergrund steht.

Naturzustand versus bürgerliche Gesellschaft

Die Entwicklung der Menschheit ist einerseits mit Erkenntnisfortschritt verbunden, andererseits steht dem eine zunehmende Entfremdung gegenüber. Hierdurch tritt eine gesellschaftliche Differenzierung ein, die das Moment der Gleichheit zerstört. Damit wird zum ersten Mal in der menschlichen Geschichte die Ungleichheit zum Thema einer menschlichen Gemeinschaft.[1] Es gilt deshalb, den

---

[1] „Aber noch grausamer ist, daß wir, [...] je mehr Kenntnisse wir anhäufen, uns zunehmend der Mittel berauben, [...] so daß wir gewissermaßen durch unseren Eifer, den Menschen zu studieren, unfähig geworden sind, ihn zu erkennen. Es ist leicht einzusehen, daß man in ebendiesen allmählichen Veränderungen der menschlichen Beschaffenheit letztlich den Ursprung für die Unterschiede zwischen den Menschen suchen muß, die nach übereinstimmender Ansicht von Natur aus ebenso gleich untereinander waren, wie die Lebewesen jedweder Art ..." ROUSSEAU, Jean-Jacques (1754): Abhandlung über den Ursprung und die Grundlagen der Ungleichheit unter den Menschen, in: ders. (1989): Kulturkritische und Politische Schriften in zwei Bänden, hrsg. von Martin FONTIUS, Bd. 1, Berlin, 1989.

Naturzustand angemessen zu beschreiben, um die Defizite der gegenwärtigen Gesellschaftsformation angemessen herausarbeiten zu können. In diesem Zusammenhang wird von ROUSSEAU zumindest die Möglichkeit in Erwägung gezogen, dass es sich bei der Vorstellung vom Naturzustand um eine Hypothese handelte, weil dieser nicht in der bisher diskutierten Art bestanden hat. Immerhin erscheint es dennoch möglich, die Nichtexistenz vorausgesetzt, einen Gegenentwurf zur bürgerlichen Gesellschaft zu liefern und damit deren Defizite aufzuzeigen.[1] Der bürgerliche Zustand wird immerhin als „künstlich" hinsichtlich seiner Organisation begriffen. Dieser Gesichtspunkt von Künstlichkeit macht dann allerdings auch andererseits den vorübergehenden Zustand dieser Gesellschaftsformation deutlich.

Angesichts der bisher vorliegenden Erkenntnisse bleibt die Frage, was das Naturrecht überhaupt begründet und wodurch es sich auszeichnet. Hier kritisiert ROUSSEAU die offensichtliche Unkenntnis über vorangegangene Gesellschaftsstadien und bemängelt insbesondere die vorherrschende Praxis, die bestehenden Vorstellungen einer Epoche auf frühere zu übertragen, ohne das eigentliche Problem, was nämlich Naturrecht sei, damit beantworten zu können. Die bisherigen Untersuchungen seien nicht über den Zustand von Definitionen hinausgelangt, wobei deren Geltungsumfang eher metaphysischen Gehalt hat und allein von praktischen Fragestellungen bestimmt wird.[2] Für ihn stellt sich die naturrechtliche Basis demgegenüber in einem Zusammenspiel von individuellem Selbsterhaltungstrieb und gleichzeitigem Widerwillen gegenüber individuellen, d. h. gesellschaftlich schädlichem Verhalten dar. Für die weitere Konstruktion bedarf es deshalb seiner Auffassung nach nicht mehr eines weiteren natürlichen Triebes, dem der Geselligkeit, weil alle anderen Handlungen sich auf die beiden als vernünftig anzusehenden Prinzipien reduzieren.[3] Die gegenwärtige bürgerliche Gesellschaft stellt sich dar als eine Gemeinschaft mit starker sozialer Differenzierung, sozialer Härte und starken Über- und Unterordnungsmechanismen, von denen angenommen werden kann, dass sie sehr zufällig entstanden und auch instabil sind. Bei näherer Untersuchung stellt sich allerdings heraus, dass eine Analyse

---

[1] „Denn es ist kein einfaches Unternehmen, zu entwirren, was am gegenwärtigen Wesen des Menschen ursprünglich, was künstlich ist, und über einen Zustand gut Bescheid zu wissen, der nicht mehr existiert, der vielleicht überhaupt nicht existiert hat und wahrscheinlich nie existieren wird, von dem wir uns dennoch zutreffende Begriffe machen müssen, um unseren gegenwärtigen Zustand richtig zu beurteilen." ROUSSEAU, Jean-Jacques (1754) I, 198 f.

[2] ROUSSEAU, Jean-Jacques (1754), I, 200 f.

[3] ROUSSEAU meint, „zwei der Vernunft vorausgehende Prinzipien wahrzunehmen, deren eines das brennende Interesse an unserem Wohlergehen und unserer Selbsterhaltung ist, während das andere uns eine natürliche Abneigung einflößt, ein fühlendes Wesen und vornehmlich unseresgleichen zugrunde gehen oder leiden zu sehen." ROUSSEAU, Jean-Jacques (1754), I, 201.

von Politik und Moral unter Berücksichtigung von menschlichen Eigenschaften zu dem Ergebnis führt, dass die entstandene Gesellschaftsformation sich weitgehend als recht stabil erweisen könnte. Insoweit bedarf es der Darstellung der menschlichen Entwicklungsgeschichte, und zwar beginnend mit dem Naturzustand bis hin zu dem künstlichen Gebilde der bürgerlichen Gesellschaft.

Innerhalb von menschlichen Gemeinschaften existieren zwei Formen von Ungleichheit, die entweder durch physische Unterlegenheit oder aber durch bewusste gesellschaftliche Deprivation hervorgerufen werden. Diese soziale Ungleichheit ist ein Ergebnis des Gesellschaftsprozesses, von dem angenommen wird, dass die Individuen festgelegten Regeln zustimmen und damit zugleich auf einen bestimmten Anteil ihrer ehemals umfassenden Rechte bzw. Handlungsmöglichkeiten verzichten.[1] Bei der Darstellung des Naturzustandes wird die gedankliche Modellierung hervorgehoben, die damit verbunden ist. Im Vordergrund steht nicht die historische Darstellung, sondern der Versuch, mit Hilfe eines Gedankenmodells die Entwicklung der bürgerlichen Gesellschaft aufzuzeigen. Die damit verbundene Abstraktion ermöglicht die Analyse der bisherigen gesellschaftlichen Entwicklung und findet eine Analogie in der experimentellen Vorgehensweise der Naturwissenschaft.[2] Im Naturzustand zeichnet sich die Lebensweise durch eine Vereinzelung aus, bei der die Reproduktion durch den Umfang der natürlichen Güter begrenzt ist. Die physischen Vorteile garantieren demzufolge die Überlebensmöglichkeit. Im Gegensatz zu HOBBES vermag ROUSSEAU für den Naturzustand nicht die Dominanz des Selbsterhaltungstriebes festzustellen, sondern eher eine permanente Auseinandersetzung mit der wilden Natur. Im Gegensatz zum Tierreich ist der Mensch mit Bewusstsein ausgestattet und dadurch in die Lage versetzt, Handlungen nicht instinktmäßig, sondern durch einen bewussten Akt autonom zu vollziehen. Damit wird eine Verbindung von sinnlicher Wahrnehmung und Möglichkeit für Naturerkenntnis hergestellt und durch permanente Lernsituationen erweitert. Insoweit zeichnet sich die menschliche Entwicklung durch permanenten Erkenntniszuwachs aus, weil dadurch das Spannungsverhältnis von Unwissenheit und Lust an Erkenntnis behoben werden kann.

---

[1] ROUSSEAU, Jean-Jacques (1754), I, 205.

[2] „Die Philosophen, die die Grundlagen der Gesellschaft untersuchten, haben alle die Notwendigkeit gespürt, bis zum Naturzustand zurückzugehen, doch keiner von ihnen ist dort angekommen. [...] Alle schließlich haben, unablässig von Bedürfnis, Begierde, Unterdrückung, Wünschen und Stolz sprechend, Vorstellungen, die sie innerhalb der Gesellschaft gewonnen hatten, auf den Naturzustand übertragen. Sie sprachen vom Wilden und zeichneten den Zivilisierten. [...] Man darf die Untersuchungen, die zu diesem Gegenstand möglich sind, nicht für historische Wahrheiten nehmen, sondern einzig für hypothetische und bedingte Überlegungen, eher dazu geeignet, das Wesen der Dinge zu erhellen, als deren wirklichen Ursprung nachzuweisen, und vergleichbar denen, die unsere Physiker tagtäglich über die Entstehung der Welt anstellen.“ ROUSSEAU, Jean-Jacques (1754), I, 206 f.

Hier sind es also die verachteten Leidenschaften, die eine evolutorische „Vervollkommnungsfähigkeit“ für die menschliche Gesellschaft bedeuten. Für den Urzustand, in dem allein die unmittelbare Reproduktion Gegenstand des menschlichen Handelns ist, werden allerdings derartige Überlegungen nicht angestellt. Sie sind einerseits nicht erforderlich, andererseits aber auch nicht denkbar. In diesem Zusammenhang ist es auch notwendig, auf den Umfang der menschlichen Sprache und deren Bedeutung für die weitere Entwicklung hinzuweisen.

Ohne die Herausbildung der Sprache erscheint es nicht denkbar, dass die Entwicklung der menschlichen Gesellschaft sich in dem bisher vorfindbaren Umfang vollzogen hätte. Für den Naturzustand würde allerdings gelten, dass Sprache per se nicht erforderlich ist, weil die als asozial begriffenen Individuen keine gegenseitigen Tauschverhältnisse besaßen. Da der ursprüngliche Zustand gekennzeichnet ist durch die Befriedigung aller unmittelbaren Bedürfnisse, bedarf es in dieser Situation nicht der Vermittlungsfunktion durch Sprache. Angesichts der Vereinzelung ist davon auszugehen, dass Sprache ein Ergebnis der unmittelbaren Kontaktaufnahme zwischen Mutter und Kind ist und damit der Koordination von Alltagssituationen dient. Deshalb kann auch angenommen werden, dass der Umfang der Sprachen etwa der Anzahl der Menschen entspricht, weil zwischen ihnen keine Beziehungen bestehen. Sprache ist demzufolge Privatsprache. Bei dem hohen Abstraktiongrad des Sprachvermögens und der damit verbundenen gedanklichen Leistungen wird vermutet, dass entwicklungsgeschichtlich nicht allein menschliche Vorstellung die Sprache entwickelt habe, sondern dass es sich hierbei um einen determinierten Entwicklungsprozess handeln müsse. Weder hatten die Menschen im Urzustand den Austausch mit anderen nötig, noch war er ihnen ein Bedürfnis. Insoweit bedurfte es auch keiner Regeln für den sprachlichen Austausch. Es bleibt allerdings weiterhin offen, weshalb denn die individuelle Reproduktion auf einen zukünftigen Ertrag ausgerichtet gewesen sein soll, wenn immer das Moment von Unsicherheit die Handlungsmaxime bestimmt haben musste. Niemand konnte im Urzustand davon ausgehen, dass aufgrund fehlender Eigentumspositionen nicht andere ein Arbeitsergebnis für sich okkupierten.[1] Gerade das anfänglich nicht entwickelte Sprachvermögen scheint die Ausgangsthese vom nicht gesellschaftsfähigen Menschen im Urzustand zu bestätigen.[2]

Innerhalb des Naturzustandes bedurfte es auch keiner weitergehenden moralischen Regeln, da keine gemeinsamen Beziehungen vorhanden waren. Unter diesem Aspekt sind dann die individuellen Handlungen auch nicht nach den moralischen Kategorien der bürgerlichen Gesellschaft in gut oder schlecht einzuteilen, sondern allein als erforderlich für die individuelle Reproduktion zu beschreiben. Für den Urzustand gilt indessen, dass die Beziehungslosigkeit zwischen Individuen zwar der Selbsterhaltung diente, hieraus aber nicht die HOBBESianische

---

1 ROUSSEAU, Jean Jacques (1754), I, 221.
2 ROUSSEAU, Jean Jacques (1754), I, 223.

Vorstellung vom Krieg aller gegen alle berechtigt ist, sondern im Gegenteil der Friedenszustand die angemessene Situation für alle Individuen darstellt.[1] Hierbei wird dann auch offensichtlich, dass eine Wertvorstellung mit der Beschreibung des Naturzustandes verbunden ist, wenn der gegenwärtige Zustand der bürgerlichen Gesellschaft als ein durchaus nicht immer moralischer bezeichnet wird und damit die Frage verbunden werden kann, welcher dieser beiden Zustände der angenehmere sein würde. Gegen HOBBES wird weiterhin eingewandt, dass der angenommene Kriegszustand zwar mit der Selbsterhaltung einhergehen kann, allerdings seine Grenze dort findet, wo eine als natürlich empfundene Mitleidsschranke Individuen an Kriegshandlungen gegenüber ihresgleichen hindert. Dieses Mitleid wird als wichtige natürliche Tugend angesehen und dadurch der Friedenszustand gerechtfertigt. Mitleid ist eine wichtige natürliche Gefühlsregung, deren Voraussetzung durch individuelles Einfühlungsvermögen hergestellt wird und eine Reduktion der egoistischen Handlungsweisen verursacht. Hierbei wird allerdings auch deutlich, dass Mitleid im Naturzustand stärker ausgeprägt war als in der bürgerlichen Gesellschaft, wo es Kompensationsmöglichkeiten zu dessen Verdrängung gibt. Mitleid ist als natürliche Funktion gesellschaftsstabilisierend, weil sie der Vernichtung von anderen entgegensteht, sofern anderweitige gesellschaftliche Mechanismen noch nicht herausgebildet sind. Die Durchsetzung der Mitleidsfunktion setzt Einfühlungsvermögen voraus und die damit verbundene Identifikation mit dem leidenden Artgenossen zur Verhinderung von egoistischen Verhaltensweisen.[2] Die gesellschaftliche Normenbildung erfolgt erst in einem späteren Stadium und führt bei der angenommenen Entwicklung zu unterschiedlichen Mitleidsreaktionen, die insbesondere durch den Sozialisationsprozess beeinflusst werden. Das Ziel von Mitleid ist mit der Vorstellung verbunden, selbst keinen ungerechtfertigten Angriffen ausgesetzt zu sein.[3]

Der skizzierte Naturzustand zeichnet sich demnach durch einen extremen Individualismus aus. Die Menschen benötigen einander nicht, tauschen weder Güter noch Informationen aus, so dass damit auch ihre Entwicklung entsprechend eingeschränkt ist. Eine Ausnahme in diesem prinzipiell kommunikationslosen Zustand stellen vorübergehende Geschlechterbeziehungen dar, denen allerdings auch nicht das Moment von stärkerer Bindung inhärent ist. Unter diesem Gesichtspunkt ist dann auch die HOBBESianische Vorstellung, es herrsche Krieg zwischen den Menschen, nicht weiter haltbar, denn es besteht die Möglichkeit, sich der Herrschaftsgewalt anderer zu entziehen. Auch der Stärkere hätte demzufolge nur die Möglichkeit, einen anderen durch Aufgabe von eigener Arbeits-

---

[1] ROUSSEAU, Jean Jacques (1754), I, 229 ff.

[2] ROUSSEAU, Jean Jacques (1754), I, 230–233.

[3] ROUSSEAU, Jean Jacques (1754), I, 232 ff.

bzw. Freizeit zu unterjochen, anderenfalls würde sich ein anderes Individuum dieser Zwangssituation entziehen.[1]

Für den Naturzustand gilt demzufolge, dass prinzipiell alle Eigenschaften, die Menschen innerhalb des bürgerlichen Zustandes auszeichnen, schon entwicklungsgenetisch vorhanden waren, jedoch kein Grund für ihre Herausbildung in diesem Zustand bestand. Allerdings ist zu konstatieren, dass der Gesellschaftszustand für die menschliche Gesellschaft insgesamt angesichts der umfassenden Defizite innerhalb der bürgerlichen Gesellschaft als eine negative Entwicklung bezeichnet werden muss.[2]

Im zweiten Teil der Preisschrift werden die Kriterien der bürgerlichen Gesellschaft herausgearbeitet. Geschichtlich erzwingt die Bevölkerungsentwicklung einerseits die Vorteile von gemeinschaftlichen Unternehmungen und andererseits eine Ausdehnung der Produktion sowie deren Methoden. In zunehmenden Maße geht dieser Prozess mit einer Herausbildung von kleineren Gemeinwesen einher; damit verbinden sich andere Formen von Arbeitsteilung zwischen den Individuen (einschließlich der Geschlechter) sowie Sanktionsmöglichkeiten durch moralische Verhaltensweisen zur Stabilisierung der Gemeinschaft. Insbesondere ist jedoch die Herausbildung des Eigentums ein wesentliches Merkmal, weil nur dadurch das Ergebnis für die verausgabte Arbeitszeit in Anspruch genommen werden kann. Neben der physischen Ungleichheit, die den Naturzustand kennzeichnete, werden jetzt soziale und später rechtliche Ungleichheit durch den, und zwar neuen, Gesellschaftszustand hervorgerufen.[3]

Die Urgesellschaft als „wahrhafte Jugend der Welt“ (ROUSSEAU 1754, I, 249) kennt in dieser Entwicklungsstufe durchaus den Ackerbau, jedoch noch nicht im Sinne einer erweiterten Reproduktion für zukünftige Perioden. Insoweit setzt eine größer werdende Fläche zur Bearbeitung bei steigendem Bevölkerungswachstum eine gewisse Parzellierung und damit Eigentum an dem Land und den damit verbundenen Früchten voraus. Das Aufgeben des ehedem einfachen Lebens und die

---

[1] „... daß jeder erkennen muß, daß die Bande der Knechtschaft nur aus der wechselseitigen Abhängigkeit der Menschen und der Bedürfnisse, die sie zusammenhalten, gemacht sind; folglich ist es unmöglich, einen Menschen zu unterjochen, ohne ihn vorher in die Lage gebracht zu haben, auf einen anderen nicht verzichten zu können. Diese Situation kommt im Naturzustand nicht vor, der einen jeden frei sein läßt und das Recht des stärkeren wirkungslos macht.“ ROUSSEAU, Jean Jacques (1754), I, 239.

[2] ROUSSEAU, Jean Jacques (1754), 239.

[3] „Der erste, der ein Stück Land einzäunte, auf den Gedanken verfiel, zu sagen: *Das gehört mir*, und Leute fand, die schlicht genug waren, ihm zu glauben, war der eigentliche Gründer der Gesellschaft. Wieviele Verbrechen, Kriege, Morde, vielleicht Grauen und Leid hätte nicht derjenige der Menschheit erspart, der, indem er die Pfähle herausriß oder den Graben zuschüttete, seinesgleichen zugerufen hätte: Hütet euch, auf diesen Betrüger zu hören! Ihr seid verloren, wenn ihr vergeßt, daß die Früchte allen gehören und die Erde keinem!“ ROUSSEAU, Jean Jacques (1754), I, 241.

Erzeugung von Produktionsmitteln führt außerdem zu Abhängigkeitsverhältnissen, die durch zunehmende Arbeitsteilung bedingt sind und einer Lösung auf den Rechtsanspruch des jeweiligen Arbeitsergebnisses bedürfen.[1]

Mit LOCKE ist ROUSSEAU der Auffassung, dass die individuelle Arbeit ein Eigentumsrecht an dem Arbeitsergebnis hervorruft. Die fortlaufende Möglichkeit der Akkumulation führt allerdings zu ungleichen Lebensverhältnissen, weil hierdurch Vermögensunterschiede ebenso sichtbar werden wie eine weitergehende Abhängigkeit von anderen Produktionsstufen durch eine Ausdehnung der Arbeitsteilung. Mit dieser Entwicklung vollzieht sich außerdem ein Wertewandel, der einer stärkeren individuellen Differenzierung Vorschub leistet. Dieses Ergebnis wäre allerdings nicht ohne das Rechtsinstitut des Privateigentums vorstellbar. Ökonomisch wird des Weiteren darauf hingewiesen, dass Produktivitätsfortschritte in einzelnen Sektoren zu einem weiteren Moment der Ungleichheit führen, weil dadurch entweder weniger Mehrarbeit eingesetzt werden muss bzw. ein höheres Arbeitsergebnis erzielt werden kann.[2] Hier wird auch das Spannungsverhältnis der Argumentation von ROUSSEAU deutlich. Indem er einerseits den gesellschaftlichen Fortschritt begreift, werden andererseits die negativen Momente, die mit dem Austritt aus dem Naturzustand verbunden sind, thematisiert.[3]

---

[1] ROUSSEAU, Jean Jacques (1754), I, 249–251.

[2] „Der Stärkere leistete mehr bei der Arbeit, der Geschicktere zog aus der seinen größeren Nutzen, der Gewitztere fand Mittel, sich die Arbeit abzukürzen, der Bauer brauchte mehr Eisen oder der Schmied mehr Getreide, und obwohl sie gleichviel arbeiteten, gewann der eine viel dabei, während der andere kaum das nötigste zum Leben hatte. [...] [Dadurch, S. P.] „wird der Mensch, der zuvor ein freies und unabhängiges Wesen war, nunmehr einer Vielzahl von Bedürfnissen, sozusagen der gesamten Natur und vornehmlich seinesgleichen unterworfen, ihr Sklave gewissermaßen, selbst wenn er zu ihrem Herrn wird. Ist er reich, braucht er die Dienste anderer, als Armer bedarf er ihrer Hilfe, und auch ein mäßiger Besitz versetzt ihn nicht in die Lage, auf andere zu verzichten. Er muß also ständig versuchen, sie an seinem Schicksal zu interessieren, und sie tatsächlich oder scheinbar ihren Gewinn darin finden lassen, für den seinen zu arbeiten ... Mit einem Wort, Konkurrenz und Rivalität auf der einen, Widerstreit der Interessen auf der anderen Seite und überall der verdeckte Wunsch, seinen Vorteil auf Kosten anderer zu erlangen – all diese Übel sind das erste Ergebnis des Eigentums und die untrennbare Folge der sich bildenden Ungleichheit." ROUSSEAU, Jean Jacques (1754), I, 252 f.

[3] Dieses Spannungsverhältnis im ROUSSEAUschen Denken veranlasste ENGELS zu der Bemerkung: „Aber diese gleichen Tiermenschen hatten vor den übrigen Tieren eine Eigenschaft voraus: die Perfektibilität, die Fähigkeit, sich weiterzuentwickeln; und diese wurde die Ursache der Ungleichheit. Rousseau sieht also in der Entstehung der Ungleichheit einen Fortschritt. Aber dieser Fortschritt war antagonistisch, er war zugleich ein Rückschritt." ENGELS, Friedrich (1878), 129 f.

Nach Durchsetzung des Privateigentums als anerkanntes gesellschaftliches Prinzip bestand für die neu hinzugekommenen Gesellschaftsmitglieder nur noch die Möglichkeit, ihre Eigentumspositionen an Grund und Boden durch Erbvorgänge bzw. widerrechtliche Aneignung zu erweitern. Insoweit wendet sich ROUSSEAU nicht gegen das Privateigentum per se, sondern gegen das zu Unrecht erworbene. Allerdings kann aus Gründen der staatlichen Souveränität dem Gemeinwohl gegenüber dem Privatinteresse Vorrang gebieten.[1]

Ein derartiger Gesellschaftszustand war allerdings mit Nachteilen insbesondere für wohlhabende Bevölkerungsschichten verbunden. Der dafür notwendige Gesellschaftsvertrag zum Aufgeben des Naturzustandes wird als gesellschaftliche Entwicklung begriffen, denn er führt zur Herausbildung von Gesellschaft und Gesetzen. Damit wurde allerdings nicht allein der Gesichtspunkt von Sicherheit gefestigt, sondern zugleich das Moment der gesellschaftlichen Ungleichheit zementiert. In dem gleichen Umfang wie sich Gesellschaften herausbildeten, wurde damit auch die Naturrechtskomponente zugunsten von allgemein akzeptierten rechtlichen Normen zurückgedrängt. Der Gesellschaftsvertrag als die freiwillige individuelle Übereinkunft, den Naturzustand zu verlassen, wird hier noch unterschieden in einen Staats- oder Herrschaftsvertrag zur Errichtung von Staaten. Ziel ist die gegenseitige Verpflichtung, sich an Gesetze zu halten und Regelmechanismen für das Gemeinwesen zu erarbeiten.[2]

Mit der weiteren Entwicklung treten zwischen den Gesellschaftsmitgliedern Konflikte aufgrund ihrer unterschiedlichen Interessen auf. Diese teilweise kontraproduktiven Verhaltensweisen sind einerseits individuell bedingt, andererseits ein Resultat des Privateigentums. Insoweit sind unterschiedliche Wohlfahrtszustände auch das Ergebnis einer ungerechten Einkommens- und Vermögensverteilung zu Lasten von ärmeren Bevölkerungskreisen. Allerdings steht einer Veränderung dieses Zustandes die Erkenntnis gegenüber, dass bewusst erzeugte ideologische Weltbilder diesen Zustand eher festigen als verändern. Hierzu gehört auch die frühe Untersuchung über Wissenschaft und Kunst.[3]

In den weiteren Erörterungen von ROUSSEAU findet sich allerdings auch der Hinweis, dass der gesellschaftliche Fortschritt für die Menschheitsgeschichte recht teuer erkauft wurde und das Kosten-Nutzen-Verhältnis zwischen dem Naturzustand und der bürgerlichen Gesellschaft als eine Investition mit zu hohen

---

[1] Vgl. auch ROUSSEAU, Jean Jacques (1762): Vom Gesellschaftsvertrag oder Prinzipien des Staatsrechts, in: ders., (1989), I, 399.

[2] ROUSSEAU, Jean Jacques (1754), I, 264.

[3] „Ich würde zeigen, daß unter den vier Arten von Ungleichheit, deren Quelle die persönlichen Eigenschaften sind, der Reichtum die letzte ist, auf die sich die anderen am Ende reduzieren, weil er dem Wohlergehen am unmittelbarsten nützt, sich am leichtesten weitergeben läßt und man sich seiner deshalb bequem bedient, um alles übrige zu kaufen.“ ROUSSEAU, Jean Jacques (1754), I, 269.

Kosten verstanden wird. Desgleichen findet sich hier der Hinweis über die Natur des Menschen, die erst durch den gesellschaftlichen Zustand eine Verschlechterung erfahren hat, weil im Urzustand die positiven Eigenschaften dominierten.[1]

Das Spannungsverhältnis zwischen individueller Vernunft und öffentlichem Interesse bildet die positive und zugleich negative Komponente der gesellschaftlichen Entwicklung. Es wird andererseits bei ROUSSEAU aber auch deutlich, dass erst der gesellschaftliche Zustand die negativen Eigenschaften hervorgebracht hat.[2] Insbesondere die als unendlich angenommenen Bedürfnisse führen zu einer Erhöhung der Güterproduktion und des Weiteren zur Herausbildung von Luxus.[3] Neben dem Verlust einer natürlichen Lebensweise verändern sich ebenfalls die Bedingungen für die individuelle Reproduktion. Die ursprüngliche Arbeitsteilung, anfänglich geschlechtsspezifisch begründet, erfährt eine weitere Ausgestaltung mit der Folge, dass hierdurch der Arbeitsprozess als schädlich für das Individuum eingeschätzt wird.[4]

Die Ambivalenz der gesellschaftlichen Entwicklung wird auch am Konsum und den damit verbundenen Auswirkungen verdeutlicht. Der Konsum von Luxusgütern führt unter statischen Gesichtspunkten zur Reduzierung von bestehenden Vermögenspositionen, weil die im Dienstleistungssektor Beschäftigten aus dem Einkommen bzw. gesellschaftlichen Überschuss entlohnt werden müssen. Andererseits ist eine derartige gesellschaftliche Entwicklungsstufe durch die Entstehung von Wissenschaft und Kunst gekennzeichnet. Ähnlich wie RICARDO führt ROUSSEAU aus, ohne allerdings die ökonomische Schärfe der RICARDIANISCHEN Analyse zu besitzen, dass der Preis für landwirtschaftliche Produkte sich nach dem geringsten Einkommen zu richten habe. Diese Annahme, ist allerdings nur bei hoher Arbeitsproduktivität im industriellen Sektor zutreffend.[5] Mit Hinweis auf die Periode vor der französischen Revolution wird zur

---

[1] ROUSSEAU, Jean Jacques (1754), I, 285.

[2] Vgl. hierzu die Ausführungen in: Letzte Antwort des Genfers Jean Jacques ROUSSEAU, in: Jean Jacques ROUSSEAU (1989), I, 125–152. Hier wird deutlich herausgestellt, dass der Umfang der gesellschaftlichen Entwicklung jeweils für die Herausbildung von negativen menschlichen Eigenschaften verantwortlich war. Insbesondere die Aufgabe einer natürlichen Lebensart hat zu Veränderungen geführt, die irreversibel sind und eine Rückkehr in den denkbaren Naturzustand unmöglich machten.

[3] ROUSSEAU, Jean Jacques (1754), I, 287.

[4] ROUSSEAU, Jean Jacques (1754), I, 289.

[5] „Aus der Gesellschaft und dem Luxus, den sie erzeugt, gehen die Künste und Handwerke hervor, der Handel, die Literatur und all diese Nutzlosigkeiten, die die Industrie gedeihen lassen, die Staaten reich machen und ruinieren. Der Grund für solchen Verfall ist sehr einfach. Es ist leicht zu erkennen, daß die Landwirtschaft ihrem Wesen nach unter allen Gewerben das am wenigsten einträgliche ist. Da ihre Produkte von allen Menschen am nötigsten gebraucht werden, muß ihr Preis den Möglichkeiten der Ärmsten angemessen sein." ROUSSEAU, Jean Jacques (1754), I, 290.

Finanzierung der Staatsausgaben auf ständige Erhöhungen der Steuern im landwirtschaftlichen Sektor und der damit einhergehenden Verelendung von Bauern hingewiesen. Es stellte sich nämlich heraus, dass die benannten Nachteile offensichtlich nicht den Luxuskonsum des Bürgertums betreffen, sondern den des absolutistischen Fürstenhofes.[1]

Selbst wenn die Entwicklung der bürgerlichen Gesellschaft mit den skizzierten negativen Folgen einhergeht, ist eine Rückkehr in den Urzustand nicht möglich. Insoweit ist die bisherige Entwicklung der Menschheit irreversibel und lässt nur Raum für ein politisch bewusstes, d. h. in diesem Sinn auch tugendhaftes Leben. Da auf die Möglichkeiten und Bedingungen des gesellschaftlichen Lebens nicht verzichtet werden kann, gilt als einzige Lösung das Moment der Aufklärung zur Verbesserung eines als unangenehm empfundenen Zustandes. Angesichts der notwendigen Ungleichheit im gesellschaftlichen Zustand ist darauf zu achten, dass die Differenzierungen nicht willkürlich durchgeführt werden, sondern entsprechend den Vorstellungen von Sitte und Moral ebenso wie denen, die aus der Berufsausübung erwachsen.[2]

Die Herausbildung der Moral ist ein entwicklungsgeschichtliches Ergebnis des Gesellschaftszustandes und wird von daher als etwas Künstliches begriffen. Ähnliches gilt für den Selbsterhaltungstrieb und die Eigenliebe. Während die Selbstsucht ein Produkt der gesellschaftlichen Entwicklung darstellt, mit dem sich die Individuen hinsichtlich ihrer Aktionen gegenüber anderen besonders herausstellen, ist der Egoismus des einzelnen konstitutiv für den Naturzustand, weil neben der notwendigen Selbsterhaltung damit auch das vernünftige Handeln durch Mitleid gegenüber den Artgenossen gesteuert wird. Der Naturzustand kennzeichnet sich demzufolge durch das Fehlen von egoistischen Verhaltensweisen ebenso wie das von negativen Emotionen, und zwar mangels intensiver Kontakte zu anderen. Hier fehlt die für den bürgerlichen Zustand angenommene Möglichkeit, sich in den anderen hineinversetzen zu können, damit die notwendige Bewertungssituation herbeigeführt wird.[3]

Die Begründung der Ungleichheit durch Wissenschaft und Kunst

In der Auseinandersetzung mit dem menschlichen Verhalten im gesellschaftlichen Zustand erörtert ROUSSEAU in der ersten Preisschrift der Akademie zu Dijon die Frage nach sozialer Ungleichheit und deren Ausgangstatsachen. Anfänglich wird die positive Entwicklung der Moderne mit ihrem Zuwachs an Erkenntnis

---

[1] Im Gegensatz zu MANDEVILLE wird von ROUSSEAU der weitergehende Gedanke einer gesellschaftlichen Entwicklung durch Luxus gerade nicht aufgegriffen, sondern allein das moralphilosophische Moment des Mitleids in der Bienenfabel, s. ROUSSEAU, Jean Jacques (1754), I, 231 f.

[2] ROUSSEAU, Jean Jacques (1754), I, 314 f.

[3] ROUSSEAU, Jean Jacques (1754), I, 309 ff.

durch eine stetige Entwicklung von Wissenschaft und Künsten herausgestellt.[1] Neben der Herausbildung von Erkenntnissen kommt den Wissenschaften auch legitimitätsbildender Charakter zu, indem Gemeinschaftsgefühle herausgebildet werden. Daneben lässt sich allerdings konstatieren, dass auch falsches Bewusstsein mit dieser Entwicklung einhergeht und dadurch eine zunehmende Entfremdung vom ursprünglichen Zustand charakteristisch ist. Die Menschen werden „glückliche Sklaven", ohne dass ihnen diese Situation bewusst werden kann.[2] Damit wird auch gleichsam das Motto der Preisschrift umrissen, wonach die Menschen durch den Anschein des Richtigen getäuscht werden.[3] Eine permanente gesellschaftliche Entwicklung führt allerdings nicht nur zur Verfeinerung der Lebensart, sondern ebenso zu unnatürlichen Verhaltensweisen, weil die Interaktionen durch gesellschaftliche Normen beeinflusst und damit ursprüngliche Handlungsweisen unterdrückt werden. Neben den Veränderungen durch die Wissenschaften sind es auch ökonomische Verhältnisse, die das Moment der Ungleichheit manifestieren. Hier wird auf den Luxuskonsum rekurriert, ohne den – offensichtlich als Ergebnis einer Überschussproduktion – Wissenschaft und Künste nicht ausreichend versorgt werden können.[4]

Die Weiterführung der Diskussion über die mit dem Luxus einhergehende soziale Differenzierung und deren ökonomische Auswirkungen erfolgt in der zweiten Abhandlung. Die Entwicklung der Wissenschaft, finanziert aus dem gesellschaftlichen Mehrprodukt, erweitert nicht allein den Erfahrungshorizont, sondern führt außerdem zu weiterer Disposition über Freizeit. Andererseits ist der damit verbundene Aufwand ebenfalls ein Zeitfaktor, der nicht revidierbar ist. Immerhin kann festgestellt werden, dass nicht alle Ergebnisse von Wissenschaft gesellschaftlich relevant sind, weil die gesellschaftliche Entwicklung diese nicht unmittelbar benötigt.[5] Die skeptische Auffassung von ROUSSEAU, Luxuskonsum führe zu veränderten moralischen Handlungsweisen, steht im Gegensatz zu der von ihm in der zweiten Preisschrift zitierten Auffassung von MANDEVILLE. Hier tritt eine skeptische Position zutage, die sich auch gegen die Ausdehnung des Tauschhan-

---

[1] ROUSSEAU, Jean Jacques (1751), Von der Akademie zu Dijon im Jahre 1751 preisgekrönte Abhandlung über die von dieser Akademie aufgeworfene Frage, ob die Wiederherstellung der Wissenschaften und der Künste zur Läuterung der Sitten beigetragen habe, in: ders., (1989), I, 55.

[2] ROUSSEAU, Jean Jacques (1751), 56.

[3] Unter diesem Schlagwort des HORAZ wurde von ROUSSEAU der Akademie seine Abhandlung eingereicht.

[4] „Der Makel ihres Ursprungs zeigt in ihren Gegenständen nur allzu deutlich seine Spuren. Was täten wir mit den Künsten ohne den Luxus, der sie nährt? Begingen die Menschen keine Ungerechtigkeiten, wozu wäre die Jurisprudenz nütze?" ROUSSEAU, Jean Jacques (1751), I, 67.

[5] ROUSSEAU, Jean Jacques (1751), I, 68 f.

dels als einem weiteren Ergebnis der entwickelten Wissenschaften wendet.[1] Mit der späteren Entwicklung gehen menschliche Eigenschaften verloren, die in frühen Gesellschaftszuständen als positive Tugend gewertet wurden. Unter diesem Gesichtspunkt ist dann zu konstatieren, dass mit jeder wissenschaftlichen Entwicklung auch eine Schwächung des jeweiligen gesellschaftlichen Zustandes verbunden ist, die schließlich auch sein Ende bedeuten kann. Ein wichtiger Ausfluss der wissenschaftlichen Entwicklung ist die Herausbildung von Moral, in diesem Sinne allerdings auch als negativer Gesichtspunkt verstanden, weil dadurch eine interessengeleitete moralische Bewertung in den Horizont der Individuen tritt.[2]

Der gesellschaftliche Wertewandel befördert die soziale Ungleichheit und belohnt nur noch die „künstlichen" sozialen Tugenden und nicht mehr die natürlichen. Die letzteren sind zwar noch bei den Bauern vorhanden, obwohl diese sozial benachteiligt werden.[3] Andererseits befördert der technische Fortschritt allerdings auch positive Entwicklungen, indem gerade aufklärerische Schriften wie die von HOBBES und SPINOZA eine weite Verbreitung erfahren. Da allerdings durch die Entwicklung von Wissenschaft und Kunst das individuelle Glück nicht wiederhergestellt werden kann, sondern die soziale Ungleichheit viel eher noch gefördert wird, lässt sich dieser Zustand nur durch eine dem Menschen angemessene Lebensweise verändern, wobei den Wissenschaften aufgegeben ist, die Machtverhältnisse in der bürgerlichen Gesellschaft zu verändern. Dieser zukünftige Zustand ist dann ein Ergebnis der angeborenen Gerechtigkeitsvorstellung von Menschen und deren Gewissen.[4]

Politische Ökonomie

Für die weiteren Erörterungen werden die „Abhandlungen über die politische Ökonomie" nur insoweit berücksichtigt, als sie eine Weiterentwicklung der zweiten „Abhandlung über den Ursprung und die Grundlagen der Ungleichheit unter den Menschen" darstellen. Insbesondere werden hier Probleme der Souveränität und des Eigentums behandelt.

Im ROUSSEAUschen Sinn wird unter dem Begriff der Ökonomie die traditionelle Auffassung von Hauswirtschaft bzw. Staatswirtschaft verstanden. Das entsprechende ökonomische Handlungskalkül für eine Staatsverwaltung ist dementspre-

---

[1] „Die Politiker der Alten redeten immer fort von Sitten und Tugend, unsere reden nur noch von Handel und Geld." ROUSSEAU, Jean Jacques (1751), I, 70.

[2] ROUSSEAU, Jean Jacques (1751), I, 74.

[3] Die soziale Aufwertung der Bauern findet eine Entsprechung bei Diderot, der dasselbe für die Handwerker als Vertreter der „mechanischen Künste" fordert, s. DIDEROT, Denis: Artikel Kunst, in: Artikel aus der von DIDEROT und D'ALEMBERT herausgegebenen Enzyklopädie, 2. Aufl., Leipzig 1984, 84.

[4] ROUSSEAU, Jean Jacques (1751), I, 79–81.

chend der sparsame Umgang mit den vorfindbaren Ressourcen.[1] An die Tradition des römischen Rechts anknüpfend, wird von ROUSSEAU die Rechtsgewalt des Hausvaters mit der einer staatlichen Autorität verglichen, wobei der gesellschaftliche Zustand gerade zum Schutz von Eigentumsrechten eingerichtet wird. Hier argumentiert ROUSSEAU noch ganz in der Tradition von LOCKE. In Analogie zu HOBBES beschreibt ROUSSEAU den Staat als einen Körper, dessen Institutionen Organen und Sinnen entsprechen. Insoweit wird dann auch dem Staat ein Interesse unterstellt, nämlich der Gemeinwille.[2]

Der bewusste Zusammenschluss zu Staatswesen muss zwangsläufig zu Einschränkungen an individuellen Handlungsräumen führen. Ausgangspunkt der Gemeinschaftsbildung war die Friedenssicherung sowie die Garantie des Privateigentums. Hier wird ein Zwiespalt sichtbar, weil die Aufgaben des Gemeinwesens finanziert werden müssen, so dass zwangsläufig ein bestimmter Eingriff in das Privateigentum von Gesellschaftsmitgliedern erforderlich wird. Die Konfliktlösung resultiert aus einer allgemeinen Akzeptanz von Gesetzen als deren Ergebnis Freiheit und rechtliche Gleichheit in der Gesellschaft existieren. Allein mit rechtlichen Vorschriften besteht die Möglichkeit, die gesellschaftliche Gleichheit vor dem Gesetz herzustellen, selbst wenn physische bzw. ökonomische Ungleichheit vorherrschen.[3] Die Aufgabe der Staatsautorität ist es demzufolge, Recht und Gesetz Verbindlichkeit zu verschaffen. Insoweit ist deren Autorität unmittelbar mit der Geltung von Rechten verknüpft und ebenfalls an sie gebunden. Die damit verbundene allgemeine Akzeptanz ist für ROUSSEAU weniger mit Hilfe der Durchsetzung von Strafen verbunden, sondern ein Ergebnis der Einsichtsfähigkeit aller Gesellschaftsmitglieder. Der Gemeinwille bildet sich bei ROUSSEAU nicht aus der Summe der individuellen Einzelmeinungen, vielmehr ist der Gemeinwille das gesellschaftlich Nützliche, ohne dass damit private Interessen verbunden sind. Im günstigsten Fall sind deshalb Gemeinwohl und Einzelinteresse miteinander identisch.[4] Durch gesellschaftliches Interesse und Mitleid der

---

[1] ROUSSEAU, Jean Jacques (1755 b): Abhandlung über die Politische Ökonomie, in: ders., (1989), I, 364.

[2] Der Begriff des Gemeininteresses wird hier zum ersten Mal durch ROUSSEAU erörtert. „Der Staat ist folglich auch ein moralisches Wesen, das einen Willen hat; und dieser Gemeinwille, der immer nach Bewahrung und nach Wohlbefinden des Ganzen und jedes Teils trachtet und der die Quelle der Gesetze ist, ist für alle Glieder des Staates im Hinblick auf sie wie auf ihn die Richtschnur für Recht und Unrecht ..." ROUSSEAU, Jean Jacques (1755), I, 339; vgl. hierzu auch die weitere Erörterung im Gesellschaftsvertrag (1762), I, 404.

[3] „Dem Gesetz allein verdanken die Menschen die Gerechtigkeit und die Freiheit. Dieses heilbringende Organ des Willens aller stellt die natürliche Gleichheit zwischen Menschen rechtlich wieder her." ROUSSEAU, Jean Jacques (1755), I, 343.

[4] ROUSSEAU, Jean Jacques (1755), I, 347.

Individuen ist sichergestellt, dass sich Bürgertugenden herausbilden und dadurch Partikularinteressen zurückgedrängt werden.[1]

Sofern das Staatswesen die individuelle Sicherheit nicht mehr garantieren kann, gibt es für die Individuen keinen Grund, den gesellschaftlichen Zustand beizubehalten, weil ihre Verträge nicht eingehalten werden. Damit wäre jedoch der Zustand der bürgerlichen Gesellschaft gefährdet.[2]

Da sich der Gesellschaftszustand nicht mehr durch Gleichheit auszeichnet, sondern durch Einkommens- und Vermögensdifferenzierung, kann Gleichheit nur noch über das Moment der Gerechtigkeit hergestellt werden, indem alle Individuen entsprechend den gesetzlichen Normen gleich behandelt werden.[3] Demzufolge wird es Aufgabe der staatlichen Autorität, die ungleichen Einkommens- und Vermögensverhältnisse zu verändern. Hierzu dienen ihr Steuereinnahmen zur Vermeidung von übermäßiger Kapitalakkumulation ebenso wie in beschränktem Maße auch Sozialpolitik, damit Armut vermieden werden kann. Des Weiteren gehört zur wirtschaftspolitischen Zielsetzung die Durchführung von Infrastrukturmaßnahmen.[4] Insoweit gehört es auch zur Staatsaufgabe, in angemessenem

---

[1] Das evolutionäre Moment, das sich durch Einsicht in die gesellschaftliche Notwendigkeit entwickelt und auch im Hinblick auf die Anteilnahme Schwankungen unterworfen ist, wird wie folgt skizziert: "Es scheint, daß das Gefühl der Menschenliebe sich verflüchtigt und abschwächt, wenn es sich auf die ganze Erde erstreckt ... Man muß das Interesse und das Mitleid auf irgendeine Weise begrenzen und bändigen, damit jenes Gefühl sich regt. Da aber diese Neigung in uns nur denen nützlich sein kann, mit denen wir zusammen leben müssen, ist es gut, daß die Menschenliebe sich auf die Mitbürger beschränkt und aus ihnen eine neue Kraft schöpft durch die Gewohnheit, sich zu sehen, und durch das gemeinsame Interesse, das sie verbindet." ROUSSEAU, Jean Jacques (1755), I, 350.

[2] „Die Sicherheit des einzelnen ist so sehr mit der öffentlichen Vereinigung verknüpft, daß diese Vereinbarung – ohne Rücksicht auf die menschliche Schwäche – durch das Recht aufgehoben würde, wenn im Staat auch nur ein einziger Bürger zugrunde ginge, dem man hätte helfen können; wenn man einen einzigen zu Unrecht im Gefängnis festhielte [...] denn wo die grundlegenden Vereinbarungen verletzt werden, ist nicht mehr zu erkennen, welches Recht noch welches Interesse das Volk in der gesellschaftlichen Vereinigung halten könne, es sei denn die bloße Gewalt, welche die Auflösung des gesellschaftlichen Zustandes bewirkt." ROUSSEAU, Jean Jacques (1755), I, 352.

[3] ROUSSEAU, Jean Jacques (1755), I, 354 ff.

[4] „Es ist also eine der wichtigsten Angelegenheiten der Regierung, der extremen Ungleichheit des Besitzes vorzubeugen, nicht indem sie den Besitzern ihre Schätze wegnimmt, sondern indem sie alle die Mittel nimmt, Schätze aufzuhäufen, und ebensowenig, indem sie Spitäler für die Armen baut, sondern indem sie die Bürger davor schützt, arm zu werden." ROUSSEAU, Jean Jacques (1755), I, 355.

Rahmen öffentliche Güter zur Verfügung zu stellen und damit die Lebenschancen der Individuen zu ermöglichen bzw. zu erhöhen.[1]

Durch das Handeln der Regierung soll also die ökonomische Motivation der einzelnen gestärkt und ebenfalls ihr Ergebnis prinzipiell nicht in Frage gestellt werden. Dazu wird festgestellt, dass Eigentum ein Bürgerrecht ist, wie schon von LOCKE herausgearbeitet wurde. Auch ROUSSEAU anerkennt das Eigentumsrecht, weil anderenfalls die wichtigste Grundlage jeder Gesellschaft vernichtet und damit der Gesellschaftszustand insgesamt ad absurdum geführt würde. Das schließt selbstverständlich nicht aus, dass die Gesellschaftsmitglieder zur Finanzierung von Staatsausgaben herangezogen werden. Dieser notwendige Eingriff in Vermögenspositionen stellt demzufolge keine Verletzung des Eigentumsrechts dar. Die Garantie des Privateigentums beinhaltet auch rechtliche Regelungen, die als Eingriff in die jeweilige Dispositionsfreiheit angesehen werden können, jedoch prinzipiell keine Aufhebung des Privateigentums bedeuten.[2]

Für ROUSSEAU stellt sich demzufolge heraus, dass der Gesellschaftszustand das Eigentumsrecht erzwingt, die Basis der Gesellschaft darstellt und demzufolge die Notwendigkeit besteht, es womöglich in Schranken zu halten, aber nicht mehr aufzuheben. Insoweit stellt auch das Erbrecht eine wichtige stabilisierende Funktion für die bürgerliche Gesellschaft dar, weil dadurch verändernde Vermögensverteilungen vermieden werden, sofern Erbfolgen garantiert werden können. Es sei nämlich gesellschaftsschädigend, sofern hierdurch neue Gesellschaftsklassen entstehen.[3] Diese Vorstellung entspricht eben der Garantie des Privateigentums als individuelle Chance, die staatlicherseits zu garantieren ist.

Die Notwendigkeit, für öffentliche Aufgaben Steuern erheben zu müssen, stellt für ROUSSEAU einen unabdingbaren Eingriff in das Eigentum dar, da einerseits die Staatsgröße eine individuelle Verwaltung nicht mehr erlauben, andererseits jedoch eine prinzipiell freiwillige Abgabe von den Individuen hintertrieben würde. Zur Vermeidung von gesellschaftlichen Konflikten ist deshalb ein Staatsbud-

---

[1] „Es ist nicht genug, Staatsbürger zu haben und sie zu schützen; man muß auch an ihren Lebensunterhalt denken; und für die gemeinschaftlichen Bedürfnisse zu sorgen, folgt offensichtlich aus dem Gemeinwillen und ist die dritte wesentliche Aufgabe der Regierung. Diese Aufgabe besteht nicht darin, [...] die Speicher der einzelnen zu füllen und sie von der Arbeit zu befreien, sondern ihnen den Überfluß in solcher Reichweite zu halten, daß die Arbeit für seinen Erwerb stets notwendig und niemals unnütz ist." ROUSSEAU, Jean Jacques (1755), I, 359.

[2] ROUSSEAU, Jean Jacques (1755), I, 359 ff.

[3] Unabhängig davon, dass eine geregelte Erbfolge zugunsten von Kindern angenommen wird, weil diese am Vermögenszuwachs des Vaters, also der Familie insgesamt, beigetragen haben, wird ausgeführt: "... daß nichts den Sitten und der Republik schädlicher ist als die ständige Veränderung des Standes und des Vermögens der Bürger; solche Veränderungen sind Anzeichen und Ursache unzähliger Wirren, die alles umstürzen ..." ROUSSEAU, Jean Jacques (1755), I, 361.

get aufzustellen und die jeweilige Verwendung öffentlich zu machen. Unter diesem Gesichtspunkt ist dann die ökonomische Vorstellung auch statisch, indem die jeweilige staatliche Autorität als Verwalter fungiert, mit dem Ziel, den Umfang von öffentlichen Ausgaben auf einem gleichmäßigen Niveau zu halten, um dadurch weitergehende Steuererhöhungen zu vermeiden. Noch ganz in der Vorstellung seiner Zeit stehend, will ROUSSEAU einen hohen Umfang der Staatseinnahmen durch die Bewirtschaftung von öffentlichen Domänen erzielen. Wirtschaftspolitisch wird des Weiteren auf die Möglichkeit von öffentlichen Vorratshäusern zur Vermeidung von Preisschwankungen, bedingt durch schlechte Ernteergebnisse, und der damit verbundenen Möglichkeit, auch hierdurch den Umfang von Staatseinnahmen zu erhöhen, hingewiesen. Für den Umfang der Staatsausgaben wird konstatiert, dass deren Steigerungen in Analogie zu den Haushalten nicht von den unmittelbar erforderlichen Bedürfnissen bestimmt werden, so dass die Staatseinnahmen einen stetig steigenden Verlauf nehmen werden. Insbesondere die Ausdehnung von Armee und Polizei zum Zwecke der inneren Sicherheit bzw. aus Gründen von Eroberungskriegen führen hier zu einer unerwünschten Ausdehnung des Staatshaushaltes. Damit wird eine neue Entwicklung in Westeuropa angesprochen, nämlich die Herausbildung von stehenden Heeren.

Mit dem Abschluss des Gesellschaftsvertrags war zugleich die Forderung verbunden, das Privateigentum zu garantieren und andererseits die individuelle Verpflichtung einzugehen, einen angemessenen Beitrag für das Gemeinwohl zu entrichten. Angesichts von unterschiedlichen Einkommens- und Vermögensverhältnissen schlägt ROUSSEAU aus Gleichheitsgesichtspunkten die Einführung eines proportionalen Steuersatzes vor.

Unter Gerechtigkeitserwägungen fordert ROUSSEAU darüber hinaus, dass Personen mit geringem Einkommen keine oder nur wenig Steuern bezahlen sollten, während ein Höchststeuersatz für diejenigen in Erwägung gezogen wird, die weit über die erforderliche Reproduktion hinaus Einkommens- und Vermögensbestände besitzen.[1] Außerdem werden Verbrauchssteuern auf Luxusgüter ebenso wie Zölle für diejenigen Exportgüter vorgeschlagen, die unbedingt vom Ausland benötigt werden, weil mit dem Steueraufkommen Einkommensunterschiede beseitigt werden können.[2] Durch Vermeidung von Steuern auf landwirtschaftliche Güter soll zudem verhindert werden, dass eine Preissteigerung für Lebensmittel zu einer weiteren Belastung von ärmeren Bevölkerungskreisen führt. Neben dem Argument, dass dadurch der Leistungsanreiz für den Anbau von landwirtschaftli-

---

[1] Die ROUSSEAUsche Auffassung ist insoweit von Interesse, als zum gleichen Zeitpunkt die Anhänger der Physiokraten die Staatseinnahmen aus den Renten der Grundeigentümer finanzieren wollten, während die Klasse der Pächter in weiten Teilen aus der Besteuerung herausgenommen werden sollte. Diese beiden Steuervorstellungen heben die ideologische Komponente in der Argumentation deutlich hervor

[2] ROUSSEAU, Jean Jacques (1755), I, 374.

chen Gütern verloren geht, wird auf die Folge einer möglichen Landflucht ebenso verwiesen, wie die von Auswirkungen auf den Geldkreislauf.[1]

Der Gesellschaftsvertrag

Der gesellschaftliche Zustand ist ein Ergebnis von individuellen Einkünften. Für den Naturzustand gelten umfassende Freiheiten, wobei im Vordergrund der individuellen Handlungen das Überlebensinteresse steht. Das Höchstmaß an individueller Freiheit innerhalb des Naturzustandes führt zu sehr eingeschränkten menschlichen Beziehungen. Daraus lässt sich für ROUSSEAU schlussfolgern, dass die Annahme eines Kriegszustandes zwischen den Menschen theoretisch nicht angemessen war. Aus ihrer natürlichen Interessenlage heraus sind Menschen sich nämlich nicht feindlich gesonnen, sondern allein übergeordnete Interessen sind Auslöser für gewalttätiges Handeln.[2]

Der Kriegszustand ist demzufolge keine Relation zwischen Menschen, sondern wird als Ausdruck der Auseinandersetzung zwischen Staaten gesehen, die sich insgesamt im Naturzustand befinden. Für die Auflösung des Naturzustandes sind individuelle Verträge erforderlich. Diese Entwicklung wird deshalb als zwangsläufig angenommen, weil die bedürftige Menschennatur sich nicht mehr in der Lage sieht, die Auseinandersetzung mit der Natur erfolgreich zu bestehen. Unter diesem Gesichtspunkt haben sie eben nur die Wahl zwischen dem Untergang der menschlichen Gattung und der freiwilligen Aufgabe der umfassenden Freiheit innerhalb des Naturzustandes. Dadurch erwächst den Menschen allerdings die Möglichkeit, zukünftig ihre Reproduktion zu sichern.[3]

---

[1] Der Einfluss des Geldkreislaufes wird wie folgt beschrieben: „Wenn, zum einen, der Staat überschüssige Nahrungsgüter hat und der Reichtum an Geld aus deren Absatz im Ausland stammt, dann spüren den Überschuß allein die Städte, in denen der Handel getrieben wird, und der Bauer wird dadurch nur relativ ärmer. Da, zum anderen, der Preis aller Dinge mit der Vermehrung des Geldes steigt, müssen auch die Steuern im selben Verhältnis steigen, so daß der Landwirt sich mehr belastet sieht, ohne größere Einkünfte zu haben." ROUSSEAU, Jean Jacques (1755), I, 373.

[2] ROUSSEAU, Jean Jacques (1762), I, 388.

[3] „Ich setze voraus, die Menschen sind an jenem Punkt angekommen, wo der Widerstand jener Hindernisse, die ihre Erhaltung im Naturzustand gefährden, die Kräfte übersteigt, die jedes Individuum aufbringen kann, um in diesem Zustand zu verbleiben. Dieser ursprüngliche Zustand kann dann nicht mehr fortdauern, und die menschliche Gattung ginge unter, änderte sie nicht ihre Seinsweise. Da die Menschen aber nicht neue Kräfte hervorbringen, sondern nur vorhandene vereinigen und lenken können, bleibt ihnen kein anderes Mittel, sich zu erhalten, als durch Zusammenschluß eine Summe von Kräften zu bilden, die den Widerstand zu besiegen vermag. Sie müssen diese Kräfte aus einem gemeinsamen Beweggrund einsetzen und im Gleichklang wirken lassen." ROUSSEAU, Jean Jacques (1762), I, 391.

Das Austreten aus dem Naturzustand ist mit einem umfassenden gegenseitigen Schutz verbunden und verpflichtet demzufolge nur solange, wie die damit verbundene Garantie von allen anderen eingehalten wird. Aus diesem Gesellschaftsvertrag entsteht der Staat im Sinne eines sich aus Individuen zusammensetzenden Körpers, wie schon HOBBES gezeigt hatte, wobei sich die Individuen zukünftig als Staatsvolk mit oder ohne souveräne Rechte bezeichnen.[1]

Mit dem Gesellschaftsvertrag wird eine gegenseitige Verpflichtung zwischen den Individuen einerseits und der Staatsorganisation andererseits eingegangen. Die damit verbundene Unterordnung der Individuen unter die staatliche Autorität verpflichtet diese zum Schutz der einzelnen ebenso wie zur Abwehr von Bedrohungen gegenüber dem Staat selbst. Desgleichen sind die Mitglieder der staatlichen Autorität verpflichtet, da sie selbst ihre Souveränität aufgegeben haben. Während von dem Souverän, als Kopf des „kollektiven Körpers", keine Interessendivergenz gegenüber dem Staatsvolk angenommen wird, bedarf dieser andererseits legaler Zwangsmittel zur Einhaltung des Gesellschaftsvertrags, weil anderenfalls der Bestand des Gesellschaftssystems gefährdet würde.[2]

Mit dem Austritt aus dem Urzustand treten an die Stelle von urwüchsigen Handlungsweisen gesellschaftlich erzwungene Einschränkungen zur Konfliktvermeidung. Zeichnete sich der Naturzustand durch unbeschränkte Freiheit aus, stellt sich der Gesellschaftszustand zwar als Einschränkung dar, jedoch durch Herausbildung von neuen, diesmal gesellschaftlich begründeten Rechten, entwikkeln sich die bürgerlichen Freiheitsrechte und das Privateigentum und treten gleichfalls als eine neue Qualität der Freiheit auf.[3]

Selbst im friedlich angenommenen Naturzustand ist aufgrund der physischen Ungleichheit nicht davon auszugehen, dass die okkupierten Sachen stets im Besitz eines Individuums verbleiben müssen. Auch ROUSSEAU ist sich der Relativi-

[1] ROUSSEAU, Jean Jacques (1762), I, 393.

[2] ROUSSEAU, Jean Jacques (1762), I, 395 ff.

[3] „Der Übergang vom Naturzustand zum Gesellschaftszustand bringt im Menschen eine sehr bemerkenswerte Veränderung hervor: in seinem Verhalten tritt die Gerechtigkeit an die Stelle des Instinkts und verleiht seinen Taten die Moralität, die ihnen vorher fehlte. Jetzt erst, da die Stimme der Pflicht den körperlichen Trieb und das Recht die Begierde verdrängt, sieht sich der Mensch, der bis daher nur an sich selbst gedacht hatte, gezwungen, nach anderen Prinzipien zu handeln und seine Vernunft zu befragen, bevor er seinen Neigungen folgt. [...] Der Mensch verliert durch den Gesellschaftsvertrag seine natürliche Freiheit und ein unbegrenztes Recht auf alles, was ihn reizt und was er erreichen kann. Er gewinnt die bürgerliche Freiheit und das Eigentumsrecht auf alles, was er besitzt. [...] Man könnte zu den Gewinnen des Gesellschaftszustandes außerdem noch die moralische Freiheit hinzufügen, die allein den Menschen zum Herren über sich selbst macht; denn der Trieb der reinen Begierde ist Sklaverei, Gehorsam gegen das Gesetz, das man sich selbst gegeben hat, ist Freiheit." ROUSSEAU, Jean Jacques (1762), I, 396 ff.

tät von Vormachtstellungen bewusst, wenn es nicht gelingt, diese durch allgemeine Akzeptanz zu sichern.[1] Allein der Gesellschaftsvertrag garantiert die im Naturzustand fehlende personale und materielle Sicherheit. Bei Vertragsabschluss werden die Vermögenspositionen in den Staat eingebracht, ohne dass damit allerdings der Souverän Eigentümer wird. Vielmehr geht es hierbei um die Ausgestaltung von allgemeinen Rechten, die alle Gesellschaftsmitglieder binden. Durch den Gesellschaftszustand wird der ursprünglich nicht geschützte individuelle Besitz durch das Eigentumsrecht garantiert. Erst jetzt besteht die Möglichkeit, andere qua Eigentumsposition von einer Nutzung auszuschließen.[2]

Mit der Fixierung des Besitzes wird dieser zu Privateigentum und damit hat jedes Mitglied der Gesellschaft jede weitere Anspruchsmöglichkeit – sich durch Okkupation zu bereichern – verloren.[3] ROUSSEAU wendet sich in diesem Zusammenhang gegen die Höhe des die Reproduktion übersteigenden Umfanges des Eigentums und macht desgleichen deutlich, dass der Arbeitseinsatz allein keinen Rechtsanspruch auf ein Eigentum begründen kann.[4] Im Gegensatz zu den Bedingungen des Naturzustandes zeichnet sich der Gesellschaftszustand durch ungleiche Vermögensverhältnisse aus. Die ursprüngliche Gleichheit der Staatsbürger ist damit verloren gegangen und kann allein durch rechtliche Gleichheit hergestellt werden.[5]

---

[1] „Der Stärkere ist nie stark genug, um immer Herr zu bleiben, wenn er seine Stärke nicht in Recht und den Gehorsam nicht in Pflicht verwandelt." ROUSSEAU, Jean Jacques (1762), I, 385.

[2] „Jedes Mitglied übergibt sich der Gemeinschaft [...] mit allen seinen Kräften, zu denen auch seine Besitztümer gehören. Durch diesen Akt ändert sich nicht die Natur des Besitzes, weil er in andere Hände übergeht, er wird nicht Eigentum des Souveräns. [...] Obwohl das Recht des ersten Besitzergreifenden wirklicher ist als das Recht des Stärkeren, wird erst durch die Errichtung des Eigentumsrechts ein wirkliches Recht. Jeder Mensch hat von Natur aus ein Recht auf alles, was für ihn notwendig ist; aber der positive Akt, der ihn zum Eigentümer eines Gutes macht, schließt ihn von allem übrigen aus." ROUSSEAU, Jean Jacques (1762), I, 397.

[3] „Hat er seinen Teil erhalten, muß er sich auf ihn beschränken und hat keinen Anspruch mehr auf die Gemeinschaft. Deshalb wird das im Naturzustand so schwache Recht des ersten Besitzergreifenden von jedem in Gesellschaft lebenden Menschen geachtet. In diesem Recht achtet man weniger, was anderen gehört, als was man selbst nicht sein eigen nennt." ROUSSEAU, Jean Jacques (1762), I, 397.

[4] Mit dieser Argumentation wendet sich ROUSSEAU gegen LOCKE, der behauptet hatte, dass durch die private Aneignung die Reproduktionsbedingungen von anderen nicht gefährdet werden dürften und andererseits durch den Einsatz des Faktors Arbeitskraft eine wertmäßige Veränderung an einem Gut hervorgebracht wird, aus der sich Eigentumspositionen ableiten lassen.

[5] „Statt die natürliche Gleichheit zu zerstören, setzt der Grundvertrag im Gegenteil an die Stelle der von naturgegebenen physischen Ungleichheit der Menschen eine mora-

Die Gründung von Gesellschaften und deren Existenz ist abhängig von der ständigen Durchsetzung des Gemeinwohls. Es muss angenommen werden, dass die individuellen Interessen mit denen der Gesellschaft nur selten übereinstimmen werden.[1] Die Aufgabe des Naturzustandes stellt demzufolge eine Veränderung dar, die insgesamt mit positiven Entwicklungen einhergeht, so dass die jetzige Situation sich positiver darstellt als der frühere Zustand.[2] Auch Staaten unterliegen im Laufe ihrer Entwicklung Veränderungen und tragen das Moment des Untergangs in sich. Insoweit wird auch hier eine Analogie zum menschlichen Körper hergestellt.[3]

2.2.5. Naturrecht und Eigentum unter dem Einfluss der französischen Revolution: Johann Gottlieb Fichte

Für FICHTE ist im Gefolge der französischen Revolution das Privateigentum eine von Staats wegen disponible Größe. Im zweiten Teil seiner „Grundlage des Naturrechts" beschreibt FICHTE die Gründe für den ‚Staatsbürgervertrag'. Hierbei handelt es sich um einen Gesellschaftsvertrag, wie ihn auch ROUSSEAU erörtert hatte, wobei die einzelnen Gesellschaftsmitglieder einen gegenseitigen Vertrag schließen, in dem sie sich über den Umfang von Eigentum, Rechten und Freiheiten miteinander verständigen. Zur Eigentumsproblematik wird hierbei ausgeführt, dass die Akzeptanz des Eigentums des anderen nur dem Schutz der eigenen Eigentumsposition dient. Nur dadurch besteht die gesellschaftliche Möglichkeit, den Schutz des Eigentums insgesamt zu garantieren, weil bei jedweden unberechtigten Eingriffen der Verletzte ebenfalls nicht mehr an den Vertrag zur Einhaltung des Eigentums gebunden ist.[4] Dieser Staatsbürgervertrag ist erforderlich, weil anderenfalls keine Garantie für den einzelnen im Hinblick auf seine Freiheiten und das Privateigentum gegeben wäre. Für die Staatsbürger wird davon aus-

---

lische und legitime Gleichheit: mögen sie auch in körperlicher oder geistiger Kraft ungleich sein, durch Übereinkunft und Recht werden sie alle gleich." ROUSSEAU, Jean Jacques (1762), I, 399.

[1] ROUSSEAU, Jean Jacques (1762), I, 400.

[2] ROUSSEAU, Jean Jacques (1762), I, 407.

[3] ROUSSEAU, Jean Jacques (1762), I, 457 ff.

[4] „Das Eigenthum eines Jeden wird durch jeden Anderen nur so lange anerkannt, als der erstere das Eigenthum des letzteren selbst schont. Die geringste Verletzung desselben hebt den ganzen Vertrag auf, und berechtigt den Beleidigten, dem Beleidiger Alles zu nehmen, wenn er kann. *Jeder sonach setzt sein ganzes Eigenthum als Unterpfand ein, dass er das Eigenthum aller Uebrigen nicht verletzen wolle.*" FICHTE, Johann Gottlieb (1797): Grundlage des Naturrechts nach Principien der Wissenschaftslehre. Zeiter Theil, oder angewandtes Naturrecht, in: FICHTEs Werke, hrsg. von Immanuel Hermann FICHTE, Bd. III, Zur Rechts- und Sittenlehre I, Berlin 1845/1846. Reprint Berlin 1971, (zit. als: II), II, § 17 B, 196.

gegangen, dass sie mit Hilfe ihrer Arbeitskraft in der Lage sind, ihre Reproduktionsbedingungen selber zu erfüllen.[1] Neben der frühen Vorstellung einer als erforderlich angesehenen Staatsintervention zugunsten von einzelnen, die trotz aller persönlichen Bemühungen nicht in der Lage sind, ihre eigene Reproduktion zu gewährleisten, ergeben sich aus diesen sozialpolitischen Forderungen gesellschaftspolitische Konsequenzen für die Garantie des Privateigentums. Die Staatsbürger erhalten nur insoweit eine Garantie ihres Eigentums, als es für ihre jeweilige Reproduktion erforderlich ist. Darüber hinaus erfolgt keine weitere Anerkennung des Eigentums, sondern führt zu einer Relativität von Vermögenspositionen, weil alle anderen Gesellschaftsmitglieder dem Schutz der Ärmeren verpflichtet sind.[2] Diese sozialpolitische Forderung nach Schutz des einzelnen durch die Gesellschaft erscheint insoweit konsequent, als der Staatszweck in der Sicherung der individuellen Reproduktion und der Weiterentwicklung der Individuen gesehen wird.[3] Nur in einer staatlichen Gemeinschaft ist demzufolge eine umfassende Freiheitssicherung der Individuen möglich. Indem in der bürgerlichen Gesellschaft Eigentumsrechte zugeteilt werden, besteht erst die Möglichkeit, von einer Sache, ohne unberechtigte Einwirkungen von anderen fürchten zu müssen, Gebrauch zu machen. Damit wird für jeden Inhaber von Eigentumsrechten die Möglichkeit geschaffen, sich relativ sicher zu fühlen und zwar, weil die Eigentumsgarantie reziprok gesehen wird. Ein Eigentumsrecht darf nämlich nicht durch andere Personen beschädigt werden.[4] Jeder unberechtigte Eingriff wird damit

---

[1] „Jeder muss *von seiner Arbeit* leben können, heisst der aufgestellte Grundsatz. Das Lebenkönnen ist sonach durch die Arbeit bedingt, und es giebt kein solches Recht, wo die Bedingungen nicht erfüllt worden. Da alle verantwortlich sind, dass jeder von seiner Arbeit leben könne [...] haben sie nothwendig auch das Recht der Aufsicht [...] und übertragen es der für gemeinschaftliche Rechte und Angelegenheiten verordneten Staatsgewalt. [...] Wie nach dem obigen Satze kein Armer, so soll nach dem gegenwärtigen auch kein Müssiggänger in einem vernunftmässigen Staate seyn." FICHTE, Johann Gottlieb (1797), II, § 18, 213 f.

[2] Die Schranken des Eigentums und die damit verbundenen Verpflichtungen werden wie folgt bestimmt: „a) Alle zeigen allen, und bei Leistung der Garantie dem *Ganzen*, als eine Gemeine an, wovon sie zu leben gedenken. [...] b) Alle, und bei der Garantie die Gemeine, erlauben jedem diese Beschäftigung ausschliessend in einer gewissen Rücksicht. – Kein Erwerb im Staate ohne Vergünstigung desselben. Jeder muss seinen Erwerb ausdrücklich angeben, und keiner wird sonach Staatsbürger *überhaupt*, sondern tritt zugleich in eine gewisse Klasse der Bürger, sowie er in den Staat tritt. Nirgends darf eine Unbestimmtheit seyn. Das Eigenthum der Objecte besitzt jeder nur insoweit, als er dessen für die Ausübung seines Geschäfts bedarf. c) Der Zweck aller dieser Arbeiten ist der, leben zu können." FICHTE, Johann Gottlieb (1797), II, § 18, 214 f.

[3] FICHTE, Johann Gottlieb (1797), II, § 18, 212.

[4] „Der Inbegriff des Urrechts ist [...] eine fortdauernde, lediglich vom Willen der Person abhängige, Wechselwirkung derselben mit der Sinnenwelt ausser ihr. Im Ei-

nicht mehr zum Gegenstand des Einzelinteresses, sondern erhält einen öffentlichen Charakter durch die gesellschaftlich garantierte Schutzwirkung.[1]

Diese Festschreibung von Eigentumspositionen soll allerdings nicht für denjenigen gelten, dessen individuelle Reproduktion in der Gesellschaft ein Überleben nicht ermöglicht. Als Kontrollinstanz für diesen als berechtigt angenommenen Eingriff in das Eigentum wird eine „exekutive Macht" im Sinne einer öffentlichen Verwaltung eingerichtet. Wesentlich erscheint neben dieser staatlichen Zwangsmaßnahme auf der anderen Seite das Recht auf Fürsorge, ein menschliches Leben führen zu können.[2] Neben dem Verwaltungsapparat werden als weitere Überwachungsmöglichkeiten zur Verhinderung von unrechtmäßigem Gebrauch der öffentlichen Hilfe eine Abstimmung durch die Volksversammlung bzw. durch Ephoren genannt.[3]Ansonsten sind widerrechtliche Eingriffe in fremdes Eigentum nicht zu erwarten, solange ein angemessener staatlicher Schutz vorliegt. Des Weiteren kann FICHTE darauf verweisen, dass Eigentumsdelikte zwar auch ein Ergebnis von Armut sind, jedoch durch strenge Gesetze ebenso wie

---

genthumsvertrage wird jedem Einzelnen ein bestimmter Theil der Sinnenwelt, als Sphäre dieser seiner Wechselwirkung, ausschliessend zugeeignet; und unter den beiden Bedingungen, dass er die Freiheit aller Uebrigen in ihren Sphären ungestört lasse, und sie, falls sie von einem Dritten angegriffen werden sollten, durch seinen Beitrag schützen helfe, garantirt." FICHTE, Johann Gottlieb (1797), II, § 18, 210.

[1] So wird für einen unberechtigten Eingriff in das Bodeneigentum ausgeführt: „Die Aecker werden durch die Einzelnen unter der Garantie des Staats vertheilt und durch Grenzsteine bezeichnet, damit *gewisses* Recht sey. Einen Grenzstein zu verrücken, ist sonach ein unmittelbares Verbrechen gegen den Staat, indem es das Recht unsicher macht, und zu unauflöslichen Rechtstreiten veranlasst." FICHTE, Johann Gottlieb (1797), II, § 19 A, 218.

[2] „Alles Eigenthumsrecht gründet sich auf den Vertrag aller mit allen, der so lautet: wir alle behalten dies auf die Bedingung, dass wir dir das deinige lassen. Sobald also jemand von seiner Arbeit nicht leben kann, ist ihm das, was schlechthin das Seinige ist, nicht gelassen, der Vertrag ist also in Absicht auf ihn völlig aufgehoben, und er ist von diesem Augenblicke an nicht mehr rechtlich verbunden, irgend eines Menschen Eigenthum anzuerkennen. Damit nun diese Unsicherheit des Eigenthums durch ihn nicht eintrete, müssen alle von Rechtswegen, und zufolge des Bürgervertrages abgeben, von dem Ihrigen, bis er leben kann. [...] Jeder besitzt sein Bürgereigenthum nur insofern und auf die Bedingung, dass alle Staatsbürger von dem Ihrigen leben können; und es hört auf, inwiefern sie nicht leben können, und wird das Eigenthum jener: es versteht sich, immer nach dem bestimmten Urtheil der Staatsgewalt." FICHTE, Johann Gottlieb (1797), II, § 18, 213.

[3] FICHTE, Johann Gottlieb (1796): Grundlage des Naturrechts nach Principien der Wissenschaftslehre. Erster Teil, in: Fichtes Werke, hrsg. von Immanuel Hermann FICHTE, Bd. III, Zur Rechts- und Sittenlehre I, Berlin 1845/1846. Reprint Berlin 1971, (zit. als: I), I, § 16, 186 f.

durch im Laufe der Zeit herausgebildete gesellschaftlichen Normen verhindert werden können. Als Ziel wird angestrebt, diese gesellschaftlichen Konfliktlagen zu lösen. Insoweit scheint auch die geforderte Einschränkung des Privateigentums nicht allein eine revolutionäre Forderung zu sein, sondern zugleich der Versuch, gesellschaftliche Konfliktsituationen durch veränderte Einkommens- und Vermögensverteilungen von vornherein zu verhindern.[1] Die Herausbildung von moralischen Regeln durch Zwang und Einsicht schafft demzufolge die gewünschte gesellschaftliche Sicherheit.

Der Naturzustand zeichnet sich nach FICHTE durch das so genannte Urrecht aus. Selbst wenn es sich hierbei um eine rein analytische Kategorie handelt, ist sie zur angemessenen Abgrenzung der bürgerlichen Gesellschaft und des damit einhergehenden Rechtsverständnisses erforderlich. Charakteristisch für das Stadium des Urrechts ist der Begriff der Handlungsfreiheit. Sofern die Handlungen bzw. deren Wirkungen von Individuen durch andere beeinflusst werden, wird die damit verbundene Einwirkungsmöglichkeit gestört und unsicher. Das Urrecht ist die Möglichkeit, absolut berechtigt gegenwärtig und zukünftig handeln zu können.[2] Da es sich hierbei um keine Rechtsordnung handelt, die jemanden bindet, sind Rechtsverletzungen im Urzustand, also des Urrechts, die regelmäßige Folge. Unter diesem Gesichtspunkt ist weder die individuelle Freiheit noch der Besitz der Individuen angemessen gesichert. Diese Situation kann erst einsetzen, wenn die Verletzung des Urrechts auch als ein solches begriffen wird. Das setzt gesellschaftliches Denken voraus, zumindest das Denken an einen anderen und dessen – aus seiner Sicht – berechtigten Ansprüchen. Mit dieser Vorstellung wird zugleich die individuelle Selbstbeschränkung thematisiert, die eine Aufgabe von Freiheitsrechten bedeutet, weil erst dadurch die Ansprüche eines anderen, nämlich dessen Freiheitsrechte, akzeptiert werden. Das setzt allerdings die gegenseitige Akzeptanz der in Anspruch genommenen Freiheit voraus. Noch immer ist das Urrecht jedoch mit der Unsicherheit verbunden, dass nicht alle Rechtspositionen gleichermaßen vor anderen Individuen Schutz erfahren, weil deren Anerkenntnis der Eigentumsposition nicht dem Umfang entspricht, den ein anderes Individuum erwartet. Eigentum und Freiheit bleiben damit ungewiss. Diese Unsicherheit kann zwar durch gegenseitige Verträge ausgeschlossen werden, unterliegt allerdings im Urzustand noch dem Moment von Treu und Glauben, eine Situation, die in diesem Stadium noch zu keiner Möglichkeit einer Rechtsdurchsetzung führt. Zur Durchsetzung der jeweils berechtigten Position bedarf es deshalb eines „Zwangsgesetzes", das als Ordnungsfaktor mit Sanktionsmechanismen ausgestaltet ist. Hieraus folgt zwangsläufig, dass mit dieser Vorstellung die Aufgabe des Urzustandes einhergeht und die individuellen Willensentschlüsse in freier Selbstbestimmung einen Staat durch Schließung eines Staatsbürgervertrages ein-

[1] FICHTE, Johann Gottlieb (1796), I, § 16, 186.
[2] FICHTE, Johann Gottlieb (1796), I, § 11, 119.

gehen.[1] Solange keine Möglichkeit besteht, das Recht durchzusetzen, sind alle Kontrahenten hinsichtlich ihrer Ansprüche und der damit verbundenen Streitigkeiten unter Bedrohung ihres Lebens gefährdet. Mit der Garantie des Eigentums wird die jeweilige Reproduktion zumindest im Naturzustand gesichert, jedoch ist sie noch immer vom Willen des bzw. der anderen vereinzelten Individuen abhängig. Ebenso wie die Unterscheidung von andern das Gesellschaftswesen voraussetzt, kann Eigentum erst durch die Akzeptanz von anderen entstehen.[2] Da ein Eigentumsrecht zwar von einem Individuum akzeptiert werden kann, jedoch nicht von einem anderen, bleibt im Stadium des Urrechts jegliche Eigentumsposition mit Unsicherheit behaftet. Denn es gilt, dass sich alle gegenseitig ihre jeweiligen Eigentumsansprüche garantieren. Für den Umfang der Rechtsgarantie ist weiterhin erforderlich, dass die vertragschließenden Parteien sich nicht nur auf eine gegenwärtige Situation beziehen, sondern sich auch für zukünftige Fälle auf eine derartige Regelung verständigen. Dieser Zustand, ein Ergebnis der menschlichen Vernunft, führt danach zu einem „Gleichgewicht des Rechts", weil beide Parteien in gleichem Umfang die jeweiligen Rechtspositionen zu schützen verpflichtet sind.[3]

Der Vorteil der individuellen Verträge zum Schutz der jeweiligen Eigentumspositionen führt in der Gegenwart einerseits zu dem positiven Resultat von Sicherheit, gewährleistet andererseits aber noch nicht den zukünftigen Zustand. Insoweit ist der Rechtszustand höchst labil und von Zufällen abhängig. Es bedarf deshalb einer Institution, die allgemeine Anerkennung erfährt und auch mit Durchsetzungsbefugnissen ausgestattet ist. Abweichendes Verhalten kann durch Zwangsgesetze pönalisiert werden. Rechtsverletzer sollten immer davon ausgehen, dass ihr gesellschaftsschädigendes Verhalten negativ sanktioniert werden wird. Hierzu bedarf es allerdings einer freien Übereinkunft in Gestalt eines weiteren Vertrages, nach denen sich die vertragschließenden Personen einem Zwangs-

---

[1] „Meine Freiheit wird auf jeden Fall durch die Freiheit des Anderen nur unter der Bedingung beschränkt, dass er selbst die seinige durch den Begriff der meinigen beschränke. Außerdem ist er rechtlos. Soll daher aus meiner Erkenntniss des Anderen ein Rechtsverhältniss erfolgen, so muss die Erkenntniss, und die dadurch geschehene Beschränkung der Freiheit gegenseitig seyn. Also – alles Rechtsverhältniss zwischen bestimmten Personen ist *bedingt* durch ihre wechselseitige Anerkennung durch einander, durch dieselbe aber auch vollkommen *bestimmt*." FICHTE, Johann Gottlieb (1796), I, § 12, 123.

[2] „Sobald der Mensch in Verbindung mit anderen gesetzt wird, ist sein Besitz rechtlich, lediglich inwiefern er durch den Anderen anerkannt wird; und dadurch erst erhält er eine äussere *gemeinsame*, vor der Hand nur ihm und dem Anerkennenden gemeinsame Gültigkeit. Dadurch wird der *Besitz* erst ein *Eigenthum*, d. i. etwas Individuelles. [...] Alles Eigenthum gründet sich auf wechselseitige *Anerkennung*, und diese ist bedingt durch *gegenseitige Declaration*." FICHTE, Johann Gottlieb (1796), I, § 12, 130.

[3] FICHTE, Johann Gottlieb (1796), I, § 13, 137 f.

gesetz unterwerfen wollen. Da die Parteien aber jeweils Rechtsverletzer und zugleich Instanz für das Zwangsgesetz wären, ist dessen Wirksamkeit im Hinblick auf Durchsetzungsmöglichkeit und Vermeidung von willkürlicher Anwendung solange nicht realisierbar, wie kein allgemeingültiges und akzeptiertes Recht innerhalb von Staaten eingeführt wird.[1]

Bürgerliche Gesellschaft

Staatsgründungen erfolgen aus dem einzigen Ziel der Sicherheit heraus.[2] Denn von den Individuen wird deren egoistische Verhaltensweise betont,[3] die allein durch eine individuelle Verzichtsleistung unter eine gemeinsame Rechtsordnung kanalisiert werden kann. Durch die Aufgabe des Urzustandes wird das individuelle Handeln gesellschaftlichen Normen unterworfen und damit einerseits der ursprüngliche Freiheitsrahmen hinsichtlich uneingeschränkter Disposition über die Umwelt eingeschränkt, die andererseits jedoch auch mit einer Stärkung der eigenen Position einhergeht, da im Gesellschaftszustand das Privateigentum gegen unberechtigte Eingriffe dem Schutz der Gemeinschaft untersteht.[4] Dieser Schlüsselgröße „gegenseitige Sicherheit" werden alle individuellen Vorbehalte gegen die einschränkenden Bedingungen der Gemeinschaft untergeordnet, weil sie anderenfalls nicht erreicht werden kann.[5] Die Lösung für das zu entwickelnde Rechtssystem liegt neben der Durchsetzung in der allgemeinen Verbindlichkeit, die durch Identifikation des egoistischen Handelns und dem Gemeinwohl herbeigeführt werden kann. Insoweit bedarf es der übereinstimmenden Vorstellungen aller beteiligten Individuen.[6] Die gesellschaftspolitische Lösung wird dementsprechend nur in einer gegenseitigen vertraglichen Anerkennung von Rechten und Pflichten liegen, die einen freiwillig geschlossenen Staatsbürgervertrag fixieren und mit Befugnis zur zwangsweisen Durchsetzung ausgestattet werden, damit keine individuellen Vorteile den Gesellschaftsvertrag gefährden.[7] Diese Staatsgewalt entwickelt schon bei dem Versuch eines regelwidrigen Verhaltens moralische Hemmungen bei Individuen, die nämlich jetzt die Macht aller anderen fürch-

---

[1] FICHTE, Johann Gottlieb (1796), I, § 15, 148.

[2] FICHTE, Johann Gottlieb (1796), I, § 16, 150.

[3] „Dass der Mensch diese Gattung nicht seyn könne, ist schon daraus klar, weil er zur Moralität *erzogen werden*, und *sich selbst erziehen* muss; weil er nicht von Natur moralisch ist, sondern erst durch eigene Arbeit sich dazu machen soll." FICHTE, Johann Gottlieb (1796), I, § 15, 148.

[4] „Was wir auf der einen Seite verlieren, erhalten wir auf der anderen mit Gewinn wieder; denn der Staat selbst wird der Naturzustand des Menschen, und seine Gesetze sollen nichts anderes seyn, als das realisirte Naturrecht." FICHTE, Johann Gottlieb (1796), I, § 15, 149.

[5] FICHTE, Johann Gottlieb (1796), I, § 16, 150 f.

[6] FICHTE, Johann Gottlieb (1796), I, § 16, 151.

[7] FICHTE, Johann Gottlieb (1796), I, § 16, 153.

ten müssen. Hierdurch entsteht ein Machtausgleich, der als Gleichgewichtslösung apostrophiert wird, weil prinzipiell keine Änderung des bestehenden Zustandes ohne Sanktionen erfolgen kann,[1] ansonsten wird auf eine Staatsorganisation mit entsprechender Gewaltentrennung i. S. von MONTESQUIEU zur Vermeidung von Ungerechtigkeiten und individuellen Vorteilen verwiesen.

Für das Privateigentum bedeutet der Gesellschaftsvertrag eine Billigung des Eigentums durch alle anderen Individuen, und zwar in Höhe der erforderlichen Aufwendungen für die individuelle Reproduktion,[2] verbunden mit dem Verzicht, fremdes Eigentum unberechtigt zu beanspruchen. Ohne diese vertragliche Verpflichtung wäre kein einen Staat begründender Vertrag zustande gekommen. Für die Tauschwirtschaft wird zudem die Notwendigkeit von Gewerbefreiheit thematisiert und die damit verbundene Akzeptanz von Verträgen.[3] Im Gegensatz zu ROUSSEAU wird von FICHTE für den Naturzustand kein Eigentumsrecht angenommen, sondern erst nach der Staatsgründung vorgesehen.[4] Durch den gesellschaftlichen „Vereinigungsvertrag" bringen die Individuen ihre unsicheren Eigentumspositionen ebenso in den Staat ein wie ihre eigene Person und können entsprechend den gesetzlichen Möglichkeiten und sittlichen Vorstellungen individuelle Entscheidungen vollziehen.[5] Während jedoch das Individuum zu höherer Entwicklung strebt, dient das Privateigentum der Sicherung der individuellen Verpflichtungen gegenüber dem Staat und obliegt seiner Oberaufsicht.[6]

Für das Moment der Aneignung gilt, dass der mit Erfolg durchgeführte Arbeitseinsatz auf dem eigenen Feld selbstverständlich zum Eigentum an dem Ar-

---

[1] FICHTE, Johann Gottlieb (1796), I, § 16, 154.

[2] FICHTE, Johann Gottlieb (1797), II, § 17, 195 f.

[3] Allerdings ist hier zu beachten, dass die Gewerbe angezeigt werden müssen, um unter dem staatlichen Schutz zu stehen: „Hier wird nur aus der Forderung, dass im Staatsbürgervertrage Alle mit Allen contrahiren sollen, geschlossen, dass das Gebiet Aller auf der Oberfläche der Erde zwar zum Theil, d. h. in einer gewissen Rücksicht, an die Einzelnen vertheilt seyn möge, dass es aber in einer gewissen anderen Rücksicht, welche eben durch den Vertrag bestimmt wird, eine Wirkungssphäre für Alle sey: dass es etwa dem Kaufmann erlaubt seyn solle, herumzugehen, um seine Waren anzubieten, dem Hirten, sein Vieh durchzutreiben, dem Fischer, auf dem Boden des Ackerbauers an den Flüssen hinzugehen, und dergl., welches alles nur zufolge des Vertrages erlaubt seyn kann." FICHTE, Johann Gottlieb (1797), II, § 17, 197.

[4] FICHTE, Johann Gottlieb (1797), II, § 17, 204 FN * und der Differenz zum Gesellschaftsvertrag von ROUSSEAU.

[5] FICHTE, Johann Gottlieb (1797), II, § 17, 205 f.

[6] „Durch den Vertrag erhält der Bürger ein sicheres Eigenthum von seiner Seite, und der Staat die für den rechtlichen Besitz aller seiner übrigen Bürger nöthige Verzichtsleistung dieses Einzelnen auf seine natürlichen Rechtsansprüche auf diesen Besitz, wie auch einen bestimmten Beitrag zur schützenden Gewalt." FICHTE, Johann Gottlieb (1797), II, § 17, 207.

beitsergebnis führen muss, nachdem die Eigentumsposition staatlich garantiert wurde. Allerdings besteht auch die gesellschaftliche Verpflichtung, eine Bodenproduktion vorzunehmen, und zwar zur Unterstützung des „schützenden Körpers" Staat.[1] Solange sich im gesellschaftlichen Zustand noch Boden ohne Eigentümer findet, gilt hier noch der Urzustand. Es darf okkupiert werden. Neben den unmittelbaren Produzenten aus Landwirtschaft, Fischerei, Bergbau und Jagd existiert die Klasse von Handwerkern, die als Künstler i. S. einer künstlichen Tätigkeit gegenüber den als natürlich angesehenen Arbeiten des primären Sektors bezeichnet werden.[2] Diese Thematisierung einer gesellschaftlichen Arbeitsteilung macht deutlich, dass der Arbeitseinsatz von Handwerkern entlohnt werden muss, weil anderenfalls deren Reproduktion nicht gewährleistet ist. Hier ist es einerseits staatliche Aufgabe, durch Garantie des Eigentumsrechts am Arbeitsergebnis einschließlich der Regulierung des Arbeitsmarktes durch Zünfte die gesellschaftlich notwendige Produktion sicherzustellen, während sich dafür andererseits die „Künstler" für einen bestimmten Produktionsumfang verpflichten.[3] Das Eigentum an den Produkten der Urproduktion beinhaltet auch die Freiheit bei der Preisgestaltung gegenüber den Handwerkern. Zur Vermeidung von gesellschaftlich unerwünschten Wirkungen, im Gesellschaftsvertrag wurde auch ihnen die individuelle Reproduktion zugesichert, werden Staatsinterventionen durch Lebensmittellager vorgeschlagen. Noch merkantilistisch orientiert, sollen Preisinterventionen zur Vermeidung von Geldabfluss bei Importgütern, jedoch nicht für Luxusgüter erfolgen.[4]

Die bisherigen Erörterungen zur Eigentumsproblematik haben deutlich gemacht, dass für FICHTE nicht die Konstruktion eines idealen Staates im Vordergrund seiner Überlegungen steht, sondern die praktische Fragestellung, in welchem Maße sich Individuen zu einem Staatswesen vereinigen, das ihnen insgesamt die Reproduktionsmöglichkeiten durch Arbeit garantiert. Dass mit Eigentumsrechten zugleich auch Freiheitsrechte – i. S. von Lebenschancen – realisiert werden, konnte schon aus LOCKEs Argumentation entnommen werden. Für FICHTE erfährt das Privateigentum insoweit eine deutliche Erweiterung, als sich die staatliche Garantie nicht allein auf den Umfang der durch Bürgervertrag ein-

---

[1] „Jeder Landbauer, der nichts wäre als dies, müsste durch Bearbeitung seines Ackers seinen Unterhalt gewinnen können. Könnte er dies durch alle seine Arbeit nicht, so müsste, da er nichts seyn kann als Landbauer, eine neue Vertheilung vorgenommen, und ihm zuglegt werden, laut obiger Grundsätze. Ob jeder seinen Acker wenigstens insoweit bearbeite, dass er seinen Unterhalt darauf gewinnen könne, darüber steht er unter der Aufsicht des Staats." FICHTE, Johann Gottlieb (1797), II, § 19 A, 218.

[2] FICHTE, Johann Gottlieb (1797), II, § 19 D, 232–234.

[3] FICHTE, Johann Gottlieb (1797), II, § 19 E, 234 f.

[4] Geld fungiert in diesem Stadium des unterstellten Äquivalententauschs lediglich als Tauschmittel i. S. einer frühen Quantitätstheorie, FICHTE, Johann Gottlieb (1797), II, § 19 F, 238.

gebrachten Sachen bezieht, sondern als Rechtskategorie die Einschränkung von nicht genehmigter Berufsausübung beinhaltet. Mit dieser Konstruktion wird allerdings in die jeweilige Eigentumsposition aller anderen Individuen eingegriffen, sofern eine Lösung nur durch eine allgemeine Garantie der erforderlichen Reproduktion hergestellt werden kann. Bei umfassender staatlicher Regulierung des Gewerbes entsteht eine Art Wohlfahrtsstaat, wenn denjenigen Individuen Eigentumspositionen an dem Eigentum aller anderen Gesellschaftsmitglieder zuerkannt werden, die unverschuldet durch die Armenfürsorge zur Sicherung ihrer physischen Existenz versorgt werden müssen. Damit wird das Spannungsverhältnis umrissen, das bei FICHTE in der individuellen Entwicklung einerseits sowie dem berechtigten gesellschaftlichen Interesse andererseits angelegt ist. Diese Problematik wird weiter ausgeführt in der Untersuchung „Der geschlossene Handelsstaat".[1]

Der geschlossene Handelsstaat: Anwendung des Naturrechts auf die Nationalökonomie

Für den Naturzustand wird hier erneut auf die Situation von unsicheren und damit auch ungleichen Lebensverhältnissen verwiesen, die durch das Fehlen einer koordinierenden Instanz vorherrschen und in der HOBBESianischen Analogie eine Art Kampf aller gegen alle dominiert.[2] Hier dominiert demzufolge der Konflikt, der sich aus den unterschiedlichen individuellen Interessen ergibt. Insoweit lassen sich auch die jetzt bekannten bürgerlich-rechtlichen Vorstellungen nicht übertragen, eben weil derartige Rechtsvorstellungen diesem Zustand fremd sind. Für die vereinzelten Individuen folgt aus diesem rechtlosen Zustand eine permanente Unsicherheit über ihre jeweilige ökonomische Situation, weil sie dadurch dem willkürlichen Zugriff durch andere ausgesetzt sind. Niemand hat in diesem Zustand die Möglichkeit, jemand anderen von einer Nutzung auszuschließen, weil dieser im gleichen Sinne berechtigt ist wie ein anderer. Die einzige Möglichkeit der jeweiligen Vorteilssicherung liegt in der gewaltsamen Verteidigung des okkupierten Besitzes.[3] Nur indem sich Individuen verständigen, durch bewusste Unterlassungshandlungen sich gegenseitig ihre positionalen Vorteile nicht streitig machen, kann dieser Zustand der Unsicherheit befriedet werden. Erst dadurch ent-

[1] FICHTE, Johann Gottlieb (1800): Der geschlossene Handelsstaat. Ein philosophischer Entwurf als Anhang zur Rechtslehre und Probe einer künftig zu liefernden Politik, in: FICHTEs Werke, hrsg. von Immanuel Hermann FICHTE, Bd. III, Zur Rechts- und Sittenlehre I, Berlin 1845/1846. Reprint Berlin 1971, 387–513.

[2] „Es lebt beisammen ein Haufen von Menschen in demselben Wirkungskreise. Jeder regt und bewegt sich in demselben, und geht frei seiner Nahrung und seinem Vergnügen nach. Einer kommt dem anderen in den Weg, reisst ein, was dieser baute, verdirbt oder braucht für sich selbst, worauf er rechnete; der andere macht es ihm von seiner Seite ebenso; und so jeder gegen jeden." FICHTE, Johann Gottlieb (1800), I.1, 400.

[3] FICHTE, Johann Gottlieb (1800), I.1, 400.

stehen Eigentumspositionen, die mit der Möglichkeit verbunden sind, andere berechtigt von einer Nutzung auszuschließen.[1] Die Gesamtheit von Verträgen aus Gründen des individuellen Schutzes von Rechten auf etwas Bestimmtes setzt eine größere Organisation voraus, den Staat. Jedes Individuum erhält deshalb eine vorteilhafte Position für sein Eigentum, weil es sich vertraglich verpflichtet hat, das Eigentum von anderen ebenfalls zu akzeptieren. Wichtig ist in diesem Zusammenhang, dass Privateigentum nicht allein Verfügung über Sachen bedeutet, sondern ebenfalls allgemeine Rechtshandlungen beinhaltet. Damit wird der Nutzen aus dem Rechtsvorteil des Eigentums herausgestellt, der einen konkreten Eigentümer gegenüber einem Nichteigentümer auszeichnen.[2]

Für den gesellschaftlichen Zustand ist neben der rechtlichen Bindung jedoch auch die weitergehende soziale Komponente der Sicherung von Einkünften erforderlich. Staatsziel ist deshalb, eine gleiche Eigentumsverteilung anzustreben, um einerseits die individuelle Reproduktion zu gewährleisten und damit andererseits auch eine gleiche Einkommensverteilung anzustreben.[3] Dem idealen Staat liegt in diesem Sinne eine PARETianische Wohlfahrtsfunktion zugrunde, zumindest gehört sie zum staatlichen Aufgabenkatalog. Wie schon in den „Grundlagen des Naturrechts" wird auf die beiden unterschiedlichen Einkommensarten – Pri-

[1] „Lediglich aus dem beschriebenen Vertrage entsteht das Eigenthum, entstehen Rechte auf etwas Bestimmtes, Vorrechte, ausschliessende Rechte. Ursprünglich haben alle auf alles dasselbe Recht, das heisst, kein einziger hat gegen den anderen das mindeste Recht voraus. Erst durch die Verzichtleistung aller übrigen auf etwas, zufolge meines Begehrens es für mich zu behalten, wird es mein Eigenthum. Jene Verzichtleistung aller, und sie allein, ist mein Rechtsgrund." FICHTE, Johann Gottlieb (1800), I.1, 400 f.

[2] „Ich habe das Eigenthumsrecht beschrieben, als das ausschliessende Recht auf *Handlungen*, keineswegs auf *Sachen*. [...] Die freie Thätigkeit ist der Sitz des Streits der Kräfte; sie ist sonach der wahre Gegenstand, über welchen die Streiter sich zu vertragen haben, keineswegs aber sind die Sachen dieser Gegenstand des Vertrags. Ein Eigenthum auf den Gegenstand der freien Handlungen fliesst erst, und ist abgeleitet aus dem ausschliessenden Rechte auf die freie Handlung." FICHTE, Johann Gottlieb (1800), I.1, 401.

[3] „Jeder will so angenehm leben als möglich: und da jeder dies als Mensch fordert, und keiner mehr oder weniger Mensch ist, als der andere, so haben in dieser Forderung alle gleich Recht. Nach dieser Gleichheit ihres Rechts muss die Theilung gemacht werden, so, dass alle und jeder so angenehm leben können, als es möglich ist, wenn so viele Menschen, als ihrer vorhanden sind, in der vorhandenen Wirkungssphäre nebeneinander bestehen sollen; also, dass alle ohngefähr gleich angenehm leben können. Können sage ich, keineswegs müssen. Es muss nur an ihm selbst liegen, wenn einer unangenehmer lebt, keineswegs an irgend einem anderen. [...] Es muss die Absicht des durch Kunst der Vernunft sich annähernden wirklichen Staates seyn, jedem allmählig zu dem *Seinigen*, in dem soeben aufgezeigten Sinne des Worts, zu verhelfen." FICHTE, Johann Gottlieb (1800), I.2, 402 f.

märproduktion und Handwerk – verwiesen, die Gegenstand eines Gesellschaftsvertrags sind, mit dem Ziel, die jeweilige Reproduktion zu gewährleisten. Zwischen dem Güterangebot der „Künstler“ und Bauern hat ein Gleichgewicht zu herrschen, das die gesellschaftliche Reproduktion sicherstellt. Für die Handwerker gilt zudem, dass sie ohne Einwirkung der Natur sich nur durch ihre Arbeitskraft reproduzieren können und deshalb auf Lebensmittel angewiesen sind, deren Preise mit denen ihrer Produkte korrespondieren müssen, also der Äquivalententausch die Regel darstellt. Als Verbindung zwischen diesen beiden Gesellschaftsklassen stellt sich der Handel dar. Seine Distributionsaufgabe erfüllt er wie die anderen durch Vertrag zwischen den beiden Sektoren, der ihn zum Vorschuss für die jeweiligen Waren und zur Durchführung der Distribution verpflichtet. Im Gegenzug enthalten sich Produzenten und Handwerker einerseits wegen der vertraglichen Verpflichtung,[1] andererseits aus dem fehlenden Eigentumsanspruch bei eigenem intrasektoralen Austausch jeglicher Tauschakte.[2] Diese Regulierungsvorstellung wird noch dadurch erweitert, dass auch innerhalb der einzelnen Sektoren Eigentumspositionen vertraglich fixiert werden und dadurch von allen das erforderliche Reproduktionseinkommen erzielt werden kann. Immer wird dabei auf die notwendige Sicherheit durch die Garantie von Eigentum hingewiesen, deren vertragliche Einhaltung durch den Staat überwacht wird und deren weitere Aufgabe in der personellen Festlegung einer „Arbeitskräftebilanz“ für die einzelnen Sektoren liegt. Daneben werden auch aus Gerechtigkeitsüberlegungen Einschränkungen der Höhe des Produktionsniveaus befürwortet, solange durch den allgemeinen gesellschaftlichen Entwicklungstand nur für einzelne der Luxuskonsum ermöglicht wird, während weite Teile der Bevölkerung hiervon ausgeschlossen werden.[3] Damit wird ein Staatsziel bestimmt, das allen Mitgliedern gleiche Lebenschancen einräumt.[4] Insoweit werden beispielsweise auch Vorbehalte gegen die Wirkung des Preismechanismus erhoben[5] und prinzipiell Preisobergrenzen für alle Güter mit dem Ziel einer gleichmäßigen Einkommensverteilung gefordert.[6]

---

[1] FICHTE, Johann Gottlieb (1800), I.2, 405.

[2] „Dass der Vertrag auf diese Bedingungen geschlossen werden müsse, so dass die übrigen Stände auf allen unmittelbaren Tausch unter einander Verzicht thun, ist daraus klar, weil ausserdem der Handelsstand kein sicheres zu berechnendes Eigenthumsrecht hätte, sondern von dem Ohngefähr und dem guten Willen der übrigen Stände abhinge.“ FICHTE, Johann Gottlieb (1800), I.2, 412.

[3] FICHTE, Johann Gottlieb (1800), I.2, 409.

[4] FICHTE, Johann Gottlieb (1800), I.3, 423, vgl. auch II.4, 460 f.

[5] „Sollte einmal ein Mangel an Arbeitern in einem gewissen Fache zu befürchten seyn, so dürften freilich die Bürger nicht dadurch aufgemuntert werden, sich demselben zu widmen, dass man ihnen erlaubte, ihr Fabricat zu vertheuern, und so die übrigen Volksklassen zu bevortheilen.“ FICHTE, Johann Gottlieb (1800), I.2, 410.

[6] FICHTE, Johann Gottlieb (1800), I.2, 418.

Durch die Einbeziehung von Geld sind Auswirkungen auf die Einkommens- und Vermögensverteilung unabdingbar, sofern keine staatliche Geldpolitik erfolgt. Hierbei wird konstatiert, dass Vermögenseigentümer stets in der Lage sind, staatliche Wirtschaftpolitik, etwa bei Preissetzung, durch Zurückhaltung der Güter bzw. des Geldes zu konterkarieren, so dass aus diesem Grunde geldpolitische Maßnahmen erforderlich werden.[1] Zu einem „vernünftigen Staat" gehört deshalb als wichtigste wirtschaftspolitische Zielsetzung neben einem stabilen Geldwert eine angemessene Güterversorgung, weil anderenfalls die gesellschaftlichen Eigentumspositionen nicht länger garantiert werden können. Allerdings vermag eine staatliche Geldpolitik den Geldwert zu verändern und damit auch die Position von Vermögenseigentümern, deren Geld sich nur als ein Resultat des Einsatzes von anderen Eigentumspositionen darstellt. Durch gezielte Geldmengenerweiterung kann der Staat eine Inflation zu Lasten seiner Geld besitzenden Mitglieder herbeiführen[2] und damit deren Eigentum i. S. von Vermögen beeinträchtigen. Politisch ist diese Situation durchaus denkbar und durch rechtliche Normen zu verhindern.

FICHTE wendet sich hier besonders deutlich gegen den engen juristischen Eigentumsbegriff, der nur körperliche Gegenstände beinhaltet und erweitert ihn auf Rechtsansprüche. Eigentum ist danach ein staatlich garantiertes Rechtsverhältnis, das alle Vermögensteile der Individuen umfasst, und zwar einschließlich der Garantie von Reproduktionsbedingungen.[3] Nur in entwickelten Gesellschaftsformationen ist die Eigentumsdiskussion überhaupt denkbar, weil im nicht organisierten Urzustand jeder durch Okkupation die für ihn lebensnotwendigen Güter errei-

---

[1] Geld fungiert als notwendiges Tauschmittel, wobei das Austauschverhältnis von Gütern zu Geld Schwankungen unterliegt: „Aber der Werth des Geldes gegen Waare ist wandelbar und höchst veränderlich; Gesetze und Gewalt können ihn nicht festsetzen und erhalten. Macht der Staat erzwungene Preise, mit denen Käufer oder Verkäufer nicht einverstanden sind, so verbirgt der Geldbesitzer sein Geld oder der Waarenbesitzer seine Waare, und der Handel ist vernichtet. Dem Geldbesitzer ist mit Gewalt gar nicht beizukommen; dem Waarenbesitzer nur durch verhasste und für den Staat höchst kostspielige Mittel. Also, wenn nur der Gebrauch des Geldes vorausgesetzt wird, so lässt der Handel sich nicht berechnen oder unter Gesetze bringen." FICHTE, Johann Gottlieb (1800), I 6, 432.

[2] „Durch unser System, nach welchem es in der Gewalt jeder Regierung stehe, soviel Geld zu machen, als sie nur immer wolle, und die Regierenden des Zaums der Nothwendigkeit erledigt würden, werde sogar das Geldeigenthum der Bürger von der unbegrenzten Willkür ihrer Herrscher abhängig. Diese vermögen von nun an dem Geldbesitzer sein Eigenthum sogar aus dem verschlossenen Kasten zu rauben, indem sie durch unbegrenzte Vermehrung der circulirenden Geldmasse den Werth des Geldes gegen Waare ins unbegrenzte verringern." FICHTE, Johann Gottlieb (1800), III 5, 493.

[3] FICHTE, Johann Gottlieb (1800), I.7, 441; III.2, 477.

chen konnte.[1] Zur Vermeidung von Konflikten wird im Gesellschaftszustand die Garantie von Eigentumspositionen erforderlich. Als Folge dieser Erkenntnis, die mit der Sicherheit für alle Individuen verbunden ist, werden gegenseitige Verträge mit Anerkennung der jeweiligen Besitzansprüche geschlossen. Diese Verträge kommen nur zustande, weil die Individuen jetzt sicher sein können, dass niemand unberechtigt in das Eigentum eines anderen eingreift. Hiermit ist also die Möglichkeit der ausschließlichen individuellen Nutzung garantiert. Des Weiteren ist ein Gesellschaftsvertrag zu schließen, in dem der Umfang der gesellschaftlichen Eigentumsgarantie festgelegt wird.[2] Hinsichtlich der rechtlichen Bindung werden Probleme benannt, die den Bodeneigentümer und den Nicht-Eigentümer von Sachen bei dem Abschluss des Gesellschaftsvertrags betreffen. Für Grund und Boden wird angenommen, dass hier nur dann berechtigt Eigentum erworben und garantiert werden kann, wenn auch im gesellschaftlichen Interesse eine Produktion durchgeführt wird.[3] Problematisch für den gesellschaftlichen Anfangszustand ist der Fall der Nicht-Eigentümer. Da sie nur über ihre Arbeitskraft verfügen, werden sie die Interessen der Grundeigentümer nur dann zu den ihrigen erheben, wenn diese sich bereit finden, eine Garantie für ihre Reproduktion abzugeben,[4] anderenfalls stehen sie außerhalb von gesetzlichen Normierungen und leben unter Unsicherheit zum Schaden der Gesellschaft: sie erzielen berechtigt, weil sozial nicht verpflichtet, Gewinneinkommen in dem geregelten Gemeinwesen.[5] Damit wird zugleich der Gesichtspunkt von politischer Stabilität durch die Eigentumsgarantie berührt.[6]

---

[1] FICHTE, Johann Gottlieb (1800), I.7, 443.

[2] FICHTE, Johann Gottlieb (1800), I.7, 445.

[3] „Ein Eigenthum des Bodens findet nach unserer Theorie gar nicht statt: wenigstens solange nicht, bis diejenigen, die ein solches annehmen – wenn sich dieselben nur recht verstehen, und wirklich, so wie die Worte lauten, ein Eigenthum des *Bodens*, und nicht wie wir es auch nehmen, das eigene und ausschliessende Recht auf einen gewissen *Gebrauch* des Bodens meinen – bis sie, sage ich, uns begreiflich machen, wie denn ein solches Eigenthumsrecht im wirklichen Leben *ausgeübt* werden solle. Die Erde ist des Herrn; des Menschen ist nur das Vermögen, sie zweckmässig anzubauen und zu benutzen." FICHTE, Johann Gottlieb (1800), I.7, 442.

[4] FICHTE, Johann Gottlieb (1800), I.7, 446.

[5] „Bei der völligen Unsicherheit, in welcher sie sich befinden, bevortheilen und berauben sie – zwar nennt man es nicht Raub, sondern *Gewinn* – sie bevortheilen und berauben solange und sogut, als sie es können, diejenigen, welche hinwiederum sie bevortheilen und berauben werden, sobald sie die Stärkeren sind. Sie treiben es, solange als es geht, und bringen für den Nothfall, gegen welchen ihnen nichts bürgt, in Sicherheit, soviel sie vermögen. Und an diesem allen thun sie nichts weiter, als wozu sie das vollkommenste Recht haben." FICHTE, Johann Gottlieb (1800), I.7, 447.

[6] FICHTE, Johann Gottlieb (1800), II.6, 471 f.

Eigentum und Gesellschaftsvertrag im „System der Rechtslehre“

Sämtliche Rechtsverhältnisse sind ein Ergebnis von Staatenbildungen und der Fiktion eines vorher feststellbaren Willens aller Individuen, auf die eigenen Vorteile einer umfassenden Freiheit im Zustande des Urrechts[1] zugunsten einer garantierten gesellschaftlichen Sicherheit zu verzichten.[2] Sofern diese Vorstellung von Freiheit realisiert werden soll, bedarf es der Aufgabe von unberechtigten Besitzansprüchen gegenüber anderen.[3] Der Verzicht auf den Anspruch von natürlichen, positionalen Vorteilen wird durch gegenseitige Verpflichtungen in Form von Verträgen erklärt. Damit wird der Gesellschaftsvertrag begründet, aufgrund dessen die Individuen erstmals über anerkannte Eigentumspositionen verfügen,[4] die mit ihnen verbunden, in den Staat eingebracht werden. Neben der damit verknüpften Garantie des Eigentums, besteht allerdings bei der Staatsgründung prinzipiell auch die Möglichkeit einer Neuverteilung der Besitzansprüche.[5] Neben den Sachgütern werden, abweichend von der üblichen juristischen Dogmatik und ihrer römisch-rechtlichen Auffassung, auch andere Positionen im Sinne von Rechtsansprüchen, die ebenfalls erst im gesellschaftlichen Zustand garantiert werden können, dem Eigentum zugerechnet. Während das absolute Eigentum nur körperliche Gegenstände beinhaltet (Sachen), werden durch das relative Eigentum auch unkörperliche Vermögensgegenstände wie z. B. Berufsausübung, staatliche Absatzgarantie und Kreditverträge erfasst, die durch Verfügungsrechte ent-

---

[1] FICHTE, Johann Gottlieb (1812): Das System der Rechtslehre. Vorgetragen von Ostern bis Michaelis 1812, in: FICHTEs Werke, hrsg. von Immanuel Hermann FICHTE, Bd. X, Bonn 1834/1835. Reprint Berlin 1971, 528 f.

[2] Zur Unterscheidung von Rechtsverfolgung im öffentlichen und privaten Interesse und den Folgen für die staatlich zu garantierende Sicherheit vgl. FICHTE, Johann Gottlieb (1812), 594 ff.

[3] „Also: das Recht jedes Einzelnen ist dadurch bedingt, daß er die Rechte aller Uebrigen anerkennt, und ausser dieser Bedingung hat Niemand ein Recht.“ FICHTE, Johann Gottlieb (1812), 506.

[4] „Der Eigenthumsvertrag gründet sich auf dieses Urrecht; denn er weist einem Jedem seine Sphäre, sein Quantum ausschließenden Freiheitsgebrauches an: dies und sonst Nichts. Er bestimmt Jedem seine Sphäre als sein Recht, sein ausschließendes Recht, oder besser, als sein E i g e n t h u m.“ FICHTE, Johann Gottlieb (1812), 529.

[5] „Jeder wird in seinem Besitzthume bleiben wollen, und der Vertrag wird ihm nicht schädlich sein sollen: so fügt er bloß die fehlende F o r m des Rechts und des Eigenthumes seinem Besitzthume hinzu, und der Inhalt des Vertrages wird heißen: jeder soll behalten als Recht, was er jetzt hat. Wer jetzt viel besitze, dem soll dies Viele als sein Recht bleiben; wer aber Nichts besitzt, der soll auch in alle Ewigkeit nichts bekommen. – Ganz anders dagegen ist es, wenn der Eigenthumsvertrag einen rechtlichen Inhalt mit sich bringt. Da könnte der Titel des Besitzes einer Kritik unterworfen und gefragt werden, nicht, was besitzest du? sondern, was besitzest du mit Recht? und eine neue Theilung beginnen.“ FICHTE, Johann Gottlieb (1812), 509.

stehen und von dem jeweiligen Besitzer – entsprechend der vertraglichen Vereinbarungen – für eine bestimmte Zeitdauer berechtigt benutzt werden können.[1] Insbesondere Geld symbolisiert das absolute Eigentum, mit welchem Tauschakte und damit Eigentumsübertragungen durchgeführt werden können. Neben seiner Tauschmittelfunktion beinhaltet es jedoch auch die Möglichkeit der Wertaufbewahrung zur individuellen Zukunftssicherung. Das Sparen[2] stellt insoweit eine wichtige Motivation für alle Menschen dar, sichert ihre Vermögenspositionen und erlaubt die Sicherung der Reproduktion ohne Arbeitseinsatz. Als absolutes Eigentum verstanden, wird mit dem Wertmaßstab Geld eine individuelle Handlungsfreiheit realisiert, unbeeinflusst von jeder staatlichen Lenkung.[3] Damit wird weiterhin das Zinseinkommen von Vermögenseigentümern begründet. Der Zins erfährt dadurch seine Rechtfertigung, dass Geld aus gesamtwirtschaftlicher Sicht für gewinnbringende Investitionen eingesetzt wird.[4] Als Voraussetzun ist hierfür allerdings eine hohe Arbeitsproduktivität und/oder Kapitalrentabilität erforderlich, weil anderenfalls die Kreditvergabe in eine gesellschaftlich vorteilhaftere Produktion verhindert wird. Aus profitablem Geldeinsatz und staatlicher Unterstützung durch Steuerbefreiung für eine bestimmte Periode resultiert ein Gewinn, so dass der Unternehmer den geforderten Zins an den jeweiligen Vermögenseigentümer entrichten kann.[5] Die damit verbundenen Produktionsvorteile sind allerdings nur kurzfristiger Natur. Die Extraprofite verringern sich, bis sie durch die Konkurrenz und die allgemeine Verbreitung des Einsatzes von neuen Produktionsmethoden gänzlich verschwunden sind.[6] Damit geht eine permanente Reduktion der Zinshöhe einher und entfällt in der letzten Phase gänzlich. Bei erfolg-

---

[1] FICHTE, Johann Gottlieb (1812), 591, und ökonomisch argumentierend: „Das Eigenthum ist entweder a b s o l u t e s, Geld und Geldeswerth, oder r e l a t i v e s, unter der unmittelbaren Aufsicht des Staates stehendes, Acker, Gerechtsame u. dergl." FICHTE, Johann Gottlieb (1812), 600.

[2] Sparen beinhaltet in jedem Fall auch Konsumausfall, so dass es einer staatlichen Regulierung der Geldmenge bedarf, damit über alle Güter einer Periode auch gesellschaftlich verfügt werden kann, ohne dass Absatzstockungen auftreten.

[3] „... dieses Geld, das Jeder für seine Arbeit erhält, ist nun sein absolutes und reines Eigenthum: die F r e i h e i t, seine F r e i h e i t zu brauchen, wie er will, auf welches a b s o l u t e E i g e n t u m der Staat gar kein Recht mehr hat." FICHTE, Johann Gottlieb (1812), 591 sowie auch 580.

[4] „Der Unternehmer einer solchen Arbeit, die unmittelbar gar keinen Nutzen, späterhin aber einen großen Gewinn verspricht, hat kein Geld, bis dahin andre Kräfte, die er dafür in Bewegung setzen will, zu erhalten, und wendet sich an einen Andern, der Geld hat, dessen er selbst zu keinem Unternehmen bedarf, (das ihm müssig im Kasten liegt)." FICHTE, Johann Gottlieb (1812), 581 f.

[5] FICHTE, Johann Gottlieb (1812), 585. Auch der Staat tritt als Kreditgeber auf, wenn private Wirtschaftsakteure kein Geld für Investitionen zur Verfügung stellen.

[6] FICHTE, Johann Gottlieb (1812), 582 f.

reich abgeschlossener Produktion kann das Geldvermögen für andere Investitionen eingesetzt werden.

Diese individuelle Handlungsfreiheit findet ihre Ausgestaltung in der gesicherten Berufsausübung,[1] gedacht als unmittelbare Auswirkung des Rechts auf individuelle Handlungsfreiheit.[2] Der Grundsatz: „Jeder hat das Recht der Selbsterhaltung“[3] beinhaltet als Konsequenz den „Jeder muss von seiner Arbeit leben können“[4] und stellt damit die wichtige personale Eigentumsposition dar, begriffen als eigene Verpflichtung zur Arbeitsleistung und zugleich als gesellschaftlich garantierte individuelle Reproduktion. Als deren Folge wird die Rechtverbindlichkeit für diejenigen Personen aufgehoben, deren Arbeitseinkommen durch die Gesellschaft nicht mehr gesichert werden kann.[5] Zur Verhinderung des individuellen Missbrauchs bedarf es der staatlichen Aufsicht, Anleitung und Förderung aller ökonomisch erforderlichen Handlungen. Insoweit besteht keine Diskrepanz zwischen individueller und gesellschaftlicher Reproduktion, die aus Gründen einer Gleichgewichtsvorstellung als Einheit begriffen werden muss, wobei FICHTE hier den Gesellschaftsvertrag und die gegenseitige Verpflichtung zur Unterstützung als Argument einführt.[6] Es gehört zur Staatsaufgabe, den jeweiligen Gesellschaftsklassen nicht allein ihre Berufsausübung, sondern zugleich den Absatz der erzeugten Produkte aus Gründen des geschlossenen Gesellschaftsvertrags zu garantieren. Für Lohnarbeiter, die kein Eigentum an dem von ihnen zu bearbeitenden Material haben, wird zudem eine Beschäftigungsgarantie erforderlich. Ähnliches gilt für Kaufleute, die aus Gründen der Zeitökonomie die Distribution für alle anderen durchführen. Die von ihnen durchgeführten Tauschakte sind ihr Ei-

---

[1] „Jeder müßte ausschließlich und eigenthümlich seine Gränzen haben, innerhalb welcher alle Andern ihn ungestört lassen sollen; eine Sphäre seines Handelns, welches man Eigenthum nennt.“ FICHTE, Johann Gottlieb (1812), 504.

[2] „Der Erfolg des Freiheitsgebrauches ist ein Recht, und ist Jedem durch sein Recht gesichert, heißt: seine beabsichtigte Zukunft, d. i. seine Selbsterhaltung ist Jedem gesichert, und gehört zu seinem persönlichen Rechte. Der Erfolg seiner Zukunft ist ein allgemeiner. Seine Wirksamkeit enthält in sich seine Zukunft. Ich lasse ihm die erstere, heißt, ich lasse ihm die zweite. Man sichert sich dadurch der Zukunft. Man könnte denken, durch Unverletzlichkeit und Unantastbarkeit des Leibes sei diese gesichert. Ja, gegen unmittelbare Gewalthätigkeit, aber nicht gegen mittelbare des Eigenthumsvertrages.“ FICHTE, Johann Gottlieb (1812), 527.

[3] FICHTE, Johann Gottlieb (1812), 531.

[4] FICHTE, Johann Gottlieb (1812), 532.

[5] FICHTE, Johann Gottlieb (1812), 532.

[6] „Alle [...] haben die absolut nothwendige Aufgabe, immerfort sich selbst im Einzelnen und Ganzen zu erhalten. Alle, sage ich nicht etwa Jeder für sich: Alle gemeinschaftlich, müssen immerfort für die Erhaltung eines Jeden, der im Bürgervertrage mit eingeschlossen ist, stehen; Alle auf dieselbe Weise, nach denselben Rücksichten; darum zu gleichen Theilen.“ FICHTE, Johann Gottlieb (1812), 542.

gentum, d. h. sie betreffen die Rechtsgarantie ihrer Berufsausübung (ohne Konkurrenz) und führen aus Gründen ihrer eigenen Reproduktion zur einer Erhöhung des Tauschwertes der Waren.[1]

In diesem Zusammenhang wird das Wohlfahrtsziel nicht klassisch durch den Umfang der produzierten Güter bestimmt, sondern in der Verpflichtung einer ideellen Weiterentwicklung der Individuen durch gezielte Anwendung und Ausweitung der Arbeitsteilung gesehen.[2] Nicht Arbeit soll demzufolge im Lebensmittelpunkt stehen, selbst wenn die unmittelbare Reproduktion es erfordert, sondern Persönlichkeitsentwicklung, die zugleich als Staatsaufgabe begriffen wird.[3] Da dieses Ziel nur durch umfassende Bildung verwirklicht werden kann, besitzen alle Individuen einen Anspruch auf Förderung, und zwar als Eigentumsrecht gedacht.[4] Der Staat dient nicht dem Selbstzweck, sondern dem Ziel einer allgemeinen menschlichen Vervollkommnung. In diesem Sinne wird er nicht mehr als Zwangsanstalt begriffen, sondern als notwendiges Durchgangsstadium zu einer neuen Sittlichkeit.[5]

Sofern die Freiheitssphäre anderer Individuen durch den einmaligen Vertrag nicht beeinträchtigt wird, stellt sich die Frage, weshalb sich Individuen an ihn gebunden fühlen. Die Lösung ist inhaltlich mit dem Gesellschaftsvertrag verbunden, der eine institutionelle Absicherung der vertragschließenden Parteien beinhaltet, weil anderenfalls die Einhaltung zu einer individuellen Lösung führen müsste, diese aber nur für den Urzustand gelten könne. Die Institution Staat ist demzufolge der einzige Garant dafür, die Rechtsverhältnisse in der Gesellschaft zu gewährleisten.[6] Insofern ist der Gesellschaftsvertrag auch zugleich ein Vertrag über ein sanktioniertes Gewaltverhältnis zur Durchsetzung des allgemeinen Interesses der Rechtssicherheit.[7] Neben dem Vorteil, über gesichertes Privateigentum verfügen zu können, werden von den ökonomischen Akteuren auch Verträge zum Güteraustausch geschlossen. Hier wird jetzt allerdings konstatiert, dass nur das Eigeninteresse zum Vertrag und dem damit verbundenen Gütertausch führt,[8] wobei die Vertragseinhaltung allerdings die gleiche Nebenbedingung wie beim Gesellschaftsvertrag beinhaltet. Nur durch staatliche Garantie kann jemand sicher

---

[1] FICHTE, Johann Gottlieb (1812), 556–558.

[2] „Eigenthum bedeutet eigentlich Freiheit, Muße, durch Arbeit erworben. Diese durch die Arbeit sich ergebende Muße sei der Werth seiner Arbeit, und diese müsse der Staat einem Jeden zusichern.“ FICHTE, Johann Gottlieb (1812), 562.

[3] FICHTE, Johann Gottlieb (1812), 543.

[4] FICHTE, Johann Gottlieb (1812), 541.

[5] FICHTE, Johann Gottlieb (1812), 539–543.

[6] FICHTE, Johann Gottlieb (1812), 521.

[7] „... die Macht ist die Bedingung des Rechtes.“ FICHTE, Johann Gottlieb (1812), 514.

[8] Allerdings wird keine individuelle Motivation benannt, so dass hier womöglich nur auf alltagsweltliche Erfahrungen zurückgegriffen wird.

sein, dass ein Versprechen von einem anderen auch gehalten werden wird.[1] Insoweit verstoßen andererseits auch Produzenten gegen die Rechtsordnung, wenn sie mehr Güter herstellen, als gesellschaftlich erforderlich sind.[2] Hinsichtlich der mit dem Warentausch verbundenen Eigentumsproblematik wird prinzipiell auf Äquivalententausch abgestellt,[3] weil die Tauschpartner keinen Verlust in ihren Eigentumspositionen erleiden dürfen und stattdessen der status quo gewahrt werden soll.[4] Sofern dieser gewünschte Zustand nicht herbeigeführt werden kann, ist es hier Staatsaufgabe, ausgleichend einzugreifen.[5]

Neben dem Eigentum an Sachen wird auch durch den Arbeitseinsatz ein Eigentumsanspruch erzielt.[6] Allerdings besteht grundsätzlich nicht die Möglichkeit, Eigentum an Grund und Boden zu erwerben, weil nur durch die wertschaffende Arbeitskraft Güter hervorgebracht werden. Sofern dennoch Eigentum an Böden beansprucht wird, kann die Begründungsbasis nur in der Okkupation liegen, die für den Gesellschaftszustand ausgeschlossen werden konnte. Hier stellt sich Eigentum als ein Gewaltverhältnis dar, das deshalb zurückgewiesen wird. Grund und Boden gehören der gesamten Menschheit und nur der gemeinschaftlich errichtete Staat kann deshalb berechtigter Eigentümer sein und im Interesse der Gesellschaft den Pächtern Eigentumsrechte für deren Produktion einräumen.[7]

Eigentum, Freiheit, Sittlichkeit

Unter dem Gesichtspunkt einer praktischen Philosophie ist der Ausgangspunkt für eine theoretische Erörterung des Vernunftstaates die Ausbildung und Gestaltung des individuellen Bewusstseins. Autonomie und Freiheit werden als Ziel jeder menschlichen Gemeinschaft bezeichnet. Gegen ROUSSEAU wird deshalb eingewandt, dass als Ziel die Aufhebung der Ungleichheit anvisiert wird.[8] Die Ein-

---

[1] FICHTE, Johann Gottlieb (1812), 519 f.

[2] FICHTE, Johann Gottlieb (1812), 554.

[3] „... alle Staatsbürger schließen unter der Garantie des Staats den Vertrag: Ihr liefert uns diese Arbeit, jeder Einzelne aus Euch nach dem auf ihn kommenden Antheil gut und tüchtig, wir dagegen nehmen sie Euch gegen das gebührende Aequivalent ab." FICHTE, Johann Gottlieb (1812), 555.

[4] „Jedem soll sein Eigenthum ungeschmälert bleiben, wie es durch den ursprünglichen Eigenthumsvertrag ihm zugesprochen wurde. So will es die Grundlage alles Rechts. Kann dieses darum zugeben, daß in diesem Tausche Einer bevortheilt werde, und würde ein Vertrag, der dies zum Erfolge hätte, gültig sein können? Durchaus nicht." FICHTE, Johann Gottlieb (1812), 523.

[5] FICHTE, Johann Gottlieb (1812), 523 f.

[6] FICHTE, Johann Gottlieb (1812), 522.

[7] FICHTE, Johann Gottlieb (1812), 546–549; 561.

[8] „Die Gleichheit ist eine *Aufgabe* für die praktische Freiheit. Wie wir oben sagten: Fortgang der Menschheit vom Glauben zum Verstande sey Geschichte, ebenso könnte man sagen: von *Ungleichheit* zu *Gleichheit* ..." FICHTE, Johann Gottlieb (1813): Die

richtung von Staaten erfolgt deshalb nicht aus einem Selbstzweck heraus, sondern ist unmittelbar mit der individuellen Entwicklung und dem Ziel der Autonomie verbunden. Ständestaatlich orientiert, beherrscht eine liberale Staatsauffassung die Argumentation, in der das Individuum durch den Staat positive Handlungs- und Bewusstseinserweiterungen erfährt. Insoweit stellen Staatverfassungen auch keinen Endzweck für die menschliche Entwicklung dar, sondern sind notwendiges Durchgangsstadium zu einer anderen menschlichen Qualität. Das positive Moment des Staates kann in der Gesellschaftsorganisation gesehen werden, weil anderenfalls keine individuelle Entwicklung möglich erscheint.[1] Ein Schlüsselbegriff ist das Moment der Freiheit, begriffen als individuelle Entwicklungsmöglichkeit und Einsichtsfähigkeit gegenüber anderen aufgrund des verpflichtenden Sittengesetzes. Nur mit Hilfe des Gesellschaftsvertrags können die Interessen aller Individuen gegenseitig gesichert werden. Trotz der umfangreichen rechtlichen Regelungen beklagt FICHTE den Zustand der Rechtsordnung und charakterisiert ihn als höchst unvollkommen mit teilweise bewusst herbeigeführten politischen Fehlinterpretationen. Selbst wenn diese Entwicklung zu beklagen ist, stellt sie ein Übergangsstadium zu einem höheren Recht der allseitigen Vervollkommnung dar. Insoweit sind gesetzliche Regelungen auch sittlich geboten[2] und erforderlich zur Freiheitssicherung.[3] Der Staat ist demzufolge nur Mittel zur gesellschaftlichen Entwicklung.

Insbesondere durch den Schutz des Eigentums rechtfertigt sich der Gesellschaftsvertrag, weil anderenfalls keine gesicherte Lebensführung durchgesetzt werden kann. Unter Eigentumspositionen werden hier erneut nicht allein Sachgüter rubriziert, sondern ebenfalls die allgemeine Freiheit, jedwede Tätigkeit aus-

---

Staatslehre oder über das Verhältnis des Urstaates zum Vernunftreiche, in: Fichtes Werke, hrsg. von Immanuel Hermann Fichte, Bd. IV, 508.

[1] „Es läßt sich also streng *a priori* erweisen, dass ein vernünftiges Wesen nicht im isolirten Zustande vernünftig wird, sondern dass wenigstens *Ein* Individuum ausser ihm angenommen werden muss, welches dasselbe zur Freiheit erhebe." FICHTE, Johann Gottlieb (1798): System der Sittenlehre nach den Principien der Wissenschaftslehre, in: FICHTEs Werke, hrsg. von Immanuel Hermann FICHTE, Bd. IV, Zur Rechts- und Sittenlehre II, Berlin 1845/1846. Reprint Berlin 1971; 221.

[2] „Dies ist nun das *Rechtsgesetz*: es ist *schlechthin da*, als die äussere Bedingung der sittlichen Freiheit: es muss darum herrschen, als *absolut festes* und *gegebenes*, als schlechthin bindend gleich einem *Naturgesetze*. – Jene gesuchte äussere Bedingung darum ist das *Recht*, *rechtliche Welt*; das erste Gesetz hat vorläufig den Rechtszustand hervorzubringen. Die Untersuchung jener vorläufigen Bedingungen also hätte gerade dies zu beschreiben: sie wäre *Rechtslehre*." FICHTE, Johann Gottlieb (1813), 392.

[3] Der transitorische Zustand wird besonders deutlich durch die Wortwahl „*Noth*verfassung" und „*Nothzustand*",FICHTE, Johann Gottlieb (1813), 393, 396.

führen zu dürfen.[1] Die Gesellschaftsmitglieder sollen ständisch organisiert und durch staatliche Fürsorge einen gleichen Anteil am gesellschaftlich erzeugten Produkt erhalten. [2] Für den Bürger als Eigentümer ergibt sich im Kriegszustand die optimale Situation, den Kampf der streitenden Fürstentümer nicht als eigene Bedrohung ansehen zu müssen, weil der Sieger ihre jeweiligen Eigentumspositionen ebenfalls garantieren wird. Angesichts der NAPOLEONischen Bedrohung Preußens wird allerdings hinzugefügt, dass bei Gefährdung des Sittengesetzes der Kampf für den Rechtsstaat die einzige Alternative darstellt.[3]

Resümee

Eigentum ist ein Ergebnis der Staatenbildung, weil nur dadurch individuelles Eigentum erkannt und gesellschaftlich anerkannt werden kann. Dieser Eigentumsbegriff ist bei FICHTE nicht allein ökonomisch determiniert, sondern zugleich eine Kategorie der praktischen Philosophie. Im Gegensatz zur Auffassung des römischen Rechts erweitert er den Eigentumsbegriff durch individuelle Rechtsansprüche. Hierdurch gelingt ihm eine ökonomisch breite Darstellung des Eigentums als umfassendes Anspruchsrecht, das nicht allein durch ein unmittelbares Herrschaftsverhältnis bestimmt wird, sondern infolge von Verträgen ökonomische Tauschbeziehungen konstituiert. Hinsichtlich der gesellschaftlichen Organisation wird zwischen objektiven und relativen Eigentumspositionen unterschieden, die den Umfang der individuellen Verfügungsmacht beschreiben. So wird für Geld konstatiert, dass diesem objektiven Eigentum stets eine gesellschaftlich erzeugte Gütermenge gegenübersteht und in diesem Sinne eine Vermögenskategorie darstellt, die neben der Vermögenssicherung auch zur Finanzierung von Investitio-

---

[1] „Diese Mittel des Lebens, *Eigenthum* genannt, wie sie auch zusammengebracht seyen, gegen gewaltsamen Raub jeder Art zu schützen, dazu ist der *Staat*; er bloss das *Mittel* dazu, darum das *Dritte* in der Reihe. – Zuerst das Leben, sodann das Gut, endlich der Staat, der es schützt. [...] Erwerb und Handel und überhaupt alles menschliche Treiben ist frei, und über die Gesetze des Staats durchaus erhaben. [...] Der *Staat* ist eine Anstalt der Eigenthümer, die aus dem Naturzustande heraus, und vor allem Staate, und ohne alle Kundnehmung des Staates Eigenthümer sind. Die *Staatsgewalt* der *Diener* dieser Eigenthümer, der von ihnen für diese Dienste bezahlt wird." FICHTE, Johann Gottlieb (1813), 403.

[2] „*Zeitliches* Leben – ein Kampf um Freiheit, sagten wir; ist doppelt zu verstehen: Befreiung von den *Naturantrieben* – *innere* Freiheit, die Jeder sich durch sich selbst geben muss. Von der Freiheit Anderer, – *äussere* Freiheit, die jeder Einzelne in Gemeinschaft mit Allen durch Uebereinkunft und Erkennung eines Rechtsverhältnisses erwirbt. Diese Vereinigung zur Einführung des Rechtsverhältnisses, das ist, der Freiheit aller von der Freiheit aller, des Verhältnisses, wo alle frei sind, ohne dass eines Einzigen Freiheit durch die aller Uebrigen gestört werde, ist in diesem Zusammenhange der Erkenntniss der *Staat*, richtiger das *Reich*." FICHTE, Johann Gottlieb (1813), 411.

[3] FICHTE, Johann Gottlieb (1813), II, 411.

nen verliehen werden kann. Der relativen Eigentumsposition werden Grund und Boden zugeordnet, weil hier prinzipiell nur der Staat Eigentümer sein kann, der durch Pachtverträge eigentumsähnliche Rechte für einen bestimmten Zeitraum überträgt. Die weiteren Eigentumspositionen wie Beschäftigungs- und Absatzgarantien werden vonseiten des Staates zur Vermeidung von Absatzkrisen durch Eingriffe in den Wirtschaftskreislauf gewährleistet. Hierzu gehört auch eine staatliche Geldpolitik, die quantitätstheoretisch orientiert, die Reproduktionsbedingungen der Bevölkerung zu sichern hat.

Realhistorisch wird der Einfluss der Französischen Revolution auf die praktische Philosophie FICHTEs deutlich. Obwohl seine Rechtsauffassung an der Theorie des Gesellschaftsvertrags des 17. und 18. Jahrhunderts festhält, wird die Staatsaufgabe um die Verpflichtung erweitert, die individuelle Reproduktion aller Gesellschaftsmitglieder zu gewährleisten. Dieser soziale Gesichtspunkt findet eine Entsprechung in den theoretischen Diskussionen der Französischen Revolution und unterliegt damit der gleichen illusionären Vorstellung von der Möglichkeit der Aufhebung des Privateigentums. In diesem Zusammenhang hebt LUKÁCS die langjährige Periode hervor, währenddessen FICHTE diese Auffassung nach der französischen Revolution noch aufrechterhalten hat. Philosophiegeschichtlich kulminiert diese Entwicklung in der Auseinandersetzung in „Der geschlossene Handelsstaat“, in dem für LUKÁCS zwar physiokratisches Gedankengut enthalten ist, andererseits jedoch „eine starre Anwendung der FICHTEschen Moralprinzipien auf alle Gebiete des gesellschaftlichen Lebens, eine – jakobinisch gefärbte – Diktatur der Moral über das ganze gesellschaftliche Leben des Menschen“ vorgestellt wird.[1] Die Konstruktion des Vernunftstaates als eine frühe Stufe eines an der gesellschaftlichen Wohlfahrt orientierten Staates, hat FICHTE sehr früh dem Verdacht einer sozialistischen Staatsauffassung ausgesetzt.[2] In der vorliegenden Arbeit wird dieser Gesichtspunkt nicht geteilt, sondern allein auf das Moment der Staatsverpflichtung zur Sicherung der individuellen Existenz abgestellt, die keineswegs eine sozialistische Argumentationsbasis darstellt.[3]

---

[1] LUKÁCS, Georg (1948): Der junge Hegel, Über die Beziehungen von Dialektik und Ökonomie, Bd. 2, Frankfurt am Main, 1973, 497 f., vgl. auch Bd. 1, 87 ff.

[2] Vgl. ROSCHER, Wilhelm (1874): Geschichte der National-Oekonomik in Deutschland. Reprint Düsseldorf 1992, 641. Eine ähnliche Auffassung vertritt MOMBERT, der zwar die Bedeutung der organischen Staatsauffassung würdigt, jedoch die Eigentumseinschränkungen innerhalb von Produktion und Distribution als Vorstufe einer sozialistischen Argumentation begreift, MOMBERT, Paul (1927): Geschichte der Nationalökonomie, Jena, 261.

[3] Siehe hierzu MEHRING, Franz (1910): Deutsche Geschichte vom Ausgange des Mittelalters, in: ders., Gesammelte Schriften, Bd. 5, 3. Aufl., Berlin 1975, 110.

2.2.6. Privateigentum bei Immanuel Kant

Für den Naturzustand gilt, dass selbstverständlich private Aneignung und individuelle Ansprüche artikuliert werden, jedoch unter vollkommener Unsicherheit. Dieser vorstaatliche Zustand wird, anders als bei HOBBES, nicht durch einen andauernden Kriegzustand bezeichnet, sondern als labiler Friedenszustand bei permanent erforderlicher Verteidigungsbereitschaft.[1] Kennzeichnend sind demzufolge die ständige Furcht um die eigene Sicherheit und der damit einhergehende Verlust von „Eigentumspositionen". Gegenüber unberechtigten fremden Einwirkungen bietet der Naturzustand keinen anderen Schutz als den der eigenen Verteidigung.[2] Innerhalb des Naturzustandes verfügen die Individuen über umfassende Freiheit, allerdings als „gesetzlose Freiheit"[3], ohne garantierte Entwicklungsmöglichkeiten. Es wird ein Eigentumsrecht vorausgesetzt, selbst wenn es durch andere gefährdet erscheint. Nur durch die Existenz von Privateigentum kann auch innerhalb des Naturzustandes der individuelle Freiheitsanspruch realisiert werden. Durch den bürgerlichen Staat wird nämlich kein Eigentum begründet, sondern nur die vorherigen Rechtspositionen bestätigt.[4] Insoweit erfährt auch das Eigentum durch Okkupation eine nachträgliche Rechtfertigung, selbst wenn die gewaltsame Aneignung dem bürgerlichen Staat fremd ist.[5] Nach KANT können demzufolge die individuellen Eigentumspositionen auch gegen Angriffe anderer berechtigt geschützt werden, wobei allerdings noch keine allgemein anerkannte Schutzfunktion eingerichtet ist, durch die „automatisch" Sanktionsmechanismen erfolgen können.[6] In diesem Zustand zeichnet sich das Eigentum erst als

---

[1] „Der Friedenszustand unter Menschen, die nebeneinander leben, ist kein Naturzustand (status naturalis), der vielmehr ein Zustand des Krieges ist, d. i. wenn gleich nicht immer ein Ausbruch der Feindseligkeiten, doch immerwährende Bedrohung mit denselben." KANT, Immanuel (1795): Zum ewigen Frieden. Ein philosophischer Entwurf. Reprint Berlin 1987, 18.

[2] Zur Vorstellung des labilen Friedenszustandes s. KANT, Immanuel (1795), 18 FN *.

[3] KANT, Immanuel (1795), 31.

[4] „Das Naturrecht im Zustande einer bürgerlichen Verfassung [...] kann durch die statutarischen Gesetze der letzteren nicht Abbruch leiden, und so bleibt das rechtliche Prinzip in Kraft: ‚der, welcher nach einer Maxime verfährt, nach der es unmöglich wird, einen Gegenstand meiner Willkür als das Meine zu haben, lädiert mich' ... Alle Garantie setzt also das Seine von jemanden [...] schon voraus. Mithin muß vor der bürgerlichen Verfassung [...] ein äußeres Mein und Dein als möglich angenommen werden ..." KANT, Immanuel (1797): Die Metaphysik der Sitten, in: Werkausgabe Bd. 8, 8. Aufl., Frankfurt am Main 1989, I, § 9, 366.

[5] KANT, Immanuel (1795), 16.

[6] „Denn ohne irgend einen rechtlichen Zustand, der die verschiedene (physische oder moralische) Personen thätig verknüpft, mithin im Naturzustande, kann es kein anderes als bloß ein Privatrecht geben." KANT, Immanuel (1795), 97. Die Wortwahl „Privatrecht" ist offensichtlich eine bewusste Abgrenzung zu dem ansonsten verwen-

physischer Besitz aus, dem die erhoffte, vielleicht auch begründete Vermutung zugrunde liegt, durch Vereinigung zu einem Gesellschaftsverband, diesen in eine mit Rechtsgarantie ausgestattete Eigentumsposition zu wandeln.[1] Der Besitz des Naturzustandes ist demzufolge ein vorgezogener Eigentumsanspruch zur eigenen Nutzung und damit verbundener Abwehr gegen äußere Einflüsse. Aus dieser Notwendigkeit heraus wird eine staatliche Gemeinschaft gegründet, die sich auf den individuellen Gesamtwillen stützen kann und den „provisorisch-rechtlichen" Zustand beendet.[2] Andererseits ist die Möglichkeit über Eigentum zu verfügen, auch im Stadium des Naturrechts, ein Gebot der Vernunft[3] und gehört damit zu den unveräußerlichen Menschenrechten.[4] Dennoch bleibt weiterhin die Frage offen, wie eine Situation beschaffen sein muss, damit die erfolgreiche Trennung in Mein und Dein auch gegenüber anderen erfolgreich durchgesetzt werden kann.[5]

Das vernunftmäßige Heraustreten aus dem Naturzustand ist demzufolge in der allgemeinen Sicherheit für das Privateigentum angelegt, ohne dass damit eine umfassende soziale Bindung zu anderen Gesellschaftsmitgliedern, wie etwa bei FICHTE, erkennbar wird. Selbst wenn auch innerhalb der vorstaatlichen Gemeinschaft rechtliche Beziehungen vorausgesetzt werden müssen, weil anderenfalls jede Tauschwirtschaft verhindert würde, ist dennoch die Situation durch allgemeine Unsicherheit als generelles Problem gekennzeichnet. Als anthropologische Konstante wird menschliche Bösartigkeit vorausgesetzt, die das Leben in der Gemeinschaft für jeden einzelnen unberechenbar macht,[6] selbst wenn es sich hierbei um ein Übergangsstadium handelt, das allerdings in jedem Falle für Staaten untereinander angenommen wird.[7] Für den Naturzustand gilt a priori nicht die

---

deten Begriff des „öffentlichen Rechts", der die Rechtsordnung in der bürgerlichen Gesellschaft insgesamt bezeichnet und demzufolge auch allgemeine Akzeptanz beanspruchen kann, weil es der Öffentlichkeit bekannt gemacht wurde, s. hierzu KANT, Immanuel (1797), I, § 43, 429.

[1] KANT, Immanuel (1797), I, § 9, 367).

[2] KANT, Immanuel (1797), I, § 9, 366 f.

[3] KANT, Immanuel (1797), I, § 2, 354 f.

[4] Die Disposition über materielle Dinge wird als Naturrecht verstanden, „welches unabhängig von allem rechtlichen Akt, jedermann von Natur zukommt ..." KANT, Immanuel (1797), I, Einleitung, Anhang B, 345.

[5] KANT, Immanuel (1797), I, § 11, 371.

[6] „... der Grundsatz sei: man müsse aus dem Naturzustande, in welchem jeder seinem eigenen Kopfe folgt, herausgehen und sich mit allen anderen [...] dahin vereinigen, sich einem öffentlich gesetzlichen äußeren Zwange zu unterwerfen, also in einen Zustand treten, darin jedem das, was für das Seine anerkannt werden soll, gesetzlich bestimmt, und durch hinreichende Macht (die nicht die seinige, sondern eine äußere ist) zu Teil wird, d. i. er solle vor allen Dingen in einen bürgerlichen Zustand treten." KANT, Immanuel (1797), I, § 44, 430

[7] KANT, Immanuel (1795), 79 FN.

Freiheit von Rechten,[1] sondern allein die einer fehlenden Durchsetzungsmöglichkeit von Ansprüchen, die insbesondere den Gütertausch verhindern musste, weil dieser als nur vorläufig begriffen wird, ohne die berechtigte Annahme, dass ein Besitzerwechsel auch tatsächlich stattfinden wird.[2] Die Unsicherheit des Naturzustandes, ohne die umfassende „distributive Gerechtigkeit" gedacht, kann nur über zufällig eingehaltene Kontrakte und Verzichte auf Einwirkungen in das Privateigentum definiert werden. Das Fehlen der distributiven Gerechtigkeit, als Leerstelle des vorstaatlichen Zustandes beinhaltet die wesentliche Differenz zur bürgerlichen Gesellschaft und trägt andererseits bereits deren charakteristische Merkmale in sich. Als Gebot der praktischen Vernunft ist deshalb diese Übergangsgesellschaft zu beenden und durch die bürgerliche Gesellschaft mit ihrem staatlichen Gewaltmonopol und den sicheren Bedingungen für den Warenaustausch zu ersetzen.[3]

Die bürgerliche Gesellschaft

Die bürgerliche Gesellschaft ist der Ausgang aus dem Naturzustand als Diktum der Gesetze einer praktischen Vernunft mit sittlicher Pflicht[4] als Grundlage für menschliche Handlungsweisen.[5] Sie wird durch einen Rechtszustand gekennzeichnet, in dem alle Bürger durch einen vernunftbegründeten, freien Entschluss einen Gesellschaftsvertrag vereinbaren, der sie als Individuen gegenseitig bindet,

---

[1] KANT, Immanuel (1797), I, § 44, 430.

[2] KANT, Immanuel (1797), I, § 44, 430 f.

[3] „Wollte man vor Eintretung in den bürgerlichen Zustand gar keine Erwerbung, auch nicht einmal provisorisch, für rechtlich erkennen, so würde jener selbst unmöglich sein. Denn, der Form nach, enthalten die Gesetze über das Mein und Dein im Naturzustande ebendasselbe, was die im bürgerlichen vorschreiben, so fern dieser bloß nach reinem Vernunftbegriffen gedacht wird: nur daß im letzteren die Bedingungen angegeben werden, unter denen jene zur Ausübung [...] gelangen. – Es würde also, wenn es im Naturzustande auch nicht provisorisch ein äußeres Mein und Dein gäbe, auch keine Rechtspflichten in Ansehung desselben, mithin auch kein Gebot geben, aus jenem Zustande herauszugehen." KANT, Immanuel (1797), I, § 44, 431.

[4] Die Vergesellschaftung erfolgt unter dem moralischen Gesichtspunkt, daß die menschliche Existenz nicht ohne allgemeine vernunftbegründete Handlungsanweisungen möglich ist. Für jeden Menschen ist es deshalb schon aus Gründen des Eigennutzes geboten, i. S. einer belastenden bzw. befreienden moralischen Vorstellung, keine unvernünftigen Handlungen durchzusetzen, die den Gesellschaftszustand gefährden: „Handle so, daß die Maxime deines Willens jederzeit als Princip einer allgemeinen Gesetzgebung gelten könne." KANT, Immanuel (1788): Critik der practischen Vernunft. 2. Aufl., Frankfurt und Leipzig 1791, I, 1, i, § 7, 54.

[5] „Die sittliche Stufe, worauf der Mensch [...] steht, ist Achtung fürs moralische Gesetz. Die Gesinnung, die ihm dieses zu befolgen, obliegt, ist, es aus Pflicht, nicht aus freywilliger Zuneigung [...] zu befolgen ..." KANT, Immanuel (1788), I, 1, iii, 150 f.

zugleich aber die Möglichkeit einer allgemeinen Freiheit bei gleichzeitiger Beschränkung der individuellen Freiheit beinhaltet. Die damit verbundene Geschichtsphilosophie stellt auf eine positive menschliche Kulturentwicklung ab, und zwar in Kenntnis der notwendigerweise zu überwindenden menschlichen Schwächen.[1] Neben der moralischen Bindung in Gestalt von ethischen Pflichten, als realisiertes oder angestrebtes tugendhaftes Handeln,[2] existieren juristische Pflichten. Analog zu den ethischen Pflichten, die Menschen gegen sich selbst und auch gegen andere haben,[3] gehört die Anerkennung und Durchführung von Rechtsregeln zu den „wechselseitigen" Menschenpflichten, wobei das Moment der Durchsetzungsmöglichkeit bei individueller Nichtbefolgung herausgestellt wird.[4] Die schon im Naturzustand angenommene Form des Privatrechts hat für Individuen die Möglichkeit geschaffen, über Verträge zu kommunizieren.[5] Insoweit erfährt die Rechtsordnung eine Erweiterung durch den Gesellschaftszustand, in der notwendigerweise eine Staatsorganisation voraussetzt werden muss,[6] damit für jeden Erwerb auch die Durchsetzung von berechtigten Ansprüchen herbeigeführt werden kann.[7] Deshalb gilt für die bürgerliche Gesellschaft die römischrechtliche Stellung des Eigentümers,[8] mit der bekannten sachenrechtlichen Abgrenzung.[9]

Für das Bodeneigentum wird die ursprüngliche Okkupation vorausgesetzt. Gerade der Umstand, dass die begrenzte Erdoberfläche prinzipiell allen Menschen gehört und daraus ein Gemeinbesitz abgeleitet wird, macht es möglich, ihn auch individuell anzueignen.[10] Denn ein herrenloser Boden würde insoweit einen Wi-

---

[1] Vgl. RIEDEL, Manfred (1969): Kritik der historisch urteilenden Vernunft. Kants Geschichtsphilosophie und die Grundlagenkrise der Historiographie, in: Die neue Rundschau, Jg. 80, 1969; wieder abgedr, in: ders., Urteilskraft und Vernunft. Kants ursprüngliche Fragestellung, Frankfurt am Main 1989, 125–147.

[2] KANT, Immanuel (1797), II, 9, 525.

[3] KANT, Immanuel (1797), II, § 1 ff., § 23.

[4] KANT, Immanuel (1797), II, 9, 525.

[5] KANT, Immanuel (1797), I, § B, 337.

[6] KANT, Immanuel (1797), I, § 45, 431 f.

[7] KANT, Immanuel (1797), I, § 15, 375.

[8] KANT, Immanuel (1797), I, § 18, 382.

[9] Weitergehende Erörterungen zum Vertrags-, Ehe-, Eltern- und Gesinderecht werden in der vorliegenden Arbeit nicht vorgenommen, s. KANT, Immanuel (1797), I, § 22, 388 f.

[10] „Der Besitzer fundiert sich auf dem angebornen Gemeinbesitze des Erdbodens und dem diesem a priori entsprechenden allgemeinen Willen eines erlaubten Privatbesitzes auf demselben (weil ledige Sachen sonst an sich und nach einem Gesetze zu herrenlosen Dingen gemacht würden) und erwirbt durch die erste Besitzung ursprünglich einen bestimmten Boden, indem er jedem andern mit Recht (iure) widersteht, der ihn im Privatgebrauch desselben hindern würde, obzwar als im natürlichen

derspruch bedeuten, als hierdurch ein Gemeinbesitz ohne rechtliche Bindung der einzelnen Gesellschaftsmitglieder stattfinden würde. Außerdem stellte die Einschränkung des Privateigentums eine unbotmäßige Einschränkung des Naturrechts dar, an das auch die bürgerliche Gesellschaft gebunden ist.[1] Auch für das Bodeneigentum gilt, dass durch die bürgerliche Gesellschaft das Eigentum durch keine Neuverteilung an die Gesellschaftsmitglieder verändert, sondern nur rechtlich gesichert wird. Insoweit muss der Frage nach Unterschieden in den jeweiligen Rechtspositionen nicht mehr nachgegangen werden; mit dem Gesellschaftszustand wird der Umfang des ungleich verteilten Eigentums endgültig sanktioniert. Im Gegensatz zu LOCKE beeinflusst der Arbeitseinsatz auch keine Eigentumspositionen, sondern stellt eine von vielen denkbaren Aneignungsmöglichkeiten dar.[2] Vielmehr wird es als möglich angesehen, die aufgewendete menschliche Arbeitskraft entsprechend zu entlohnen.[3] Die staatliche Aufgabe der Eigentumssicherung wird nur durch erforderliche Abgaben für öffentliche Ausgaben eingeschränkt.[4]

In Anlehnung an die Schlagworte der französischen Revolution werden mit der Staatsgründung folgende Rechtspositionen benannt: Freiheit, Gleichheit, Selbstständigkeit [d. i. Gleichheit bei der Gesetzgebung, S. P.].[5] Aus dem umfassenden Vertrag der Einzelwillen resultiert ein Gemeinwesen dessen Willensbildung und Handlungsschranken durch verbindliche Gesetze geregelt werden, die einerseits notwendige Beschränkungen, andererseits jedoch durch die sittliche Staatsvorstellung mit einer Vorstellung von höchstmöglicher Freiheit verbunden sein sollte.[6] Der bürgerliche Staat verkörpert einerseits die notwendige Unterwerfung unter Gesetze, andererseits inkorporiert die Gemeinschaft jedoch im ROUSSEAUschen Sinne die volonté génerale, weil die Normen ein Resultat von individueller Einsicht darstellen. Insofern kann auch gegen HOBBES eingewandt werden, dass die gesetzlichen Normierungen keinen größeren Umfang beinhalten können, als

---

Zustande nicht von rechtswegen (de iure), weil in demselben noch kein öffentliches Gesetz existiert." KANT, Immanuel (1797), I, § 6, 359.

[1] KANT, Immanuel (1797), I, § 6, 359; vgl. auch § 13, 373.

[2] KANT, Immanuel (1797), I, § 15, 376.

[3] KANT, Immanuel (1797), I, § 17, 380).

[4] Hierzu gehören die Ausgaben für Armenfürsorge, Kirchen und Schulen, KANT, Immanuel (1797), I, § 49 Anmerkung C, 446–448.

[5] KANT, Immanuel (1793): Über den Gemeinspruch: Das mag in der Theorie richtig sein, taugt aber nicht für die Praxis, in: KANT/GENTZ/REHBERG: Über Theorie und Praxis, hrsg. von Hans BLUMENBERG u. a., Frankfurt am Main 1967, 59–67.

[6] „Es muß in jedem gemeinen Wesen ein *Gehorsam* unter dem Mechanismus der Staatsverfassung nach Zwangsgesetzen (die aufs Ganze gehen), aber zugleich ein *Geist der Freiheit* sein, da jeder in dem, was allgemeine Menschenpflicht betrifft, durch Vernunft überzeugt zu sein verlangt, daß dieser Zwang rechtmäßig sei, damit er nicht mit sich selbst in Widerspruch gerate." KANT, Immanuel (1793), 77.

der von den Individuen als notwendig angesehene.[1] Damit ein Staat gebildet werden kann, ist nicht allein die Vorstellung eines einheitlichen Interesses erforderlich, sondern ebenfalls die Einsicht der Menschen in eine Zwangsgemeinschaft zur Durchsetzung von gesamtgesellschaftlichen Interessen. Das Gewaltmonopol des bürgerlichen Staates wird durch die, alle Einzelwillen bindende Rechtsordnung garantiert,[2] wobei allerdings nicht ausgeschlossen werden kann, das sich eigene Staatsziele herausbilden, die den ursprünglich vertragschließenden Parteien weder bekannt waren, noch deren Billigung finden und deren Veränderungsmöglichkeit eher in der praktischen Vernunft, denn in Revolutionen gesehen wird.[3]

Für die Gesellschaftsmitglieder bedeuten die Freiheitsrechte die Möglichkeit einer politischen Artikulation bei gleicher Akzeptanz und Ausgestaltung des Freiheitsrechtes. Damit wird eine Schranke gegenüber der staatlichen Gewalt errichtet, die durch die Möglichkeit der öffentlichen Kritik hervorgerufen wird. Öffentlichkeit ist demzufolge eine vernunftgemäße Forderung und orientiert auf die Wirksamkeit von Kontrollmechanismen als einem wesentlichen Kriterium für individuelle Freiheit und stellt die Gegenmacht zu individuellen bzw. staatlichen Interessen dar.[4] Deshalb wird das Prinzip der Öffentlichkeit auch zur Verpflichtung gegenüber der bürgerlichen Gesellschaft erhoben.[5] Der Zwangscharakter wird zwar durch den bürgerlichen Staat verkörpert, ist jedoch frei von willkürlichen Handlungen gegenüber Personen und schützt bei Anerkennung von Gesetzen, insbesondere vor Einwirkungen von anderen Individuen. Durch die Gleichheit wird sichergestellt, dass die gesetzlichen Vorschriften gegenüber allen Individuen in gleichem Umfang Geltung beanspruchen und mit der Folge angewandt werden können, „daß die Menschen, ebenso wenig in ihren Privatverhältnissen, als in ihren öffentlichen, dem Rechtsbegriff entgehen können",[6] und andererseits das Fehlen einer allgemeinen Gleichheit beklagt werden kann.[7] Mit dieser Vorstellung ist in einer Gesellschaft mit einer ungleichen Einkommensverteilung

---

1 „*Was ein Volk über sich selbst nicht beschließen kann, das kann der Gesetzgeber auch nicht über das Volk beschließen.*" KANT, Immanuel (1793), 76.

2 KANT, Immanuel (1795), 68 f.

3 Siehe KANT, Immanuel (1795), 73 f. FN sowie 94–97, wo der unfriedliche Machtwechsel gegenüber autoritären Herrschern aus Gründen des geschlossenen Staatsvertrages und der damit verbundenen Sanktionsmöglichkeit durch das Staatsoberhaupt in Zweifel gezogen wird.

4 KANT, Immanuel (1784): Beantwortung der Frage: Was ist Aufklärung?, in: Was ist Aufklärung? Thesen und Definitionen, hrsg. von Ehrhard BAHR, Stuttgart 1984, 11.

5 KANT, Immanuel (1795), 92 f.

6 KANT, Immanuel (1795), 81.

7 „... daß man, durch die Ungleichheit der Menschen in der bürgerlichen Verfassung, Vortheile genießt, um deren willen andere desto mehr entbehren müssen ..." KANT, Immanuel (1788), 276 FN *.

dennoch die Chance für individuelle Weiterentwicklung enthalten.[1] Demgegenüber wird die Ausübung der notwendigen Gesetzgebung als Bürgerrecht aus dem Gesellschaftsvertrag abgeleitet und an das Moment Bürger zu sein geknüpft, d. h. im weitesten Sinne selbstständig und mit Eigentum ausgestattet zu sein. Hier stellt sich allerdings heraus, dass der ursprünglich geforderte politische Freiheitsbegriff eingeschränkt wird zugunsten derjenigen, die nur der eigenen ökonomischen Interessenartikulation wegen an der politischen Willensbildung teilnehmen wollen und dürfen.[2] In diesem Zusammenhang wird das Verhältnis von Eigentümer und Nichteigentümer als konstitutiv für bürgerliche Gesellschaften herausgearbeitet, wenn für Arbeiter nur der Verkauf der Arbeitskraft dem Tausch von Waren gegenübergestellt wird.[3]

KANT wollte ursprünglich die Frage nach der Herkunft der ungleich verteilten Eigentumspositionen thematisieren.[4] Ohne dieser Frage weiter nachzugehen, werden die individuellen Vermögenspositionen zur Grundlage des bürgerlichen Rechtsstaates und der politischen Artikulation erhoben und mit denen des individuellen Stimmrechts ohne Verbindung zum Eigentumsumfang, jedoch abhängig von Eigentumspositionen, verbunden. Insoweit wird zwischen aktiven und passiven Staatsbürgern unterschieden, wobei die letzteren, ohne über Eigentum verfügen zu können, zwar den gesellschaftlichen Schutz genießen, jedoch nicht im vollen Umfang über Bürgerrechte verfügen.[5] Der Vorstellung, dass diese Vorgehensweise den Idealen von Freiheit und Gleichheit widersprechen muss, wird entgegenhalten, dass immerhin noch das Moment der Chancengleichheit besteht, in einer späteren Zeit ebenfalls zum Bürger mit allen Rechten aufzusteigen.[6] Indem eine Gesellschaftsklasse von politischen Entscheidungen ausgeschlossen

---

[1] KANT, Immanuel (1793), 62.

[2] „Derjenige nun, welcher das Stimmrecht in dieser Gesetzgebung hat, heißt ein *Bürger* (citoyen, d. i. *Staatsbürger*, nicht Stadtbürger, bourgeois). Die dazu erforderliche Qualität ist außer der *natürlichen* (daß es kein Kind, kein Weib sei) die einzige: daß er *sein eigener Herr* (sui iuris) sei, mithin irgend ein *Eigentum* habe […], welches ihn ernährt; [und S. P.] daß er niemanden als dem gemeinen Wesen im eigentlichen Sinne des Worts *diene*." KANT, Immanuel (1793), 65 f.

[3] KANT, Immanuel (1793), 65 FN.

[4] KANT, Immanuel (1793), 66.

[5] „Nur die Fähigkeit zur Stimmgebung macht die Qualifikation zum Staatsbürger aus; jene aber setzt die Selbständigkeit dessen im Volk voraus, der nicht bloß Teil des gemeinen Wesens, sondern auch Glied desselben, d. i. aus eigener Willkür in Gemeinschaft mit anderen handelnder Teil desselben sein will. [...] Der Geselle bei einem Kaufmann, oder bei einem Handwerker; der Dienstbote (nicht der im Dienste des Staats steht); der Unmündige […]; alles Frauenzimmer, […] entbehrt der bürgerlichen Persönlichkeit, und seine Existenz ist gleichsam nur Inhärenz." KANT, Immanuel (1797), II, § 46, 432 f.

[6] KANT, Immanuel (1797), II, § 46, 434.

wurde, zeigt die Einschränkung von bürgerlichen Freiheitsrechten, dass es sich bei der Gleichheit und Selbstständigkeit um eine Fiktion handelt, die nur durch eine gesellschaftlich institutionalisierte Garantie von Chancengleichheit illusionär für alle aufrechterhalten wird. Der Gesellschaftszustand ist demnach charakterisiert durch „Bürgertugenden" wie Talent, Fleiß und Glück, Eigenschaften, die prinzipiell in der Lage sind, ungleichgewichtige Vermögenszustände – hervorgerufen durch unterschiedliche Eigentumspositionen – für den einzelnen zu verändern. Nur durch den für jeden geltenden Marktmechanismus besteht die Möglichkeit des Ausschlusses von Individuen an der politischen Teilhabe. HABERMAS charakterisiert den Mechanismus der bürgerlichen Gesellschaft, indem er mit der Unterscheidung von Privatsphäre und Öffentlichkeit auch die Leerstellen von Politik, Gesellschaft und Evolution herausarbeitet.

Das Eigentumsverständnis ist für KANT unabdingbar mit der individuellen Freiheit verbunden und entspricht damit der Vernunft, weil anderenfalls willkürliche Momente das Handeln von Individuen bestimmen und demzufolge einen Widerspruch zum Sittengesetz darstellen würden.[1] Unter diesem Gesichtspunkt erscheinen die Vorstellungen von einer Rechtsordnung, die den gesellschaftlichen Frieden in den Mittelpunkt der Erörterungen stellt, zweifelsohne eine bedeutsame erkenntnistheoretische Wende herzustellen.[2] Andererseits machen die Ausführungen zum Privateigentum auch deutlich, dass die gesellschaftliche Entwicklung nicht nur zwischen „Mein und Dein" zu trennen vermag, sondern damit soziale Gesichtspunkte nach der Einkommens- und Vermögensverteilung ebenfalls zum Gegenstand werden, hier allerdings keine angemessene Antwort gefunden wird. Der bürgerliche Staat stellt für KANT eine Organisation dar, die sich aus der Summe von Gesetzen ergibt. Nicht der Herrscher in Gestalt des Monarchen, sondern das Volk selbst besitzt die gesetzgebende Gewalt und ist damit der Souverän.[3] Demgegenüber ist der Herrscher, der mit der exekutiven Gewalt ausgestattet ist, als moralische Instanz berechtigt, Normen zu erlassen, die Eigentums- und Besitzveränderungen beinhalten.[4] Des Weiteren findet in Anlehnung an die Diskussion der Zeit auch das von MONTESQUIEU erörterte Prinzip der Gewaltenteilung Eingang, in dem auch die rechtsprechende Gewalt als notwendiges Organisationsprinzip thematisiert wird.[5] Hieraus wird allerdings nicht die Schlussfolgerung gezogen, dass das Volk als Souverän ein Recht auf Widerstand besitzt, obwohl das mit der Vorstellung von „dem vereinigten Willen des Volkes" durchaus vereinbar wäre. Vielmehr wird durch KANT eine staatsbejahende Argumentation

[1] KANT, Immanuel (1797), I, § 2, 354.
[2] KANT, Immanuel (1797), I, Beschluß, 479.
[3] KANT, Immanuel (1797), I, § 46, 432.
[4] KANT, Immanuel (1797), I, § 49, 435.
[5] KANT, Immanuel (1797), I, § 49, 435 f.

eingeführt.[1] Zu dieser Auffassung kann KANT deshalb gelangen, weil der vereinigte Volkswille nicht die Möglichkeit eröffnet, Widerstand gegen eine Regierung auszuüben, die prinzipiell in ihren Handlungen dem allgemeinen Willen entsprechen muss. Unter dieser Prämisse ist dann auch berechtigt von KANT geschlussfolgert worden, dass bei Durchsetzung der Gewaltenteilung ein Zustand des gesellschaftlichen Konsenses hergestellt werden kann, der allein durch Rechtsgeltung vernünftiges Handeln ermöglicht und insoweit auch durch die Vernunft selbst geboten ist.[2]

Für KANT ist es eine offene Frage, ob der angenommene Naturzustand durch die Schließung eines gemeinsamen Vertrages aufgehoben wurde, oder ob stattdessen die Gemeinschaftsgründung durch eine ursprüngliche Okkupation, die erst später ihre Legalisierung erfuhr, zustandegekommen ist. Es scheint, als würde hier der gesellschaftliche Diskurs über die Anfänge der bürgerlichen Gesellschaft bewusst aus der Diskussion herausgenommen werden, um hierdurch mögliche Legitimitätskrisen zu unterbinden und zugleich in bestimmtem Umfang Kritik bzw. den Widerstand der Bürger von vornherein als unrechtmäßig darzustellen.[3]

Die Funktion des Landesherren beinhaltet, dass dieser selbst kein Eigentum an Grund und Boden beanspruchen kann, weil anderenfalls die Staatsbürger vom Privateigentum an Böden ausgeschlossen werden.[4] Hierdurch wären die Staatsbürger nur zur Nutzung berechtigt und damit dem Grundherren verpflichtet. Durch diese Rechtskonstruktion des feudalen Zeitalters folgt zwangsläufig auch das Argument einer damit einhergehenden individuellen Freiheitsbeeinträchtigung der Individuen.[5] Für den Boden hat demzufolge zu gelten, dass er durch individuelle Verfügungsrechte den einzelnen Staatsbürgern zur Verfügung steht. Eine Relativierung des Eigentumsrechts wird allerdings dort angenommen, wo historische Veränderungen die gewaltsame Aneignung rückgängig machen. Insofern werden Klerus und Adel von der Möglichkeit der Erbfolge suspendiert, sofern hier politische Veränderungen den ursprünglichen Zustand nicht länger bereit sind zu akzeptieren.[6] Eine weitere Einschränkung erfährt im bürgerlichen Staat der Vermögenseigentümer unter anderem durch die Verpflichtung, Steuern zu entrichten. Neben den Ausgaben für die klassischen Staatsfunktionen wird von

---

[1] KANT, Immanuel (1797), I, § 49, Allgemeine Anmerkung A, 437.

[2] KANT, Immanuel (1797), I, § 49, 437.

[3] KANT, Immanuel (1797), I, § 49, Allgemeine Anmerkung A, 437–440.

[4] KANT, Immanuel (1797), I, § 49, Allgemeine Anmerkung B, 443.

[5] KANT, Immanuel (1797), I, § 49, Allgemeine Anmerkung B, 444.

[6] „... denn der Grund ihres bisherigen Besitzes lag nur in der Volksmeinung, und mußte auch, solange diese fortwährte, gelten. So bald diese aber erlosch, und zwar auch nur in dem Urteil derjenigen, welche auf Leitung desselben durch ihr Verdienst den größten Anspruch haben, so mußte, gleichsam als durch eine Appellation desselben an den Staat [...] das vermeinte Eigentum aufhören." KANT, Immanuel (1797), I, § 49, Allgemeine Anmerkung B, 445.

KANT auch auf die Notwendigkeit einer staatlichen Sozialpolitik hingewiesen. Im Vordergrund der Überlegungen stehen dabei die Sicherung der Reproduktion für ärmere Bevölkerungsschichten, ohne dass hierbei schon eine einschlägige Erziehung im Sinne einer Verwertung der Arbeitskraft innerhalb der Produktion zum Thema erhoben wird. Eine Begründung erfährt die Sozialpolitik durch den gemeinsamen Willen, einen bürgerlichen Staat zu begründen. Aus Gründen der individuellen Erhaltung ebenso wie der Vermeidung von Substanzverlusten des Staatswesens ist es deshalb geboten, allen Gesellschaftsmitgliedern einen angemessenen Schutz zu gewährleisten Die damit angesprochenen sozialen Probleme der Zeit, Armut und Kindesaussetzung, werden auf der abstrakten Ebene nur als gesellschaftliches Phänomen benannt, ohne dass von KANT an dieser Stelle weitergehende Erörterungen vorgenommen werden, ob es sich hierbei um ein Resultat der Eigentumsverfassung handeln könnte.[1] Erst FICHTE wird aus dieser Vorstellung heraus eine generelle Einschränkung des Privateigentums aus Gründen einer gesellschaftlich angemessenen Einkommens- und Vermögensverteilung entwickeln.

Wohlfahrtstheoretisch wird die Sozialpolitik als ein Moment der ethischen Pflicht gedacht, wobei zugleich der Widerspruch, dass die Finanzierung von anderen mit der Aufgabe von eigenen Konsummöglichkeiten einhergeht, herausgehoben wird. Unter diesem Gesichtspunkt kann die Unterstützung von anderen Individuen zwar gerechtfertigt werden, erhält hier jedoch einen weiten Interpretationsspielraum.[2] Diese Vorstellung von Pflicht ist nicht zuletzt ein Ergebnis der Introspektion, die für jeden Menschen gilt und als angeboren angenommen wird. Sie stellt eine wichtige moralische Instanz der bürgerlichen Gesellschaft dar, wobei jedes Individuum offensichtlich über die gleiche moralische Anfangsausstattung verfügt.[3] Jedes karitative Handeln ist zugleich mit einem individuellen positiven Gefühl verbunden, das durch die gesellschaftliche Anerkennung hervorgerufen wird.[4] Allerdings werden auch von KANT Zweifel an der vorstehenden Argumentation erhoben, indem er Fragen nach dem Umfang der individuell zu leistenden Wohlfahrtsbeiträge sowie zur aktuellen Einkommens- und Vermögensverteilung stellt. Erst die ungleiche Vermögensverteilung, macht nach KANT eine Sozialpolitik erforderlich. Sie wird als ein Ergebnis des widerrechtlichen Han-

[1] „Von Staatswegen ist also die Regierung berechtigt, die Vermögenden zu nötigen, die Mittel der Erhaltung derjenigen, die es, selbst den notwendigsten Naturbedürfnissen nach, nicht sind, herbei zu schaffen; weil ihre Existenz zugleich als Akt der Unterwerfung unter den Schutz und die zu ihrem Dasein nötige Vorsorge des gemeinen Wesens ist, wozu sie sich verbindlich gemacht haben …" KANT, Immanuel (1797), I, § 49, Allgemeine Anmerkung C, 446.

[2] KANT, Immanuel (1797), II, VIII, 2, 524.

[3] KANT, Immanuel (1797), II, § 13, 573.

[4] KANT, Immanuel (1797), II, § 29–31.

delns von Regierungen aufgefasst, in dem einzelne Individuen unberechtigte Vorteile erhalten. Deshalb kann hier die Frage gestellt werden, ob unter einem derartigen Gesichtspunkt mit Recht das soziale Handeln als eine positive Reaktion verstanden werden darf.[1] Dies stellt insoweit eine Modifizierung der Rechtfertigung für die Erhebung von staatlichen Abgaben dar, scheint andererseits aber auch eine stärkere realhistorische Interpretation der damaligen Verhältnisse zu sein.[2] Diese Einschränkung gegenüber Eigentumspositionen hat ROSCHER veranlasst, die KANTsche Argumentation dem Verdacht einer sozialistischen Gedankenführung auszusetzen.[3]

Unter dem Eindruck von Adam SMITH stehend, geht auch KANT von einer Produktivitätssteigerung durch Arbeitsteilung aus. Ein anderer Zustand wäre demgegenüber ein Kennzeichen für eine weniger entwickelte Gesellschaftsformation.[4] Insoweit wird auch für die Philosophie der Gesichtspunkt der Arbeitsteilung unter forschungsstrategischen Gesichtspunkten für notwendig gehalten. Das Argument erhält eine weitere Unterstützung durch die Begrenzung der individuellen Erfahrungen. Erkenntnistheoretisch wird außerdem angemerkt, dass bei einer Trennung von empirischen und praktischen Fragestellungen der theoretischen Untersuchung der „Metaphysik der Sitten“ basaler Charakter hinsichtlich der Untersuchung aller sittlichen Gesetze zukommt. Hierbei wird auch die Modellstruktur thematisiert. Im Vordergrund der Erörterungen stehen keine praktischen Verhaltensweisen, sondern von der Realität losgelöste Prinzipien, deren Prinzipien a priori bestimmt werden.[5] Der wissenschaftshistorische Zusammenhang zur klassischen politischen Ökonomie lässt sich daran ersehen, dass neben HUMEs Einfluss, obgleich ohne den utilitaristischen Begründungsbezug, die SMITHsche Auffassung KANT durch einen Königsberger Philosophen bekannt wurde.[6]

---

[1] KANT, Immanuel (1797), II, § 31, 591.

[2] Sozialpolitik, verstanden als erforderliche Unterstützung derjenigen, die nicht in der Lage sind, sich selbst zu ernähren, findet bei KANT seine Begründung durch die bürgerliche Gesellschaft. Es war nämlich das Ziel der menschlichen Vereinigung, sich gegenseitig angemessenen Schutz für alle Notlagen zu versprechen, damit der gegründete Gesellschaftsverband über entsprechenden Bestandsschutz verfügen kann, vgl. KANT, Immanuel (1797), II, § 49, Anmerkung C, 446–448.

[3] ROSCHER, Wilhelm (1874), 638.

[4] KANT, Immanuel (1785), 12.

[5] KANT, Immanuel (1785), 15.

[6] Neben KRAUS, der in Königsberg die Auffassungen der klassischen englischen Nationalökonomie vertrat, ist davon auszugehen, dass auch die „Theorie der ethischen Gefühle“ in der Übersetzung von KOSEGARTEN KANT zur Kenntnis gelangten. Zur Rezeption der klassischen bürgerlichen politischen Ökonomie in Deutschland vgl. BRANDT, Karl (1992): Geschichte der Deutschen Volkswirtschaftslehre, Bd. 1, Von der Scholastik bis zur klassischen Nationalökonomie, Freiburg i. Br., 160–168.

Das pflichtgemäße Handeln ist ein Ergebnis einer A-priori-Entscheidung aus Vernunftgründen. Für ökonomisches Handeln kann in diesem Zusammenhang zwar von pflichtgemäßem Handeln berichtet werden, dem allerdings egoistische Verhaltensweisen gegenüberstehen. Insoweit können Handlungen zwar pflichtgemäß eingeordnet werden, sind aber dennoch aus rein egoistischen Motiven als negativ zu verwerfen. Der Tauschakt kann dementsprechend zum Gleichgewichtspreis vollzogen werden, anderenfalls ist auch bei Marktunkenntnis des Konsumenten die Möglichkeit eines höheren Preises bei gegebener Nachfrage durchaus denkbar.[1] Der Erhalt des eigenen Lebens gehört ebenso zu Pflicht wie die Eigenschaft der Wohltätigkeit. Außerdem wird davon ausgegangen, dass alle Individuen sich der eigenen Vorteile zu bedienen haben, weil anderenfalls das Moment der Unzufriedenheit sie an einem pflichtgemäßen Leben hindern würde.[2]

2.2.7. Privateigentum bei Georg Wilhelm Friedrich Hegel

Auch HEGELs Rechtsphilosophie basiert auf den Grundlagen des Naturrechts.[3] In diesem Sinne lässt sich auch seine Philosophie als die Möglichkeit einer gesellschaftlichen Emanzipation deuten, wobei die als Prozess begriffene Geschichte nicht nur zum individuell besseren Verständnis, sondern gerade zur menschlichen Vervollkommnung führt. Diese Veränderung der Geschichte ist ein dauernder Reflexionsprozess, in dem sich aus dem Spannungsfeld von Wissen und erlebter Wirklichkeit die Kenntnis von gesellschaftlichen Mängeln aufdecken lässt, die es aufzuheben gilt, wobei hiermit sowohl der konservierende Gesichtspunkt des sinnvollen Aufbewahrens als auch der einer notwendigen Mangelbeseitigung ausgedrückt wird. „Für den Menschen, der sein Leben im Lichte seiner eigenen Erfahrungen und Kenntnisse selbst führt, der nicht mehr einer Obrigkeit unterworfen ist, sondern auf eigene Rechnung lebt, für diesen Menschen ist der Geist oder die Idee nicht mehr Fremdes, was ihm übermächtig gegenüber steht. Er erfährt, dass er selbst Geist, Vernunft, Rationalität sein muss, um sich in diesem Dasein zu behaupten. Die Einheit von Denken und Sein ist kein abstraktes Prinzip, sondern vermöge der Emanzipation eine nachprüfbare Realität. Nicht mehr der König oder eine kleine Elite sind vernünftig, sondern die Wirklichkeit selbst

---

[1] Von KANT wird herausgearbeitet, daß die Abgrenzung von pflichtgemäßem und pflichtwidrigem Handeln aus intentionalen Gründen schwierig ist. In welchem Umfang allerdings pflichtgemäßes Handeln mit Vorteilen verbunden ist, wird für Kaufleute deutlich, die allein aus egoistischen Gründen einen für sie angemessenen Preis fordern, KANT, Immanuel (1785), I, 23.

[2] KANT, Immanuel (1785), I, 24–26.

[3] „Naturrecht und Staatsrecht im Grundrisse" lautet der Untertitel zu HEGELs Untersuchung über die „Grundlinien der Philosophie des Rechts".

ist vernünftig."[1] Dieser evolutionäre Gesichtspunkt steht seitdem im Vordergrund der HEGEL-Interpretation, wobei der staatstragende Gedanke von den konservativen HEGELschülern hervorgehoben wird, währenddessen die sich in der links HEGELianischen Tradition befindlichen Denker das evolutionäre Moment betonen. Damit wird als ein Ergebnis der Aufklärung davon ausgegangen, dass bei ständiger Weiterentwicklung der Wissenschaften auch deren Resultate neue Grundlagen für Moral und Recht herausbilden und damit auch in die Alltagspraxis Eingang finden werden. Die Vorstellung, dass mit zunehmender Professionalisierung ein Bruch zur alltäglichen Lebenswelt unabdingbar wird, tritt erst mit Max WEBER und seiner Vorstellung von der Rationalisierung aller historischer Lebenswelten in den Vordergrund der theoretischen Erörterungen.[2] Diese Ambivalenz in der Interpretation – einerseits Ergebnis der persönlichen Stellung HEGELS, andererseits ganz offensichtlich ein Problem der preußischen Zensur – gilt auch für die Rechtsphilosophie.

Ob es sich bei den „Grundlinien der Philosophie des Rechts", um die „reaktionärste Schrift" (BLOCH) oder ein „System der Sittlichkeit" (BÜLOW) handelt, oder ob er in seiner Philosophie „die Renaissance der Ideologie der Horde" (POPPER) mit autoritären Folgen vertritt, ist für eine Gesellschaftstheorie nicht unerheblich.[3] Wenn demgegenüber hier die Auffassung vertreten wird, dass der realhistorische Bezug ebenso wie die erkenntnistheoretische Vorgehensweise bei aller Problematik nicht behandelt werden muss, findet das seine Berechtigung in der speziellen Analyse des Eigentums und seiner Stellung in der bürgerlichen Gesellschaft. So macht beispielsweise auch MARCUSE deutlich, dass die politischen Schriften von HEGEL zu dechiffrieren sind, weil sich erst hierdurch der aufklärerische Charakter zeigt.[4] In einer neueren Untersuchung macht auch STEINVORTH auf die HEGELianische Ambivalenz zwischen Aufklärung und Akzeptanz der staatlichen preußischen Autorität aufmerksam, in der häufig für die Argumente des Staates Stellung bezogen wird.[5]

Dass der Aufbau der sittlichen Welt, bezogen auf alle Teile der Gesellschaft, im Vordergrund der Rechtsphilosophie zu stehen scheint, und keine vordergrün-

---

[1] JONAS, Friedrich (1968): Geschichte der Soziologie, Bd. 1, Reinbek bei Hamburg 1968, 142.

[2] In diesem Sinne kann dann auch BLOCH die Entwicklung der Menschheit insgesamt als Ziel der HEGELianischen Gesellschaftsauffassung herausarbeiten. BLOCH, Ernst (1962): Subjekt-Objekt. Erläuterungen zu Hegel, Frankfurt am Main 1971, 42.

[3] Zu den Einschätzungen: BLOCH, Ernst (1972): Subjekt-Objekt, 247; HEGEL. Volk, Staat, Geschichte, bearbeitet von Friedrich BÜLOW, Stuttgart 1942, 233; POPPER, Karl Raimund (1945): Die offene Gesellschaft und ihre Feinde, Bd. II, Falsche Propheten. Hegel, Marx und die Folgen, 7. Aufl., Tübingen 1992, 39.

[4] MARCUSE, Herbert (1941): Vernunft und Revolution. Hegel und die Entstehung der Gesellschaftstheorie, Darmstadt und Neuwied 1972.

[5] STEINVORTH, Ulrich (1981): Stationen der politischen Theorie, Stuttgart, 158–163.

dige Apologie der preußischen Staatsverhältnisse darstellt, macht vielleicht die häufig interpretierte „Vorrede" deutlich, in der sich auch die Jurisprudenz als eine Wissenschaft auszuweisen hat, weil aufgrund unterschiedlicher Werthaltungen gerade nicht die Eindeutigkeit von naturwissenschaftlichen Gesetzesaussagen für den Gesellschaftsbereich angenommen werden können.[1] So scheint es, dass gerade die Vielschichtigkeit zu Fehldeutungen einlädt, was RIEDEL zu dem Hinweis veranlasst, dass gerade das provokatorische Denken und die damit vollzogene Trennung von wissenschaftlicher Analyse und politischer Stellungnahme Ursache für den Umfang der Auseinandersetzungen mit ihren widerstreitenden Auffassungen gewesen ist.[2] Die kritische Haltung HEGELs wird auch in der Berliner Antrittsvorlesung deutlich, in der zwar dem preußischen Staat für die Berufung gedankt und seine politische Überlegenheit durch eine geistige Vormachtstellung gegenüber anderen Staaten hervorgehoben wird, andererseits aber auch als Lehrziel eine kritische Weiterentwicklung der Philosophie „nach allen Seiten, der politischen, sittlichen, religiösen, wissenschaftlichen Seite" postuliert wird.[3]

In der Vorrede zur Rechtsphilosophie steht nicht die Verteidigung des Staates durch die Philosophie im Vordergrund, noch deren bloße Belehrung durch wissenschaftliche Ergebnisse, sondern eine umfassende Erkenntnis über den Staat in seiner historischen Bedingtheit und dem erkenntnistheoretischen Ziel einer moralischen Fundierung für die bisher als zu eng angesehenen Staatsvorstellungen.[4] Deshalb wird auch das im HEGELianischen Sinne enge liberale Gesellschaftsmodell zurückgewiesen, dessen Beschränkung auf den Schutz von Freiheit und Eigentum der Individuen zwar eine notwendige Aufgabe ist, jedoch nicht zu einer

---

[1] „Die Rechtsgesetze sind *Gesetztes*, vom Menschen *Herkommendes*. Mit diesem kann notwendig die innere Stimme in Kollision treten oder sich ihm anschließen. [...] seine Vernunft muß dem Menschen im Rechte entgegenkommen; er muß also die Vernünftigkeit des Rechts betrachten, und dies ist die Sache unserer Wissenschaft, im Gegensatz der positiven Jurisprudenz, die es oft nur mit Widersprüchen zu tun hat." HEGEL, Georg Wilhelm Friedrich (1821): Grundlinien der Philosophie des Rechts oder Naturrecht und Staatswissenschaft im Grundrisse, in: ders., Georg Friedrich Wilhelm HEGEL, Werke, Bd. 7, Frankfurt am Main 1986, Vorrede, Zusatz 2, 16 f.

[2] Zur kontroversen Beurteilung und Werkgeschichte der Rechtsphilosophie vgl. RIEDEL, Manfred (1975): Einleitung, in: Materialien zu Hegels Rechtsphilosophie, Bd. 1, hrsg. von Manfred RIEDEL, Frankfurt am Main, 11–49.

[3] HEGEL, Georg Wilhelm Friedrich (1818): Konzept der Rede beim Antritt des philosophischen Lehramtes an der Universität Berlin, in: Werke, Bd. 10, 399–417.

[4] „Bei der Idee des Staats muß man nicht besondere Staaten vor Augen haben, nicht besondere Institutionen, man muß vielmehr die Idee, diesen wirklichen Gott, für sich betrachten. [...] Der Staat ist kein Kunstwerk, er steht in der Welt, somit in der Sphäre der Willkür, des Zufalls und des Irrtums; übles Benehmen kann ihn nach vielen Seiten defigurieren." HEGEL, Georg Wilhelm Friedrich (1821), § 258 Zusatz 403 f.

Weiterentwicklung der Persönlichkeit innerhalb der Gesellschaft führen kann.[1] Der Philosophie fällt in diesem Zusammenhang die Aufgabe zu, die jeweilige Situation wissenschaftlich zu erfassen, und zwar aus universaler und enzyklopädischer Sichtweise.[2] Obwohl das Begreifen der gegenwärtigen Verhältnisse in den Mittelpunkt der Philosophie gerückt wird, ist damit eine kritische Einschätzung ebenso beabsichtigt, wie über zukünftige Gesellschaftsentwürfe nachzudenken, weil nach HEGEL die Vergangenheit in der Gegenwart aufgehoben ist, das heißt, auch die geschichtliche Entwicklung als Ganzes zu betrachten ist. Diese geschichtlich vermittelte Wirklichkeit begründet die Fragestellung der Philosophie, „den Staat als ein in sich Vernünftiges zu begreifen und darzustellen", wobei als Methode die „spekulative Erkenntnisweise" Anwendung findet, und damit gegenwärtige Erkenntnis und zukünftige Möglichkeiten aufzeigt.[3] Entsprechend diesem Wissenschaftsprogramm postuliert HEGEL das Verhältnis von realisierter (göttlicher) Vernunft, wodurch auch die Möglichkeit besteht, die gegenwärtige Realität, bezogen auf die Staatsfunktion, als vernünftig einzusehen und zu bezeichnen.[4] Vermittels der historisch bedingten Erkenntnis gelingt dann die Beschreibung eines modernen Staates und der damit verbundenen Funktions- und Legitimationsprobleme. Deshalb macht auch AVINERI eindringlich darauf aufmerksam, dass das Programm der Rechtsphilosophie keinen affirmativen Charakter besitzt, weil damit keine positive Darstellung, sondern im Gegenteil, eine wissenschaftliche Analyse verbunden war.[5]

Eigentum und bürgerliche Gesellschaft

Die Systematik der Rechtsphilosophie erfährt eine Aufteilung in (I.) abstraktes Recht, (II.) Moralität sowie (III.) Sittlichkeit. Mit dem „abstrakten Recht" werden naturrechtliche Vorstellungen erörtert und auf die Person als dem Träger von subjektiven Handlungen bezogen. Von dieser Abstraktion „Person" wird die „Persönlichkeit" unterschieden, die als vergesellschafteter Mensch nicht nur Subjekt,

---

1 „Wenn der Staat mit der bürgerlichen Gesellschaft verwechselt und seine Bestimmung in die Sicherheit und dem Schutz des Eigentums und der persönlichen Freiheit gesetzt wird, so ist das *Interesse der Einzelnen* als solcher der letzte Zweck, zu welchem sie vereinigt sind, und es folgt hieraus ebenso, daß es etwas Beliebiges ist, Mitglied des Staates zu sein. [...] Die *Vereinigung* als solche ist selbst der wahrhafte Inhalt und Zweck, und die Bestimmung der Individuen ist, ein allgemeines Leben zu führen ..." HEGEL, Georg Wilhelm Friedrich (1821), § 258, 399.

2 HEGEL, Georg Wilhelm Friedrich (1821), Vorrede, 26.

3 HEGEL, Georg Wilhelm Friedrich (1821), Vorrede, 12.

4 „Was vernünftig ist, das ist wirklich; und was wirklich ist, das ist vernünftig." HEGEL, Georg Wilhelm Friedrich (1821), Vorwort, 24. Diesen progressiven Kern zeigt auch ROSENZWEIG, Franz (1920): Hegel und der Staat, 2. Bd., München und Berlin, 78 f.

5 AVINERI, Shlomo (1972): Hegels Theorie des modernen Staates. Frankfurt am Main 1976, 141–159.

sondern auch rechts- und handlungsfähig ist.[1] In dem Abschnitt zur Moralität stehen ethische Fragen im Vordergrund, während in dem Abschnitt Sittlichkeit die Struktur der bürgerlichen Gesellschaft behandelt wird, charakterisiert durch Familie, Elemente der bürgerlichen Gesellschaft und Staat.

Noch ganz abstrakt gedacht, wird eine Erscheinung der Wirklichkeit auf einen subjektiven Willen bezogen, womit eine bestimmte Zielvorstellung bewirkt werden kann.[2] Damit besteht die Möglichkeit, Aussagen über Personen zu treffen. Während jedoch jeder Mensch die Subjektfunktion besitzt[3], bedarf die Person der allgemeinen Akzeptanz.[4] Angesichts dieses hohen Abstraktionsgrades wird weiter ausgeführt, dass die Person in ihrer je spezifischen Eigenheit und persönlichen Bindungen gerade von diesen abstrahiert und statt dessen als gleich ohne Berücksichtigung von individuellen Eigenschaften oder Vorlieben angesehen werden.[5]

Damit ist der Rahmen für die Rechtsfähigkeit der Persönlichkeit benannt, nicht jedoch Handlungsmöglichkeiten bzw. deren Grenzen in der Auseinandersetzung mit anderen und der Natur.[6] Der individuelle Handlungsrahmen wird mit der Rechtsordnung durch das abstrakte Recht bestimmt und wirkt regelnd auf die individuellen Handlungen der Persönlichkeiten ein, gerade zum Schutz der anderen Persönlichkeiten. Damit wird ein Handeln herausgebildet, das Sanktionen unterliegt, indem Handlungen zu unterlassen sind oder durchgeführte Aktionen auch rechtlich geschützt werden.[7]

Die Möglichkeit der individuellen Naturbeherrschung und die Anerkennung durch andere Gesellschaftsmitglieder ist nur durch die Grundausstattung mit Eigentum gewährleistet,[8] womit gleichzeitig die Rechtsfähigkeit einer Person bezeichnet wird, der damit die Möglichkeit einer Verfügung über Sachen gegenüber

---

[1] HEGEL, Georg Wilhelm Friedrich (1821), § 35, 93.

[2] HEGEL, Georg Wilhelm Friedrich (1821), § 34, 92.

[3] HEGEL, Georg Wilhelm Friedrich (1821), § 35 Zusatz, 94.

[4] „Die Persönlichkeit enthält überhaupt die Rechtsfähigkeit und macht den Begriff und die selbst abstrakte Grundlage des abstrakten und daher *formellen* Rechtes aus. Das Rechtsgebot ist daher: *Sei eine Person und respektiere die anderen als Personen.*“ HEGEL, Georg Wilhelm Friedrich (1821), § 36, 95.

[5] „Im formellen Rechte kommt es daher nicht auf das besondere Interesse, meinen Nutzen oder mein Wohl an – ebenso wenig auf den besonderen Bestimmungsgrund meines Willens, auf die Einsicht und Absicht.“ HEGEL, Georg Wilhelm Friedrich (1821), § 37, 96.

[6] HEGEL, Georg Wilhelm Friedrich (1821), § 39, 98.

[7] HEGEL, Georg Wilhelm Friedrich (1821), § 38, 96.

[8] „Die Person muß sich eine äußere *Sphäre ihrer Freiheit* geben, um als Idee zu sein. Weil die Person der an und für sich seiende unendliche Wille in dieser ersten, noch ganz abstrakten Bestimmung ist, so ist dies von ihm Unterschiedene, was die Sphäre seiner Freiheit ausmachen kann, gleichfalls als das von ihm *unmittelbar Verschiedene* und *Trennbare* bestimmt.“ HEGEL, Georg Wilhelm Friedrich (1821), § 41, 102.

anderen Individuen eingeräumt wird.[1] Die gesellschaftliche Akzeptanz des Eigentums widerspiegelt die Anerkennung von Personen und deren Eigentumspositionen. Denn das Eigentum charakterisiert das Moment der Freiheit in der bürgerlichen Gesellschaft[2] und entspricht damit dem „Dasein der Persönlichkeit“[3]. Diese besondere Stellung des Eigentums ist demzufolge auch unabhängig von der individuellen Verfügung bzw. der individuellen Wertschätzung.[4] Diese Eigenständigkeit des Eigentums als Ergebnis eines freien Willens führt zu der Konsequenz, dass auch die Gesellschaft das Privateigentum als einen wichtigen Bestandteil der Person begreifen muss.[5] Daraus folgt, dass der allgemeinen gesellschaftlichen Akzeptanz der staatliche Schutz in Gestalt von Formvorschriften und Gesetzen gegenüberstehen,[6] die bei Angriffen auf das Eigentum zu Sanktionen führen müssen.[7] Indem die staatliche Schutzfunktion für das Privateigentum hervorgehoben und Eingriffe nur in Ausnahmefällen vorgesehen sind, wendet sich HEGEL gegen

---

[1] „Eigentum zu haben, erscheint in Rücksicht auf das Bedürfnis, indem dieses zum Ersten gemacht wird, als Mittel; die wahrhafte Stellung aber ist, daß vom Standpunkte der Freiheit aus das Eigentum, als das *erste Dasein* derselben, wesentlicher Zweck für sich ist.“ HEGEL, Georg Wilhelm Friedrich (1821), § 45, 107.

[2] „Der freie Wille muß sich zunächst, um nicht abstrakt zu bleiben, ein Dasein geben, und das erste sinnliche Material dieses Daseins sind die Sachen, das heißt die äußeren Dinge. Diese erste Weise der Freiheit ist die, welche wir als *Eigentum* kennen sollen, die Sphäre des formellen und abstrakten Rechts, wozu nicht minder das Eigentum in seiner vermittelten Gestalt als *Vertrag* und das Recht in seiner Verletzung als *Verbrechen* und *Strafe* gehören. Die Freiheit, die wir hier haben, ist das, was wir Personen, das heiß das Subjekt, das frei und zwar für sich frei ist und sich in den Sache ein Dasein gibt.“ HEGEL, GEORG WILHELM FRIEDRICH (1821), § 33 Zusatz, 91.

[3] HEGEL, Georg Wilhelm Friedrich (1821), § 51, 114.

[4] HEGEL, Georg Wilhelm Friedrich (1821), § 41, 102.

[5] „Im Eigentum ist mein Wille persönlich, die Person ist aber ein Dieses; also wird das Eigentum das persönliche dieses Willens. Da ich meinem Willen Dasein durch das Eigentum gebe, so muß das Eigentum auch die Bestimmung haben, das Diese das Meine zu sein. Dies ist die wichtige Lehre von der Notwendigkeit des *Privateigentums*.“ HEGEL, Georg Wilhelm Friedrich (1821), § 46 Zusatz, 110.

[6] HEGEL, Georg Wilhelm Friedrich (1821), § 217, 370.

[7] „Indem Eigentum und Persönlichkeit in der bürgerlichen Gesellschaft gesetzlich Anerkennung und Gültigkeit haben, so ist das *Verbrechen* nicht mehr nur Verletzung eines *subjektiv Unendlichen*, sondern der *allgemeinen Sache*, die eine in sich feste und starke Existenz hat. Es tritt damit der Gesichtspunkt der *Gefährlichkeit* der Handlung für die Gesellschaft ein, wodurch einerseits die Größe des Verbrechens verstärkt wird; andererseits aber setzt die ihrer selbst sicher gewordene Macht der Gesellschaft die äußerliche *Wichtigkeit* der Verletzung herunter und führt daher eine größere Milde in der Ahndung desselben herbei.“ HEGEL, Georg Wilhelm Friedrich (1821), § 218.

PLATONS Staat, weil dessen Vorstellungen über das Gemeineigentum die Persönlichkeitssphäre beschränkt.[1]

HEGEL macht aber auch auf den Zustand aufmerksam, dass in einer Gesellschaft ungleiche Eigentumsverhältnisse vorherrschen und damit auch zu ökonomischen Folgen für die Betroffenen führen können.[2] Die gedankliche Möglichkeit einer Gleichverteilung der Einkommenspositionen wird von HEGEL allerdings mit Hinweis auf individuelle Entwicklungsmöglichkeiten aus der Arbeitskraft und der damit wieder schnell eintretenden ungleichgewichtigen Situation verworfen.[3] Da Eigentum die personale Grundlage für Individuen darstellt, führt die Eigentumslosigkeit zu einem theoretischen Problem, das einer praktischen gesellschaftlichen Lösung bedarf.[4] Die Allgemeinheit des Gesetzes betrifft nun alle, auch die Besitzlosen, denen allerdings nunmehr die Möglichkeit vorenthalten wird, sich Sachen durch das Recht des freien Willens anzueignen.

Die Eigentumsbegründung ist das Ergebnis aus dem Recht des freien Willens sowie der Besitznahme einer Sache.[5] Als Folge dieser Bestimmung des Privatei-

---

[1] HEGEL, Georg Wilhelm Friedrich (1821), § 46, 371 f.

[2] „*Was* und *wieviel* Ich besitze, ist daher eine rechtliche Zufälligkeit. [...] Daß alle Menschen ihr Auskommen für ihre Bedürfnisse haben sollen, ist teils ein moralischer und, in dieser Unbestimmtheit ausgesprochen, zwar wohlgemeinter, aber, wie das bloß Wohlgemeinte überhaupt, nichts Objektives seiender *Wunsch*, teils ist Auskommen etwas anderes als *Besitz* und gehört einer anderen Sphäre, der bürgerlichen Gesellschaft, an." HEGEL, Georg Wilhelm Friedrich (1821), § 49, 112 f.

[3] „Die bisweilen gemachte Forderung der *Gleichheit* in Austeilung des Erdbodens oder gar des weiter vorhandenen Vermögens ist ein um so leererer und oberflächlicher Verstand, als in diese Besonderheit nicht nur die äußere Naturzufälligkeit, sondern auch der ganze Umfang der geistigen Natur in ihrer unendlichen Besonderheit und Verschiedenheit sowie in ihrer zum Organismus entwickelten Vernunft fällt", und selbst eine Neuaufteilung nicht zu den gewünschten Folgen führen kann, denn: „Die Gleichheit, die man etwa in Beziehung auf die Verteilung der Güter einführen möchte, würde, da das Vermögen vom Fleiß abhängt, ohnehin in kurzer Zeit wieder zerstört werden. Was sich aber nicht ausführen läßt, das soll auch nicht ausgeführt werden." HEGEL, Georg Wilhelm Friedrich (1821), § 49 einschl. Zusatz, 113 f.

[4] „Denn die Menschen sind freilich gleich, aber nur als Personen, das heißt rücksichtlich der Quelle ihres Besitzes. Demzufolge müßte jeder Mensch Eigentum haben. Will man daher von Gleichheit sprechen, so ist es diese Gleichheit, die man betrachten muß. Außer derselben fällt aber die Bestimmung der Besonderheiten, die Frage, wieviel ich besitze. Hier ist die Behauptung falsch, daß die Gerechtigkeit fordere, daß Eigentum eines jeden solle gleich sein; denn diese fordert nur, daß jeder Eigentum haben solle. Vielmehr ist die Besonderheit das, wo gerade die Ungleichheit ihren Platz hat, und die Gleichheit wäre hier unrecht." HEGEL, Georg Wilhelm Friedrich (1821), § 49 Zusatz, 114.

[5] HEGEL, Georg Wilhelm Friedrich (1821), § 51 einschl. Zusatz, 114 f.

gentums resultiert ein Eigentum als Sachherrschaft, das begründet durch den freien Willen, eine Sache der jeweiligen Benutzung unterwirft.[1] Diese Willensäußerung gegenüber den Sachen realisiert sich als Besitznahme[2], Gebrauch[3] sowie Veräußerung.[4]

Daneben werden als unveräußerliche Eigentumspositionen die Persönlichkeit, also Menschen als Sachen, Willensfreiheit, Sittlichkeit und Religion aufgeführt.[5] Damit wird ein Argument gegen das Römische Recht aufgegriffen, das Eigentum an Sklaven kannte. Wenn HEGEL die Unveräußerlichkeit der Person hervorhebt, findet das seine Begründung in der Ausgangsthese des Rechts des freien Willens zum Eigentum, der damit verloren ginge. Der Mensch als Eigentum würde unfrei und damit seines freien Willens verlustig gehen und wie eine Sache behandelt werden. Demgegenüber gilt geistiges Eigentum allerdings als eine vertretbare Sache, die gehandelt werden kann, sofern damit nicht wiederum die Persönlichkeit in ihrem vollen Umfang dem Tauschprozess unterliegt.[6] Darin liegt auch, wie HEGEL deutlich hervorhebt, der Unterschied zwischen dem Dienstboten und dem Sklaven, weil dieser seiner gesamten persönlichen Freiheitsrechte verlustig gegangen war.

Die Eigentumsbegründung durch Besitznahme umfasst das Recht aller Personen auf die Natur, wobei mit dem Besitz einer Sache auch deren Früchte zum Eigentum werden,[7] weil sich die Besitzergreifung auf den gesamten Umfang der Materie bezieht. Damit die formelle und materielle Eigentumsbegründung auch

---

[1] HEGEL, Georg Wilhelm Friedrich (1821), § 44, 106 f.

[2] „Die Besitznahme ist teils die unmittelbare *körperliche Ergreifung*, teils die Formierung, teils die bloße *Bezeichnung*." HEGEL, Georg Wilhelm Friedrich (1821), § 54, 119.

[3] „Der *Gebrauch* ist diese Realisierung meines Bedürfnisses durch die Veränderung, Vernichtung, Verzehrung der Sache, deren selbstlose Natur dadurch geoffenbart wird und die so ihre Bestimmung erfüllt." HEGEL, Georg Wilhelm Friedrich (1821), § 59, 128.

[4] „Meines Eigentums kann ich mich *entäußern*, da es das meinige nur ist, insofern ich meinen Willen darein lege, – so daß ich meine Sache überhaupt von mir als herrenlos lasse (derelinquiere) oder sie dem Willen eines anderen zum Besitze überlasse, – aber nur insofern die Sache *ihrer Natur* nach ein *Äußerliches* ist." HEGEL, Georg Wilhelm Friedrich (1821), § 65, 140.

[5] HEGEL, GEORG Wilhelm Friedrich (1821), § 66, 141 ff.

[6] „Von *meinen besonderen, körperlichen und geistigen Geschicklichkeiten* und *Möglichkeiten* der Tätigkeit kann ich *einzelne* Produktionen und einen *in der Zeit beschränkten* Gebrauch von einem anderen *veräußern*, weil sie nach dieser Beschränkung ein äußerliches Verhältnis zu meiner *Totalität* und *Allgemeinheit* erhalten. Durch die Veräußerung meiner *ganzen* durch die Arbeit konkreten Zeit und der Totalität meiner Produktion würde ich das Substantielle derselben, meine *allgemeine* Tätigkeit und Wirklichkeit, meine Persönlichkeit zum Eigentum eines anderen machen." HEGEL, Georg Wilhelm Friedrich (1821), § 67, 144 f.

[7] HEGEL, Georg Wilhelm Friedrich (1821), § 52, 115 f.

wirksam werden kann, bedarf es der Information von anderen Gesellschaftsmitgliedern, indem der Eigentümer sich auch eindeutig als Eigentümer ausweist.[1]

Mithin wird auch die alte Frage gelöst, ob ein einzelner in der Lage ist, Eigentum zu begründen. HEGEL kann diese Frage positiv beantworten, weil die Eigentumsbegründung in einem freien Willensentschluss liegt, der dem „zufällig Ersten" zu dieser Eigentumsposition verholfen hat.[2] Damit die Person auch als Eigentümer fungieren kann, wird ihr Handeln „im Verhältnisse des Willens zur Sache" gegenüber der belebten und unbelebten Natur vorausgesetzt, womit „das natürliche seiner Selbständigkeit entrissen und in die Verfügung des Menschen gebracht wird."[3] Die Welt der Sachen ist somit dem individuellen Willen der Aneignung unterworfen, und erst dadurch kann ihnen ein Nutzen für die menschliche Bedürfnisbefriedigung unterstellt werden.[4] Die damit verbundene „Formierung" umschreibt den erforderlichen menschlichen Arbeitseinsatz einschließlich der maschinellen Unterstützung.[5] Das tätige Handeln umfasst jede Form der geeigneten Bearbeitung, wobei die Veränderungen als Zielsetzung der Sachen selbst begriffen werden. Durch diesen Prozess der Bearbeitung wird die Arbeit selbst zum Gegenstand der Auseinandersetzung und führt damit auch zur Frage nach den individuellen Chancen in einer Gesellschaft, in der zwar Arbeit und Eigentum für alle Individuen gemeinsam gedacht, aber durch ungleiche Eigentumsverteilung ein Teil der Gesellschaftsmitglieder in ihren bürgerlichen Freiheitsrechten beschränkt werden.

Eigentumsübertragung

Aus der absoluten Sachherrschaft folgt nicht nur die Möglichkeit der spezifischen Bearbeitung durch den Eigentümer, sondern auch die beliebige Übertragbarkeit von Eigentumspositionen. Da jeder Eigentumsverlust mit einer Beschränkung der individuellen Freiheitsrechte verbunden ist,[6] bedarf es einer allgemein akzeptierten Norm für den Austausch von Eigentumspositionen. Indem die vereinzelten Gesellschaftsmitglieder sich ihr Privateigentum garantieren, schaffen sie mit dem Rechtsinstitut Eigentum die Möglichkeit, durch Verträge Eigentum berechtigt auf andere übertragen zu können.[7]

---

[1] HEGEL, Georg Wilhelm Friedrich (1821), § 51, 114 f.
[2] HEGEL, Georg Wilhelm Friedrich (1821), § 50, 114.
[3] RITTER, Joachim (1961): Person und Eigentum. Zu Hegels ‚Grundlinien der Philosophie des Rechts' §§ 34 bis 81, in, ders.: Metaphysik und Politik. Studien zu Aristoteles und Hegel, 2. Aufl., Frankfurt am Main 1988, 268.
[4] HEGEL, Georg Wilhelm Friedrich (1821), § 44, 106 f.
[5] HEGEL, Georg Wilhelm Friedrich (1821), § 56, 121 f.
[6] HEGEL, Georg Wilhelm Friedrich (1821), § 41, 102; § 45, 107. Siehe auch RITTER, Joachim (1961), 266 f.
[7] HEGEL, Georg Wilhelm Friedrich (1821), § 71, 152 ff., vgl. auch HEGEL (1805/06): Jenaer Realphilosophie, 237–240.

Der Willensfreiheit gemäß, können Verträge über Sachen ebenso abgeschlossen werden wie der Verkauf der Arbeitskraft.[1] Für den Arbeitsvertrag wird insbesondere auf die aus der Rechtsphilosophie § 67 f. Einschränkung verwiesen, womit ein unmittelbarer Eingriff in die Willensfreiheit des Individuums und damit seiner Persönlichkeit ausgeschlossen sein muss. Arbeitsverträge haben demzufolge den Gesichtspunkt der Freiwilligkeit des Vertragsabschlusses zum Gegenstand.

Die bürgerliche Gesellschaft

Die wechselseitige Anerkennung von unterschiedlichen Eigentumspositionen ermöglicht in der bürgerlichen Gesellschaft Güteraustausch und Arbeitsteilung. Der Rahmen wird durch die Abstraktion des Privatrechts und der damit einhergehenden Eigentumsvorstellung geschaffen, die umfassend die Freiheit für alle Individuen beinhaltet[2] und damit erst die Bedingungen für jede individuelle persönliche Entwicklung ermöglicht.[3] ROSENZWEIG hebt den rechtsphilosophisch folgenreichen Gedanken hervor, der mit der Vorstellung verbunden ist, dass alle Gesellschaftsmitglieder freie Privateigentümer sein müssen.[4]

Das Merkmal der bürgerlichen Gesellschaft sind die freien Eigentümer als Personen, die ihre und andere Bedürfnisse und Interessen nur durch gegenseitige Handlungen befriedigen können.[5] Kennzeichnend ist neben der Vereinzelung ein System von wechselseitigen Abhängigkeitsverhältnissen, die trotz ihrer egoistischen Verhaltensweisen eine rationale Staatsbegründung für die Individuen ermöglicht. Dieser „Not- und Verstandesstaat" schafft durch seine Organisationskraft die Voraussetzungen für das individuelle Überleben der Privateigentümer durch entsprechende Sicherungsfunktionen in Gestalt von Gesetzen.[6] Dabei verfolgen die atomisierten Privateigentümer ihre egoistischen Interessen, die nur deshalb erreicht werden können, weil andere – ebenfalls egoistisch handelnd –

---

[1] Zu den Vertragstypen vgl. HEGEL, Georg Wilhelm Friedrich (1821), § 80, 165.

[2] „Die Freiheit, die wir hier haben, ist das, was wir Personen nennen, das heißt das Subjekt, das frei und zwar für sich frei ist und sich in den Sachen ein Dasein gibt." HEGEL, Georg Wilhelm Friedrich (1821), § 33 Zusatz, 91.

[3] „Es ist wohl an die anderthalbtausend Jahre, daß die *Freiheit der Person* durch das Christentum zu erblühen angefangen hat und unter einem übrigens kleinen Teile des Menschengeschlechts allgemeines Prinzip geworden ist. *Die Freiheit des Eigentums* aber ist seit gestern, kann man sagen, hier und da als Prinzip anerkannt worden. – Ein Beispiel aus der Weltgeschichte über die Länge der Zeit, die der Geist braucht, in seinem Selbstbewußtsein fortzuschreiten – und gegen die Ungeduld des Meinens." HEGEL, GEORG WILHELM FRIEDRICH (1821), § 62, 133.

[4] ROSENZWEIG, Franz (1920), II, 110.

[5] HEGEL, Georg Wilhelm Friedrich (1821), § 182, 339 f.

[6] HEGEL, Georg Wilhelm Friedrich (1821), § 183, 340.

ohne bewusste Harmonievorstellung, die eigenen Handlungen unterstützen.[1] Als ein Ergebnis der frühen Auseinandersetzung mit Adam SMITH und James STEUART wird damit das klassische Modell der Tauschwirtschaft beschrieben.[2]

Die Dynamik der bürgerlichen Gesellschaft und deren Leistungsfähigkeit wird dabei von HEGEL ebenso positiv herausgestellt,[3] wie deren negative Erscheinungen.[4] Damit stellt sich die angenommene gleichgewichtige Lösung als ein gesellschaftliches Zufallsergebnis dar, das sich als ein Resultat einer großen Anzahl von individualisierten rationalen Handlungen ergibt,[5] deren Ergebnis für die Privateigentümer evtl. durch Staatsintervention korrigiert werden muss. Sehr früh hatte HEGEL schon das Problem benannt, dass die Abhängigkeit des Einzelnen vom Marktmechanismus seine Reproduktion nicht in jedem Falle gewährleistet, denn erst auf dem Gütermarkt wird durch Angebots- und Nachfragesituationen auch über den Preis der produzierten Güter und damit auch der Nachfrage nach Arbeitskraft entschieden.[6]

---

1 „In der bürgerlichen Gesellschaft ist jeder sich Zweck, alles andere ist ihm nichts. Aber ohne Beziehung auf andere kann er den Umfang seiner Zwecke nicht erreichen; diese anderen sind daher Mittel zum Zweck des Besonderen. Aber der besondere Zweck gibt sich durch die Beziehung auf andere die Form der Allgemeinheit und befriedigt sich, indem er zugleich das Wohl des anderen mit befriedigt." HEGEL, Georg Wilhelm Friedrich (1821), § 182 Zusatz, 339.

2 Vgl. hierzu die Ausführungen zur gesellschaftlichen Arbeitsteilung einschließlich des Stecknadelbeispiels. Hierbei wird allerdings schon das Moment der Entfremdung herausgearbeitet, indem auch die negativen Folgen der sich herausbildenden repetitiven und mechanischen Tätigkeiten kritisch gewürdigt werden, HEGEL (1805/06), 235 sowie die den Anhang zur Jenaer Realphilosophie (1803/04), 333 f.

3 HEGEL, Georg Wilhelm Friedrich (1821), § 182 Zusatz.

4 „Die Besonderheit für sich, einerseits als sich nach allen Seiten auslassende Befriedigung ihrer Bedürfnisse, zufälliger Willkür und subjektiven Beliebens, zerstört in ihren Genüssen sich selbst und ihren substantiellen Begriff; andererseits als unendlich erregt und in durchgängiger Abhängigkeit von äußerer Zufälligkeit und Willkür sowie von der Macht der Allgemeinheit beschränkt, ist die Befriedigung des notwendigen wie des zufälligen Bedürfnisses zufällig. Die bürgerliche Gesellschaft bietet in diesen Gegensätzen und ihrer Verwicklung das Schauspiel ebenso der Ausschweifung, des Elends und des beiden gemeinschaftlichen physischen und sittlichen Verderbens da." HEGEL, Georg Wilhelm Friedrich (1821) § 185, 341.

5 HEGEL, Georg Wilhelm Friedrich (1821), § 186, 343; und das Argument nochmals aufgreifend wird ausgeführt: „In der bürgerlichen Gesellschaft ist die Allgemeinheit nur Notwendigkeit: im Verhältnis der Bedürfnisse ist nur das Recht als solches das Feste." HEGEL, Georg Wilhelm Friedrich (1821), § 229 Zusatz, 381 f.

6 HEGEL, Georg Wilhelm Friedrich (1802/03): System der Sittlichkeit, in: Georg Wilhelm Friedrich HEGEL, Frühe politische Systeme, hrsg. von Gerhard GÖHLER, Frankfurt am Main–Berlin–Wien 1974, 90–92.

Bedürfnis, Arbeit, Eigentum

Die individuelle Bedürfnisbefriedigung vollzieht sich durch nützliche Sachen (äußere Dinge), die Eigentumspositionen sind, und die Arbeit als erforderliche Verbindung zwischen Mensch und Natur. Erst der gesellschaftliche Einsatz der Arbeitsteilung befähigt den Menschen, seine Bedürfnisse umfassend zu befriedigen und darüber hinaus neue auszubilden.[1] Damit wird die positive Seite des Gesellschaftszustands benannt. Diese individuellen Bedürfnisse können nur im Rahmen eines arbeitsteiligen Produktionsprozesses realisiert werden.[2] Durch den wechselseitigen Prozess des Austauschs mit dem Ziel der Bedürfnisbefriedigung, erfährt der Einzelne seine gesellschaftliche Rolle.[3] Dabei stellt sich das Privateigentum für die arbeitsteilig organisierten Produzenten entweder als Arbeitsmittel oder als Vermögensposition Kapital dar.[4] Während einerseits der körperliche Einsatzfaktor Arbeitskraft für denjenigen Privateigentümer „Kapital" darstellt, der nur über seine Ware Arbeitskraft verfügen kann, macht HEGEL auf die Zufälligkeiten bei der Teilhabe am gesamtgesellschaftlichen Vermögen aufmerksam, die sich beispielsweise durch Erbschaft, Vermögenspositionen oder individuelle Vorteile herausbilden können.[5]

Trotz der ungleichen Verteilung des Privateigentums wird damit das Postulat der Gleichheit aller Gesellschaftsmitglieder nicht außer Kraft gesetzt, selbst wenn deren ökonomische Position und Stellung im Produktionsprozess dadurch determiniert wird. Für HEGEL, der das Spannungsverhältnis von Armut und Reichtum in der bürgerlichen Gesellschaft offensichtlich nicht als eine vorübergehende Störung des ökonomischen Gleichgewichts begreift, stellt dieser gesellschaftliche Unterschied gleichermaßen einen wichtigen Motor der wirtschaftlichen Entwicklung dar. Wenn einerseits die menschlichen Bedürfnisse prinzipiell als unendlich angesehen werden, und die Wirtschaftssubjekte nach Privateigentum streben, kann andererseits die jeweilige Eigentumsveränderung nur durch den individuellen Versuch einer positionalen Verbesserung hergestellt werden.[6] Wobei allerdings auch negativ herausgestellt wird, dass die Konzentration des Privateigentums auf wenige Gesellschaftsmitglieder notwendig mit Einfluss, d. h. Macht

---

[1] HEGEL, Georg Wilhelm Friedrich (1821), § 194, 350.

[2] HEGEL, Georg Wilhelm Friedrich (1821), § 187, 343 ff.

[3] HEGEL, Georg Wilhelm Friedrich (1805/06), 236, 384 f.

[4] HEGEL, Georg Wilhelm Friedrich (1821), § 170, 323 f.; § 199, 353.

[5] HEGEL, Georg Wilhelm Friedrich (1821), § 200, 353.

[6] „Diese Ungleichheit des Reichtums ist an und für sich notwendig; jede natürliche Ungleichheit vermag sich als solche auszudrücken, wenn das Natürliche nach dieser Seite sich hinwendet; und der Trieb nach Vergrößerung des Reichtums ist nichts anderes als die Notwendigkeit, das bestimmte Einzelne, welches der Besitz ist, ins Unendliche aufzunehmen." HEGEL, Georg Wilhelm Friedrich (1802/03), 93.

verbunden ist.[1] Als deren Folge wird früh darauf hingewiesen, dass damit das gesellschaftsverbindende Moment der Sittlichkeit[2] verletzt wird und demzufolge der ökonomische Prozess bei fehlendem Gleichgewicht eine staatliche Intervention zur Verhinderung von Legitimitätskrisen benötigt.[3] Während HEGEL keinen Zweifel an der Möglichkeit eines Marktgleichgewichts aufkommen lässt, hält er dennoch bei größeren Abweichungen in bestimmtem Umfang staatliche Eingriffe für vertretbar. Angesichts der Verelendung von breiten Bevölkerungsschichten wird ganz offensichtlich von HEGEL die negative Entwicklung von bürgerlichen Gesellschaften als charakteristisch begriffen, ohne dass deren Folgen gelöst werden können. Nur die sittliche Gefährdung und die damit verbundene Gefahr, das Gesellschaftssystem zu destabilisieren, führen HEGEL zu der Auffassung, dass ein Teil der Vermögensunterschiede durch eine Gewinnbesteuerung gemildert werden kann, wobei allerdings stärker auf die Herausbildung einer ständischen Organisation als Interessenvertretung rekurriert wird.[4] Während immerhin den Armen moralisch geholfen wird, erfahren sie ökonomisch keine angemessene Unterstützung. Hier wird eher auf die Einsicht der Unternehmer–Kapitalisten gesetzt, die bei Gefährdung der gesellschaftlichen Struktur Zurückhaltung bei der Verfolgung ihrer ökonomischen Interessen üben werden.[5] Die Begrenzung von gesellschaftlich schädlichen ökonomischen Handlungen hatte bereits Adam SMITH thematisiert, wobei er im Gegensatz zu HEGEL nicht auf die Herausbildung und Entwicklung der Sittlichkeit abzielt, sondern eine dezidierte Begründung für das Selbstverständnis der individuellen Handlungsgrenze einführt. So kann für diese frühe Phase konstatiert werden, dass für die auftretenden gesellschaftlichen Spannungen eine staatliche Regulierung der Tauschökonomie in begrenztem Umfang als erforderlich gehalten wird, allerdings die Aktivitäten des Unternehmer-Kapitalisten entsprechend dem liberalen Gesellschaftsmodell eher durch sittliche Vorstellungen, als durch Staatseingriffe begrenzt werden.

Dieser Zufälligkeit steht in einer frühen Untersuchung die des Marktes gegenüber, die dem Einzelnen zwar das Recht an der eigenen Arbeit einräumt, jedoch das Ergebnis der abstrakten Arbeit als marktabhängig begreift.[6] Diese Ungewiss-

---

[1] HEGEL, Georg Wilhelm Friedrich (1802/03), 94.
[2] HEGEL, Georg Wilhelm Friedrich (1802/03), 94.
[3] HEGEL, Georg Wilhelm Friedrich (1802/03), 91 f.
[4] HEGEL, Georg Wilhelm Friedrich (1802/03), 94.
[5] HEGEL, Georg Wilhelm Friedrich (1802/03), 95.
[6] „Das Allgemeine ist a. reine Notwendigkeit am einzelnen Arbeitenden. Er hat seine bewußtlose Existenz in dem Allgemeinen; die Gesellschaft ist seine Natur, von deren elementarischer, blinder Bewegung er abhängt, die ihm geistig und physisch erhält oder aufhebt. [b.] Er ist da durch unmittelbaren Besitz, [oder] *Erbschaft*: vollkommner Zufall. Er arbeitet eine abstrakte Arbeit; er gewinnt der Natur um soviel ab. Aber dies verkehrt sich nur in eine andere Form des Zufalls." HEGEL, Georg Wilhelm Friedrich (1805/06), 250.

heit wird durch gesellschaftliche Nachfrageveränderungen erhöht, wobei durch Produktivitätssteigerungen der Wert der einzelnen Arbeit zwangsläufig sinken muss und zum Berufswechsel, schlimmstenfalls zur Armut führen wird.[1]

Auch für HEGEL wird der zunehmende Widerspruch in der bürgerlichen Gesellschaft deutlich, in der die Arbeitskraft das „allgemeine, bleibende Vermögen" darstellt und andererseits bei ständig steigender Produktion und der Möglichkeit einer veränderten individuellen Bedürfnisbefriedigung dennoch der Umfang der ökonomischen Ungleichheit permanent zunimmt. Dem steigenden Wachstum der gesellschaftlichen Wohlfahrt steht andererseits die Zunahme von Armut gegenüber, ganz offensichtlich ein Resultat der warenproduzierenden bürgerlichen Gesellschaft.[2] Denn die Vorstellung der Teilhabe am Volksvermögen ist gerade nicht abhängig von der als Vermögen gedachten Arbeitskraft, sondern vielmehr von der tatsächlichen Vermögensausstattung derjenigen Individuen, die dadurch in die Lage versetzt werden, sowohl den Umfang des Produktionsprozesses als auch das Ausmaß seiner Verteilung zu bestimmen. HEGEL hat diesen Zusammenhang deutlich als Ergebnis der marktwirtschaftlich orientierten Tauschwirtschaft herausgearbeitet, deren Charakteristikum nicht in einem disfunktionalen Austausch liegt, sondern darin, dass eine Marktökonomie den beklagten Mangel der Armut zwangsläufig hervorrufen muss.[3] Dieser wachsenden Verelendung[4] von breiten Bevölkerungskreisen, steht eine durch die Produktionsverhältnisse bedingte Entfremdung gegenüber,[5] und führt angesichts der als unüberbrückbar

[1] „Die Geschicklichkeit des Einzelnen ist die Möglichkeit der Erhaltung seiner Existenz. Diese ist der völligen Verwicklung des Zufalls des Ganzen unterworfen. [...] Anhäufung des Reichtums [geschieht] teils durch Zufall, teils durch die Allgemeinheit durch die Verteilung. [...] Diese Ungleichheit des Reichtums und der Armut, diese Not und Notwendigkeit wird die höchste Zerrissenheit des Willens, innre Empörung und Haß. – Diese Notwendigkeit, welche die vollkommene Zufälligkeit des einzelnen Daseins ist, ist aber ebenso die *erhaltende Substanz* desselben. Die Staatsgewalt tritt ein und muß sorgen, daß jede Sphäre erhalten werde, [...] Auswege, [...] aufsuchen usf., die eine [Tätigkeit] erschweren, insofern sie zu sehr zum Nachteil der andern übergreift. *Freiheit des Gewerbes* [bleibt notwendig]; das Eingreifen *muß* so unscheinbar als möglich sein – denn es ist das Feld der Willkür; [der] Schein der Gewalt muß vermieden werden und [man soll] nichts retten wollen, was nicht zu retten ist, sondern die leidenden Klassen anders beschäftigen." HEGEL, Georg Wilhelm Friedrich (1805/06), 251 f.

[2] HEGEL, Georg Wilhelm Friedrich (1821), § 195, 350 f.

[3] HEGEL, Georg Wilhelm Friedrich (1821), § 243, 389.

[4] HEGEL, Georg Wilhelm Friedrich (1821), § 244, 389 f.

[5] „Die bürgerliche Gesellschaft reißt aber das Individuum aus diesem Bande heraus, entfremdet dessen Glieder einander und anerkennt sie als selbständige Personen; sie substituiert ferner statt der äußeren unorganischen Natur und des väterlichen Bodens, in welchem der Einzelne seine Subsistenz hatte, den ihrigen und unterwirft das Bestehen der ganzen Familie selbst, der Abhängigkeit von ihr, der Zufälligkeit. So ist das Indi-

empfundenen Widersprüche in der bürgerlichen Gesellschaft zu der Möglichkeit von Klassenauseinandersetzungen[1]. Allerdings wird auch herausgestellt, dass neben den als willkürlich bezeichneten Marktprozessen auch zufällige und nur in der Person liegende Ereignisse Armut herbeiführen können.[2]

Aus Gründen der Gerechtigkeit war es erforderlich, die einzelnen Gesellschaftsmitglieder mit Eigentum auszustatten, nicht jedoch sie im gleichen Umfang mit Eigentum auszustatten. Allerdings führt der erkennbare Zusammenhang zwischen der Kapitalakkumulation und Verelendung zwangsweise zu einer staatlichen Intervention[3]. Einerseits wird die Unterstützung von Armen abgelehnt, weil das nur durch Wegnahme von bestehenden Eigentumspositionen geschehen kann und deshalb abzulehnen ist, während andererseits eine gesellschaftliche Gefährdung durch den „Pöbel" zu befürchten ist. Ökonomisch wird in diesem Zusammenhang auch der vermehrte Arbeitseinsatz zurückgewiesen, weil dadurch zwar die Gütermenge vergrößert, jedoch nicht die Möglichkeit der Nachfragesteigerung seitens der Armen erhöht wird[4]. Als angemessene Lösung erscheint deshalb, die Armen ihrem „Schicksal zu überlassen und sie auf den öffentlichen Bettel anzuweisen".[5] Darüber hinaus wird als liberale Möglichkeit nur die Erweiterung der staatlichen Kontrolle gesehen, weil der Marktmechanismus gesellschaftlich unerwünschte Lösungen hervorbringen kann, die nur durch eine staatliche Aufsicht angemessen reguliert werden können.[6] Hierzu gehört auch die Be-

---

viduum *Sohn der bürgerlichen Gesellschaft* geworden, die ebensosehr Ansprüchen an ihn, als er Rechte auf sie hat." HEGEL, Georg Wilhelm Friedrich (1821), § 238, 386.

[1] HEGEL, Georg Wilhelm Friedrich (1821), § 208, 360.

[2] HEGEL, Georg Wilhelm Friedrich (1821), § 241, 387 f.

[3] HEGEL, Georg Wilhelm Friedrich (1821), § 243, 389.

[4] „Wird der reicheren Klasse die direkte Last aufgelegt, [...] die der Armut zugehende Masse auf den Stande ihrer ordentlichen Lebensweise zu erhalten, so würde die Subsistenz der Bedürftigen gesichert, ohne durch die Arbeit vermittelt zu sein, was gegen das Prinzip der bürgerlichen Gesellschaft und des Gefühls ihrer Individuen von ihrer Selbständigkeit und Ehre wäre; oder sie würde durch Arbeit (durch Gelegenheit dazu) vermittelt, so würde die Menge der Produktionen vermehrt, in deren Überfluß und dem Mangel der verhältnismäßigen selbst produktiven Konsumenten gerade das Übel besteht, das auf beide Weisen sich nur vergrößert. Es kommt hierin zum Vorschein, daß bei dem *Übermaße des Reichtums* die bürgerliche Gesellschaft *nicht reich genug* ist, d. h. an dem ihr eigentümlichen Vermögen nicht genug besitzt, dem Übermaße der Armut und der Erzeugung des Pöbels zu steuern." HEGEL, Georg Wilhelm Friedrich (1821), § 245, 390.

[5] HEGEL, Georg Wilhelm Friedrich (1821), § 245, 391.

[6] „Die verschiedenen Interessen der Produzenten und Konsumenten können in Kollision miteinander kommen, und wenn sich zwar das richtige Verhältnis *im Ganzen* von selbst herstellt, so bedarf die Ausgleichung auch einer über beiden stehenden, mit Bewußtsein vorgenommenen Regulierung. [...] Vornehmlich aber macht die Abhän-

reitstellung von öffentlichen Gütern, sofern der Umfang des privatwirtschaftlichen Angebots gesellschaftlich als zu gering betrachtet wird.[1]

HEGEL scheint der ökonomischen Entwicklung der bürgerlichen Gesellschaft trotz der eingeräumten Bedenken eine größere Dynamik bei der Lösung des Armutsproblems vorzuschweben, allerdings hier auch nur durch den Versuch, durch internationalen Handel[2] und Kolonisation[3] eine Problemlösung für die bürgerliche Gesellschaft zu finden. Der große Umfang der Armut stellt ebenso eine konsequente Erscheinung der Tauschgesellschaft dar, wie die gesellschaftliche Differenzierung ein Ergebnis des arbeitsteiligen Produktionsprozesses ist.[4] Dabei fällt den Ständen eine integrative Funktion zu, in denen sich die vereinzelten Privateigentümer organisieren und damit zu einer gemeinsamen Lebensform finden, die auch Ausdruck ihrer ökonomischen Position in der Gesellschaft ist. Dementsprechend wird die Gesamtgesellschaft in drei Stände – den Stand der Bodeneigentümer (substantieller oder unmittelbarer Stand), den Stand der Gewerbetreibenden (reflektierender Stand) sowie den Stand der öffentlichen Verwaltung (allgemeiner Stand) – eingeteilt.[5] Die Klasse der Bodeneigentümer charakterisiert den konservativen Adelsstand, der entsprechend seiner Produktion auch zu einem konservativen Verhalten neigt und angesichts seiner unabhängigen Vermögenssituation am ehesten geeignet ist, staatliche Aufgaben für das Allgemeinwohl zu übernehmen und auszuführen.

Die gesellschaftliche Dynamik wird durch den „reflektierenden Stand" ausgelöst, weil deren ökonomisches Ergebnis in höherem Maße mit dem Einsatz von

---

gigkeit großer Industriezweige von auswärtigen Umständen und entfernten Kombinationen, welche die an jene Sphären angewiesenen und gebundenen Individuen in ihrem Zusammenhang nicht übersehen können, eine allgemeine Vorsorge und Leitung notwendig." HEGEL, Georg Wilhelm Friedrich (1821), § 236, 284 f.

[1] „Die polizeiliche Aufsicht und Vorsorge hat den Zweck, das Individuum mit der allgemeinen Möglichkeit zu vermitteln, die zur Erreichung der individuellen Zwecke vorhanden ist. Sie hat für Straßenbeleuchtung, Brückenbau, Taxation der täglichen Bedürfnisse sowie für die Gesundheit Sorge zu tragen. Hier sind nun zwei Hauptansichten herrschend. Die eine behauptet, daß der Polizei die Aufsicht über alles gebühre, die andere, daß die Polizei hier nichts zu bestimmen habe, indem jeder sich nach den Bedürfnissen des anderen richten werde. Der Einzelne muß freilich ein Recht haben, sich auf diese oder jene Weise sein Brot zu verdienen, aber auf der anderen Seite hat auch das Publikum ein Recht zu verlangen, daß das Nötige auf gehörige Weise geleistet werde. Beide Seiten sind zu befriedigen, und die Gewerbefreiheit darf nicht von der Art sein, daß das allgemeine Beste in Gefahr kommt." HEGEL, Georg Wilhelm Friedrich (1821), § 236 Zusatz, 385.

[2] HEGEL, Georg Wilhelm Friedrich (1821), § 246, 391.

[3] HEGEL, Georg Wilhelm Friedrich (1821), §§ 247–248 einschl. Zusatz, 391–393.

[4] HEGEL, Georg Wilhelm Friedrich (1821), § 201, 354.

[5] HEGEL, Georg Wilhelm Friedrich (1821), §§ 202–205, 355–557.

intellektuellen Fähigkeiten verbunden ist. HEGEL beschreibt damit zugleich eine Bewusstseinsveränderung dieser Klasse als Resultat ihrer Auseinandersetzung mit der Marktökonomie.

Der gewerbetreibende Stand entspricht in Teilen der Eigenschaft des Unternehmer-Kapitalisten, beinhaltet aber weiterhin Handwerker und Kaufleute.[1] Hierbei ist zu vermuten, dass auch der keinem Stand zugehörige Pöbel ehedem hier seinen gesellschaftlichen Ort hatte, nämlich als Privateigentümer, der frei über den Verkauf der Arbeitskraft verfügen konnte. Das positive gesellschaftsbildende Moment dieser Klasse, die an anderer Stelle auch als Mittelklasse bezeichnet wird und die Mitglieder der öffentlichen Verwaltung einschließt, ist mit ihrer besonderen Stellung im Staat erklärt, weil gerade diese Bewusstseinshaltung die Tauschökonomie auszeichnet und andererseits wichtige Elemente des aufgeklärten Bürgertums enthält.[2] Der umfangreiche Tauschprozess erfordert ein Medium, das zwischen den gesellschaftlich erzeugten Produkten und den Subjekten vermittelt. Damit wird die Tauschmittelfunktion des Geldes ebenso begründet[3] wie die Möglichkeit der Kreditvergabe.[4] Die Kreditmöglichkeit wird zwar aufgeführt, jedoch ohne weitergehende Implikationen für eine monetäre Tauschwirtschaft.[5]

Trotz dieser ständischen Organisation, die nicht mehr als geburtsabhängig begriffen wird, muss die bürgerliche Gesellschaft Klassenauseinandersetzungen befürchten, und zwar insbesondere durch die Masse der Armen, das Proletariat. Erst dadurch wird nämlich der einzelne zum Pöbel, indem er das System des Privateigentums in Frage stellt.[6] Die integrierende Funktion der Korporationen wird von MARCUSE mit dem Ideologievorwurf belegt, weil durch die ständische Organisation allein die Akzeptanz der mit der Tauschgesellschaft einhergehenden Folgen verbunden ist.[7]

Der korporative gesellschaftliche Aufbau ist ein Argument für die einheitsstiftende Prämisse jeder Gesellschaft, weil anderenfalls die Privateigentümer durch

---

[1] HEGEL, Georg Wilhelm Friedrich (1821), § 204, 357.

[2] HEGEL, Georg Wilhelm Friedrich (1821), § 297, 464 f.

[3] „In der Tat ist das Geld aber nicht ein *besonderes* Vermögen neben den übrigen, sondern es ist das Allgemeine derselben, insofern sie sich zu der Äußerlichkeit des Daseins produzieren, in der sie als eine *Sache* gefaßt werden können. Nur an dieser äußerlichsten Spitze ist die *quantitative* Bestimmtheit und damit die Gerechtigkeit und Gleichheit der Leistungen möglich.“ HEGEL, Georg Wilhelm Friedrich (1821), § 299.

[4] HEGEL charakterisiert damit in der warenproduzierenden Gesellschaft die Tauschmittelfunktion des Geldes wie folgt: “Tausch einer *spezifischen* Sache gegen eine, die als die allgemeine bestimmt ist, d. i. welche nur als der *Wert* ohne die andere spezifische Bestimmung zur Benutzung gilt, – gegen Geld.“ HEGEL, Georg Wilhelm Friedrich (1821), § 80 B. Tauschvertrag, 166.

[5] HEGEL, Georg Wilhelm Friedrich (1821), § 80 Anmerkung B, C, 166–169.

[6] HEGEL, Georg Wilhelm Friedrich (1821), § 244, 389.

[7] MARCUSE, Herbert (1941), 190.

Vereinzelung und Entfremdung bedroht und nicht in der Lage sind, ein dem Menschen angemessenes Leben zu führen.[1] Einerseits integratives Moment, stellen diese freiwilligen Zusammenschlüsse auch Solidarität zwischen den Mitgliedern her, ermöglichen die Teilnahme am politischen Leben und damit die Erziehung der Individuen zu Staatsbürgern.[2] Weiterhin wird vermittels dieser Organisationen eine Möglichkeit geschaffen, gegenüber staatlichen Maßnahmen vermittelnd aufzutreten und damit die Interessen der durch sie vertretenen Privateigentümer auch gegenüber staatlichen Maßnahmen zu schützen.[3]

Während durch die Korporationen Gruppeninteressen artikuliert und eventuell auch gesellschaftlich durchgesetzt werden können und darin auch ihr einziger Zweck liegt, ist die Idee des Staates mit der Vorstellung verbunden, dass damit im Gegensatz zur bürgerlichen Gesellschaft nicht mehr die Interessen der einzelnen im Vordergrund stehen, sondern durch Vernunft geleitet, der Ausgangspunkt für jedwede menschliche Entwicklung darstellt. Der Grund für Staatenbildungen liegt demnach nicht in der gesellschaftlichen Verbindung der Individuen begründet, sondern darin, dass der Staat aus dieser Organisationsform „als ihr wahrhafter Grund hervorgeht“ und mit der bürgerlichen Gesellschaft dieses Übergangsstadium zu einer bewussten Herausbildung des Staates führt.[4] Der Staat begründet seine Funktion nicht aus der bürgerlichen Gesellschaft, sondern aus sich selbst heraus. Er stellt die höhere Entwicklungsstufe dar und ist demgemäß die Modellierung einer Staatsfiktion, in der individuelle Verhaltensweisen und allgemeine Interessen übereinstimmen. Insoweit gibt es für die Existenz des Staates keinen anderen Zweck als den, auf sich selbst bezogen zu sein.[5] Das einsichtsvolle Handeln aller Individuen findet seine Entsprechung in den staatlichen Gesetzen, die als Ergebnis der höheren Vernunft zugleich die Einsicht in die Notwendigkeit der auch als vernünftig anerkannten Regelungen durch die Individuen beinhaltet.[6] Der moderne Staat ist das Super–Subjekt, das den allgemeinen Willen

---

[1] HEGEL, Georg Wilhelm Friedrich (1821), § 253, 395.

[2] Deshalb kann HEGEL das positive gesellschaftliche Moment von Korporationen hervorheben, die nach seiner Auffassung aber eine andere Zielsetzung als die mittelalterlichen Zünfte verfolgen, HEGEL, Georg Wilhelm Friedrich (1821), § 255 Zusatz, 396 f.

[3] HEGEL, Georg Wilhelm Friedrich (1821), § 288, 457 f.

[4] HEGEL, Georg Wilhelm Friedrich (1821), § 256, 379 f.

[5] „Der Staat ist als die Wirklichkeit des substantiellen *Willens*, die er in dem zu seiner Allgemeinheit erhobenen besonderen *Selbstbewußtsein* hat, das an und für sich *Vernünftige*. Diese substantielle Einheit ist absoluter unbewegter Selbstzweck, in welchem die Freiheit zu ihrem höchstem Recht kommt, so wie dieser Endzweck das höchste Recht gegen die Einzelnen hat, deren *höchste Pflicht* es ist, Mitglieder des Staats zu sein.“ HEGEL, Georg Wilhelm Friedrich (1821), § 258, 399.

[6] HEGEL, Georg Wilhelm Friedrich (1821), § 146, 294 f.

verkörpert, wobei er als Überbauphänomen über einen organischen Aufbau verfügt, den es zu regulieren gilt, damit Realität und Vorstellung übereinstimmen.[1]

Den individuellen Interessen der Tauschwirtschaft steht das höhere, vernunftgeregelte Interesse des Staates als eine selbständige Gewalt gegenüber, weil anderenfalls keine positive Lösung für die durch den Konkurrenzmechanismus determinierten Handlungen der Individuen angenommen werden kann. Die Lösung der gesellschaftlichen Widersprüche erzwingt ein staatliches Handeln, allerdings nur im Sinne einer vorsichtigen Korrektur des ökonomischen Prozesses.[2] Die ökonomische Lösung liegt offensichtlich in einer wirtschafts- bzw. sozialpolitischen Bewältigung von ökonomischen Problemen, wobei die rechtlichen Rahmenbedingungen (ordnende Gesetze) die Grundlage für staatliches Handeln bilden. Die als erforderlich angenommenen Regelungen tangieren in ihrem Umfang nicht die Stellung des Privateigentums, sondern tragen durch die Rechtsordnung zu dessen Bestandssicherung bei, indem die gemeinsame Anerkenntnis eine Bestätigung der vorherrschenden Eigentumsverteilung bewirkt.[3] Die Staatsaufgabe wird demgemäß in dem Schutz des Privateigentums gesehen, wobei auch die vertraglichen Vereinbarungen einen rechtlichen Schutz genießen und dementsprechend auch durchgesetzt werden können.[4] Diesen Zwangscharakter der Rechts-

---

[1] „Der Staat ist wirklich, und seine Wirklichkeit besteht darin, daß das Interesse des ganzen sich in die besonderen Zwecke realisiert. Wirklichkeit ist immer Einheit der Allgemeinheit und Besonderheit, [...] die als eine selbständige erscheint, obgleich sie nur im Ganzen getragen und gehalten wird. Insofern diese Einheit nicht vorhanden ist, ist etwas nicht *wirklich*, wenn auch *Existenz* angenommen werden dürfte. Ein schlechter Staat ist solcher, der bloß existiert; ein kranker Körper existiert auch, aber er hat keine wahrhafte Realität.“ HEGEL, Georg Wilhelm Friedrich (1821), § 270 Zusatz, 428 f.

[2] MARCUSE schlussfolgert angesichts der umfassenden Diskussion der antagonistischen Widersprüche, dass damit die HEGELianische Begründung für einen autoritären Staat vorgenommen wird, MARCUSE, Herbert (1941), 62–64.

[3] „Diese elementarische Notwendigkeit, Zufälligkeit des Einzelnen geht in die richterliche Gewalt über. Der *Einzelne ist zufällig, seinem wirklichen Besitz und seiner Geschicklichkeit, Verstand* nach, aber als *Allgemeiner* [*ist er*] *wesentlich*, α) als Eigentum überhaupt besitzend, d. h. *das abstrakte Recht*. Der Einzelne hat sein gemeintes Recht nur am Allgemeinen. Der Staat ist das Dasein, die *Macht* des Rechts, das Halten *des Vertrags* und (des Bleibens bei seinem *ruhigen* Eigentume) die *daseiende Einheit* des Worts, des ideellen *Daseins* und der *Wirklichkeit*, so wie die *unmittelbare* Einheit des *Besitzes* und des *Rechts*, das Eigentum als allgemeine Substanz, das Bleiben, das Anerkanntsein als *Geltendes*.“ HEGEL, Georg Wilhelm Friedrich (1805/06), 253.

[4] „Hier ist die Substanz, ebenso wie sie das unmittelbare Bestehen ist, so das allgemeine Gesetz und das Festhalten dieser Abstraktion gegen den Einzelnen [ist] seine gewußte und gewollte Notwendigkeit gegen ihn und die versuchte Ausgleichung dieser leeren Notwendigkeit und seines Daseins. αα) Sie ist das Bestehen, der Schutz des unmittelbaren Eigentums, der allgemeine Wille und ihre Kraft die Kraft aller Einzel-

ordnung erfahren die Subjekte deshalb positiv, weil sie sich nicht einer fremden Macht unterwerfen, sondern das Gesetz ein Ergebnis ihrer Einsichtsfähigkeit darstellt. Das Individuum erkennt sich in dem Gesetz wieder und erfährt durch die Gesellschaft eine positive Leistung, den Schutz seines Eigentums.[1]

Resümee

In der Anerkennung der Eigentumsposition durch andere liegt die Stellung des Privateigentums begründet. Privateigentum ist immer mit einer gesellschaftlichen Organisation verbunden und dem Bewusstsein, dass aufgrund der Eigentumsposition die Möglichkeit besteht, andere von der Nutzung auszuschließen. Deshalb wird jeder Besitz erst durch die Anerkenntnis von anderen zum geschützten Privateigentum.[2] Obwohl das Privateigentum auf die Person bezogen ist, erlangt es seine Stellung erst durch eine gesellschaftliche Akzeptanz. Es stellt für das Individuum die Grundlage seiner Reproduktion dar und ist mit dem Moment des Zufälligen behaftet. Durch die Arbeit wird die umfassende Möglichkeit einer Bedürfnisbefriedigung ebenso möglich, wie die Natur nach eigenen Vorstellungen zu gestalten. Allerdings ist mit zunehmender Arbeitsteilung die Gefahr verbunden, das nicht die Verwirklichung des Menschen eine Erweiterung erfährt, sondern stattdessen das Element der Entfremdung im Produktionsprozess dominiert.

Der gesellschaftliche Austausch basiert auf der Vorstellung, dass die vereinzelten Gesellschaftsmitglieder zwar aus Reproduktionsgründen arbeiten müssen, zu ihrer Bedürfnisbefriedigung insgesamt jedoch die Produktionsergebnisse von anderen benötigen, so dass für die Tauschwirtschaft das Charakteristikum gelten muss, dass alle Menschen als eigenständige Personen anerkannt werden. Dazu gehört auch die jeweilige Arbeitsleistung.[3] Durch die gesellschaftliche Arbeit hört

---

nen. ßß) *Sie ist der Schutz des Vertrags, des erklärten gemeinsamen Willen[s], das Band des Wortes und der Leistung* und wenn nicht geleistet wird, die Bewegung und *Herstellung des Leistens*, richterliche *Gewalt.* Sie hält darauf, das der Vertrag erfüllt werde; was für sie ist, ist der *gemeinsame* Wille; dieser gilt als das Wesen." HEGEL, Georg Wilhelm Friedrich (1805/06), 253.

[1] HEGEL, Georg Wilhelm Friedrich (1805/06), 254.

[2] „Das Recht des *Besitzes* unmittelbar geht gegen die Dinge, nicht gegen einen Dritten. Der Mensch hat das *Recht*, in Besitz zu nehmen, was er als Einzelner kann. Er hat das Recht; dies liegt in seinem Begriffe, Selbst zu sein; dadurch ist er die Macht gegen alle Dinge. Aber seine Besitznahme erhält auch die Bedeutung, einen Dritten auszuschließen. Was ist in Anlehnung dieser Bedeutung das den Andern Verbindende? Was darf ich in Besitz nehmen ohne Unrecht des Dritten? Solche Fragen eben können nicht beantwortet werden. Die Besitzergreifung ist die *sinnliche Bemächtigung*, und sie hat er durch das Anerkennen zur rechtlichen zu machen." HEGEL, Georg Wilhelm Friedrich (1805/06), 227 f.

[3] „Der Inhalt seiner Arbeit geht über *sein* Bedürfnis hinaus; er arbeitet für die Bedürfnisse Vieler, und so [tut es] jeder. Jeder befriedigt also die Bedürfnisse Vieler und die

das Individuum auf, nur für sich zu produzieren und erhält damit die Chance, seinen individuellen Güterkonsum zu erhöhen, allerdings mit der Folge, sich von seiner Arbeit und dem Arbeitsergebnis zu entfremden. Die Vermittlung zwischen den einzelnen Eigentümern erfolgt durch Geld. Der freiwillige Entschluss zum Austausch führt zu Eigentumsübertragungen und erfährt dadurch wiederum eine gesellschaftliche Anerkennung als Person. Für die gesellschaftliche Integration wird ein Ständesystem erörtert, das den einzelnen Mitgliedern die Möglichkeit der Interessenartikulation gegenüber dem Staat gibt, der sich auch als Wohlfahrtsstaat versteht. Denn für HEGEL ist die Entwicklung der bürgerlichen Gesellschaft mit der Tatsache einer ständig zunehmenden Bevölkerungsarmut bei stetig steigender Güterproduktion verbunden.

Neben die bürgerliche Gesellschaft tritt der Staat als eine Organisation der höheren Sittlichkeit, die als rechtlich-moralisches Institut erst den Menschen zu einer ihm selbst angemessenen Entwicklung führen kann. Indem der Staat nur dem Gemeinwohl verpflichtet ist, dient er allen Gesellschaftsmitgliedern. Unter dem Gesichtspunkt der gesellschaftlichen Stabilisierung erscheint es bei zunehmender Armut geboten, staatlich organisierte Maßnahmen zur Verhinderung von gesellschaftlich unerwünschten Veränderungen durchzuführen. Damit soll allerdings auch dem individuellen Blick Rechnung getragen werden, so dass aus moralischen Gründen keinesfalls eine Gratifikation gewährt wird, die einerseits das Individuum selbst moralisch deklassiert und andererseits auch nicht mit der Vorstellung vereinbar ist, ein Einkommen ohne individuelle Arbeitsleistung zu beziehen. Deshalb werden hier Armenanstalten und Auswanderungen als Lösung angesehen. Neben den klassisch-liberalen Staatsaufgaben macht HEGEL auch auf Infrastrukturprojekte aufmerksam, die staatlich finanziert werden müssen. Damit wird das Problem einer Steuergesetzgebung, die unmittelbar in das Eigentum eingreift, thematisiert. Selbst wenn öffentliche Güter als erforderlich angenommen werden[1], so darf doch die Steuerhöhe keineswegs dazu führen, dass ökonomische Aktivitäten gänzlich verhindert werden. Weiterhin sind bei der Steuergesetzgebung auch Steuerwirkung und Steuergerechtigkeit zu berücksichtigen.[2] Durch den bewussten Akt, von der Natur Besitz zu ergreifen, wird auch die menschliche Arbeitskraft über die Eigentumsbegründung hinaus zu einer gesellschaftlich vermittelten Eigenschaft. Die „Formierung" von Dingen durch menschliche Arbeit führt einerseits zur Selbsterkenntnis durch bewusste Willensäußerungen (Handlungen) und ist andererseits die Basis für den Austausch und die Aneignungsmöglichkeit von Gütern. Im Hinblick auf das Privateigentum wird für HEGEL prinzipiell keine andere Grenze gesetzt als die naturrechtliche, dass

---

Befriedigung seiner vielen besondern Bedürfnisse ist die Arbeit vieler Anderer." HEGEL, Georg Wilhelm Friedrich (1805/06), 235.

[1] HEGEL, Georg Wilhelm Friedrich (1802/03) , 95.

[2] HEGEL, Georg Wilhelm Friedrich (1802/03), 96 f.

jeder über Privateigentum verfügen muss, sofern er als Person innerhalb der bürgerlichen Gesellschaft Anerkennung finden kann.

Wenn HEGEL auf die Herausbildung von Armut in der bürgerlichen Gesellschaft als einen ihrer Grundsachverhalte verweist, wird aus liberaler Sicht der Gedanke einer umfassenden Unterstützung des „Pöbels" verworfen, während andererseits auf eine beschränkte staatliche Fürsorge hingewiesen wird. Eine zu starke Unterstützung der armen Bevölkerungsschichten muss sie einerseits unangemessen demütigen und darüber hinaus als Finanzierungsproblem zu einer besonderen Belastung der besitzenden Bevölkerungsschichten führen. Selbst wenn auch dem Staat „Bedürfnisse" zur Befriedigung der klassischen Aufgaben zugebilligt werden, darf die damit verbundene Steuer nur so in das Privateigentum der Gesellschaftsmitglieder eingreifen, als dadurch nicht ihre ökonomischen Aktivitäten verhindert werden.

MARCUSE spricht in diesem Zusammenhang von der „Philosophie einer Gesellschaft der Mittelklasse", damit wird ein Merkmal des HEGELianischen Gesellschaftsaufbaus thematisiert.[1] HEGELs Vorstellung ist die von einer korporativen Gesellschaft. Neben dem Stand der Bodeneigentümer als zukünftige Beamte und ihrer gedanklichen Nähe zur Bürokratie, wird von HEGEL der Mittelstand, charakterisiert durch das Bürgertum in Gestalt der Unternehmer–Kapitalisten und Handwerker, als wesentliche, dynamische Säule in der Gesellschaft gesehen. Obwohl HEGEL die Anfänge der modernen Tauschgesellschaft analysiert, ist für ihn das Geld nur als Tauschmittel von Interesse und liefert noch nicht die Möglichkeit, durch Vertrag als Kredit einem anderen zur Verfügung gestellt zu werden. Ebenso wird in den bisher angeführten Schriften kein Hinweis auf eine bewusste Veränderung der Tauschökonomie durch einen monetären Prozess thematisiert.

Soweit HEGEL Eigentumsunterschiede in der bürgerlichen Gesellschaft diagnostiziert, führt das erst dort zu einem Problem, wo durch die Organisation der Marktwirtschaft das zufällige Moment des Gleichgewichts eine gesellschaftlich nicht akzeptable Lösung herbeiführt. Allerdings werden hierdurch keine Eigentumspositionen berührt, weil diese von der prinzipiellen Möglichkeit des Eigentums an Sachen ausgeht, insoweit damit die Person in einer bürgerlichen Gesellschaft gekennzeichnet ist, wobei andererseits auch der zufällige Charakter des Umfangs von Eigentum sehr deutlich herausgestellt wird. Gerade diese Differenz ist allerdings nicht charakteristisch für das Eigentum, sondern ein Resultat der Tauschwirtschaft, berührt eine „andere Sphäre" (§ 49) und charakterisiert damit den Interessengegensatz in der bürgerlichen Gesellschaft, ohne dass damit das theoretische Grundmuster verlassen wird. Der unterschiedliche Umfang des Privateigentums führt zwangsläufig zu einem rechtlichen Schutzbedürfnis und bei unberechtigter Verfügung zu gesellschaftlichen Strafen. Durch diese Eigentums-

[1] MARCUSE, Herbert (1941), 166.

unterschiede zeichnet sich jedoch auch die bürgerliche Gesellschaft aus, weil damit das evolutionäre Moment verdeutlicht werden kann, nach dem jedes Individuum versucht, den Umfang seines Eigentums zu vergrößern.

Der HEGELianische Staat verkörpert als selbstständiges Subjekt eine zweckbestimmte Gesellschaftsformation, in der die bürgerliche Gesellschaft in einem idealen Staat aufgeht. Denn gerade die bürgerliche Gesellschaft mit ihrem Konfliktpotential scheint einen Staat zu erzwingen,[1] weil anderenfalls ein sittliches Zusammenleben der Gesellschaftsmitglieder nicht garantiert werden kann. Allerdings wird diesem Problem nicht nachgegangen, sondern gefragt, wie ein moderner Staat gestaltet sein muss, um sich als funktionsfähig zu erweisen. Das Staatserfordernis steht demzufolge im Vordergrund und keine historische Ableitung.[2] Gerade das krisenhafte Moment in der bürgerlichen Gesellschaft bedarf des Staates und andererseits erzwingt deren Sicherung den Staat.[3] Die Begründung des Staats erfolgt demgemäß aus der bürgerlichen Gesellschaft heraus, die ebenfalls den Staat voraussetzt, damit entsprechend den spezifisch gesellschaftlichen Verhältnissen seine Funktionsfähigkeit gewährleistet werden kann.

Kurze Zeit später wird MARX auf den missglückten Versuch einer Staatskonstruktion hinweisen, in der trotz widerstreitender Interessen eine harmonische Lösung denkbar erscheint. Insbesondere die mit der bürgerlichen Gesellschaft auftretenden Widersprüche zwischen den Klassen als Ergebnis des Wirtschaftsprozesses führen zu der Frage nach der Funktion und Lebensfähigkeit dieser Gesellschaftsformation. Unter dem Gesichtspunkt, dass eine Klasse, die Arbeiterklasse, nicht in die bürgerliche Gesellschaft integriert ist, wird deren sittliche Basis in Zweifel gezogen.[4] Gegen HEGEL wird auch MARX den Gesichtspunkt der Entfremdung zu dem Thema der bürgerlichen Gesellschaft machen, indem er den Charakter der bürgerlichen Gesellschaft und seine Bewegungsgesetze als Ergebnis des von HEGEL durchaus emanzipatorisch begriffenen Privateigentums in das Gegenteil verkehrt, nämlich deren Auswirkungen in den Vordergrund stellt mit der konsequenten Folge, das Privateigentum an Produktionsmitteln als Ursache für gesellschaftliche Fehlentwicklungen zu benennen. Damit wird das Privateigentum Kristallisationspunkt für die bürgerliche Gesellschaft und diese kann erst zu einer dem Menschen angemessenen Lebensweise führen, sofern das Privateigentum keine Stellung mehr im Produktionsprozess besitzt. Denn das Verhältnis von Lohnarbeit und Kapital bestimmt die Stellung in der bürgerlichen Gesellschaft und führt bei Akzeptanz des Privateigentums zu der berechtigten Aneig-

---

[1] HEGEL, Georg Wilhelm Friedrich (1821), § 289.
[2] HEGEL, Georg Wilhelm Friedrich (1821), § 258.
[3] HEGEL, Georg Wilhelm Friedrich (1821), § 182.
[4] MARX, Karl (1843/44): Zur Kritik der Hegelschen Rechtsphilosophie, Einleitung, in, MEW, Bd. 1, 390.

nung des Arbeitsergebnisses durch den Unternehmer-Kapitalisten.[1] Damit sind gesellschaftliche Krisenmomente angedeutet, die einer staatlichen Regelung bedürfen. Jetzt stellt der bürgerliche Staat nicht nur die Sicherung des Privateigentums her, sondern garantiert den gesellschaftlichen Bestand, ganz im Interesse der Klassenvorherrschaft seitens der Unternehmer-Kapitalisten. Er wird demzufolge das Machtinstrument der dominanten Privateigentümer und verhindert damit ganz konsequent die Interessendurchsetzung der Arbeiterklasse.[2] Der Staat ist demzufolge ein Ergebnis des notwendigen Klassenkampfs und die gewaltsame Unterdrückung des Proletariats zur Aufrechterhaltung der Produktionsverhältnisse die damit verbundene notwendige Folge.[3] Marx erhebt weiterhin den Vorwurf gegenüber der HEGELianischen Staatsauffassung, dass zwischen den einzelnen Gesellschaftsmitgliedern, der Gesellschaft und dem Staat keine Interessenidentität vorherrscht, wie es HEGEL formulierte und sich stattdessen die allgemeine Möglichkeit der Partizipation am öffentlichen Leben als Illusion darstellt.[4] Indem HEGEL die privaten Interessen durch die ständische Organisation kanalisieren möchte und damit die Möglichkeit einer Zusammenführung mit dem Gemeinwohl intendiert, hebt auch hier MARX den damit verbundenen Widerspruch hervor.[5]

---

[1] MARX, Karl (1867): Das Kapital. Kritik der politischen Ökonomie. 1. Bd., in: MEW, Bd. 23, 181–191.

[2] „Der Staat ist also keineswegs eine der Gesellschaft von außen aufgezwungne Macht; ebensowenig ist er ‚die Wirklichkeit der sittlichen Idee', ‚das Bild und die Wirklichkeit der Vernunft', wie Hegel behauptet. Er ist vielmehr ein Produkt der Gesellschaft auf bestimmter Entwicklungsstufe; er ist das Eingeständnis, daß diese Gesellschaft sich in einen unlösbaren Widerspruch mit sich selbst verwickelt, sich in unversöhnliche Gegensätze gespalten hat, die zu bannen sie ohnmächtig ist." ENGELS, Friedrich (1884): Der Ursprung der Familie, des Privateigentums und des Staats, in: MEW, Bd. 21, 165.

[3] ENGELS, Friedrich (1894): Herrn Eugen Dührings Umwälzung der Wissenschaft, in: MEW, Bd. 20, 260.

[4] „Das *ständische Element* ist die *politische Illusion der bürgerlichen Gesellschaft.* Die *subjektive* Freiheit erscheint bei Hegel als *formelle* Freiheit (es ist allerdings wichtig, daß das Freie auch frei getan werde, daß die Freiheit nicht als bewußtloser Naturinstinkt der Gesellschaft herrsche), eben weil er die objektive Freiheit nicht als Verwirklichung, als Bestätigung der subjektiven hingestellt hat." MARX, Karl (1843/44), 265.

[5] „HEGEL weiß die Trennung der bürgerlichen Gesellschaft und des politischen Staats, aber er will, daß innerhalb des Staats die Einheit desselben ausgedrückt sei, und zwar soll dies dergestalt bewerkstelligt werden, daß die Stände der bürgerlichen Gesellschaft zugleich als solche das ständische Element der gesetzgebenden Gesellschaft bilden." MARX, Karl (1843), 277.

Kapitel 3

Der auf eine Rechtsnorm reduzierte Eigentumsbegriff in ökonomischen Theorien und entsprechende Erklärungsdefizite

3.1. Adam Smith und der Optimismus

Ausgangspunkt ist für SMITH zunächst ein vermeintlicher Urzustand, bei dem noch kein Auseinanderfallen von der Verfügung über Produktionsmittel und dem Arbeitsergebnis auftritt. Gekennzeichnet wird diese Entwicklungsstufe durch eine Wertbildung mittels der Arbeitskraft, ohne dass es des Einsatzes von Kapital bedarf. Weiterhin wird angenommen, dass bis zu diesem Zeitpunkt kein Boden okkupiert wurde. Bei diesem Güteraustausch fällt demzufolge das gesamte Ergebnis dem Arbeiter zu, wobei sich das Austauschverhältnis nach der in den Gütern enthaltenen Arbeitszeit richtet.[1] Mit zunehmender Arbeitsteilung wird danach die Kapitalbildung thematisiert. Hier gilt nicht mehr die Ausgangslage eines „ursprünglichen" Zustandes. Sofern die Produktion mit Hilfe von Kapital durchgeführt wird, resultiert daraus eine andere Preisbildung, weil der Unternehmer-Kapitalist für seine Einsatzleistung Geld in Form von Profit beansprucht. Dieser Sachverhalt ist ganz offensichtlich ein Ergebnis der Einsicht, dass Kapital in Gesellschaften die Tendenz hat, knapp zu sein bzw. eine Entlohnung für das eingegangene ökonomische Risiko der Produktion darstellt.[2]

Als absoluter Wertmaßstab fungiert in der vermuteten Urgesellschaft der Arbeitseinsatz und demzufolge bestimmten sich die Tauschwerte der Waren nach den in ihnen enthaltenen Arbeitsquanten. Die vorkapitalistische Gesellschaftsformation ist demzufolge gekennzeichnet durch Einzelproduzenten, die Güter austauschen, ohne rechtliche Begründung von Eigentum. Hier gilt noch immer die von Joan ROBINSON eingewandte Kritik, dass in diesem gesellschaftlichen Zustand ein Gütertausch individuell als irrelevant angesehen werden muss, sofern es nicht bestimmte Annahmen über Produktionstechniken oder -beschränkungen zu bestimmten Jagdgebieten gibt.[3]

---

[1] Siehe das Hirsch-Biber-Beispiel bei SMITH, Adam (1776 a): Der Wohlstand der Nationen. Eine Untersuchung seiner Natur und seiner Ursachen, hrsg. von Horst Claus RECKTENWALD, München 1978, 42.

[2] SMITH, Adam (1776 a), 43.

[3] „If the forest is open to all and there is no difference in technique between one line of production and another, each hunter can catch what he wants for himself. The individual hunter might be aware of a subjective cost ratio – deer needs less time to catch

Mit Hilfe dieser Modellkonstruktion kann allerdings das Bild einer kapitalistischen Produktionsweise skizziert werden, in der für die Produktion auch Kapital eingesetzt wird. Insoweit stellt diese Gesellschaftsformation sowohl historisch als auch ökonomisch einen starken Gegensatz zur konstruierten Urgesellschaft dar, weil die Konzentration von Geldkapital in den Händen weniger Menschen zu einer Verteilungsproblematik führt, die ökonomische Auswirkungen für die Tauschwertbildung und gesellschaftlich hinsichtlich des Anspruchs der Unternehmer-Kapitalisten hat. Deren Kapitaleinsatz wird allein zur Erzielung von Profit verwendet, so dass eine bestimmte Wertgröße des realisierten Tauschprozesses dem Eigentümer von Geldkapital zufällt. Die ursprünglich angenommene Situation, eine Tauschwertbildung durch die in den Gütern inkorporierte Arbeitszeit zu begründen, erfährt eine Veränderung, indem sich die entsprechenden Einsatzvolumina von Arbeit und Kapital in der Preisbildung niederschlagen. Preiselemente sind demzufolge Arbeitslohn und Profit. Hierbei wird deutlich herausgestellt, dass Profit nicht in Analogie zum Lohn gesehen werden darf, sondern eine besondere Kategorie darstellt. Profit ist abhängig von dem Umfang des eingesetzten Kapitals und lässt sich daher von der persönlichen Tätigkeit des Unternehmer-Kapitalisten abgrenzen, die tatsächlich als eigene Arbeitsleistung gewertet werden kann, aber nicht den Regelfall darstellt, weil diese Aufgaben anderen Personen übertragen werden können.[1] Das Produktionsergebnis fällt demnach nicht mehr dem unmittelbaren Produzenten zu, sondern demjenigen der qua Eigentum über das vorgeschossene Kapital verfügt und es für produktive Zwecke einsetzt.[2]

Dieser Einsatz des Kapitals im Produktionsprozess hat demzufolge Auswirkungen auf die Preisbildung. SMITH versucht damit eine Erklärung der Profitgröße als eine bestimmte Form von Mehrwert zu geben, die inhaltlich in ihrer Tragweite allerdings nicht als eine allgemeine gesellschaftliche Kategorie erfasst werden kann. Weitere Profitanteile fallen dem Kreditgeber in Form von Zins und dem Bodeneigentümer als Rente zu. Zins und Grundrente werden hierbei deutlich als Ergebnis von Vermögenspositionen, d. h. Eigentumsrechten, benannt.[3] Als weitere Einkommenskategorie stellt der Zins eine Größe dar, die dem Vermögenseigentümer zufällt. Bekanntermaßen stellt er dem Unternehmer-Kapitalisten einen Kredit zur Verfügung, damit dieser nach seinem Belieben zum Zwecke der Gewinnerzielung durch den Produktionsprozess über ihn verfügt.[4]

---

than beavers; they are cheaper in terms of effort – but there would be no occasions for exchanges to take place.“ ROBINSON, Joan (1975): Value before Capitalism, in: Kyklos, Vol. 28, 1, 143.

[1] SMITH, Adam (1776 a), 43 f.

[2] SMITH, Adam (1776 a), 44.

[3] SMITH, Adam (1776 a), 44.

[4] SMITH, Adam (1776 a), 46.

Als Preiselemente existieren also Arbeitslohn, Profit und Grundrente. Die Analyse der Warenpreise zeigt auch, dass die Einkommensgrößen der drei Klassen als Aufteilung der Gesamtsumme aller Tauschwerte zu sehen ist. Da aber der Wert der Arbeit gleich dem Wert des Resultats der Arbeit ist, also dem fertigen Produkt, lässt sich die Entwicklungsgesetzmäßigkeit der frühkapitalistischen Gesellschaftsformation damit ebenso wenig fassen wie die theoretische Begründung für Profit; der Begründung nämlich, welche Folgen sich daraus ergeben, wenn der am Markt agierende Unternehmer-Kapitalist Produktionsmittel einsetzt, bei denen ein Teil als variables Kapital, ein anderer als konstantes Kapital in den Wertbildungsprozess eingehen. Für Karl MARX stellte die SMITHsche Begründung eine theoretische Vorstufe für eine Ausbeutungstheorie dar, die sich als Ergebnis der Ansprüche aus Eigentum herausstellt.[1] Die unterschiedliche Stellung von Eigentümern im Produktionsprozess führt bei Dominanz der Eigentümer an Produktionsmitteln zu der Situation, dass der Produktionswert nicht mehr dem Arbeiter gehört, sondern dem Unternehmer-Kapitalisten, der im Tausch seinen Profit realisiert.[2]

Da der Profit im Tauschakt erzielt wird, kann er nur erreicht werden, sofern in der Produktion ein bestimmter Wertanteil einbehalten wurde. Für den Bodeneigentümer hatte SMITH schon vermutet, dass die Grundrente als ein Ergebnis des Monopolpreises der knappen Ressource Boden zu sehen ist.[3] Ganz im Gegensatz

---

[1] „Sofern sie Titel (Bedingungen) sind, um sich einen Teil des Werts, d. h. der in der Ware vergegenständlichten Arbeit, anzueignen, sind sie Einkommensquellen für ihre Eigentümer. Aber die Verteilung oder Aneignung von Wert ist doch keine Quelle des Werts, der angeeignet wird. Fände diese Aneignung nicht statt und erhielte der Arbeiter das ganze Produkt seiner Arbeit zum Lohn, so bliebe der Wert der produzierten Ware nach wie vor derselbe, obgleich er nicht mit Grundeigentümer und Kapitalist geteilt wurde. Grundeigentum und Kapital, dadurch, dass sie Einkommensquellen für ihre Besitzer bilden, d. h. ihnen die Macht gegeben, einen Teil der von der Arbeit geschaffenen Werte sich anzueignen, werden dadurch nicht zu Quellen des Werts, den sie sich aneignen." MARX, Karl (1862/83): Theorien über den Mehrwert, 1. Teil, in: MEW Bd. 26.1, 2. Aufl., Berlin 1971, 65.

[2] „Nun aber findet in allen Produktionsweisen – namentlich auch der kapitalistischen Produktionsweise –, worin die gegenständlichen Bedingungen der Arbeit einer oder mehreren Klassen gehören, das bloße Arbeitsvermögen dagegen einer andern Klasse, der Arbeiterklasse, das Gegenteil statt. Das Produkt oder der Wert des Produkts der Arbeit gehört nicht dem Arbeiter. Ein bestimmtes Quantum lebendiger Arbeit kommandiert nicht dasselbe Quantum vergegenständlichter Arbeit, oder ein bestimmtes Quantum in Ware vergegenständlichter Arbeit kommandiert ein größeres Quantum lebendiger Arbeit, als in der Ware selbst enthalten ist." MARX, Karl (1862/83), 43.

[3] „Die Rente, also der Preis, den man für die Nutzung des Bodens zahlt, ist ihrer Natur nach ein Monopolpreis. Sie steht überhaupt nicht in Bezug zu dem, was der Grundherr zur Verbesserung des Bodens aufgewendet haben mag oder was er sich nehmen kann,

dazu stehen die anderen Einkommensarten wie Lohn und Gewinn, die nämlich in Abhängigkeit von der jeweiligen Wertbildung der Güter in der Produktion gesehen werden.[1] Dennoch scheinen die Interessen der Grundeigentümer sich harmonisch in das Gesellschaftsbild einzufügen. Ihr Ziel ist unter Ausnutzung des Eigentums die Erzielung einer Bodenrente, die gerade noch hoch genug ist, um einem Pächter eine angemessene Rendite zu erlauben. Bedingt durch den technischen Fortschritt ist ein Sinken der Preise für Industriegüter zu verzeichnen, so dass der Wert der landwirtschaftlichen Produktion relativ zunimmt. Dieser Wertzuwachs findet insoweit eine harmonische Lösung, als die Grundeigentümer ihr eigenes Interesse mit dem der Gesellschaft verbinden.[2]

Trotz der vermuteten Interessenharmonie ist die gesellschaftliche Entwicklung von dem Wohlwollen dieser Klasse abhängig. Demgegenüber wird die Klasse der Unternehmer-Kapitalisten mit egoistischen Zielen identifiziert, die denen der Gesellschaft zuwiderlaufen können.[3] Diese Interessendivergenz ist durch ihren Zwang zur Kapitalakkumulation mit der Folge von gesellschaftlichen Wohl-

---

sie ist vielmehr davon abhängig, wieviel der Pächter aufbringen kann.“ SMITH, Adam (1776 a), 126.

[1] „Man sollte also beachten, dass die Rente auf andere Weise als Lohn und Gewinn an der Zusammensetzung der Güterpreise beteiligt ist. Hoher oder niedriger Lohn und Gewinn sind die Ursache für einen hohen oder niedrigen Preis, während eine hohe oder niedrige Rente die Folge von ihm ist.“ SMITH, Adam (1776 a), 126 f.

[2] „Alles, was die Interessen der Grundbesitzer fördert oder hindert, dient oder schadet auch dem Anliegen der Allgemeinheit. [...] Von allen drei Klassen brauchen sie allein weder Arbeit noch Mühe aufzuwenden, um ein Einkommen zu erhalten. Es fließt ihnen einfach, so wie es ist, von selbst zu, ohne dass sie Pläne oder Projekte entwerfen oder verwirklichen brauchen. Ihre bequeme und sichere Lage verführt sie natürlicher Weise zu einer gewissen Trägheit, so daß sie nur allzu oft wenig Sachkenntnis besitzen und wenig praktisches Verständnis aufbringen, ohne die man die Folgen einer staatlichen Entscheidung weder verstehen noch voraussehen kann. Das Interesse der zweiten sozialen Schicht, der Lohnempfänger, ist ebenso eng mit dem Allgemeinwohl verknüpft, wie das der ersteren. Der Arbeitslohn ist, wie wir gesehen haben, stets dann hoch, wenn die Nachfrage nach Arbeit laufend zunimmt oder die Zahl der Arbeitsplätze von Jahr zu Jahr beträchtlich ansteigt.“ SMITH, Adam (1776 a), 211 f.

[3] „Die Unternehmer bilden die dritte soziale Schicht. Für sie ist charakteristisch, daß sie vom Gewinn leben. Kapital, das zu Gewinnzwecken investiert wird, bringt den größten Teil der produktiven Arbeit einer jeden Gesellschaft zum Einsatz. Pläne und Projekte der Unternehmer regen und leiten die wichtigsten Investitionen und die Organisation der Arbeit, wobei letztlich immer Gewinnstreben zugrunde liegt. [...] Da sie sich aber gewöhnlich mehr mit den Anliegen des eigenen Gewerbes als mit den Interessen des Landes befassen, richtet sich ihr Urteil, selbst bei größter Aufrichtigkeit (was nicht immer der Fall ist), eher nach dem eigenen Vorteil als nach dem Gemeinwohl.“ SMITH, Adam (1776 a), 212 f.

fahrtsverlusten begründet.[1] Unter diesem Gesichtspunkt ist es dann auch verständlich, wenn das Moment des Freihandels den Interessen der Produzenten widerspricht.[2]

Neben der Preisbildung besteht allerdings für die Gesellschaft das zusätzliche Problem, dass die Vermögenseigentümer – Unternehmer-Kapitalisten und Grundeigentümer – prinzipiell die Möglichkeit haben, von ihren Produktionsmöglichkeiten keinen Gebrauch zu machen. Immerhin kann der Bodeneigentümer sein Grundeigentum vorübergehend brach liegen lassen und der Unternehmer-Kapitalist andere Produktionen durchführen bzw. Kapitaltransfer betreiben. Dieses Ergebnis macht deutlich, dass die gesamtwirtschaftliche Wohlfahrt, als ein Ergebnis von unterschiedlichen individuellen Interessen, gesellschaftsgefährdende Elemente beinhaltet. Neben der als natürlich begriffenen Arbeitsteilung als Quelle der gesellschaftlichen Wohlfahrt sind es gerade die Einzelinteressen, die sich am Markt zugunsten der Unternehmer-Kapitalisten und Vermögenseigentümer durchsetzen.[3]

Entsprechend den Vorstellungen der „vollkommenen" Konkurrenz müssen aus wirtschaftspolitischer Sicht keine Interventionen erfolgen, solange alle Individuen ihre Handlungsweisen an den Normen der Tauschgesellschaft ausrichten.[4] Dass

---

[1] „Das Interesse der Kaufleute aller Branchen in Handel und Gewerbe weicht aber in mancher Hinsicht stets vom öffentlichen ab, gelegentlich steht es ihm auch entgegen. Kaufleute sind immer daran interessiert, den Markt zu erweitern und den Wettbewerb einzuschränken. Eine Erweiterung des Marktes mag häufig genug auch im öffentlichen Interesse liegen, doch muß eine Beschränkung der Konkurrenz ihm stets schaden, da diese lediglich dazu dienen kann, daß die Geschäftsleute ihren Gewinn über die natürliche Spanne hinaus erhöhen ..." Denn es handelt sich hierbei um eine „Gruppe von Menschen, deren Interesse niemals dem öffentlichen Wohl genau entspricht, und die in der Regel vielmehr daran interessiert sind, die Allgemeinheit zu täuschen, ja sogar zu mißbrauchen." SMITH, Adam (1776 a), 213.

[2] Ihr Interesse ist, in dieser Hinsicht, dem des überwiegenden Teils der Bevölkerung genau entgegengesetzt. „So, wie die Handwerksmeister einer Zunft zu verhindern bemüht sind, daß die Einwohner ihrer Stadt anderen Handwerkern Aufträge erteilen, so versuchen auch die Kaufleute und Unternehmer eines Landes, für sich selbst das Monopol auf dem einheimischen Markt zu sichern. Daher rühren auch in Großbritannien und allenthalben in Europa die außerordentlich hohen Zölle, die auf nahezu allen von ausländischen Kaufleuten eingeführten Waren liegen." SMITH, Adam (1776 a), 407.

[3] „Nicht vom Wohlwollen des Metzgers, Brauers und Bäckers erwarten wir das, was wir zum Essen brauchen, sondern davon, daß sie ihre eigenen Interessen wahrnehmen. Wir wenden uns nicht an ihre Menschen- sondern an ihre Eigenliebe, und wir erwähnen nicht die eigenen Bedürfnisse, sondern sprechen von ihrem Vorteil." SMITH, Adam (1776 a), 17.

[4] „Solange der einzelne nicht die Gesetze verletzt, läßt man ihm völlige Freiheit, damit er das eigene Interesse auf seine Weise verfolgen kann und seinen Erwerbsfleiß

individuelle Handlungen zugleich für die Gesellschaft mit Vorteilen verbunden sind, wird von SMITH als ein natürlicher Gesichtspunkt von Gesellschaften begriffen.[1] Dieser Gesichtspunkt ist im Zusammenhang mit der „invisible hand" als Chiffre für den Wettbewerbsmechanismus zu sehen, der gleichgewichtige Lösungen herbeizuführen vermag. Hierbei kann dann auch der Gesichtspunkt der Distribution außer Acht gelassen werden, weil insgesamt eine gesellschaftliche Wohlfahrtssteigerung vorliegt, selbst wenn es sich nur um die Vorteile einer bestimmten Klasse handelt.[2]

Die individuelle Kapitalakkumulation muss also zwangsläufig zu einer gesellschaftlich erwünschten Situation führen. Selbst wenn hiermit negative Gesichtspunkte der Arbeitsteilung verbunden sind, herrscht insgesamt ein positives Bild von der gesellschaftlichen Entwicklung. Zur Vermeidung von gesellschaftlich unerwünschten Störungen dient eine praktisch verstandene moralphilosophische Begründung. Insoweit sind also auch hier die gesellschaftlichen Interessen des Individuums mit denen der Gesellschaft gekoppelt, diesmal allerdings zur Vermeidung von Instabilitäten durch unerwünschtes egoistisches Verhalten der einzelnen Vermögenseigentümer. Unter diesem Gesichtspunkt bedarf es zur Sicherung der tauschwirtschaftlichen Mechanik auch der staatlichen Garantie des Eigentums. Insoweit müssen Regierungen, insbesondere beim Auftreten von ungleichen Vermögenssituationen durch Eigentum – aus Gründen der gesellschaft-

---

und sein Kapital im Wettbewerb mit jedem anderen oder einem anderen Stand entwickeln oder einsetzen kann. Der Herrscher wird dadurch vollständig von einer Pflicht entbunden, bei deren Ausübung er stets unzähligen Täuschungen ausgesetzt sein muß, und zu deren Erfüllung keine menschliche Weisheit oder Kenntnis jemals ausreichen könnte, nämlich der Pflicht oder Aufgabe, den Erwerb privater Leute zu überwachen und ihn in Wirtschaftszweige zu lenken, die für das Land am nützlichsten sind." SMITH, Adam (1776 a), 582.

[1] „Das natürliche Streben eines Menschen, seine Lebensbedingungen zu verbessern, ist, wird dafür gesorgt, daß es sich in Freiheit und Sicherheit durchsetzen kann, eine so gewaltige Antriebskraft, daß sie allein und ohne jede Hilfe imstande ist, nicht nur ein Land zu Wohlstand und zur Blüte zu bringen, sondern auch hundert unsinnige Hindernisse zu überwinden, mit denen sich die Menschen in ihrer Torheit durch Gesetze nur allzuoft hemmen, und das, obwohl die Freiheit dadurch stets mehr oder weniger eingeschränkt oder ihre Sicherheit verringert wird." SMITH, Adam (1776 a), 452.

[2] „Der einzelne ist stets darauf bedacht, herauszufinden, wo er sein Kapital, über das er verfügen kann, so vorteilhaft wie nur irgend möglich einsetzen kann. Und tatsächlich hat er dabei den eigenen Vorteil im Auge und nicht etwa den der Volkswirtschaft. Aber gerade das Streben nach seinem eigenen Vorteil ist es, das ihn ganz von selbst oder vielmehr notwendigerweise dazu führt, sein Kapital dort einzusetzen, wo es auch dem ganzen Land den größten Nutzen bringt." SMITH, Adam (1776 a), 369 f.

lichen Stabilisierung – an einem Justizapparat interessiert sein, der unberechtigte Übergriffe auf das Privateigentum unterbindet.[1]

Demgegenüber wird für den Urzustand angenommen, dass prinzipiell keine Situation vorlag, bei der sich die Gesellschaftsmitglieder durch ungleiche Vermögenssituationen auszeichneten. Die Auswirkungen, die mit der „unsichtbaren Hand" verbunden sind, wurden in ihren ökonomischen Momenten bereits in der Theorie der ethischen Gefühle deutlich hervorgehoben.[2]

Moral Sense und Privateigentum

Die moralphilosophischen Grundlagen für das Eigentum werden mit der individuellen Gewinnerzielung begründet. Unbestritten ist der Umfang der gesellschaftlichen Arbeitsteilung für die Wohlfahrt der Gesellschaft erforderlich. Die Motivation, die damit verbunden ist, in bestimmtem Umfang Güter herzustellen, und zwar mehr als für die eigene Reproduktion erforderlich, ist das Ergebnis einer gesellschaftlichen Illusionen, nämlich Gewinn erzielen zu können. Dieser Gesichtspunkt der Illusion als gesellschaftliches Moment und als Förderung des wirtschaftlichen Wachstums setzt demzufolge voraus, dass individuelles Handeln nicht immer bewusst reflektiert wird. Vielmehr geht es dabei um die Vorstellung, dass aus der Summe der einzelnen Interessen letztendlich auch die Möglichkeit resultiert, die notwendigen Lebensbedürfnisse von anderen gesellschaftlichen Mitgliedern dadurch befriedigen zu können.[3] Dieses Argument wird später im

---

[1] „Für den Erwerb wertvoller und großer Vermögen ist es daher unbedingt erforderlich, daß eine solche Verwaltung eingerichtet ist. Wo es jedoch kein Privateigentum gibt oder wenigstens keines, das den Erlös aus einer Arbeit von wenigen Tagen übersteigt, ist eine zivile Behörde nicht so nötig." SMITH, Adam (1776 a), 601.

[2] „Sie verzehren wenig mehr als die Armen, trotz ihrer natürlichen Selbstsucht und Raubgier und obwohl sie nur ihre eigene Bequemlichkeit im Auge haben, obwohl der einzige Zweck, welchen sie durch die Arbeit all der Tausende, die sie beschäftigen, erreichen wollen, die Befriedigung ihrer eigenen eitlen und unersättlichen Begierden ist, trotzdem teilen sie doch mit den Armen den Ertrag aller Verbesserungen, die sie in ihrer Landwirtschaft einführen. Von einer unsichtbaren Hand werden sie dahingeführt, beinahe die gleiche Verteilung der zum Leben notwendigen Güter zu verwirklichen, die zustandegekommen wäre, wenn die Erde zu gleichen Teilen unter alle ihre Bewohner verteilt worden wäre; und so fördern sie, ohne es zu beabsichtigen, ja ohne es zu wissen, das Interesse der Gesellschaft und gewähren die Mittel zur Vermehrung der Gattung." SMITH, Adam (1761): Theorie der ethischen Gefühle, Hamburg 1926. Reprint Hamburg 1985, 316 f.

[3] „Es ist vergebens, dass der stolze und gefühllose Grundherr seinen Blick über seine ausgedehnten Felder schweifen läßt und ohne einen Gedanken an die Bedürfnisse seiner Brüder in seiner Phantasie die ganze Erde, die auf diesen Feldern wächst, selbst verzehrt. [...] Das Fassungsvermögen seines Magens steht in keinem Verhältnis zu der maßlosen Größe seiner Begierden, ja, sein Magen wird nicht mehr aufnehmen können

ökonomischen Hauptwerk aufgegriffen, in dem darauf hingewiesen wird, dass es eben nicht die Nächstenliebe ist, die den Bäcker oder Schuhmacher zum Verkauf der Waren leitet, sondern deren Gewinnstreben. Die gleichgewichtige Lösung, nämlich die Vorstellung einer gesellschaftlich erwünschten Güterversorgung durch das egoistische Handeln von Individuen oder Gruppen, führt ohne deren bewussten Willen und Abstimmung zu einer positiven Lösung.

Neben der „unsichtbaren Hand“ als Chiffre für die Wettbewerbsituation in marktwirtschaftlich-kapitalistischen Gesellschaften wird damit zugleich das Moment von Eigentum thematisiert. Ganz offensichtlich zerfällt nämlich eine Gesellschaft in eine Klasse von Eigentümern und eine Klasse von Besitzlosen. Dass die letzteren dennoch die Möglichkeit haben, ihr Leben zu fristen, liegt an dem Umfang der höheren Produktion der besitzenden Klasse durch Kapitalakkumulation. Dabei hat diese alles andere als das Interesse der Besitzlosen im Auge. Mit der vorliegenden Charakterisierung der Tauschgesellschaft wird deutlich, dass die Eigentums- und Vermögensverteilung als ein Resultat der natürlichen Ausgangslage begriffen wird.

3.2. David Ricardo und das Janusgesicht des Kapitals

Für den Gegenstand einer politischen Ökonomie wird das Ziel definiert: „die Gesetze aufzufinden, welche diese Verteilung (gemeint ist im heutigen Sinne die Verteilung des BIP, S. P.) bestimmen“.[1] Die weiteren theoretischen Erörterungen werden aufzeigen, dass auch für RICARDO der Erkenntnisgegenstand für eine sozialökonomische Analyse mit der Anerkennung des Privateigentums, der Freiheit des Tauschverkehrs und dem Streben nach dem eigenen wirtschaftlichen Vorteil eine wichtige endogene Prämisse der Theorie darstellt und zugleich unmittelbaren Einfluss auf diese hat.[2]

---

als der des geringsten Bauern. Den Rest muss er unter diejenigen verteilen, die auf das sorgsamste das Wenige zubereiten, das er braucht, unter diejenigen, die den Palast einrichten und instand halten, in welchem dieses Wenige verzehrt werden soll, unter diejenigen, die all den verschiedenen Kram und Tand besorgen und in Ordnung halten, der in der Haushaltung der Vornehmen gebraucht wird; sie alle beziehen so von seinem Luxus und seiner Launenhaftigkeit ihren Teil an lebensnotwendigen Gütern, den sie sonst vergebens von seiner Menschlichkeit oder von seiner Gerechtigkeit erwartet hätten.“ SMITH, Adam (1761), 315 f.

[1] RICARDO, David (1821): Grundsätze der politischen Ökonomie und der Besteuerung, hrsg. von F. Neumark, Frankfurt am Main 1972, 33.

[2] Zum postulierten Eigeninteresse des RICARDianischen Wirtschaftsmenschen vgl. u. a. die Untersuchung „Der hohe Preis der Edelmetalle …“, in der darauf hingewiesen wird: „Die Frage (der internationalen Geldverteilung, S. P.) löst sich vollständig in eine Interessenfrage auf. Wenn diejenigen, die in England Getreide im Werte von,

Das RICARDianische Verteilungsproblem ist mit der sozialen Ausgangstatsache konfrontiert, dass Eigentümer an Grund, Boden und Vermögen sowie Nichteigentümer in Form von Arbeitern existieren. Nicht die Voraussetzungen der gesellschaftlichen Organisation werden hier zum Thema erhoben, sondern eine ökonomische Interpretation von Verteilungsregeln.[1] Für die Analyse der Tauschwertbildung führt RICARDO die Prämisse der „Urgesellschaft" ein, in der ebenfalls dauerhaft Kapitalgüter zur Durchführung der Produktion benötigt werden, so dass auch hier der relative Wert der auszutauschenden Güter den Preis bestimmt. Hier existiert zumindest schon die Vorstellung von unterschiedlichen Eigentumspositionen, nämlich die vom Eigentum an Produktionsmitteln und dem Eigentum an Arbeitskraft.[2]

Im Hinblick auf den Bodeneigentümer wird untersucht, welche Auswirkungen die Herausbildung der Bodenrente für die Tauschwertbildung hat. Hierbei wird das rechtliche Moment der Aneignung ebenso hervorgehoben, wie die Funktion der Rente.[3] In einem frühen Stadium der Bodenaneignung kann davon ausgegangen werden, dass anfänglich überhaupt keine Renten für Bodenflächen entrichtet werden, sofern der Aneignungsprozess noch nicht vollzogen ist. Für den Boden aber stellt sich heraus, dass er unter Knappheitsbedingungen im Gegensatz zu anderen Gütern nicht beliebig vermehrbar ist, so dass hinsichtlich der Qualität von einer unterschiedlichen Ausbringungsmenge bei gleichem Arbeitsinput auszugehen ist, so dass der Grundbesitzer mit dem besseren Boden eine Differentialrente erhalten wird. Als Folge der Bevölkerungsvermehrung muss der landwirtschaftliche Sektor ausgedehnt werden, damit die Bevölkerung angemessen mit Lebensmitteln versorgt werden kann. Daraus resultiert das Ansteigen von Renten für den

---

sagen wir, einer Million Pfund verkaufen, Waren einführen könnten, die in England eine Million kosten, aber im Ausland mehr einbringen, als wenn die Million in Geld geschickt worden wäre, dann werden sie Waren bevorzugen, im anderen Falle Geld." RICARDO, David (1809): Der hohe Preis der Edelmetalle, ein Beweis für die Entwertung der Banknoten, in: David RICARDO, Grundsätze der politischen Ökonomie, hrsg. von F. Neumark, Frankfurt am Main 1972, 325.

[1] „Der Ertrag der Erde – alles, was von ihrer Oberfläche durch die vereinte Anwendung von Arbeit, Maschinerie und Kapital gewonnen wird, verteilt sich unter drei Klassen des Gemeinwesens, nämlich den Eigentümer des Bodens, den Besitzer des Vermögensstammes oder Kapitals, das zu seinem Anbau erforderlich ist, und die Arbeiter, durch deren Fleiß er bebaut wird." RICARDO, David (1821), 33.

[2] RICARDO, David (1821), 43 f.

[3] „Es bleibt uns indessen zu betrachten übrig, ob die Aneignung von Grund und Boden sowie die daraus folgende Entstehung der Rente in dem relativen Werte der Güter irgendeine Veränderung erzeugen wird, die von der zu ihrer Produktion erforderlichen Arbeitsmenge unabhängig ist. [...] Die Rente ist der Teil vom Ertrage der Erde, welcher dem Grundbesitzer für die Benutzung der ursprünglichen und unzerstörbaren Kräfte des Bodens bezahlt wird." RICARDO, David (1821), 64.

Bodeneigentümer. Dieser ist also unter dem Gesichtspunkt des Lohnfonds der einzige Profiteur der benannten gesellschaftlichen Situation.

Mit RICARDO wird zugleich die neue Klasse von Vermögenseigentümern eingeführt, deren einziges Ziel darin besteht, ihr Geldvermögen profitabel anzulegen. Ökonomisches Handlungskalkül ist die Profiterzielung in den einzelnen Sektoren eines Landes unter der Berücksichtigung, dass hier durch den Wettbewerb ein Ausgleich vorgenommen wird, während auf der anderen Seite die Tendenz in kapitalistischen Gesellschaften vorherrscht, bei Ausdehnung der Produktion und des Bevölkerungswachstums stets eine sinkende Profitrate vor Augen zu haben.[1] Deshalb kann ökonomisches Handeln auch damit begründet werden, dass „niemand spart, außer mit der Absicht, seine Ersparnisse produktiv zu verwenden“, so dass hierdurch auch die Vermögenseinkommen ihre Rechtfertigung finden, da anderenfalls kein Grund bestünde, produktive Investitionen durchzuführen.[2]

Dass unter den skeptischen Entwicklungsgesichtspunkten auch das Steueraufkommen für Eigentümer negativ eingeordnet wird, ist nur folgerichtig. Beispielsweise muss die Besteuerung der Rente die Grundeigentümer mit den besseren Böden benachteiligen, während eine Besteuerung der Pächter deren Motivation zum Bodenanbau nachteilig beeinflussen wird. Insgesamt aber lässt sich feststellen, dass jede Besteuerung zu Preissteigerungen führen und deshalb tendenziell leistungsmindernd wirken muss. Hier wird zugleich die Vorstellung diskutiert, dass auch eine Steuerüberwälzung zur Entlastung der eigenen Position stattfinden könnte.

Indem er auf eine Interessendivergenz von sinkenden Profiten bei stetiger Rentenvermehrung durch permanentes Bevölkerungswachstum hinweist, macht RICARDO deutlich, dass die Kapitalistenklasse nicht als homogen hinsichtlich ihrer Profitorientierung angesehen werden kann.[3] Die rationalistische Modellkon-

---

[1] „Die natürliche Tendenz des Profits ist demnach zu fallen; denn bei dem Fortschreiten der Gesellschaft und des Reichtums wird die erforderliche Zusatzmenge an Nahrungsmitteln durch das Opfer von immer mehr Arbeit erlangt. Diese Tendenz, dieses Gravitieren sozusagen der Profite, wird glücklicherweise in sich wiederholenden Zwischenräumen durch die Verbesserungen der Maschinerie, die zur Produktion von Bedarfsartikeln dient, gehemmt, sowie durch Entdeckungen in der Agrikulturwissenschaft, die uns in den Stand setzen, einen Teil der vorher erforderlichen Arbeitsmenge einzusparen und infolgedessen den Preis des hauptsächlichsten Bedarfsartikels des Arbeiters zu erniedrigen.“ RICARDO, David (1821), 100 f.

[2] RICARDO, David (1821), 102.

[3] „Abgesehen von diesen Verbesserungen, an denen die Gesamtheit ein unmittelbares, die Grundbesitzer ein entferntes Interesse haben, ist das Interesse des Grundbesitzers dem des Konsumenten und Gewerbetreibenden stets entgegengesetzt. Getreide kann ständig im Preise steigen, nur weil zu seiner Produktion zusätzliche Arbeit erforderlich ist, also seine Produktionskosten gestiegen sind. Die nämliche Ursache steigert

struktion hat David RICARDO sehr früh dem Vorwurf ausgesetzt, „er habe sich den Prinzipien des Individualismus nur angeschlossen, um die materiellen Interessen des Kapitals zu befördern".[1] Dass darüber hinaus soziale Gesichtspunkte auch David RICARDO nicht fremd waren, lassen seine Erörterungen zur Inflationsproblematik erkennen, denn seiner Meinung nach gingen Preissteigerungen stets zu Lasten der Lohnarbeiter. Diese Haltung erscheint auch hinsichtlich der BENTHAMschen Tugendlehre als konsequent, denn das individuelle egoistische Verhalten erzeugt einen höheren Nutzen, sofern Nachteile für andere Gesellschaftsmitglieder vermieden werden.[2]

Damit tritt erneut das egoistische Prinzip, das in bestimmten Situationen allerdings auch als ein aufopferndes in Erscheinung treten kann, in den Vordergrund, allerdings nur, um für diese als nützlich empfundene altruistische Handlungsweise in weit größerem Maße materiell belohnt zu werden. Die gesellschaftliche und die individuelle Wohlfahrt sind demzufolge kein Gegensatz, sondern stehen in einer engen Wechselbeziehung. Insoweit ist auch in dem berühmten Kapitel 31, „Über das Maschinenwesen", zunächst eine optimistische Haltung hinsichtlich der Auswirkungen des zusätzlichen Einsatzes von Maschinen in der Produktion für alle Gesellschaftsmitglieder festzustellen. Zumindest könnte davon ausgegangen werden, dass bei Zunahme der Konkurrenz der Kapitalist wieder zu einer hö-

---

unabänderlich die Rente. Daher liegt es im Interesse des Grundbesitzers, daß die mit der Getreideproduktion verbundenen Kosten steigen. Dies jedoch ist nicht das Interesse des Konsumenten; für ihn ist es wünschenswert, daß Getreide im Vergleich zu Geld und Gütern billig sei; denn Getreide wird immer mit Gütern oder Geld erstanden. Ebensowenig hat der Gewerbetreibende ein Interesse daran, daß Getreide hoch im Preis stehe; denn der hohe Getreidepreis wird hohe Löhne verursachen, aber wird nicht den Preis seines Gutes erhöhen. [...] Infolgedessen werden alle Klassen, mit Ausnahme der Grundbesitzer, durch eine Steigerung des Getreidepreises geschädigt werden." Ricardo, David (1821), 246.

[1] So beispielsweise Adolf HELD: Zwei Bücher zur sozialen Geschichte Englands, Leipzig 1881, 204, zit. in, SURANYI-UNGER, Theo (1923): Philosophie in der Volkswirtschaftslehre, 1. Bd., Jena, 376.

[2] Hierzu führt SURANYI-UNGER aus: „Wir sehen also, wie konsequent und eng Bentham die eigene Wohlfahrt mit der von anderen, mit der der Allgemeinheit verbindet und wie er die beiden in ihrer Entfaltung als vollkommen identisch betrachtet. Sie könnten sich also nur parallel und stets miteinander entwickeln und eine Handlung, die man zur richtig berechneten Förderung des eigenen Interesses unternehme, fördere gleichzeitig auch das Interesse der Allgemeinheit. Darin sei aber nicht nur die Addition enthalten, inwiefern durch die eigene Lust die Glücksmenge der Allgemeinheit ein Wachstum erfahre, sondern zugleich auch eine Multiplikation, da ja durch die mannigfaltigen Wechselbeziehungen zwischen den Interessen der Einzelnen und der Allgemeinheit ihre Glückseligkeit vielfach vergrößert werde." SURANYI-UNGER, Theo (1926): Philosophie in der Volkswirtschaftslehre, 2. Bd., Jena, 19 f.

heren Profitrate käme, während der Arbeiter als Konsument durch die Verbilligung der Produktion bei gleichem Lohnniveau über ein höheres Güterangebot verfügen könnte.[1]

In der dritten Auflage seiner „Grundsätze der politischen Ökonomie“ von 1821 wird analytisch dem Problem von freigesetzten Arbeitskräften durch den Einsatz von neuer Technologie bzw. der Möglichkeit von Kompensation bei einer Veränderung der Produktions- bzw. Kapitalstruktur nachgegangen.[2] Durch den zusätzlichen Maschineneinsatz wird zu Lasten des Lohnfonds der Kapitalstock mit der Folge gesteigert, dass ein Teil der bisher beschäftigten Arbeiter freigesetzt werden kann. Die zusätzlichen Investitionen führen zu Kostensenkungen innerhalb der Produktion, die der Kapitalist nach Abzug seiner Bedürfnisse der weiteren Kapitalakkumulation zuführt. Hieraus ergibt sich eine Zunahme des zirkulierenden Kapitals, weil der Kapitalist aus Gründen der Profitorientierung die Produktion weiter ausdehnen wird.[3]

Nicht Arbeitslosigkeit muss also das Ergebnis der zusätzlichen Produktion mit Hilfe des Maschineneinsatzes sein, sondern eine Kompensationsmöglichkeit, sofern die Kapitalisten zusätzliche Nettoinvestitionen durchführen. Und auch hier wird wieder durch egoistisches Handeln eine gesellschaftlich erwünschte Situation hergestellt, da diese die Produktionsausdehnung für alle gesellschaftlichen

---

[1] RICARDO, David (1821), 286 f.

[2] Diese Überlegungen werden von RICARDO mit den folgenden Worten eingeleitet: „Mein Irrtum entsprang der Annahme, daß sich mit jedweder Zunahme des Reineinkommens einer Gesellschaft auch ihr Roheinkommen vermehren würde; jetzt aber bin ich überzeugt, daß der eine Fonds, aus dem die Grundeigentümer und Kapitalisten ihr Einkommen beziehen, größer werden kann, während sich der andere, der, von welchem die arbeitende Klasse hauptsächlich abhängt, sich vermindern kann; und daraus folgt, wenn ich Recht habe, daß dieselbe Ursache, die das Reineinkommen des Landes vermehrt, gleichzeitig eine Überbevölkerung herbeiführen und die Lage des Arbeiters verschlechtern kann.“ RICARDO, David (1821), 287.

[3] „Da jedoch die Kraft, vom Einkommen Ersparnisse zu machen, um sie zum Kapital zu schlagen, von der Fähigkeit des Reineinkommens abhängen muß, die Bedürfnisse des Kapitalisten zu befriedigen, so müßte aus der durch die Einführung von Maschinen bewirkten Ermäßigung der Güterpreise unfehlbar folgen, daß er bei den gleichen Bedürfnissen größere Mittel zum Sparen, größere Leichtigkeit zur Kapitalbildung aus Einkommen hätte. Aber mit jeder Kapitalzunahme würde er mehr Arbeiter anstellen, und deshalb würde ein Teil der zuerst außer Arbeit gesetzten Leute nachher wieder beschäftigt werden; und wenn die Zunahme der Produktion infolge der Anwendung von Maschinen so groß wäre, daß sie in Gestalt von Reineinkommen eine ebenso große Menge von Nahrungsmitteln und Bedarfsartikeln lieferte, wie vorher in der Form von Roheinkommen vorhanden war, dann würde die gleiche Fähigkeit vorhanden sein, die gesamte Bevölkerung zu beschäftigen und daher auch nicht notwendigerweise ein Überschuß an Menschen bestehen.“ RICARDO, David (1821), 289.

Klassen als vorteilhafter darstellen wird.[1] Diese Konstellation wird allerdings nur dann eintreten, wenn die Ersparnisse der Kapitalisten nicht vorwiegend im konsumtiven Bereich ausgegeben werden. In diesem Zusammenhang macht RICARDO noch einmal deutlich, dass der Umfang der technologischen Ausstattung selbst bei Gefahr eines nicht funktionierenden Kompensationsmechanismus aufgrund möglicher Kapitalwanderungen in andere Länder nicht verhindert werden kann und deshalb auch nicht verhindert werden sollte.[2] Dass Vermögensdispositionen aber auch als Eingriff in das Privateigentum verstanden werden können, macht RICARDO deutlich, indem er die Auswirkungen der Geldmengenerhöhung thematisiert. Die veränderte Geldmenge muss zwangsläufig zu einem Kursverlust von Staatsobligationen führen und damit zu einer Verschlechterung der Position des Vermögenseigentümers.[3]

Der mit der Bevölkerungsentwicklung einhergehende Zwang, den Umfang des Bodeneinsatzes zu vergrößern, erhöht unmittelbar die Bodenrente und führt nicht

---

[1] „... wenn die verbesserten Produktionsmittel infolge der Anwendung von Maschinen den Reinertrag eines Landes in einem solchen Grade vermehren sollten, daß sie den Rohertrag nicht vermindern (ich meine stets die Menge von Gütern, nicht ihren Wert), dann wird sich die Lage aller Klassen verbessern. Der Grundbesitzer und der Kapitalist werden Nutzen ziehen nicht aus einer Vergrößerung von Rente und Profit, sondern aus den Vorteilen, welche aus der Verausgabung derselben Rente und desselben Profits für Güter entstehen, die sehr erheblich im Werte herabgesetzt sind, während sich auch die Lage der arbeitenden Klassen bedeutend verbessert haben wird: erstens, infolge der größeren Nachfrage nach Hausgesinde; zweitens, infolge des Anreizes zum Ersparen von Teilen des Einkommens, das ein so reichlicher Reinertrag ermöglichen wird; und drittens, infolge des niedrigen Preises aller Konsumartikel, für welche ihr Lohn verausgabt werden wird." RICARDO, David (1821), 291.

[2] „Von der Anwendung von Maschinen könnte man in einem Staate niemals ohne Gefahr abschrecken; denn, wenn es einem Kapitale nicht erlaubt wird, das größte Reineinkommen zu erzielen, welches die Benutzung von Maschinen hier liefern wird, dann wird es ins Ausland gebracht werden, und das muss von der Nachfrage nach Arbeit viel stärker abschrecken als die ausgedehnteste Anwendung von Maschinerie. Solange nämlich ein Kapital in diesem Lande beschäftigt wird, muß es eine Nachfrage nach einiger Arbeit schaffen; Maschinen können ohne die Mitwirkung von Menschen nicht betrieben, sie können nur mit Hilfe ihrer Arbeit hergestellt werden. Durch die Anlage eines Kapitalteiles in verbesserter Maschinerie wird eine Abnahme in der fortschreitenden Nachfrage nach Arbeit entstehen; durch seine Ausfuhr in ein anderes Land wird die Nachfrage gänzlich vernichtet werden." RICARDO, David (1821), 294.

[3] „Welch unsicheren Besitztitel hat das Eigentum, das aus Geld oder aus in Geld zahlbarer Rente besteht! Welche Sicherheit hat der Gläubiger des Staates, daß die Zinsen der Staatsanleihe, die jetzt in einem um 15 Prozent entwerteten Tauschmittel gezahlt werden, nicht späterhin in einem um 50 Prozent entwerteten ihre Auszahlung finden mögen?" RICARDO, David (1809), 348.

allein zu einem Sinken der Profitrate, sondern hat auch wirtschaftspolitische Konsequenzen. Ausgehend von der theoretischen Einsicht, dass ein hoher Getreidepreis mit einem geringeren Profit korrespondiert, wird ein Wechselverhältnis aufgezeigt, das evtl. durchbrochen werden kann. Die Folge eines in der Tendenz immer geringer werdenden Profits für die Kapitalistenklasse ist gleichbedeutend mit Auswirkungen auf deren Sparverhalten sowie die damit verbundene Kapitalakkumulation. Damit wird die Frage gestellt, in welchem Umfang der gesellschaftliche Reichtum vergrößert werden kann, der allein von der Produktionsentscheidung der Vermögenseigentümer abhängig ist. Insoweit stellen steigende Getreidepreise ein Hemmnis für die weitere gesellschaftliche Entwicklung dar. Angesichts einer derartigen Situation erscheint es nur konsequent, Getreide zu einem geringeren Preis aus dem Ausland zu importieren. Als Folge müsste die Situation eintreten, dass bei Vorliegen eines unter Wettbewerbsbedingungen funktionierenden Gütermarktes die Getreidepreise sinken, während die anderen Industriegüter mit ihren Preisen stabil bleiben. Da aber die Löhne unmittelbar vom Getreidepreis abhängig sind, resultiert hieraus eine positive Veränderung der Kostenstruktur im Industriegütersektor und damit eine Erhöhung des Profits für den Kapitalisten, der dadurch zu weiterer Produktion angeregt werden wird. Unter diesem Gesichtspunkt würde sich eine Veränderung der Getreidepreise für das importierende Land als ein großer Vorteil herausstellen.

Es wird die modelltheoretische Vorstellung erörtert, dass in einer bestimmten gesellschaftlichen Phase keine Bodenrente zu entrichten gewesen ist, weil nach der ersten Okkupation von Land und der einsetzenden Produktion nur Profit entstehen konnte. Diese Vorstellung geht von Eigentümern aus, die ihr Land selbst bewirtschaften, wobei hier offensichtlich auch daran gedacht wird, dass es noch keine Vermögensbesitzer gibt, die als Pächter-Produzenten auftreten können und einen Boden unter erwerbswirtschaftlichen Bedingungen bearbeiten lassen.[1] Auch das bekannte Argument der sinkenden Profitrate bei Bevölkerungszunahme und die damit verbundene Notwendigkeit, die landwirtschaftliche Produktion auch auf diejenigen Böden auszudehnen, deren Erträge im Verhältnis zu den fruchtbareren Böden geringer sein werden, veranlasst RICARDO zu der Voraussage, dass im langfristigen Trend mit sinkenden Profiten bei ständig steigenden Bodenrenten zu rechnen sei.[2] Die Grundeigentümer stellen demzufolge die einzige Klasse dar, die durch diese Entwicklung begünstigt wird. Unter diesem Gesichtspunkt hat der Grundeigentümer auch kein Interesse an einem niedrigen Tauschwert für

---

1 „Bei der ersten Besiedlung eines Landes, das an fruchtbarem und der Besitzergreifung eines jeden freistehendem Boden reich ist, bildet die ganze Ernte nach Abzug der Auslagen für die Bearbeitung den Kapitalgewinn und fällt dem Eigentümer des verwendeten Kapitals zu, ohne daß daran für Bodenrente etwas zu kürzen wäre.“ RICARDO, David (1815), 5.

2 RICARDO, David (1815), 9, 21 ff.

landwirtschaftliche Produkte. Eine Begründung für die Zahlung der Bodenrente ist nun allerdings kein ökonomisches, sondern ein juristisches Argument, denn der Grundeigentümer erhält die Pachtzahlung für die berechtigte Nutzung seines Eigentums. Und so kann RICARDO auch herausstellen, dass es sich bei Rentenzahlungen um einen Vermögenswert handelt, der in vorhergehenden Perioden realisiert werden musste.[1]

Selbst wenn davon ausgegangen wird, dass der Tauschwert der Güter durch die in ihnen enthaltenen Produktionskosten bestimmt wird, gibt RICARDO zu bedenken, dass durch Wettbewerb preisverändernde Situationen auftreten.[2] Sofern durch veränderte Produktionsmethoden, Lohnsenkungen oder Marktausweitungen eine Herabsetzung des Tauschwertes erzielt werden kann, resultieren hieraus Auswirkungen auf Bodenrente, Zins- und Profitrate. Unabhängig davon, dass in neuen Marktsegmenten Zusatzprofite anfallen, werden diese im Laufe der Zeit durch den Konkurrenzmechanismus vonseiten der anderen in die Marktnische eintretenden Unternehmer-Kapitalisten auf ein normales Maß reduziert werden. Die gesellschaftliche Wohlfahrt ist für RICARDO entweder durch Zinserhöhung oder durch Senkung des Tauschwertes bei gleichzeitiger Produktionsausdehnung positiv beeinflusst. Allerdings wird auch hier auf die unterschiedlichen Interessensituationen verwiesen, da im ersten Fall nur die Einkommensbezieher aus Vermögen profitieren, während im zweiten Fall einer Gesamtbevölkerung bei gegebenem Einkommen mehr Güter zur Verfügung stehen.[3] Dass allerdings auch der Bodeneigentümer wirtschaftlichen Gesetzmäßigkeiten unterliegt wird, durch den Außenhandel deutlich. Die zusätzliche Getreideeinfuhr führt zu inländischen Preissenkungen. Als weitere ökonomische Folgen werden weniger Anbauflächen für Getreide erforderlich, und zwar gerade dort, wo unter normalen Bedingungen ein Feld nie bearbeitet worden wäre. Für das hierdurch frei werdende Kapital der

---

[1] „Die Bodenrente ist daher in allen Fällen ein Teil von dem früher als Kapitalgewinn vom Boden bezogenen Einkommen. Sie ist kein neugeschaffenes Einkommen, sondern immer nur der Teil eines Einkommens, das auch schon früher hergestellt worden war." RICARDO, David (1815), 13 f.

[2] „Überall, wo der Wettbewerb seine volle Wirkung ausüben kann, und wo die Herstellung der Ware nicht, wie bei gewissen Weinen durch Natur in feste Grenzen eingeschränkt ist, bildet die Schwierigkeit oder Leichtigkeit der Herstellung den letzten Bestimmungsgrund ihres Tauschwertes." RICARDO, David (1815), 18.

[3] „Ein Land kann auf doppelte Weise durch den Handel Vorteil haben: einerseits durch die Erhöhung des Zinssatzes, die aber meiner Meinung nach nur eintreten kann infolge einer Verbilligung der Nahrungsmittel und nur für diejenigen vorteilhaft ist, die aus der Verwendung ihres Kapitals Einkommen ziehen entweder als Pächter, als Industrielle, als Kaufleute oder als Rentner, die ihr Geld auf Zinsen leihen, – andererseits durch den reichlichen Vorrat an Waren und den Rückgang ihres Tauschwertes, und daran nimmt das ganze Gemeinwesen teil." RICARDO, David (1815), 24.

Pächter werden nunmehr andere profitable Anlagemöglichkeiten gesucht, die vielleicht in der Güterproduktion liegen könnten.[1] Eine derartige Entwicklung kann nicht im Interesse der Grundeigentümer liegen. Auf den Zusammenhang zwischen Getreidepreis und hohen Renten wird von RICARDO auch in einer weiteren Schrift zur Problematik des Freihandels hingewiesen.[2] Der aus der Bearbeitung von schlechteren Böden resultierende hohe Preis für Getreideerzeugnisse wird als ökonomisch nicht wünschenswert angesehen, weil die in der Landwirtschaft Beschäftigten stattdessen Industriegüter, die zum Austausch gegen Importgetreide verwendet werden, herstellen könnten.[3]

Angesichts der reproduktionstheoretischen Begründung des Lohnes kann auch der Preisanstieg bei Getreide nicht ohne Folgen bleiben, weil die Höhe des Weizenpreises die Lohnhöhe bestimmt. Es kann deshalb nur das Interesse des Unternehmer-Kapitalisten sein, dass die landwirtschaftlichen Güter zu einem geringe-

[1] „Wenn wir freie Hand behielten, ohne durch gesetzgeberische Vorschriften gebunden zu sein, so würden wir allmählich unser Kapital vom Anbau solcher Böden zurückziehen, und das Getreide, das jetzt von ihnen gewonnen wird, importieren. Das herausgezogene Kapital würde zur Produktion solcher gewerblicher Ware benutzt werden, die man zur Bezahlung des Getreides zu exportieren hätte." RICARDO, David (1815), 32.

[2] „Der Unterschied im Werte zwischen der auf dem guten und der auf dem schlechteren Boden erzeugten Getreidemenge wird in allen Fällen einen Pachtzins bilden, so daß der Kapitalgewinn des Bebauers auf gutem wie auf schlechtem Boden der gleiche bleibt, aber da der Pachtzins vom besten Boden den vom schlechtesten um den Unterschied übertrifft, den die auf beiden Böden mit gleichen Auslagen gewonnenen Getreidemengen zeigen. Es wird jetzt von allen Seiten zugegeben, daß die Pachtrente die Wirkung eines hohen Getreidepreises ist, nicht seine Ursache; es wird also zugegeben, daß die einzige bleibende Ursache eines hohen Getreidepreises die Zunahme der auf der Erzeugung liegenden Ausgaben ist, die durch die Notwendigkeit, ärmere Böden zu bebauen, hervorgebracht wird, d. h. solcher Böden, auf denen die Verwendung der gleichen Menge Arbeit nicht die gleiche Menge Produkte ergibt." RICARDO, David (1822): Zollschutz zugunsten der Landwirtschaft, in: David RICARDO's kleinere Schriften, Bd. 1, Schriften über Getreidezölle, 2. Aufl., Jena 1922, 53.

[3] „Aber dieser höhere Preis darf keineswegs als ein Vorteil angesehen werden; er hätte nicht bestehen können, wäre dieselbe Ernte mit einer geringeren Arbeit zu gewinnen gewesen; er hätte auch nicht bestehen können, wenn wir durch die Verwendung der Arbeitskraft auf industrielle Unternehmungen das Getreide mittelbar durch die Ausfuhr von Fabrikaten und ihren Umtausch gegen Getreide erlangt hätte. Hoher Preis, der durch hohe Herstellungskosten erzeugt wird, ist ein Übel, kein Vorteil; der Preis ist hoch, weil eine große Arbeitsmenge aufgewendet wird, um das Getreide zu erlangen. Würde auf diese Erlangung nur wenig Arbeit verwendet, so wäre von der Arbeitskraft des Landes, die die einzige wahre Quelle des Reichtums bildet, ein größerer Teil verfügbar gewesen, um andere wünschenswerte Genüsse zu beschaffen." RICARDO, David (1822), 54.

ren Preis hergestellt werden,[1] denn die Folge einer sinkenden Profitrate ist ein Kapitaltransfer in diejenigen Länder, die über geringere Löhne verfügen. Und auch hier wird der gesellschaftliche Widerspruch deutlich, der zwischen der aufsteigenden Klasse der Kapitalisten und der der Grundeigentümer besteht, die kein ökonomisches Interesse am Sinken der Preise von Gütern aus dem landwirtschaftlichen Sektor haben können.[2]

Die bisherige Entwicklung im Sektor der Landwirtschaft wird von RICARDO auch als moralisch verwerflich gekennzeichnet. Die landwirtschaftlichen Produzenten gehen nämlich davon aus, dass ihre Profitraten ständig steigen, zumindest aber nicht sinken würden. Damit verbinden sie Luxuskonsum, ohne auf ökonomische Krisensituationen vorbereitet zu sein. Sie sind möglicherweise nicht einmal in der Lage, die tendenziell steigenden Rentenzahlungen an die Grundeigentümer zu leisten.

Interessant ist in diesem Zusammenhang der Einwand, den RICARDO gegen die Vorstellungen von einer wirtschaftlichen Autarkie erhebt. Indem er nämlich herausstellt, dass die Nachfrage des importierenden Landes eine ökonomisch wichtige Größe für das exportierende Land darstellt, verwirft er den Gedanken der ökonomischen Abhängigkeit des importierenden Landes und stellt stattdessen das beiderseitige ökonomische Interesse der Parteien dar.[3] Mit dieser politisch-

---

[1] „Hoher Lohn, der allgemein herrschend wird, beeinträchtigt den Kapitalgewinn des Landwirtes, des Fabrikanten und des Kaufmanns, es gibt kein anderes Mittel, den Kapitalgewinn hochzuhalten, als wenn man den Arbeitslohn niedrig hält. Aus dieser Fassung des Gesetzes vom Kapitalgewinn ergibt sich sofort, wie wichtig es ist, daß ein so wesentliches Lebensbedürfnis wie Getreide, das so mächtig auf den Arbeitslohn einwirkt, einen niedrigen Preis habe, und wie nachteilig es der Volkswirtschaft als einem Ganzen ist, daß wir durch die Erschwerung der Getreideeinfuhr gezwungen werden, zur Ernährung unserer wachsenden Bevölkerung unfruchtbare Böden anzubauen." RICARDO, David (1822), 82 f.

[2] „Könnten die Grundeigentümer einer beständigen Höhe der Getreidepreise sicher sein [...], so wären ihre Interessen denen aller übrigen Klassen des Gemeinwesens entgegengesetzt; denn ein hoher Preis, der die Folge von Produktionsschwierigkeiten ist, bildet die hauptsächliche Ursache der Steigerung der Renten. Nicht als ob die Steigerung der Renten, also der Vorteil, den die Grundeigentümer gewinnen, den Nachteil aufwiegen könnte, den die übrigen Klassen des Gemeinwesens erleiden, indem ihnen die Einfuhr billigen Getreides abgeschnitten wird – den Trost haben wir nicht, vielmehr, um einen mäßigen Vorteil einer Klasse zu verschaffen, muss allen übrigen Klassen die drückendste Last auferlegt werden." RICARDO, David (1822), 83.

[3] „Wenn unsere Nachfrage dauernd und gleichmäßig wäre, was sie in diesem Fall unzweifelhaft ist, so müßte auswärts eine bedeutende Menge Getreide ausgesprochenermaßen für unseren Markt gebaut werden. Für die Länder, die dann Getreide zu unserem Verbrauch bauen, wäre es wenn möglich, noch von größerer Wichtigkeit, dem

ökonomischen Auffassung gelingt dann die Rechtfertigung des internationalen Handels auch ohne eine weitergehende Diskussion von komparativen Kostenvorteilen.

Dass die unterschiedlichen Interessen von Arbeitern, Pächtern und Grundeigentümern eine unaufhebbare gesellschaftliche Schranke aufgrund von unterschiedlichen ökonomischen Interessenslagen darstellen, wird von RICARDO eindeutig herausgearbeitet. Insoweit findet auch das egoistische Prinzip eine angemessene Rechtfertigung, weil sich individuelle und gesellschaftliche Wohlfahrt nicht ausschließen müssen, sondern in einem engen Wechselverhältnis stehen. Das egoistische Verhalten ist mit Momenten von Sympathie und Zuneigung verbunden, welche wiederum Glück reflektieren. Positive Aktivitäten sind aber nur zu erwarten, wenn in einem bestimmten Umfang selbst Opfer gebracht werden. Von einer positiven Gefühlsverstärkung kann zudem immer nur dann ausgegangen werden, wenn ein großer Umfang der Bevölkerung daran partizipieren kann. Insoweit kommt auch der egoistischen Handlungsweise ein positiver Wohlfahrtseffekt zu. Das individuelle Handeln ist stets mit der Anerkennung durch andere Gesellschaftsmitglieder verknüpft, so dass menschliches Handeln als ein Resultat aus Motivation und Deprivation dargestellt werden kann. Unter diesem Gesichtspunkt ist der Egoismus von Gruppen oder einzelnen Gesellschaftsmitgliedern nur zu rechtfertigen, wenn dafür gesorgt wird, dass reziproke Handlungen zu einer positiven Reaktion seitens ihrer Mitmenschen führen.[1]

Damit wird auch die Tugend- und Sympathielehre der schottischen Moralphilosophie verworfen, weil mit ihr keine hinreichende Erklärung für tugendhafte Handlungen abgegeben werden kann. Es wäre erforderlich, einen konkreten Sachverhalt zu erleben, um moralische und damit tugendhafte Situation entsprechend bewerten zu können. Von BENTHAM wurden alle diejenigen Handlungen als tugendhaft angenommen, die durch eine Lustmaximierung bei entsprechender Unlustminimierung durchgeführt werden. Tugendhaft sind demzufolge nicht mehr alle nützlichen Handlungen, sondern nur noch diejenigen, welche mit den geringsten individuellen Opfern vorgenommen werden können. Die theoretische Begründung für diese Annahme liefert eine Assoziationspsychologie, nach der allein aufgrund von Wahrnehmungen Empfindungen auftreten. Diese werden als angenehm oder unangenehm eingestuft, so dass es als natürlich erscheint, seine Handlungen danach auszurichten. In letzter Konsequenz bedeutet diese Vorstel-

---

Getreide keine Hindernisse auf seinem Weg zu uns zu bereiten, als für uns, die wir es erhalten.“ RICARDO, David (1822), 114 f.

[1] „Darin besteht aber, was aber Bentham ‚die soziale Tugend' nennt, die Aufopferung des eigenen Vergnügens, um anderen ein größeres Vergnügen zu bereiten, welches letzten Endes wiederum auf das opfernde Individuum zurückstrahlt, und zwar in einem noch weiter erhöhten Maße.“ SURANYI-UNGER, Theo (1926), 19.

lung, dass unangenehme Empfindungen zu vermeiden bzw. angenehme zu fördern und/oder herbeizuführen sind.

Mit der BENTHAMschen Vorstellung wird zugleich ein Anspruch von HOBBES eingelöst, nach dem eine Gesellschaftslehre als Wissenschaft nur dann Existenzberechtigung habe, sofern sie im Sinne einer Naturwissenschaft betrieben werden könne. Denn anstelle einer Interpretation der gesellschaftlichen Realität durch naturgesetzliche Eigenschaften tritt mit BENTHAM eine neue Form des Denkens in den Vordergrund: Es gilt, objektive Kriterien zu benennen, mit deren Hilfe sowohl moralische Handlungsweisen als auch politische Situationen bewertet werden können.[1] Damit werden objektive Gesetzmäßigkeiten, die sich naturgesetzlich entwickeln, angenommen und als Grundlage für ein Gesellschaftsmodell verwendet, in dem Handlungen unter dem Blickwinkel des eigenen Interesses abzuwägen sind, weil damit zugleich die gesellschaftliche Wohlfahrt am ehesten gefördert werden könnte. So kann unter einer derartigen Nützlichkeitsregel nicht nur ein individuelles Höchstmaß an Lust erreicht, sondern sogar noch dadurch erhöht werden, dass es als Folge einer Art Lustakkumulation angesehen wird. Unter diesen Gesichtspunkten eines sich herausbildenden Prinzips des Gemeinwohls weist die damit verbundene Gesellschaftsauffassung analoge Züge zu der von SMITH auf. Die Gesellschaft wird wieder als ein Konstrukt von vereinzelten Individuen gesehen, die alle ein – im BENTHAMschen Sinne – Rationalverhalten an den Tag legen, um dem persönlichen Nützlichkeitskalkül Rechnung zu tragen; während SMITH jedoch noch die Vorstellungen von einer natürlichen Harmonie besitzt, werden hier die Gesellschaftsmitglieder atomisiert. Die organische Einheit, die mit Hilfe der prästabilierten Harmonie von Einzel- und Gesamtinteressen gewonnen wird, ist eine „Moral-Ökonomie“ und damit vor allem „Ausdruck des kapitalistischen Bourgeois, Kapitalist in der Moralsphäre.“[2]

Unter diesen Umständen sind die institutionellen Schranken einer Gesellschaft fast entbehrlich, weil die naturgesetzliche Triebkraft des menschlichen Handelns ihre Eigengesetzlichkeit hervorbringt. Doch die Verhältnisse sind nicht so ideal. Deshalb wird auch dem Staat ein beschränkter Handlungsspielraum zugewiesen, um Interessenkonflikte auszugleichen, die sich aus dem nicht vollkommenen Rationalverhalten von Gesellschaftsmitgliedern ergeben. Als Korrektur des abweichenden Verhaltens durch menschliche Triebe und deren negative Wirkungen auf die gesellschaftliche Wohlfahrtsfunktion ergeben sich naturgesetzliche Lust-Friktionen, „und diese Natur muss im Hinblick auf das größte Glück manipuliert werden“.[3] Mit Hilfe gezielter Maßnahmen sollen auch die Folgen des Privateigentums korrigiert werden, indem die politische Partizipation nicht mehr mit

---

[1] Vgl. hierzu MYRDAL, Gunnar (1932): Das politische Element in der nationalökonomischen Doktrinbildung, Hannover 1963, 93 f.

[2] BRIEFS, Goetz (1915): Untersuchungen zur klassischen Nationalökonomie, Jena, 222.

[3] JONAS, Friedrich (1968): Geschichte der Soziologie, Bd. 2, Reinbek bei Hamburg, 82.

Vermögenspositionen verbunden wird. Aus diesen Vorstellungen und Argumenten wird eine Staatsfunktion abgeleitet, deren wesentliche Aufgabe darin besteht, einen Ausgleich zwischen den Einzelinteressen herzustellen. Diese Situation ist sowohl ein Resultat der Eigentumsgarantie als auch gesetzlicher Rahmenbedingungen zur Sicherung der Marktgesellschaft. Die Vertreter der utilitaristischen Philosophie hatten ihrem eigenen Selbstverständnis nach gerade die praktischen Auswirkungen ihrer Lehre vor Augen, so dass sie ihrem Wesen nach als „sozialrevolutionär" eingestuft werden können. Ihr Reformeifer wird allerdings dort gebremst, wo es um die Erhaltung der Eigentumsordnung geht.[1]

Wenn nach der BENTHAMschen Vorstellung jede gesellschaftliche Klasse ihre Vorteilsmaximierung betreibt, wird in diesem System jeder versuchen, die eigene Situation zu verbessern. Angesichts der Bevölkerungsentwicklung und ihrer Auswirkung auf die Getreidepreise ist Skepsis angebracht. Von RICARDO wird deutlich hervorgehoben, dass durch die erforderliche Bebauung von relativ unfruchtbaren Böden als einzige Gesellschaftsklasse die Grundeigentümer einen Vorteil realisieren werden. Aus dem individuellen Vorteil, Eigentümer an Boden zu sein, resultieren gesellschaftliche Probleme. Das Bevölkerungswachstum und der zwangsläufige Anstieg des Lohnfonds werden mit einer sinkenden Profitrate für den produzierenden Vermögenseigentümer beantwortet. Allerdings findet eine Forderung nach Verzicht auf Rente und Profit ökonomisch keine Basis, weil Grundeigentümer und Kapitalisten ihre eigenen Vorteile nicht mehr durchsetzen können und daraus ein Verlust für die gesellschaftliche Wohlfahrt resultieren würde.[2]

---

[1] BENTHAM und James MILL gehörten zur Gruppe der sogenannten „Philosophical Radicals", die sich für das allgemeine Wahlrecht der Arbeiter mit dem Ziel aussprachen, dadurch das größte Glück der größten Zahl im Sinne eines Gemeinwohls herbeizuführen. „Die Perspektive der Philosophical Radicals bleibt aber die integrale harmonische bürgerliche Gesellschaft; die Nähe zum ökonomischen Modell Adam SMITHs ist unverkennbar." EUCHNER, Walter (1969): Demokratietheoretische Aspekte der politischen Ideengeschichte, in, ders. (1973): Egoismus und Gemeinwohl. Studien zur Geschichte der bürgerlichen Philosophie, Frankfurt am Main, 38.

[2] Das egoistische Moment wird von RICARDO wie folgt beschrieben: „Die jeweiligen Eigentümer des umlaufenden Tauschmittels beherrschen dieses Kapital, aber wie reichlich die Menge des Geldes oder der Banknoten auch sein mag, wenn dadurch auch die Nominalpreise erhöht, das produktive Kapital auch verschiedenartig verteilt werden mag, wenn auch die Bank durch Vermehrung ihrer Noten A. in den Stand setzen mag, einen Teil des Geschäftes an sich zu reißen, das früher von B. und C. beherrscht worden war, so ist damit das positive Einkommen und Vermögen des Landes doch um nichts vermehrt. B. und C. mögen benachteiligt werden, A. und die Bank mögen ihren Vorteil daraus ziehen, aber sie werden nur genau das gewinnen, was B. und C. verlieren. Es findet eine gewaltsame und ungerechte Übertragung des Besitzes statt, ohne daß für die Gesamtheit ein Vorteil daraus erwächst." RICARDO, David (1809), 346.

Die bisherige Diskussion zeigt, dass im RICARDIANISCHEN System die Voraussetzung von Privateigentum unmittelbar mit der Vorstellung verbunden ist, dass allein durch diese Situation relevantes ökonomisches Handeln hervorgerufen werden kann. Ohne das Privateigentum besteht kein Anlass zur Durchführung von ökonomischen Handlungen. Das Eigentum ist also ein Ergebnis der rechtlichen Ausgestaltung der Marktgesellschaft. Der Boden ist Privateigentum des Grundeigentümers, während der Unternehmer-Kapitalist über das Eigentum an seinem Kapitalstock und dem sich aus der Produktion ergebenden Arbeitsergebnis verfügen kann. Dass in einer bestimmten Vorstufe ein gewaltsamer Zugriff auf den Boden vorgenommen wurde, wird zwar von RICARDO thematisiert, jedoch auf eine weitergehende Diskussion, wodurch sich die Trennung von Grundeigentümer und Pächter begründen lässt, verzichtet.

3.3. John Stuart Mill und die soziale Frage

Angesichts der umfassenden gesellschaftlichen Erfahrungen mit der Entwicklung des Kapitalismus stellt am Ende der Ära der klassischen bürgerlichen Ökonomie MILL dezidiert die Frage nach dem Eigentum. Wird einerseits das Privateigentum als ein notwendiger Motor für die kapitalistische Entwicklung begriffen, so werden andererseits auch negative Momente erkannt. Als theoretischer Endpunkt der klassischen bürgerlichen Ökonomie werden von ihm zugleich alle bisherigen Momente einer liberalen Wirtschaftsdoktrin zusammengefasst. Für die Stellung des Privateigentums wird eine soziale Komponente befürwortet, die aus gesellschaftlichen Gründen zu einer Beschränkung des Privateigentums führen kann.

Die Entwicklung der kapitalistischen Gesellschaft im Sinne eines Fortschreitens auf höherem Niveau wird unter anderem durch die Zunahme von persönlicher Sicherheit und der Garantie des Privateigentums herausgestellt.[1] Abstrakt wird das Privateigentum als eine Rechtsgarantie beschrieben, die Menschen aufgrund ihrer Arbeit bzw. Sparsamkeit zufällt. Hierzu gehört auch die Möglichkeit der Übertragung von Eigentum.[2] MILL verwendet hier den zivilrechtlichen Begriff des Eigentums, der sich auf Sachen bezieht. Eine wesentliche Ausgestaltung des Privateigentums stellt demnach die Möglichkeit dar, Eigentum mit Hilfe von

[1] „Eine weitere Veränderung, die bisher stets den Fortschritt der Zivilisation der Gesellschaft gekennzeichnet hat und sicherlich weiterhin kennzeichnen wird, ist die ständige Zunahme der Sicherheit von Person und Eigentum." MILL, John Stuart (1871): Grundsätze der politischen Ökonomie, 2. Bd., Jena 1921, Bd. II, 313.

[2] „Eigentum als Rechtsinstitut, auf seine wesentlichen Bestandteile zurückgeführt, besteht in der Anerkennung des Rechtes für jeden, ausschließlich über das, was er oder sie durch eigene Mühe produziert oder durch Schenkung oder rechtlichen Vertrag, ohne Gewalt oder Betrug, von den Produzierenden empfangen hat, zu verfügen." MILL, John Stuart (1871) Bd. I, 326.

Verträgen durch einen freiwilligen Akt auf andere übertragen zu können. Die Begründung hierfür liegt in dem berechtigten Anspruch, über Eigentum zu verfügen, sofern dies freiwillig in Besitz genommen wurde.[1] MILL problematisiert eine moralisch fundierte Begründung. Die Entstehung von Privateigentum ist trotz der positiven Eigenschaften keinem Nützlichkeitskalkül entsprungen, sondern aus Gründen der Sicherheit eingeführt worden, wobei für die erste Landnahme noch eine gleichgewichtige Eigentumsverteilung postuliert wird.[2] Durch die gewaltsame Aneignung stellt sich heraus, dass von einer ungleichen Verteilung des Privateigentums für die Gesellschaftsmitglieder ausgegangen werden muss. Damit knüpft MILL an die schon von RICARDO erörterte Problematik an, nämlich dem Recht an dem Arbeitsertrag, der dem Unternehmer-Kapitalisten nur aufgrund seines Kapitalvorschusses und dem damit verbundenen Eigentum an Produktionsmitteln zufällt.[3] Für MILL gilt, dass die kapitalistische Wirtschaftsordnung zwar als eine wünschenswerte, jedoch unter sozialen Gesichtspunkten eine zu korrigierende Produktionsweise darstellt.[4] Damit werden auch Gerechtigkeitsvorstellungen thematisiert und anhand der Einkommensverteilung deutlich gemacht. So kann der Vermögenseigentümer ein bestimmtes Einkommen gegenüber der Gesellschaft reklamieren, sofern er festverzinsliche Wertpapiere erworben hat. Das bedeutet nichts anderes, als dass der Vermögenseigentümer für seine individuellen Leistungen der Kreditvergabe gesellschaftlich entlohnt wird.[5] Hier wird also

---

[1] „Das Eigentumsrecht schließt danach die Freiheit des Erwerbs durch Verträge ein. Das Recht eines jeden auf seine Produkte schließt Eigentumsrecht auf die Produkte anderer ein, wenn er sie mit deren freier Zustimmung erhielt; denn die Produzenten müssen diese entweder gutwillig gegeben oder sie gegen etwas eingetauscht haben, was sie als Äquivalent ansehen. Sie hieran zu hindern, würde eine Verletzung ihres Eigentumsrechts an dem Produkte ihrer eigenen Tätigkeit sein." Mill, John Stuart (1871) Bd. I, 328.

[2] „Das Privateigentum als Rechtsinstitut verdankt seine Entstehung keiner Zweckmäßigkeitserwägung, die auch für seine Beibehaltung spricht, nachdem es einmal angenommen ist." MILL, John Stuart (1871) Bd. I, 303.

[3] „Die Arbeit kann nicht ohne Material und Maschinen zustande kommen, noch ohne einen vorher beschafften Vorrat an Lebensbedürfnissen, der die Arbeiter während der Produktion unterhalten soll. Alles dies sind die Früchte früherer Arbeit. Besäßen die Arbeiter diese, so würden sie nicht den Ertrag mit einem anderen zu teilen brauchen; aber da sie sie nicht besitzen, muß denen, welche sie haben, ein Entgelt gegeben werden, sowohl für die eigene vorhergehende Arbeit wie für die Enthaltsamkeit derer, welche den Ertrag dieser früheren Arbeit nicht für Lebensannehmlichkeiten verausgabt, sondern für diese Verwendung aufgespart haben." MILL, John Stuart (1871), Bd. I, 326.

[4] MOMBERT skizziert diese Ambivalenz zwischen individueller Freiheit und Staatsintervention, MOMBERT, Paul (1927): Geschichte der Nationalökonomie, Jena, 316 f.

[5] „So sagt man etwa, daß jemand ein Recht darauf hat, das Einkommen zu beziehen, das er im fairen beruflichen Wettbewerb erzielen kann; denn die Gesellschaft sollte es

eine Trennung zwischen dem Lohn des Lohnabhängigen als Eigentümer seiner Person und dem Vermögenseigentümer vorgenommen. Während das Einkommen des einen vom Marktergebnis abhängt, hat der Vermögenseigentümer durch Nachfrage von Obligationen einen „gesellschaftlichen" Vertrag geschlossen, der seinen Anspruch auf eine bestimme Zinshöhe dauerhaft schützt. Nur der Vermögenseigentümer kann für sein, zu einem bestimmten Zeitpunkt festgelegten Eigentum, eine Sicherheit aufgrund bindender Verträge erwarten. Hierbei werden Kursschwankungen und Wertverlust durch Inflation nicht berücksichtigt.

Dass dennoch Gerechtigkeit und Nützlichkeit nur bei einer eindeutigen Zuordnung zu dem gewünschten Ergebnis, nämlich Gerechtigkeit eindeutig beurteilen zu können, gelingt, wird bei der Einkommensverteilung erneut verdeutlicht. Hier wird der Frage nachgegangen, ob der Arbeiter einen höheren Lohn beanspruchen kann, der aufgrund seiner Lebenserfahrung einen höheren gesellschaftlichen Beitrag leistet, oder derjenige, der – auch ohne Einfluss von Bildungseinrichtungen – ein höheres Arbeitsergebnis erzielen kann. Die angemessene Lösung scheint hier zu sein, von einer sozialen Nützlichkeit auszugehen, weil anderenfalls keine eindeutige Entscheidung möglich ist.[1] Die notwendige gesellschaftliche Leistungs-

---

nicht zulassen, daß ihn ein anderer daran hindert, so viel zu verdienen, wie er verdienen kann. Aber das heißt nicht, daß er einen Rechtsanspruch darauf hat, dreihundert Pfund im Jahr zu verdienen, auch wenn er sie tatsächlich verdienen mag. Denn es ist nicht Sache der Gesellschaft, dafür zu sorgen, daß er diese Summe verdient. Wenn er andererseits jedoch zehntausend Pfund in dreiprozentigen Anleihen besitzt, hat er allerdings einen Rechtsanspruch auf dreihundert Pfund im Jahr, da die Gesellschaft die Verpflichtung übernommen hat, ihm ein Einkommen in dieser Höhe zu gewähren." MILL, John Stuart (1863): Der Utilitarismus, Stuttgart 1976, 93.

[1] Die Argumentation wird bei MILL wie folgt durchgeführt: „Ist es gerecht oder ungerecht, daß in einem genossenschaftlichen Industriebetrieb die geschickteren oder erfahreneren Arbeiter ein Anrecht auf bessere Bezahlung haben? Auf der einen Seite wird argumentiert, daß alle, die ihr Bestmögliches leisten, sich gleichermaßen verdient machen und nicht eines Mangels wegen zurückgesetzt werden sollten, an dem sie keine Schuld haben; daß höhere Fähigkeiten ohnehin schon Vorteile genug verschaffen, indem sie Bewunderung erregen, zu persönlichem Einfluß verhelfen und innere Befriedigung gewähren, auch ohne daß dem noch ein größerer Anteil an den Gütern dieser Welt hinzugefügt würde [...]. Dagegen wird auf der anderen Seite geltend gemacht, daß die Gesellschaft von dem Arbeiter, der mehr leistet, mehr empfängt, daß seine Dienste von größerem Nutzen sind und die Gesellschaft ihm deshalb eine höhere Gegenleistung schuldet; daß ein größerer Teil des gemeinsamen Ertrags sein Werk ist und es somit eine Art von Diebstahl wäre, ihm den Anspruch darauf streitig zu machen; und daß, wenn er genausoviel bekommen sollte wie die andern, man von ihm gerechterweise nicht mehr verlangen kann, als daß er ebensoviel leistet wie die andern und entsprechend seiner höheren Leistungsfähigkeit weniger Zeit und Mühe aufwendet." MILL, John Stuart (1863), 100.

differenzierung führt in diesem Fall zu keiner eindeutigen Lösung, sofern nicht das Konstrukt einer sozialen Nützlichkeit angewendet wird. Eine analoge Situation tritt bei dem Gesichtspunkt der Steuergerechtigkeit auf. Auch hier muss gesellschaftlich darüber entschieden werden, wie groß der Anteil der einzelnen Gesellschaftsmitglieder an dem aufzubringenden Staatsbudget sein wird. Auf der anderen Seite wird allerdings auch deutlich, dass der Marktpreis für Güter nicht unter Gerechtigkeitserwägungen betrachtet wird, sondern dieser Preis unabhängig von der Einkommenssituation der jeweiligen Nachfrager als „gerecht" angesehen wird.

Das Recht auf gleiches Glück ist demzufolge ein wichtiges Moment der Gerechtigkeit, unterliegt allerdings der Relativierung durch gesellschaftliche Vorstellungen. Diese Gleichverteilung von sozialem Glück wird andererseits auch eingeschränkt, indem darauf hingewiesen wird, dass die gesellschaftliche Evolution einhergeht mit Ungleichverteilungen, die so lange keine gesellschaftlichen Konsequenzen haben müssen, als damit nicht Legitimitätsfragen aufgeworfen werden, indem nämlich die Frage nach der jeweiligen Angemessenheit einer Lösung gefragt wird. Für eine mit dem Utilitarismus verbundene Moralphilosophie bedeutet deshalb Gerechtigkeit immer die Vorstellung von Nützlichkeit, damit vermöge einer praktisch orientierten Ethik gesellschaftliche Sachverhalte einer Lösung zugeführt werden können.

Die Eigentumsübertragung durch freiwillig geschlossene Verträge hebt ein wesentliches Moment der Marktgesellschaft hervor. Die Individuen müssen sicher sein, eine rechtmäßig erworbene Sache ohne die Einwirkungen eines anderen auch in vollem Umfang gebrauchen bzw. andere von diesem Gebrauch ausschließen zu können. Sofern eine rechtmäßige Eigentumsübertragung vermutet werden kann, ist also der Erwerber durch die Gesellschaft in seinem Privateigentum auch geschützt.[1] Die erforderliche Sicherheit für das Privateigentum wird nur durch eine funktionierende gesellschaftliche Ordnung gewährleistet. Die resultierende Einkommens- und Vermögensverteilung kann danach hinsichtlich der gesellschaftlichen Wirkungen untersucht und ggf. beeinflusst werden. Wären in diesem frühen Stadium die Böden bereits als Gemeineigentum bewirtschaftet worden, hätte die Frage nach der Verteilungsgerechtigkeit beantwortet werden müssen.

Erbrecht

Die beschriebene Beschränkung des Privateigentums hinsichtlich der Möglichkeit bei der Vererbung lässt aber auch deutlich werden, dass hier staatliche Beschrän-

---

[1] „In dem Eigentum ist nichts anderes eingeschlossen als das Recht eines jeden auf seine (oder ihre) Fähigkeiten, auf das, was er durch sie produzieren kann oder was er für sie auf einem rechtmäßigen Markt erlangen kann; zusammen mit seinem Rechte, dies nach freiem Wollen jeder anderen Person zu geben, und dem Recht dieser Person, es zu empfangen und zu genießen." MILL, John Stuart (1871) Bd. I, 329.

kungen vorgenommen werden müssen, damit keine Missbräuche stattfinden. Desgleichen ist mit der Vorstellung des Privateigentums ganz offensichtlich auch ein Verzicht an Privateigentum bei Grund und Boden insoweit denkbar und möglicherweise auch geboten, als der andere Teil der gesamtwirtschaftlichen Produktion hiervon nicht weiter tangiert wird.[1]

Zur Vermeidung von möglichen Ungerechtigkeiten und Missbräuchen sieht sich MILL in die Lage versetzt, das Privateigentum beim Erbrecht zu beschränken, jedoch nicht etwa aufzuheben. Ein Verzicht auf das Erbrecht erschiene ihm in letzter Konsequenz als eine Fehlentwicklung, weil dadurch die ursprüngliche Begründung für Privateigentum und das damit verbundene Interesse der Individuen keine Berücksichtigung fände.[2] So behauptet MILL, eine Beschränkung des Erbrechts moralisch und politisch in dem Sinne begründet vertreten zu können, als hierdurch die Ausgangspositionen der Gesellschaftsmitglieder angesichts von unterschiedlichen Ausgangslagen zu Ungerechtigkeiten führen würden.

Bodeneigentum

Es handelt sich hierbei um einen Produktionsfaktor, der – im Sinne eines produzierten Gutes – keiner menschlichen Bearbeitung unterlag. Allerdings muss auch berücksichtigt werden, dass jeglicher Boden nicht ohne menschliche Tätigkeit

---

1 „Jeder sollte die Befugnis haben, nach Belieben über sein ganzes Eigentum zu verfügen; aber nicht es zu verschwenden dadurch, daß er einen anderen über ein gewisses Maß hinaus bereichert, welches Maß übrigens hinlänglich hoch angesetzt werden sollte, um die Mittel einer behaglichen Unabhängigkeit zu bieten." MILL, John Stuart (1871) Bd. I, 340. Ähnlich hatte bereits LOCKE argumentiert, als er darauf hinwies, dass vermöge des Eigentums ein bestimmtes Maß an Freiheit realisiert werden kann.

2 „Anders als das Intestaterbrecht ist das Vermächtnis ein notwendiges Attribut des Eigentums. Das Eigentum an einem Ding kann ohne die Befugnis, über dasselbe durch Vermächtnis nach dem Willen des Eigentümers von Todeswegen oder unter Lebenden zu verfügen, nicht als vollständig angesehen werden; und alle Gründe, welche für das Bestehen von Privateigentum sprechen, sprechen ebensosehr für seine Ausdehnung auf diesen Punkt. Aber Eigentum ist nur ein Mittel zum Zweck, nicht der Zweck selbst. Wie alle anderen Eigentumsrechte, ja selbst in stärkerem Grade als die meisten, kann die Befugnis zum Vermächtnis so ausgeübt werden, daß sie mit den dauernden Interessen der menschlichen Gesellschaft in Widerspruch gerät. Dies ist z. B. der Fall, wenn ein Erblasser sich nicht damit begnügt, sein Landgut dem A. zu vermachen, sondern zugleich vorschreibt, daß es bei A.'s Tode auf seinen Sohn übergeht, dann auf dessen Sohn und so fort. Zweifellos haben Personen sich gelegentlich mehr bemüht, ein Vermögen zu erwerben infolge der Hoffnung, ein ständiges Familienvermögen zu begründen; aber die Nachteile, die solche Beständigkeit für die Gesellschaft hat, wiegen den Wert solcher Antriebe zu Anstrengungen auf; auch sind diese Antriebe für diejenigen, welche große Vermögen zu gründen die Gelegenheit haben, ohnedies noch stark genug." MILL, John Stuart (1871) Bd. I, 337 f.

einen Ertrag hervorzubringen vermag. Der Boden aber stellt keinen vermehrbaren Faktor dar, der durch die Produktion erweitert werden kann, so dass auch hier die moralisch-politische Frage gestellt werden muss, inwieweit er überhaupt einem einzelnen zugehörig sein darf. Neben der Eigentumsfrage ist allerdings auch hier sicherzustellen, dass innerhalb einer kapitalistischen Wirtschaft auch ohne Privateigentum die Möglichkeit einer evolutionären Wirtschaft bedacht werden muss.[1]

Dass eine derartig radikale Vorstellung vielleicht ein Hemmnis für die kapitalistische Entwicklung darstellte, machen die weiteren Ausführungen zur Berechtigung des Bodeneigentums deutlich, wenn denjenigen, die einen Boden urbar gemacht haben, eigentumsähnliche Rechte – allerdings nur für eine bestimmte Zeit – eingeräumt werden sollen. Desgleichen soll ein Pächter nach der Anbauperiode die Möglichkeit haben, die Früchte seiner Arbeit zu ernten. Aber auch in diesem Fall wird von MILL nur eine eigentumsähnliche Möglichkeit für eine bestimmte Frist in Betrag gezogen.[2] Ist das Eigentum also einerseits aus Gründen der Knappheit auf eine bestimmte Zeitspanne begrenzt, muss andererseits eben dafür Sorge getragen werden, dass überhaupt eine ökonomische Verwertung des Bodens erfolgen kann. Der zeitliche Gesichtspunkt einer Pacht ist also in Analogie zum Eigentum an Produktionsmitteln zu sehen, indem auch hier eine Garantie des Privateigentums erfolgt, allerdings für eine festzulegende Frist.[3] Des Weiteren wird bei dieser Argumentation nicht allein auf das liberale Element abgestellt, das Individuen bei der Verfolgung ihrer Interessen hinderte, dem Staat andererseits ein zu großer Machtzuwachs zufallen würde, sondern auch eine marktlogische Begründung intendiert. Indem nämlich herausgestellt wird, dass die Unternehmung Staat im Gegensatz zu privatwirtschaftlichen Aktivitäten keiner Wettbe-

---

[1] „Da das wesentliche Prinzip des Eigentums ist, allen Personen das zuzusichern, was sie durch ihre Arbeit hervorgebracht und durch ihre Enthaltsamkeit angehäuft haben, kann das Prinzip keine Anwendung finden auf das, was nicht das Produkt von Arbeit ist, also auf das Rohmaterial der Erde. Wenn der Boden seine produktive Kraft ganz von der Natur und überhaupt nicht von menschlichem Fleiß ableitet oder wenn es ein Unterscheidungsmittel gäbe, was der Boden jeder dieser Quellen zu verdanken hat, würde es nicht nur nicht nötig sein, sondern würde den Gipfelpunkt der Ungerechtigkeit bedeuten, das Geschenk der Natur einzelnen Individuen allein zur Aneignung zu überlassen." MILL, John Stuart (1871) Bd. I, 343.

[2] „Die Bodenbenutzung muß in der Landwirtschaft freilich für eine bestimmte Zeit notwendig ausschließlich sein; die gleiche Person, welche pflügt und gesät hat, muß auch ernten können; aber das Land sollte, wie bei den alten Germanen nur für eine bestimmte Saison in dem Besitz derselben Person stehen, oder die Landverteilung müßte periodisch je nach Zunahme der Bevölkerung neu vorgenommen werden, oder der Staat sollte der allgemeine Grundherr sein und die Bebauer nur Pächter unter ihm, entweder auf Erbpacht oder auf beliebige Kündigung." MILL, John Stuart (1871) Bd. I, 344.

[3] „Ein Pächter wird diese Arbeit und Auslagen nicht übernehmen, wenn Fremde und nicht er selbst diese Segnungen genießen werden." MILL, John Stuart (1871) Bd. I, 344 f.

werbssituation unterliegt und auch keine analoge Situation vorkommt, muss sich jedwede Staatsorganisation vorhalten lassen, dass sie vermöge des fehlenden Allokationsmechanismus ihre Leistungen immer auf einem geringeren Produktivitätsniveau anbieten würde.[1]

Staatseingriffe

Als Einwand gegen ein gemeinschaftlich verwaltetes Eigentum wird vorgebracht, dass die Arbeitsergebnisse deshalb schlechter seien, weil die einzelnen Mitglieder nicht entsprechend ihren Zielvorgaben die Arbeiten verrichten würden. Es wird also die Frage nach der Motivation bzw. nach dem ökonomischen Interesse der arbeitenden Individuen gestellt, wobei es sich um die gesellschaftliche Gruppe derjenigen handelt, die ihre Arbeitskraft aufgrund fehlender Kapitalausstattung oder in Ermangelung von Grundeigentum verkaufen müssen. Hierbei zeigt MILL, dass dieser Einwand gegenüber sozialistischen Denkformen eine Entsprechung im kapitalistisch organisierten England habe. Denn immerhin ist zu konstatieren, dass weder der Lohnarbeiter noch die Gruppe der Staatsbeamten ein besonderes Interesse an ihren Tätigkeiten haben dürften, da sie aus der von ihnen ausgeübten Tätigkeit eben keinen Gewinn zu erwarten haben – im Gegensatz zum Unternehmer-Kapitalisten. Auch der Druck des Arbeitsmarktes in kapitalistischen Gesellschaften, der als höchstes Moment der Deprivation die Arbeitslosigkeit zulässt, scheint hier kein angemessenes Druckmittel zu sein, um eine hohe Verwertung der Ware Arbeitskraft zu sichern.[2]

---

[1] „Die Unterlegenheit des Staatsbetriebes, z. B. in den gewöhnlichen Tätigkeitszweigen der Industrie oder des Handels, wird durch die Tatsache bewiesen, daß erstere sich kaum jemals gegen den Wettbewerb der Privatbetriebe halten können, wenn die Leiter das erforderliche Maß an industriellem Unternehmungsgeist besitzen und über die notwendigen Mittel verfügen können. Alle die Vorteile, deren sich der Staat bezüglich der Erlangung der nötigen Kenntnisse erfreut, alle die Mittel, welche er zur Bezahlung und daher zur Nutzbarmachung der besten dem Markt zugänglichen Talente besitzt – sie alle wiegen nicht den einen großen Nachteil des geringeren Interesses an dem Ertrage auf." MILL, John Stuart (1871) Bd. II, 688.

[2] „Aber ein wie kleiner Teil aller in England vollbrachten Arbeit, von der am niedrigsten bis zur höchst bezahlten, wird von Personen ausgeführt, die für ihren eigenen Gewinn arbeiten! Von dem irischen Schnitter oder Handlanger bis zu dem höchsten Richter oder Staatsminister wird fast alle gesellschaftliche Arbeitsleistung mit Tageslohn oder festem Gehalt bezahlt. Ein Fabrikarbeiter hat weniger persönliches Interesse an seiner Arbeit als ein Mitglied einer kommunistischen Gemeinschaft, da er nicht wie jene für eine Genossenschaft arbeitet, deren Mitglied er selber ist. [...] Die Möglichkeit der Entlassung ermöglicht einem Unternehmer nur, von seinen Arbeitern das gewöhnliche Arbeitsquantum zu erlangen; aber dieses gewöhnliche Arbeitsquantum kann immer noch sehr unbedeutend sein. Auch hat der Arbeiter, der seine Beschäftigung infolge Faulheit oder Nachlässigkeit verliert, im ungünstigsten Fall kaum

Für kommunistische Gesellschaftsformen kann gelten, dass in hohem Umfang eine Kontrolle durch andere Gesellschaftsmitglieder vorliegen wird. Desgleichen ist eine höhere Motivation dadurch zu erwarten, dass der Arbeiter im Rahmen seiner Gemeinschaft an dem Arbeitsergebnis partizipieren wird. Damit aber diese kommunistische Gesellschaft funktionsfähig ist, muss vorausgesetzt werden, dass ihre Mitglieder auch über ein entsprechendes Bewusstsein hinsichtlich ihrer gesellschaftlichen Stellung und der erforderlichen Produktion verfügen. Hier ist im übrigen MILL sehr optimistisch, indem er darauf verweist, dass der Gemeinsinn durchaus entwicklungsfähig sein dürfte. Verweist das Moment der gesellschaftlichen Kontrolle des Individuums auf eine frühe Vorstellung von BENTHAM, so lassen sich auch zur gedachten positiven Entwicklung gegenläufige Tendenzen festmachen.[1] Leistungsunabhängige Lohnsysteme scheinen immerhin die Tendenz zu haben, dass hier weder eine ausreichende Motivation noch der entsprechende Sanktionsmechanismus vorliegen.[2]

Die Beeinflussung der gesellschaftlichen Entwicklung durch den Lernprozess der Individuen wird nicht allein für deren Motivation im Arbeitsprozess verändernde Wirkungen hervorrufen, sondern zugleich neue ökonomische Verhaltensmuster schaffen. So könnte der ehemals als egoistisch gedachte Wirtschaftsmensch eine Entwicklung durchlaufen, in der er innerhalb einer kommunistischen Gesellschaft durchaus ein gesamtgesellschaftliches Moment mitdenken würde. Dass es sich hierbei nicht allein um die individuelle Einsichtsfähigkeit handeln muss, macht MILL mit Hinweis auf die gesellschaftliche Interessendurchsetzung vermöge von Gesetzen deutlich.[3]

Dass die Vorstellung von einer sozialistischen Gesellschaft, die endlich die Übel von kapitalistischen Gesellschaftsformen überwindet, überhaupt auftreten kann, ist das Ergebnis einer schlechten gesellschaftlichen Organisation des Pri-

---

schlimmeres auszustehen als die Zucht eines Arbeitshauses, und wenn der Wunsch, dieses zu vermeiden, in dem einen System ein genügendes Motiv ist, würde es auch in dem anderen genügen.“ MILL, John Stuart (1871) Bd. I, 308 f.

[1] Der Gesichtspunkt einer umfassenden Disziplinierung und deren Auswirkungen auf die kapitalistische Produktionsweise in Europa wird in einer umfassenden Studie von FOUCAULT, Michel, (1975): Überwachen und Strafen. Die Geburt des Gefängnisses, 2. Aufl., Frankfurt am Main 1977, herausgestellt.

[2] „Ohne Zweifel ruft im allgemeinen eine Bezahlung durch festes Gehalt bei keiner Beamtenklasse den höchsten Arbeitseifer hervor; und nur dieser Vorwurf kann vernünftigerweise gegen die kommunistische Arbeit angeführt werden.“ MILL, John Stuart (1871) Bd. I, 309 f.

[3] „Bei solchen veränderten Verhältnissen würde die Mißbilligung durch die öffentliche Meinung nicht ausbleiben, und wenn die Mißbilligung nicht genügte, würde man durch irgend welche Strafen dieses oder ein anderes strafwürdiges Sichgehenlassen auf Kosten der Gemeinschaft unterdrücken.“ MILL, John Stuart (1871) Bd. I, 311.

vateigentums. Denn weder ist die bisherige Begründung für Privateigentum sachlich richtig vollzogen worden, noch wurden negative Auswirkungen beseitigt.[1]

Angesichts des Umfanges der sozialen Probleme setzt sich MILL auch mit den Vorstellungen von kommunistischen bzw. sozialistischen Ideen auseinander. Hierbei geht es ihm erster Linie weniger um die Möglichkeit der einer Realisierung, sondern vielmehr um die Durchdringung des theoretischen Konstrukts und die kritische Würdigung hinsichtlich einer Realisierungschance für gesellschaftliche Veränderungen. Es werden also Möglichkeiten und Grenzen von sozialistischen Bewegungen hinsichtlich ihrer theoretischen Fundierung diskutiert. Ausgangspunkt der Überlegungen ist ein so genannter Urzustand, der sich durch die prinzipielle Möglichkeit auszeichnet, entweder eine Produktion durch Privateigentum bzw. eine gemeinwirtschaftliche Ordnung durchzuführen. Hervorstechendes Merkmal dieser gedachten historischen Epoche ist eine Okkupation von Land unter der Prämisse einer gleichen Anfangsausstattung bei allen Gesellschaftsmitgliedern. Nur am Anfang aber würde versucht werden, eine für alle gleiche Ausgangssituation herbeizuführen. Alle weiteren Produktionsperioden sind demzufolge dadurch gekennzeichnet, dass die landwirtschaftlichen Produzenten ihre Ressource Boden optimal für sich verwerten, ohne dass eine weitergehende Intervention stattfände. Als Gegensatz wird eine Gesellschaft konstruiert, bei der das zur Verfügung stehende Land unter gemeinwirtschaftlichen Gesichtspunkten verwaltet wird. Dazu gehört das Moment der Verteilung ebenso wie das der Arbeitsdurchführung.[2]

Die mit dem Privateigentum verbundenen gesellschaftspolitischen Implikationen lassen keinen Zweifel an der Funktionstüchtigkeit und der Notwendigkeit des

---

[1] „Die gesellschaftliche Verfassung des heutigen Europa nimmt ihren Ausgangspunkt von einer Verteilung des Eigentums, die nicht das Ergebnis gerechter Teilung und nicht durch Erwerbstätigkeit erworben, sondern das Ergebnis von Eroberung und Gewalt war; und obwohl das Erwerbsleben durch die Arbeit von Jahrhunderten das Werk der Gewalt verändert hat, behält das System noch heute manche starke Spuren seines Ursprungs. Die Eigentumsgesetze haben sich bisher nirgends den Prinzipien angepaßt, auf denen die Rechtfertigung des Privateigentums beruht. Es besteht Eigentum an Dingen, an denen niemals Eigentum hätte bestehen sollen, und unbeschränktes Eigentum dort, wo nur ein eingeschränktes angebracht wäre. [...] Daß freilich alle unter vollkommen gleichen Bedingungen beginnen könnten, ist unverträglich mit jedem Gesetz privaten Eigentums. Aber [...] wenn die Tendenz der Gesetzgebung gewesen wäre, die Verteilung, statt die Konzentration des Vermögens zu begünstigen, eine weitere Verteilung großer Massen anzuregen, anstatt Konzentration zu beschleunigen, dann würde sich herausgestellt haben, daß das Prinzip des Privateigentums nicht notwendig in Verbindung mit den physischen und sozialen Übeln steht, welche fast alle sozialistischen Schriftsteller für untrennbar von ihm annehmen." MILL, John Stuart (1871) Bd.I, 314.

[2] MILL, John Stuart (1871) Bd. I, 304 f.

Privateigentums aufkommen, weil hierdurch eine positive gesellschaftliche Entwicklung erreicht werden kann. Wenn dennoch Einschränkungen im Hinblick auf Eigentumspositionen vorgeschlagen werden, wird damit die prinzipielle Rechtfertigung für Privateigentum nicht aufgegeben. Die Einschränkung der Verfügung über Bodeneigentum ist konsequent, weil es sich um nicht vermehrbare Güter handelt und die Natur zudem der Menschheit insgesamt zur Verfügung gestellt wurde, während eine Beschränkung des Erbrechts aus Gründen einer gesellschaftlich erwünschten Chancengleichheit gerechtfertigt werden kann, weil der Erbe im Gegensatz etwa zu dem Unternehmer-Kapitalisten, der die Produktionsfaktoren mit dem Ziel der Gewinnerzielung erfolgreich kombinierte, keine Anstrengungen für das ihm überlassene Vermögen vornehmen musste.

Für jede gesellschaftliche Entwicklung vermeint MILL, dass politische Systeme generell unter dem Moment von individuellen Handlungsmöglichkeiten und der Durchsetzung individueller Freiheitsmomente bewertet werden können. Ausgehend von der Vorstellung, dass mit zunehmender Entwicklung von Gesellschaften bei ausreichender Deckung des Grundbedarfs stets das Moment von persönlicher Freiheit im Vordergrund stehen wird, könnte eine kommunistische Gesellschaft durchaus mit der kapitalistischen Produktionsweise konkurrieren. Insoweit nämlich, als im England des 19. Jahrhunderts – nicht anders als heute – Wohnort und Berufswahl von der Marktnachfrage abhängig sind.[1] Insoweit könnte also eine kommunistische Gesellschaft durchaus positive Momente zeitigen, wenn sich hier im Spannungsfeld von Freiheit und Individualität für alle Gesellschaftsmitglieder eine positive Entwicklung ergäbe. Zweifel sind dort angebracht, wo durch den Umfang der Kontrolle und durch denkbare Eingriffe in das Erziehungswesen eine Homogenität der individuellen Verhaltensweisen zu befürchten wäre. In der kapitalistischen Produktionsweise lässt sich immerhin feststellen, dass der gesellschaftliche Einfluss auf das Individuum als relativ gering anzunehmen ist.

Denn neben einer Bevormundung durch den Staat kann davon ausgegangen werden, dass Individuen stets in der Lage sein werden, ihre Interessen besser zu kennen und auch zu vertreten als es staatliche Behörden vermögen. Daneben ist zu befürchten, dass es durch die Übernahme von Aufgaben durch die öffentliche Verwaltung zu einer Machtkonzentration kommt, die sich zu Lasten der Betroffenen verkehren kann. Und letztendlich wird die eigene Interessendurchsetzung auch deshalb dem liberalen Weltbild besser gerecht, weil damit autoritäre Regierungsstrukturen zu verhindern sind. Staatliche Eingriffe sind immer mit dem Mangel behaftet, dass hierdurch eine Verletzung von individuellen Interessen bei

---

[1] „Die Beschränkungen des Kommunismus würden noch Freiheit sein im Vergleich zu der gegenwärtigen Lage der Mehrzahl der Menschheit. Die Masse der Arbeiter in England und anderen Ländern hat nur in geringem Maße eine Berufswahl oder die Wahl des Wohnsitzes." MILL, John Stuart (1871) Bd. I, 316 f.

der Verfolgung von staatlichen Zielen vermutet werden muss. Nur sofern weiterhin die individuelle Entscheidungsfreiheit nicht berührt wird, ein staatliches Angebot prinzipiell anzunehmen oder folgenlos abzulehnen, wäre eine staatliche Intervention nicht als negativ einzuschätzen. Zur Förderung der Effizienz einer bürokratischen Organisation wird von MILL eine materielle Interessiertheit der dort Beschäftigten ebenso intendiert wie deren personale Verantwortung für Entscheidungen.[1]

Bei einer derartigen wirtschaftlichen Entwicklung ist davon auszugehen, dass der Umfang der Kapitalakkumulation, also das Sparvermögen, rückläufig sein und in großem Maße ein Kapitaltransfer ins Ausland auftreten wird. Selbst wenn die damit entstehende Knappheit an Kapitalgütern in einer späteren Periode wieder zu steigenden Preisen auf dem Kreditmarkt führen würde, ist vorübergehend von einem Produktionsausfall von Gütern auszugehen. Diese skeptische Sicht auf die Entwicklung von kapitalistischen Gesellschaften kann nur durch entsprechenden Einsatz des technischen Fortschritts aufgehalten werden. Gerade diese stationäre Vorstellung führt dann auch zu dem bereits diskutierten Moment einer eingeschränkten Entwicklung des Bevölkerungswachstums. Unter diesem Gesichtpunkt kann dem stationären Zustand auch eine positive Entwicklung entnommen werden, indem jetzt gleiche Einkommens- und Vermögensverteilungen in den Vordergrund des ökonomischen Prozesses gehoben werden.[2]

Hiermit wird zugleich die Vorstellung von einem angenehmen Leben für breite Bevölkerungsschichten deutlich. Insoweit würde diese Entwicklung keinen Endpunkt darstellen, sondern eine höhere gesellschaftliche Entwicklung beinhalten. Denn immerhin hat die bisherige Evolution deutlich gemacht, dass der Warenumfang zwar vergrößert werden konnte, dass allerdings der größere Anteil der Bevölkerung hiervon keinen hohen Nutzen gehabt hatte.[3]

3.4. Neoklassik und Kreditproblem

Das neoklassische Modell thematisiert die Gleichgewichtsvorstellungen einer Ökonomie, wie sie sein sollte. Demgemäß werden institutionelle Bedingungen nur insoweit erörtert, als sie unbedingt für die ökonomische Argumentation er-

---

[1] MILL, John Stuart (1871) Bd. II, 687.

[2] „Nur in zurückgebliebenen Ländern hat die Zunahme der Produktion noch große Bedeutung; in den fortgeschrittenen Ländern ist das wirtschaftlich Notwendige eine bessere Verteilung, und ein unentbehrliches Mittel hierzu ist eine straffe Einschränkung der Bevölkerungszunahme. Einrichtungen, die alles gleichmachen, können, gerecht oder ungerecht, allein dies nicht durchführen; sie mögen die Gipfelpunkte der Gesellschaft erniedrigen, aber sie können aus eigenem nicht die unteren Schichten der Gesellschaft dauernd höher heben." MILL, John Stuart (1871) Bd. II, 392.

[3] Vgl. MILL, John Stuart (1871) Bd. II, 392–396.

forderlich erscheinen, anderenfalls werden sie in den Datenkranz der vorgegebenen Rahmenbedingungen verwiesen. Dabei stellt sich heraus, dass erst durch bestimmte Institutionen der gewünschte Gleichgewichtszustand erreichbar wird und demzufolge ihre Untersuchung unumgänglich ist.

Der traditionelle Aufbau der Neoklassik umfasst die Gesichtspunkte der Tausch- und der Produktionsökonomie. Für jede Tauschökonomie – auch unter Konkurrenzbedingungen – gilt, dass der Tausch zwischen Individuen nur dann zu einer Markträumung führt, sofern alle Beteiligten durch die neue Gütermenge ihre ursprüngliche Situation verbessern können. Der Tausch impliziert nämlich den Austausch von Gütern gegen solche mit einem höheren Nutzenindex. Das Handlungskalkül beinhaltet die Argumentation, dass Angebot und Nachfrage im Tauschgleichgewicht dem Ausgleich der Grenznutzen entspricht.[1]

In den nachfolgenden Ausführungen steht die Institution des Privateigentums im Vordergrund. Als ein Ergebnis kann festgestellt werden, dass die marktwirtschaftliche Organisation zur Erreichung des Gleichgewichts das Privateigentum benötigt. Privateigentum wird hier gleichgesetzt mit individuellen Verfügungsrechten, die selbst genutzt und übertragbar sind und gegenüber anderen Wirtschaftseinheiten mit staatlicher Hilfe durchgesetzt werden können. Es handelt sich insoweit um die Erörterung einer klassischen Staatsfunktion, die von SMITH als notwendige Rechtsgarantie und viel früher bereits von HOBBES in der staatlichen Sicherung bei der Durchsetzung von Verträgen gesehen wurde.

Das Ziel der Theorie des allgemeinen Gleichgewichts kann darin gesehen werden, den Nachweis zu erbringen, dass in marktwirtschaftlich organisierten Gesellschaften, die als Konkurrenzmodell vorgestellt werden, über den Preismechanismus ein allgemeiner Interessenausgleich auf den Güter- und Faktormärkten hergestellt wird. Obwohl analog zur klassischen politischen Ökonomie die egoistischen Handlungen nicht auf gesellschaftliche Harmonie gerichtet sind, führt die „*invisible hand*" des Preisbildungs- und Konkurrenzmechanismus zu einem sozialökonomischen Optimum.[2] Damit ist die neoklassische Welt mit ihren Handlungsakteuren umrissen: isoliert tauschende Wirtschaftssubjekte agieren durch Maximierung von Nutzen (Haushalte) und in der späteren Beschreibung von Produktionsökonomien durch Maximierung des Gewinns (Unternehmen). Die Her-

---

[1] Mit Bezug auf einen anderen Autor erörtert Joan ROBINSON den Tausch in einem Kriegsgefangenenlager, dessen ökonomische Situation durch den wechselseitigen Gütertausch von überschüssigen Beständen an nicht gewünschten Gütern gekennzeichnet ist und letztendlich zu einem Tauschgleichgwicht führen wird, bei dem jeder entsprechend seinem Nutzenindex besser gestellt sein wird, als in der Ausgangslage. ROBINSON, Joan (1971): Ökonomische Theorie als Ideologie. Über einige altmodische Fragen der Wirtschaftstheorie, Frankfurt am Main 1974, 17 f.

[2] Allerdings fehlt eine moralphilosophische Begründung mit der auch die Grenzen des individuellen Handelns gegenüber der Gesellschaft deutlich werden.

stellung des gesamtwirtschaftlichen Gleichgewichts beinhaltet in der allgemeinen Form das Modell der vollständigen Konkurrenz: Es stellt sich die Frage nach den Konstitutionsbedingungen dieser Tauschökonomie, also nach der Tauschregel und der Legitimation des Tauschergebnisses.

Im Gegensatz zur Klassik werden die ökonomischen Handlungen der Gesellschaftsmitglieder losgelöst von ihren sozialen Beziehungen betrachtet und ihre Interaktionen auf Tauschverhältnisse reduziert. Allen Individuen ist gemeinsam, dass der Grund für den Tausch in Gütern liegt, über die andere Individuen verfügen. Bei prinzipiell unendlichen Bedürfnissen und einer vorhandenen Güterausstattung sind die Individuen gezwungen, diejenige Gütermenge gegen vorhandene eigene Güter zu tauschen, die dem jeweiligen Interesse am besten entspricht, sich also nutzenmaximierend verhält. Der Tausch kommt demnach zustande, weil ein anderes Individuum über begehrenswerte Güter verfügt, für die eigene Güter hergegeben werden. Der Gütertausch wird selbstverständlich nur vorgenommen, wenn er für beide Tauschpartner vorteilhaft ist. Insoweit liegt das Tauschmotiv in den individuellen Präferenzen für ein Gut und dem Nutzen, selbst darüber verfügen zu können. Der gemeinsame Wertmaßstab der Klassik – Einsatz von Arbeitskraft – wird zugunsten einer individuellen Bewertung (subjektive Wertlehre) aufgegeben. Der wechselseitige Tausch vollzieht sich unter Beachtung des Privateigentums als „freiwillige Kooperation" (FRIEDMAN 1962, 34). Die Rechtsordnung ist hier auf das formal juristische Eigentum beschränkt, ohne Rückgriff auf das Naturrecht. Insoweit bildet das Privateigentum die weitere Ausgangsbasis für Tauschhandlungen, in denen rechtlich gesicherte Eigentumsübertragungen durchgeführt werden können. Das tauschende Subjekt ist nicht über Eigentum definiert, sondern über Präferenzen. Seine individuellen Handlungen unterliegen seinem individuellen Wertmaßstab.

Der wechselseitige Tausch führt – präferenztheoretisch begründet – langfristig immer zu einer Gleichgewichtslösung. Dabei finden soziale Komponenten nur insoweit Berücksichtigung, als sie zwar benannt, nicht jedoch als das Ergebnis des tauschwirtschaftlichen Prozesses thematisiert werden. GOSSEN kann sich beispielsweise auf eine naturgewollte Gleichgewichtslösung berufen, die jedes Individuum gleichermaßen belohnt, sofern es ihm gelingt, seine Interessen mit den Vorstellungen der anderen – ebenfalls am eigenen Nutzen orientiert – zu entsprechen. Das gesamtgesellschaftlich erreichbare Tauschniveau muss dann als gerecht empfunden werden, wenn aus dem wechselseitigen Gütertausch jeder einzelne Vorteile erlangt hat und dementsprechend auch seine eigene Position verbessern konnte.[1] Die Tauschsituation endet dann, wenn durch weitere Tauschakte der Nutzen der tauschenden Individuen nicht weiter erhöht werden kann. Diese

---

[1] GOSSEN, Hermann-Heinrich (1854): Entwickelung der Gesetze des menschlichen Verkehrs, und der draus fließenden Regeln für menschliches Handeln, Braunschweig. Reprint Düsseldorf 1987, 100.

Vorstellung entspricht dem totalen mikroökonomischen Konkurrenzgleichgewicht, wobei für GOSSEN dieser Zustand nur erreicht werden kann, weil andere als marktlogische Einflüsse aus dem Tauschverhalten ausgeschlossen werden, insbesondere soziale Gesichtspunkte.[1] Diese Gleichgewichtsvorstellung ist das Ergebnis der auf marktwirtschaftlicher Organisation basierenden Tauschwirtschaft und führt zu einem wechselseitigen Interessenausgleich, wobei die marktfähigen Leistungen der Gesellschaftsmitglieder entsprechend den Nutzenvorstellungen entlohnt werden.[2]

Die gleichgewichtige Situation setzt weitere gesellschaftliche Institutionen voraus. Dazu gehören die Gleichheit aller Gesellschaftsmitglieder, die freie Verfügung über Eigentumspositionen, der Schutz des Eigentums sowie die damit verbundene Rechtsordnung, die Einhaltung der Tauschregeln zu garantieren.[3] Andererseits wird von GOSSEN darauf aufmerksam gemacht, dass der individuelle Nutzen nur erreicht werden kann, soweit die Anbieter die Eigenschaften ihrer Güter umfassend offen legen und nötigenfalls auch durch staatliche Maßnahmen hierzu veranlasst werden.[4] Die Tauschsituation führt bei allen Teilnehmern auch ohne Produktion von Gütern zu Nutzenzuwächsen.[5] In der reinen Tauschökonomie haben wir es demzufolge mit einem intrasektoralen Tausch, nämlich zwischen Haushalten zu tun. Dabei ist die Tauschrelation – das Gleichgewicht zwischen Angebot und Nachfrage – das Ergebnis der relativen Seltenheit (WALRAS: rareté) der verfügbaren Güter. Da durch die Tauschregel auch ungleichgewichtige Situationen zu Lasten von Individuen eintreten können, sahen sich HICKS und KALDOR veranlasst, Kompensationszahlungen beim Erreichen eines gesellschaftlich höheren Wohlfahrtsniveaus zu Lasten eines Individuums und damit einer nicht pareto-optimalen Situation einzuführen.

Der Gütertausch kann auch durch Geld vollzogen werden. Damit hat Geld die Eigenschaft, Tauschketten zu verlängern. Sofern die nutzenmaximierenden Wirtschaftssubjekte die Tauschaktivitäten mit Geld durchführen, stellt sich erneut die Frage nach den Handlungsbedingungen. Sofern Geld als Warengeld gesehen wird, verfügt es über Nutzen und demzufolge für den Tauschpartner über Wert, weil mit dem eingetauschten Geld wünschenswerte Güter gekauft werden können. Mit Hilfe des Geldes als Tauschmittel wird jetzt Eigentum übertragen. Wei-

---

[1] GOSSEN, Hermann-Heinrich (1854), 101.

[2] GOSSEN, Hermann-Heinrich (1854), 98–102.

[3] GOSSEN, Hermann-Heinrich (1854),128.

[4] GOSSEN, Hermann-Heinrich (1854), 129 f. Allerdings kann diese Tauschregel auch von dem Nachfrager vernachlässigt werden, sofern unvollkommene Information durch Preisreduktion berücksichtigt werden.

[5] RADFORD, R. A. (1945): The Economic Organization of a P.O.W. Camp, Economica 12, 1945, 194–198.

terhin wird das Privateigentum formal juristisch gesehen und sichert den Tausch/Kauf von Gütern.

Sofern der wahlhandlungstheoretische Gleichgewichtsansatz auf eine Produktionsökonomie angewandt wird, ergeben sich andere Probleme als beim Tausch von Gütern oder dem Einsatz von Geld für das Privateigentum.

Während für Tauschökonomien – auch unter Konkurrenzbedingungen – das Privateigentum als notwendiges Merkmal in Erscheinung tritt, soll das tauschwirtschaftliche Modell auch auf Produktionsökonomien übertragen werden und eine effiziente Situation herstellen.[1] Diese Argumentation ist insoweit schlüssig, als ein auf die technische Effizienz begrenztes Modell eine optimale Lösung erlaubt, selbst wenn die Grundlage der individuellen Verfügungsrechte explizit keine Berücksichtigung findet. Auf diesen Gesichtspunkt kann auch SCHUMPETER hinweisen, wenngleich damit die typische Funktion des Unternehmers eingeschränkt wird.[2] Allerdings sind Zweifel angebracht, ob nicht auch die Modellierung einer Produktionsökonomie das Privateigentum als ökonomisch wichtige Größe zu behandeln hat, sofern der eigentumslose Unternehmer den Privateigentümern an Produktionsfaktoren gegenübersteht und er sich des Weiteren bei der unternehmerischen Aufgabenerfüllung Dritter bedient, die mit dem Interesse der Vermögenseigentümer nicht unmittelbar verbunden sind und vielleicht sogar eigenständige Interessen herausbilden. Die damit aufgeworfene Fragestellung verlässt den Rahmen der Tauschökonomie und fragt nach den Bedingungen einer Produktionsökonomie, die nicht mehr den Eigentümer-Kapitalisten kennt, sondern den eigentumslosen Entrepreneur in den Vordergrund stellt. Die Produktion erfordert nunmehr das Eingehen von Kreditbeziehungen durch den Unternehmer. Mit der Herausbildung von Kapitalgesellschaften werden weiterhin bislang personale Entscheidungmöglichkeiten und die Durchsetzung von individuellen Verfügungsrechten neu organisiert. Die Vermögenseigentümer sind durch Aktien oder Geschäftsanteil entsprechend der Höhe ihrer Kapitalbeteiligung Eigentümer der jeweiligen Unternehmung, ohne allerdings mit einer personalen Verantwortung für den Geschäftsablauf ausgestattet zu sein. Mit dieser „kapitalistische Prägung der Mitgliedschaft" (RAISER 1992, 2 Ziff. 3) bildet sich zur Erfüllung der unternehmerischen Aufgabe eine neue Klasse heraus, die nicht unmittelbar mit den Interessen der Vermögenseigentümer identifiziert werden kann, sondern eigene Vorstellungen über den ökonomischen Erfolg und dessen Zielerreichung entwickelt. Die Legitimation erwächst ihnen aus der unmittelbaren Verfügungsberechtigung über die Produktionsmittel, ohne selbst Eigentümer sein zu müssen. Damit übernehmen sie die Funktion des Eigentümer-Kapitalisten des 19. Jahr-

[1] Vgl. GÜTH, Werner (1992): Theorie der Marktwirtschaft, Berlin–Heidelberg, 225.

[2] SCHUMPETER, Joseph Alois (1911): Theorie der wirtschaftlichen Entwicklung, Eine Untersuchung über Unternehmergewinn, Kapital, Kredit, Zins und den Konjunkturzyklus, 7. Aufl., Berlin 1987, 263 f.

hunderts, ohne dessen Zielfunktion in toto übernehmen zu können. Die weitere sozialstaatliche Entwicklung hebt sowohl den Gesichtspunkt der Sozialpflicht[1] als auch den der demokratischen Kontrolle[2] hervor und schränkt damit die Verfügungsrechte der Vermögenseigentümer aus gesamtgesellschaftlichen Interessen ein.

Theoretischer Ausgangspunkt ist die Vorstellung von einer Tauschökonomie ohne außenwirtschaftliche Beziehungen. Die ökonomisch veranlassten Handlungen der Gesellschaftsmitglieder werden dabei nicht insgesamt betrachtet, sondern losgelöst von ihren sozialen Beziehungen auf ein repräsentatives Individuum reduziert.[3] Dieser methodische Reduktionismus sieht den Menschen zwar als ein gesellschaftliches Wesen, vermag ihn jedoch aus diesem Zusammenhang zu trennen,[4] weil auch das Handeln von Gruppen oder Organisationen stets durch die Aktionen von Individuen und deren Vorstellungen bestimmt werden.[5] Dass andererseits der Stellenwert von gesellschaftlichen Beziehungen für die Neoklassik als theoretisch unerheblich angesehen wird, verdeutlichen die Beispiele innerhalb der theoretischen Ausführungen. Hier werden isoliert agierende Menschen und ihr Verhältnis zur Güterwelt betrachtet und Interaktionen lediglich auf Tauschverhältnisse reduziert, andererseits immer die Organisation der bürgerlichen Gesellschaft vorausgesetzt. Dabei wird unterstellt, dass jedes Individuum hinsichtlich seiner Handlungsmöglichkeiten bei prinzipiell unendlichen Bedürfnissen durch seine Faktorausstattung eingeschränkt ist und es diese Beschränkung zum wirt-

---

[1] Mit dem Aktiengesetz von 1937 wurde der Vorstand verpflichtet, „die Gesellschaft so zu leiten, 'wie der gemeine Nutzen von Volk und Reich es fordern'“, zit. nach RAISER, Thomas (1992): Recht der Kapitalgesellschaften. Ein Handbuch für Praxis und Wissenschaft, München, 5 Ziff. 5.

[2] Sehr früh das Gesetz über die Mitbestimmung der Arbeitnehmer in den Aufsichtsräten und Vorständen der Unternehmen des Bergbaus und der Eisen und Stahl erzeugenden Industrie (Montanmitbestimmungsgesetz vom 21.05.1951, BGBl. I, 374). Vgl. STEIN Ekkehart (1995): Demokratisierung in der Marktwirtschaft, Baden-Baden.

[3] „Es ist die individualistische Methode, der wir alle Einsicht in die wirtschaftlichen Zusammenhänge verdanken, die wir überhaupt besitzen; und dass die moderne, subjektivistische Theorie in der folgerichtigen Benützung dieses individualistischen Gesichtspunktes noch einen Schritt über die Klassiker hinausgegangen ist, ist wahrscheinlich ihr größter Vorzug gegenüber den Lehren der Klassiker.“ HAYEK, Friedrich A. v. (1931): Preise und Produktion, (Beiträge z. Konjunkturforschung, 3), Wien, 4 f.

[4] Zur Kritik am methodologischen Individualismus vgl. HABERMAS, Jürgen (1970): Zur Logik der Sozialwissenschaften. Materialien, Frankfurt am Main; BERGER, Peter L./ LUCKMANN, Thomas (1966): Die gesellschaftliche Konstruktion der Wirklichkeit. Eine Theorie der Wissenssoziologie, 3. Aufl., Frankfurt am Main 1972.

[5] „Wir müssen den Einzelnen und sein Handeln betrachten, um das Kollektivgebilde zu erkennen. Kein Kollektivgebilde ist und lebt ausserhalb des Handelns einzelner Menschen.“ MISES, Ludwig von (1940): Nationalökonomie, 33.

schaftlichen Handeln zwingt, diejenige Alternative auszuwählen, die seinem Interesse am besten entspricht. Aus dieser Sichtweise teilt der Haushalt sein Einkommen entsprechend dem 2. GOSSENschen Gesetz auf verschiedene Güter gemäß seinen Bedürfnissen auf und handelt demgemäß nutzenmaximierend. Diese Vorstellung führt sowohl zur Konstruktion eines Haushalts, der als repräsentativ für den Haushaltssektor insgesamt angesehen wird als auch zu einem repräsentativen Unternehmen als Chiffre für den Unternehmenssektor. Dabei unterliegt der Haushalt ebenso wie das Unternehmen jeweils einem analogen Handlungskalkül. Gilt für den Haushalt die Maximierung des Nutzens, so hat der Unternehmer die positive Größe seiner Aktivität (Erlös – Kosten) zu maximieren, den Gewinn. Die Handlungsmöglichkeiten der beiden Akteure werden des Weiteren begrenzt durch nicht veränderbare Marktpreise und das Einkommen der Haushalte.

Die Situation des Haushalts ist dadurch gekennzeichnet, dass sein Einkommen einem Marktergebnis entspricht und er nicht in der Lage ist, den Marktpreis für die gewünschten Güter zu beeinflussen. Der Unternehmer ist nach dieser Modellvorstellung ein eigentumsloses Individuum.[1] Alle Bestände an Produktionsfaktoren, die Produktionsmittel sind, gehören zum Eigentum der Haushalte und müssen für die Güterproduktion durch den Unternehmer gekauft werden. Entweder wird damit die Situation des Unternehmer-Kapitalisten des 19. Jahrhunderts beschrieben, in der Unternehmer über einen Kapitalstock zum Kauf von Einsatzfaktoren verfügen oder der neue Typus des Unternehmers ist ein „Habenichts", der zur Durchführung seiner Güterproduktion auf Kreditbeziehungen angewiesen ist. Während der Unternehmer-Kapitalist qua Geld über seinen erforderlichen Produktionsapparat einschließlich der Arbeiter verfügen kann, stellt sich für den neoklassischen Unternehmer die Frage nach den Tauschbedingungen zur Realisierung seines Interesses.

Der Unternehmer bzw. Unternehmenssektor hat entsprechend der Produktionsmöglichkeitskurve (oder auch: Transformationskurve) prinzipiell die Möglichkeit, Güter in Höhe der von den Haushalten zur Verfügung gestellten Faktoren zu produzieren, und zwar unter den Prämissen einer gegebenen Produktionstechnik und durch eigene Aktivitäten nicht veränderbarer Marktpreise.[2] Unternehmer kaufen die erforderlichen Einsatzfaktoren zur Produktionsdurchführung unter der Prämisse, durch die „Transformation von Produktionsfaktoren" (KOSIOL) ihr Gewinn-Interesse realisieren zu können. Ihre Produktionsentschei-

---

[1] „Dieser Unternehmer ist mittellos ..." MISES, Ludwig von (1940), 246; und SCHUMPETER, Joseph Alois (1911), 146: „Die Unternehmerfunktion ist prinzipiell nicht an Vermögensbesitz geknüpft ..."

[2] Auf die Erörterung weiterer Prämissen wie Vollbeschäftigung, Faktormobilität und Veränderung von Faktorbeständen, die eine Veränderung der Transformationskurve herbeiführen, kann hier verzichtet werden.

dung wird dadurch erleichtert, dass der Unternehmer in Kenntnis der Bedürfnisse der Haushalte seine Güterproduktion „vikarisch“ durchführt.[1]

Die wechselseitigen egoistischen Interessen[2] der neoklassischen Individuen sind durch die Nutzenmaximierung des Güterumfanges bei Haushalten und der Gewinnmaximierung des Entrepreneurs charakterisiert. Die Realisierung des jeweiligen Eigeninteresses erfolgt über den Marktmechanismus. Der Markt ist die Instanz der Koordination und fügt die einzelwirtschaftlichen Entscheidungen im (Tausch)-Gleichgewicht zusammen, ohne dass damit die gesellschaftliche Fragestellung beantwortet werden kann, welche Güter in welchen Mengen für die Gesellschaft produziert und wie die Verteilung der gesellschaftlichen Produktion durchgeführt werden sollte. Die neoklassische Antwort behauptet eine paretooptimale Situation, sofern durch einen Gütertausch kein Individuum mit einer schlechteren Tauschposition belohnt wird.[3]

Der Kauf von überschüssigen Produktionsfaktoren durch den entrepreneur ist nicht gleichbedeutend mit der Übertragung von Faktorbeständen an den Unternehmer, sondern beinhaltet lediglich Nutzungsrechte, die entlohnt werden müssen. So ist der Haushalt selbstverständlich Eigentümer seiner Person und damit auch seiner Arbeitskraft, die er ohne Zwang, also freiwillig, für eine bestimmte Periode gegen Entgelt (Lohn) einem Unternehmer zur Verfügung stellt. Analog werden die Nutzung von Kredit oder Boden behandelt. Immer ist und bleibt der Haushalt Eigentümer einer Sache, der einem anderen Individuum – dem Unternehmer – die Nutzungsrechte für einen bestimmbaren Zeitraum einräumt. Die Nutzung der Faktorbestände durch den Unternehmer führt zu Einkommen (i. S. eines Faktornutzungspreises) der Haushalte in Gestalt von Löhnen, Zinsen und Renten. Die vorübergehende Überlassung der Produktionsfaktoren ist für das Handeln von Haushalten und Unternehmen ein Resultat aus individuellen Präferenzen und der vorfindbaren Preisbildung. Entsprechend der Organisation einer Tauschökonomie, treten Haushalte und Unternehmen wechselseitig als Anbieter

---

[1] Hierzu führt MISES aus: „Welche Art die Dinge sind, die sich der Verbraucher wünscht, kümmert dabei Unternehmer und Kapitalisten nicht. Sie sind nur die gehorsamen Diener des Verbrauchers und vollstrecken ohne Widerrede seine Befehle.“ MISES, Ludwig von (1932): Die Gemeinwirtschaft. Untersuchungen über den Sozialismus. 2. Aufl., Jena. Reprint München 1981, 414 f.

[2] Der homo oeconomicus ist keine Entdeckung der Neoklassik, sondern ein Erbe der klassischen politischen Ökonomie, SMITH, Adam (1776 a), IV II, 369. Und RICARDO resümiert: „Bei einem System des vollkommen freien Handels wendet natürlich jedes Land sein Kapital und seine Arbeit solchen Zweigen zu, die jedem am vorteilhaftesten sind. Dieses Verfolgen des individuellen Vorteils ist bewundernswert mit dem allgemeinen Wohle des Ganzen verbunden.“ RICARDO, David (1821), 120.

[3] Zur wohlfahrtstheoretischen Diskussion von Wohlfahrtsgewinnen und -verlusten vgl. die Ausführungen zur Kompensationsproblematik bei SOHMEN, Egon (1976): Allokationstheorie und Wirtschaftspolitik, Tübingen, 307 ff.

und Nachfrager auf. Dieses Rollenspiel entspricht ihrer jeweiligen Situation als Eigentümer. Auf den Faktormärkten (WALRAS: Dienstleistungen) ist der Unternehmer Nachfrager, auf dem Gütermarkt Anbieter seiner Waren. Der Austausch von Produktionsfaktoren bzw. des Produktionsergebnisses erfolgt zum Gleichgewichtspreis, wobei der Preis der Güter den Kosten der Inputs entsprechen muss (WALRAS: Wiederherstellungskosten!), weil anderenfalls eine höhere bzw. bei Verlust eine geringere Nachfrage nach Faktorleistungen einsetzen muss. WALRAS zeigt, dass der erzielte „Kostpreis" die Untergrenze für die Nachfrage nach Faktorleistungen, als ein Resultat der präferenztheoretisch begründeten Wahlhandlungen der beiden Wirtschaftsubjekte Haushalt und Unternehmen, darstellt.[1]

In dem typischen WALRASianischen Modell kommt es zur Gleichgewichtslösung, weil eine Maximierung von Nutzen und Bedürfnisvorstellungen eine Entsprechung auf der Seite der Gewinnmaximierung finden. Im totalen Gleichgewicht ist der Markt geräumt, wobei allerdings auch kein Gewinn anfällt, weil alle verkauften Güter nur zu ihren Kosten verkauft werden. Zu beachten ist, dass der Tauschvorgang selbst nicht permanent vollzogen wird, sondern erst nachdem der Auktionator den Gleichgewichtspreis mit Hilfe der Angebots-Nachfragekonfiguration festgesetzt hat. Ein Tausch nach dem Gleichgewichtspreis würde zu einer suboptimalen Situation führen und demzufolge keine pareto-optimale Situation darstellen.

Die theoretischen Folgen aus der unzureichenden Unterscheidung zwischen Eigentum und Besitz

In einer frühen Studie über die gesellschaftliche Entwicklung wird die Herausbildung des Privateigentums als Beweggrund für umfassende Veränderungen in der gesellschaftlichen Organisation hervorgehoben.[2] In diesem Zusammenhang wird von MILL auf die Rechtssicherheit hingewiesen, die für die Herausbildung von

---

[1] „Die Unternehmer sind vom Bestreben geleitet, dergestalt Dienstleistungen zu kaufen und Produkte zu verkaufen, daß sie hierbei keinen Verlust erleiden, sondern Gewinn erzielen. Die Grundbesitzer, Arbeiter und Kapitalisten trachten hinwiederum auf solche Weise ihre Dienste an den Mann zu bringen und Erzeugnisse zu erwerben, daß sie sich dabei die größtmögliche Bedarfsbefriedigung verschaffen. Das besagt aber, wenn wir den Gleichgewichtszustand des Tauschverkehrs und der Produktion in Betracht ziehen, daß der Preis der Dienstleistungen abhängig ist vom Preise der Erzeugnisse (und nicht etwa der Preis der Erzeugnisse vom Preise der Dienstleistungen), und ferner daß der Preis der Erzeugnisse abhängig ist von den Bedingungen der größtmöglichen Bedarfsbefriedigung welche solcherart zur Grundlage jeglichen Gleichgewichtszustandes in der Wirtschaft wird." WALRAS, Léon (1886): Theorie des Geldes, Jena 1922, 54 f.

[2] Am Beispiel der griechischen Gentilverfassung wird von MORGAN der Einfluss des Privateigentums auf die gesellschaftlichen Verhältnisse verdeutlicht, MORGAN, Lewis H. (1891): Die Urgesellschaft. Untersuchungen über den Fortschritt der Menschheit aus der Wildheit durch die Barbarei zur Zivilisation, Stuttgart, 184.

Kaptitalakkumulation und Sparen unumgänglich ist.[1] Die Sicherheit des Vermögensrückflusses ließe sich – bei Kenntnis aller Umweltbedingungen – als ein Risikoaufschlag auf den Zins für Kredite erfassen. Dabei muss der Aufschlag dem Risiko des Vermögensverlustes entsprechen, ohne allerdings sicherstellen zu können, dass das Eintrittsrisiko entfallen wird.[2] Insofern erscheint eine zureichende Risikosicherung durch den Zins nicht möglich und erfordert eine marktlogische Begründung.

Bei zu hohem Risiko verhindert der Vermögenseigentümer ein gewünschtes Kreditangebot unter Berücksichtigung seiner Opportunitätskosten. Eine analoge Situation kann u. a. für die Kreditvergabe an Kapitalgesellschaften angenommen werden. Mit steigendem Anteil von Fremdkapital werden potentielle Kreditgeber ihr Kreditangebot auf den Umfang der Höhe des Eigenkapitals reduzieren, um das Risiko der Überschuldung und damit eines Vermögensverlustes auszuschalten. Als dessen Folge resultiert eine persönliche Zurückhaltung bei der Liquiditätsaufgabe der Vermögenseigentümer bzw. institutionelle Kreditbeschränkung seitens der Vermögensbesitzer, des Geschäftsbankensystems, das mit der Theorie der Kreditrationierung thematisiert wird.[3] Aus diesem Verhalten folgt, dass Haushalte bzw. Unternehmen ohne Vermögenspositionen auf dem Kreditmarkt – als Modellvorstellung des vollkommenen Marktes – zwar grundsätzlich zugelassen sind, allerdings keine Realisierungschancen bei der Kreditaufnahme besitzen.

Das Gläubiger-/Schuldnerverhältnis wird durch den Gleichgewichtszins charakterisiert. Sofern auch die Neoklassik Risiko und Erwartungen berücksichtigt, treten folgende Probleme auf. Der Kreditnehmer verfügt über gesicherte vollkommene Informationen und bildet sie rational ab. In diesem Fall kann der Vermögenseigentümer seinen Liquiditätsverzicht aufgrund seiner vorhandenen Präferenzen an dem Marktzins ausrichten. Wenn der Kreditnehmer über unvollkommene Informationen verfügt und diese rational abbildet, kann der Vermögenseigentümer seine Entscheidung zwischen Risiko und Opportunitätskosten fällen. Sofern eine rationale Risikoeinschätzung aufgrund asymmetrischer Informationen zwischen Kreditnehmer und Kreditgeber zu unterschiedlichen Einschätzungen über bestimmte Umweltzustände führt, können diese als Wahrscheinlichkeitsverteilung abgebildet werden. Allerdings sind damit unterschiedliche Interpretationen über den Gegenwartswert von zukünftigen Erträgen verbunden, die darüber hinaus auch durch unterschiedliches Risikoverhalten bestimmt werden können.

---

1 „Auf einer gewalttätigen und rohen Entwicklungsstufe der Gesellschaft kommt es immerzu vor, dass die Kapitalbesitzer ihr Kapital nicht selbst ersparten, sondern dass das Kapital denen gehört, die, da sie stärker waren oder einer mächtigeren Gemeinschaft angehörten, das Kapital durch Raub erwarben." MILL, John Stuart (1871), I, 104.

2 Vgl. den Riskoaufschlag bei Seegeschäften in antiken Griechenland, S. 193 FN 1.

3 Vgl. STIGLITZ, Joseph E./WEISS, Andrew (1981): Credit Rationing in Markets with Imperfect Information, in: American Economic Review, Vol. 71 (3), 393–410.

Da keine eindeutige Lösung beim Vorliegen von Informationsdefiziten möglich ist, wird dieser Unterschied entweder durch Vertrauen in den Kreditnehmer kompensiert oder mit Verzicht der Kreditvergabe durch den Vermögenseigentümer beantwortet werden.

In der vorliegenden Arbeit wird gegenüber der Neoklassik argumentiert, dass Tauschökonomien sich durch wechselseitige Verträge konstituieren, deren Zustandekommen zwar unter bewusstem Eingehen eines Risikos durchgeführt werden, jedoch einer institutionellen Sicherung für den Gläubiger bedürfen. Neben der Sicherung durch Rechte können Kontrakte gegenüber dem Schuldner auch mit der Kategorie des Vertrauens bzw. durch ein Gewaltverhältnis charakterisiert werden. Im Lauf der gesellschaftlichen Entwicklung zeigt sich, dass ein Gesellschaftsvertrag, der Gewaltanwendungen ausschließt, nicht nur lebenserhaltend, sondern effizient ist. Dieser kooperative Gesichtspunkt setzt einen allgemein akzeptierten Regelmechanismus voraus, indem Konfliktregelungen zu einer Gesellschaftsaufgabe werden. Damit treten die Individuen ihre Macht an eine neue Instanz ab, die von jetzt ab und durch kodifizierte Normen zur Gewaltanwendung legitimiert ist. Der Aufgabe von Freiheitsrechten, die eine individuelle Einschränkung von Handlungen bedeutet, steht der Vorteil gegenüber, damit zugleich die eigene Freiheit dauerhaft gegen Zugriffe von anderen zu sichern. Mit dieser Entwicklung bildet sich ein System von Rechtsregeln heraus, das neben dem Regulativ der Freiheitssicherung auch mit der inhaltlichen Ausgestaltung des Privateigentums konfrontiert ist. Darüber hinaus verändert sich die kategoriale Stellung des Vertrauens. Noch immer können und werden Kreditverträge unter dem Gesichtspunkt des Vertrauens abgeschlossen. Allerdings wird diese Möglichkeit durch unpersönliche Situationen bei der Kreditvergabe bzw. Unternehmensbeteiligung erschwert und ist bei zunehmender Veränderung des Umfangs mit einem Informationsproblem belastet. Selbst wenn der Gläubiger bereit ist, sein definiertes Risiko einzugehen, muss er relativ sicherstellen können, dass ihm bei Zahlungsunfähigkeit des Schuldners kein Vermögensverlust trifft bzw. die Verlustposition durch eine angemessene Sicherheitsleistung ausgeglichen werden kann.[1] Diese Sicherung liegt in dem gesellschaftlich begründeten Privateigentum, das nicht nur berechtigte Übertragungen ermöglicht, sondern auch zur Sicherung von Kreditverträgen dient, sofern ihre Einlösung durch den Schuldner trotz größter ökonomischer Anstrengungen unmöglich wird. Damit wird allerdings deutlich, dass die allgemeine Gleichgewichtstheorie mit ihrer „Naturaltausch-

---

[1] Eine Darlehenssicherung mit Risikoübernahme durch den Gläubiger stellen in der Antike Seedarlehen dar, bei denen Schiff und Ladung zur Sicherung des Kredits und der Zinsen (faenus nauticum) als Risikoprämie fungieren, was allerdings den Gläubiger nicht vor dem Schiffsuntergang und dem Verlust seines eingesetzten Geldes bewahrte, s. BELOCH, J. (1911): Artikel „Zinsfuß (Geschichte)", in: Handwörterbuch der Staatswissenschaften, 3. Aufl., Bd. VIII, 1017–1023.

Fiktion"[1] eine moderne Produktionsökonomie, die auf Kreditbeziehungen beruht, nur unzureichend abbildet,[2] und damit Eigentum nicht in allen Funktionen erfassen kann

---

[1] MISES, Ludwig von (1940), 189.

[2] „... the foundation of society is found, not in functions, but in rights; that rights are not deducible from the discharge of functions, so that the acquisition of wealth and the enjoyment of property are contingent upon the performances of services, but that the individual enters the world equipped with rights to the free disposal of his property and the pursuit of his economic self-interest, and that these rights are anterior to, and independent of, any service which he may render." TAWNEY, Richard H. (1921): The Acquisitive Society. Reprint London 1952, 23.

Kapitel 4

Die Modifizierung der Eigentumsauffassung in Geldwirtschaften

4.1. Adam Müller: Gegen den ökonomischen Individualismus und für eine Neuordnung der Gesellschaft durch Korporationsrechte

Gegenüber den Vorstellungen der klassischen politischen Ökonomie und ihrem Konzept einer auf egoistischen Verhaltensannahmen begründeten Wirtschaftsethik und -praxis, die immer, obwohl nur dem Individuum verpflichtet, zu einer das Gemeinwohl fördernden Lösung führt, kommt es mit zunehmender ökonomischer Entwicklung und den sich damit herausbildenden gesellschaftlichen Veränderungen zu einer umfangreichen konservativen Kritik. In der Literatur- und Geistesgeschichte wird diese Epoche als Romantik bezeichnet. Kennzeichnend ist eine rein historische Betrachtungsweise mit der methodischen Beschränkung, nur singuläre Ereignisse aufzudecken und analytische Verfahren zurückzuweisen, wobei allerdings die vergangenen Epochen und deren Werthaltung quasi als zeitlos und auf die Gegenwart übertragbar begriffen werden.

Die gesellschaftlichen Erschütterungen haben offensichtlich auch dazu geführt, das Weltbild der Aufklärung zurückzudrängen. Insbesondere für die deutsche Romantik steht das Mittelalter mit seinem korporativen Staatsaufbau im Vordergrund. Damit werden insbesondere Gemeinschaftswerte betont und demzufolge individualistische Vorstellungen zurückgewiesen. Als konservativ kann diese Bewegung deshalb rubriziert werden, weil ihr Entwicklungsmodell auf der Wiederbelebung der Vergangenheit beruht. Mit dieser Vorstellung ist auch ein anderes Gesellschaftsbild vom Menschen verbunden, in dem Gleichheit und Gleichwertigkeit aller Menschen zwar anerkannt werden, jedoch zu anderen Konsequenzen als in der Aufklärung führen. Das Individuum kann und wird nur in der Gemeinschaft gedacht, und zwar in seinem ihm einmal zugeteilten gesellschaftlichen Aktionsradius.[1] Damit wird die Grundlage einer historisch-ethischen Grundlage der Nationalökonomie dargestellt, deren universalistischer Ansatz in den zwanziger und dreißiger Jahren dieses Jahrhunderts anzutreffen war,[2] und nur

---

[1] MEHLIS, Georg (1922): Die deutsche Romantik. München 1922, 71 (Bibliothek der Weltgeschichte).

[2] Vgl. hierzu die theoretische Fundierung durch: SPANN, Othmar (1918): Fundament der Volkswirtschaftslehre. 2. Aufl., Jena 1921; ders. (1923): Der wahre Staat. Vorlesungen über Abbruch und Neubau der Gesellschaft, Leipzig, die folgenden Artikel im Handwörterbuch der Staatswissenschaften, 4. Aufl., Jena 1928, „Klasse und Stand“

noch mit geringer Resonanz nach 1945 vertreten wurde, selbst wenn ordo-liberale Vorstellungen und die katholische Sozialrechtslehre die geistige Herkunft für ihre basalen Grundannahmen, die im ordo rerum des mittelalterlichen Denkens begründet sind, nicht verleugnen können.[1] Neben der gesellschaftlichen Rückschau dieser Theorie ist damit aber auch sozialreformerisches Wirken verbunden, beispielsweise die als „Kathedersozialismus" apostrophierte historische Schule und etwa – wie bei STEIN – die mittelalterliche Perspektive der Gemeinschaft erörtert, andererseits aber auch eine gesamtgesellschaftliche Entwicklung aller Persönlichkeiten auf ökonomischem und intellektuellem Gebiet fordert. Dabei fällt auf, dass die Rezeption des römischen Rechts häufig im Vordergrund der Erörterung steht, und das Problem des Privateigentums mit den negativen gesellschaftlichen Auswirkungen thematisiert wird.

Staats- und Gesellschaftslehre: „Elemente der Staatskunst (1809)"

Für DAMASCHKE ist gerade das Festhalten an der Vergangenheit als Leitbild und Ziel für zukünftiges Handeln methodisch zum Scheitern verurteilt.[2] Im Gegensatz zur liberalen Staatsauffassung von Adam SMITH und den damit verbundenen Beschränkungen auf staatssichernde Elemente mit der im Vordergrund stehenden Funktion, die Tauschwirtschaft für die einzelnen Gesellschaftsmitglieder zu garantieren und im übrigen die gesellschaftliche Wohlfahrt durch das interessengeleitete Handeln der Individuen herbeizuführen, wendet sich Adam MÜLLER gegen diese Beschränkung und betont hierbei den sittlichen Charakter der Staatsaufgabe.[3] Mit dem Staatsbegriff darf demzufolge weder eine mechanische Vorstellung unterstellt werden noch die einer Organisation, die rein aus Nützlichkeitserwägungen entstanden ist.

Gegen eine naturrechtliche Vorstellung wird eingewandt, dass historisch deren Existenz zweifelhaft ist, weil individuelles Handeln stets im Zusammenhang mit anderen gedacht werden muss und dieser gemeinschaftsstützende Charakter dem

---

(Bd. V, 692–705), „Universalismus" (Bd. VIII, 453–463) sowie die von ihm herausgegebenen Schriftenreihen „Die Herdflamme" und „Deutsche Beiträge zur Wirtschafts- und Gesellschaftslehre".

[1] Vgl. BÖHM, Franz (1950): Die Idee des ORDO im Denken Walter Euckens, in: Ordo, Bd. III, XV–LXIV.

[2] DAMASCHKE, Adolf (1919): Geschichte der Nationalökonomie. Eine erste Einführung, 2. Bd., 11. Aufl., Jena, 53.

[3] „... der Staat ist nicht eine bloße Manufactur, Meierei, Assecuranz-Anstalt, oder mercantilische Societät; er ist die innige Verbindung der gesammten physischen und geistigen Bedürfnisse, des gesammten physischen und geistigen Reichthums, des gesammten inneren und äußeren Lebens einer Nation, zu einem großen energischen, unendlich bewegten und lebendigen Ganzen." MÜLLER, Adam (1809): Die Elemente der Staatskunst. Bd. 1, Wien–Leipzig 1922, 37, (Die Herdflamme, 1).

einzelnen Menschen immanent ist.[1] Die menschliche Natur erzwingt den bürgerlichen Staat, so dass auch die Vorstellung, dass ihn der Einzelne verlassen könne, nicht sinnvoll vorgestellt werden kann. Damit wird beispielsweise die Hypothese von ROUSSEAU zurückverwiesen, dass durch den Austritt von Individuen aus dem Staat die Möglichkeit einer Veränderung von außen gegeben sei.[2] Mit dieser Argumentation wendet sich MÜLLER gegen eine naturrechtliche Begründung des Staates, indem er damit auch der Gefahr vorbeugt, dass durch eine rationale Begründung der Staatszweck entfallen könne, sofern sich die einzelnen Gesellschaftsmitglieder – entgegen der bisherigen Vermutungen – dennoch positiv entwickeln. Demgegenüber ist der Staat gerade kein Versicherungsunternehmen für individuelle Risiken, und keine künstliche Maschine, sondern eine ganzheitliche Vorstellung,[3] die demzufolge auch nur geistig erfasst werden kann.[4] Deshalb werden weder eine begriffliche Abgrenzung noch Zweckbestimmungen des Staates versucht, weil damit gerade der gleiche Fehler der vorangegangenen Perioden übernommen würde. Stattdessen wird der Umfang in einer sich wandelnden sittlichen Gemeinschaft gesehen,[5] wobei der Staat selbst eine lebendige Verbindung zu seinen Gesellschaftsmitgliedern eingeht.[6] Das bewegende Moment im Staat wird analog zur empfundenen Alltagswirklichkeit durch Konflikte gekennzeichnet. Diese Situation wird von MÜLLER als „Lehre vom Gegensatz" bezeichnet, die als permanente Auseinandersetzung mit der Natur bzw. anderen Staaten auftritt. Zur jeweiligen Interessendurchsetzung bedarf es demzufolge einer gemeinschaftlichen Organisation in Gestalt des Staates, einer menschlichen „Allianz". Diese gesellschaftsverbindende Organisation der Individuen ist zeit- und raumübergreifend, wobei damit sowohl die bisherigen geschichtlichen Erfahrungen als

---

[1] MÜLLER, Adam (1809), I, 45.

[2] „... so steht jeder Mensch in der Mitte des bürgerlichen Lebens, von allen Seiten in den Staat verflochten, da; und so wenig er aus sich selbst heraustreten kann, eben so wenig aus dem Staate. [...] eben so steht jeder Staatsbürger mitten in der Lebenszeit des Staates, und hat hinter sich eine Vergangenheit, die respectirt, vor sich eine eben so große Zukunft, für die gesorgt werden soll; aus diesem Zeitzusammenhange kann niemand heraustreten, ohne sich selbst zu widersprechen. [...] Der Mensch ist nicht zu denken außerhalb des Staates." MÜLLER, Adam (1809), I, 28 f.

[3] MÜLLER, Adam (1809), I, 27.

[4] „Man sieht nicht gut ein, warum, wenn der Staat eine bloße Erfindung nach Art der Brand-Cassen u.s.w. ist, nun nicht einmal ein Mensch zu demselben Zwecke, der dem Staate untergelegt wird, etwas Anderes und noch Klügeres erfinden sollte, was kein Staat wäre. [...] Ist der Staat bloß eine erfundene Maschine zu einem bestimmten Zwecke, [...] so würde ja, wenn eines Morgens das sündhafte Geschlecht der Menschen plötzlich moralisch und wohlgezogen erwachte, die ganze Maschine überflüssig geworden seyn." MÜLLER, Adam (1809), I, 39.

[5] MÜLLER, Adam (1809), I, 48.

[6] MÜLLER, Adam (1809), I, 49.

auch das Bewusstsein von zukünftigen Generationen als verbindendes Band Eingang finden.[1]

Wirtschaftsauffassung

Das Prinzip des Gegensatzes führt bei MÜLLER zu einer Gleichgewichtslösung, indem alle am Wirtschaftsprozess Beteiligten – Grundeigentümer, Unternehmer-Kapitalisten – entsprechend ihrem Produktionseinsatz entlohnt werden. Für beide Interessen gilt, dass sie auf eine angemessene Unterstützung des Staates hoffen können, weil nur durch eine gemeinsame Entwicklung das Staatswesen sich ebenfalls vorteilhaft entwickeln kann. Bei unbestreitbarer unterschiedlicher Interessenlage ist es demzufolge Staatsaufgabe, eine gleichgewichtige Lösung herzustellen.[2]

Eigentumsvorstellung

Gegenüber der Sichtweise der Klassik wird der Reichtum einer Nation nicht allein als Summe der produzierten Güter betrachtet. Vielmehr wird gegen SMITH eingewandt, dass die Güterproduktion immer auch eines intellektuellen Arbeitseinsatzes bedarf.[3] Für MÜLLER gehören dazu auch die staatlichen Vorleistungen in Gestalt der Bürokratie.[4] Dieses „geistige Kapital" ist eine Einkommenskategorie, die durch staatliche Abgaben finanziert werden, weil sie für die gesellschaftliche Produktion erforderlich sind.

Die Güterproduktion ist nach MÜLLER ein Resultat aus dem Einsatz von menschlicher Arbeitskraft in Verbindung mit Maschinen und Rohstoffen, wobei das Produktionsergebnis sich nur aus dem zusätzlich eingebrachten Humankapital ergeben kann.[5] Die Gleichrangigkeit von körperlichem und geistigem Arbeitseinsatz findet ihre Entsprechung in der Vorstellung, dass jeder Arbeitseinsatz produktiv ist, wobei sie allerdings unterschiedlich effizient sein können.[6] Unter diesem Gesichtspunkt wird dann auch die Arbeit der im Staatssektor Beschäftigten

---

[1] „Die ewige Allianz der Menschen unter einander, welche wir Gesellschaft oder Staat nennen, ist [...] von doppelter Art: 1) Eine Allianz der dieselbe Zeit genießenden Menschen auf der Erde. [...] 2) eine Allianz der vorangegangenen Generationen mit den nachfolgenden, und umgekehrt. Er ist eine Allianz nicht bloß der Zeitgenossen, sondern auch der Raumgenossen; und diese zweite Allianz wird der andern großen Eigenschaft unsrer Feindin, der Erde, ihrer Dauerhaftigkeit, entgegengestellt. [...] Der Staat ist nicht bloß die Verbindung vieler neben einander lebender, sondern auf einander folgender Familien; sie soll nicht nur unendlich groß und innig im Raum seyn, sondern auch unsterblich in der Zeit." MÜLLER, Adam (1809), I, 59 f.

[2] MÜLLER, Adam (1809), I, 120–123.

[3] MÜLLER, Adam (1809), I, 36.

[4] MÜLLER, Adam (1809), I, 375.

[5] MÜLLER, Adam (1809), I, 390.

[6] MÜLLER, Adam (1809), I., 394.

als produktiv angesehen, weil deren Tätigkeit den Bestand des Staates sowie den der Produktionssektoren garantiert.[1] Dass geistige Arbeit auch wertbildend sein kann, hat im Gefolge dieser Vorstellungen später Friedrich LIST deutlich herausgestellt, indem auch die intellektuellen Inputs zu den „produktiven Kräften“ gezählt werden, ohne die eine gesellschaftliche Produktion insgesamt nicht denkbar ist.[2] Auch SPANN wendet sich gegen die Wertbildung der klassischen politischen Ökonomie und die damit verbundene Quantifizierung der in die Produkte eingegangenen menschlichen Arbeitskraft einschließlich der individualisierten Tauschbeziehungen.[3]

Der unterschiedlichen Wertbildung im Produktionsprozess entspricht die ständische Ordnung der am Produktionsprozess beteiligten Gesellschaftsmitglieder. Demgemäß existieren drei Einkommensarten: Rente, Profit und Lohn. Damit wird nicht nur die gesellschaftliche Stellung berührt, sondern zugleich die damit verbundene Eigentumsposition verdeutlicht, obwohl MÜLLER die vollzogene Trennung von Arbeit und Kapital im Hinblick auf die damit verbundenen Konfliktmöglichkeiten beklagt.[4] Aus dieser Vorstellung erwächst eine funktionale Argumentation, die allerdings idealistisch gewendet wird. Und auch hier führt das

---

[1] MÜLLER, Adam (1809), I,391 f.

[2] LIST, Friedrich (1841): Das nationale System der politischen Oekonomie. 6. Aufl., Jena 1950, (Sammlung sozialwissenschaftlicher Meister, 3), hier insbes. das 12. Kapitel: ‚Die Theorie der produktiven Kräfte und die Theorie der Werte’ mit dem berühmten Beispiel, des Werte schaffenden Schweinehirtes gegenüber dem als unproduktiv bezeichneten Erzieher; siehe hierzu auch das Stichwort „Arbeit – Arbeitsteilung“ im Staatslexikon von 1834, wiederabdr. in: Friedrich Lists kleinere Schriften. 1. Teil, Zur Staatswissenschaft und politischen Ökonomie, hrsg. von Friedrich LENZ, Jena 1926, 350–352, (Die Herdflamme, 10).

[3] „Müllers Fehde gegen Smith ist zugleich eine Kritik des Kapitalismus; in dieser Kritik legt er den Hauptwert nicht auf die Elendserscheinungen (die waren damals noch weniger offenbar), sondern auf die Entordnung (Desorganisation) der Wirtschaft. [...] Ihm kommt für den Nationalreichtum das harmonische Verhältnis der einzelnen Privatreichtümer weit mehr in Betracht, als die Privatreichtümer an und für sich.“ SPANN, Othmar (1919): Vom Geist der Volkswirtschaftslehre, in, SPANN, Othmar (1919): Fundament der Volkswirtschaftslehre. 2. Aufl., Jena 1921, 357 f.

[4] „Boden, Capital und Arbeit sind also nicht Quellen des Reichthums an sich, sondern nur Elemente desselben ... Die Hauptbestimmung des Capitals ist die, daß es die Beziehungen der Menschen unter einander und zur Natur vervielfältigen und verinnigen soll. In dem Maße, wie die Gesellschaft heranwächst, um so gelenkiger, [...] muß das Capital werden; das große Gemeingut der Gesellschaft, die Production der Vergangenheit, wenn sie auch nach gewissen Gesetzen auf einzelne Individuen der Gesellschaft vererbt wird, muß sich dennoch mit immer größerer Leichtigkeit von Einem Mitgliede der Gesellschaft auf das andere übertragen lassen.“ MÜLLER, Adam (1809), II, 8 f.

Gesetz der Wechselwirkung zu einer harmonischen Verteilung des Produktionsergebnisses, denn die drei Einkommensgrößen sind bekanntermaßen die menschlichen Einsatzfaktoren, die in Auseinandersetzung mit der Natur Produkte herstellen. Der Unternehmer-Kapitalist kann immerhin seinen Kapitalstock aus einer vorangegangenen Periode ableiten, nämlich aus einem früheren Renteneinkommen aus dem Grundeigentum.[1] Diesen vier Einkommensarten ist die mittelalterliche ständische Gesellschaftsauffassung inhärent, wobei die letztere leider durch Dominanz „des physischen Kapitals", also der Vergrößerung des Güterangebots und – wohl insbesondere – der Ausdehnung des Geldes, nicht gewachsen war.[2] Diese ständische Ordnung ist analog zum Mittelalter wieder einzuführen, weil damit die natürliche Ordnung wiederhergestellt werden kann, die durch den Kapitalismus in zunehmendem Maße als gefährdet angesehen werden muss.[3] Mit der gesellschaftlichen Veränderung ist zugleich die Hoffnung verbunden, dass damit die Marktkräfte wirksam einer Kontrolle unterliegen werden, wie andererseits auch die ökonomischen Handlungen der Individuen angesichts ihrer ständischen Einbindung wieder kanalisiert und damit hinsichtlich ihrer Wirkungen eindeutig zugeordnet werden können. Diese Vorstellung führt konsequent zur ständischen Gesellschaftsorganisation des Mittelalters.[4] Hierzu gehört auch das Aufgeben einer materiell orientierten Denkweise bei gleichzeitiger Förderung einer christlicher Werthaltung als gesellschaftlich stabilisierende moralische Grundwerte.[5] Deshalb ist Religion auch keine Privatangelegenheit, sondern dient sowohl der staatlichen als auch der individuellen Entwicklung. Demzufolge sind eigene Gottesvorstellungen kontraproduktiv und führen im Gegensatz zum religiösen Glauben auch nicht zur gesellschaftlichen Harmonievorstellung bei den offen zu Tage tretenden gesellschaftlichen Klassengegensätzen. Mit der moralischen Rechtferti-

---

[1] MÜLLER, Adam (1809), II, 33.

[2] MÜLLER, Adam (1809), II, 36.

[3] MÜLLER, Adam (1809), II, 41.

[4] „Die Verhältnisse des Einzelnen zu seinem Besitze, des Bürgers zum Mitbürger, des Individuums zu der Corporation oder Gemeinde, der Gemeinde zum Staate, des Staates wieder zum Einzelnen, aber auch des Staates zu seinem Nachbarstaate ordnen sich nach dem heiligen Gesetze der Gegenseitigkeit ..." MÜLLER, Adam (1816): Versuche einer neuen Theorie des Geldes mit besonderer Rücksicht auf Britannien. Jena 1922, 82, (Die Herdflamme 2).

[5] „Alle einzelnen Bedürfnisse lassen sich, [...] auf ein einziges Hauptbedürfniß reduciren: der Mensch will sich vervollständigen, verewigen; er will sich über die eigene Gebrechlichkeit, Unvollständigkeit, Vergänglichkeit zur Gesundheit, Fülle und Dauerhaftigkeit des ganzen Geschlechtes erheben, in welchem er lebt, sich selbst erkannt hat, seiner sich selbst bewußt worden ist; darum bedarf er der Speise und des Trankes, er bedarf seines Gleichen, er bedarf der Personen entgegengesetzten Geschlechts, er bedarf des Staates, ja er bedarf des Staatenvereines in einem weltumfassenden Glauben d. h. der Kirche." MÜLLER, Adam (1816), 93 f.

gung von gegenwärtigen Situationen verändert die Religion den bislang nur als individuell erlebbaren Moment und wird zur gestaltenden Kraft von Staaten, in dem nicht mehr die individuelle Glaubenserfahrung, sondern das politische Element in den Vordergrund gehoben wird.[1] Wobei gerade die mittelalterlichen Institutionen, sofern sie angemessen entschlüsselt werden, ihre gemeinschaftsbildende Kraft entfalten können, wobei durch das politische Element eindeutig herausgestellt werden kann, „dass Christus nicht bloß für die Menschen, sondern auch für die Staaten gestorben sey."[2]

Privateigentum

Die uneingeschränkte Verfügungsmöglichkeit über Güter durch Eigentumsrechte berührt die Positionen und Handlungsmöglichkeiten von anderen Individuen, beschränkt demzufolge ihre Freiheit und wird deshalb als Widerspruch der bürgerlichen Gesellschaft zurückgewiesen. Da Güter nur zu Konsumtionszwecken für andere Personen vorhanden sind, führt MÜLLER die „toten Sachen" ebenfalls als Personen ein, die nur durch menschliche Aktionen ihren Wert erhalten.[3] Nicht nur Güter sind aufgrund der herrschenden Rechtsauffassung zu Eigentumspositionen geworden, sondern auch Grundeigentum. Im Gegensatz hierzu zeigt MÜLLER auch die Wechselwirkungen zwischen Personen und Sachen auf, die nicht durch Eigentumspositionen charakterisiert werden, sondern durch ihren Nutzen für das Individuum und damit die bürgerliche Gesellschaft.[4] Gerade, weil das Gesellschaftswesen Mensch auf die anderen Gesellschaftsmitglieder angewiesen ist, erscheint das Privateigentum als eine mit Fehlern behaftete Konstruktion. Da Sachen als Personen gedacht werden, deren Nützlichkeit im Vordergrund steht, findet der Konsum nur bei entsprechender Bedürfnisbefriedigung statt, wo-

---

[1] MÜLLER, Adam (1809), II, 186.

[2] MÜLLER, Adam (1809), II, 178. Diese Ausführungen erinnern an die HOBBESianische Friedensformel: „That Jesus is the Christ", die den christlichen Staat als Ausgangspunkt hat. Und auch MÜLLER ist angesichts der Glaubensspaltung – zwar nicht mit dem Bürgerkrieg – jedoch mit den Gedanken der Aufklärung und der Frage nach politischer Stabilisierung des Wirtschaftssystems konfrontiert.

[3] „Es wäre ein leichtes Geschäft, alle Real-Verhältnisse auf die Personal-Verhältnisse zurückzuführen, zu zeigen, daß alles Eigenthum nicht für den Menschen an sich, aber wohl für den Menschen in der bürgerlichen Gesellschaft, und um dieser Gesellschaft willen, Werth habe, daß Nahrung, Kleidung, Wohnung denn doch nur Mittel wären, das Verhältniß des Menschen zum Menschen, welches der eigentliche Zweck des Lebens sey, aufrecht zu erhalten; daß demnach das Ganze der bürgerlichen Gesellschaft bei dem Gebrauche der unbedeutendsten Sache des Einzelnen interessirt sey; daß die Sachen also nichts anders als nothwendige Accessorien, [...] erweiterte Gliedmaßen des menschlichen Körpers syen, und dem zu Folge Das, was wir ‚Person' nennen, eine kleine Welt von Sachen." MÜLLER, Adam (1809), I, 156.

[4] MÜLLER, Adam (1809), I, 159

bei die Entscheidung für oder gegen ein Gut als vertragsähnlicher Zustand zu den Dingen gesehen wird, und zwar ganz analog zu anderen Verträgen.[1] Diese Eigentumsvorstellung steht im Widerspruch zur herrschenden Rechtsauffassung, bei der die unbeschränkte Herrschaftsausübung über eine Sache im Mittelpunkt steht. Demgegenüber erörtert MÜLLER einen „ökonomischen" Eigentumsbegriff, der die Nützlichkeit einer Sache und damit die mögliche Bedürfnisbefriedigung in den Vordergrund stellt. Diese Vorstellungen beinhalten demzufolge, dass kein Einzelner Eigentümer an einer Sache sein kann, sondern nur stellvertretend für die Gesellschaft Nießbrauch oder Verwaltung ausübt.

Es soll auch an Grund und Boden kein Eigentum erworben werden, weil dieses „lebendige Kapital" zu Renteneinkünften führt, wird es ebenfalls nur als gesellschaftliches Eigentum behandelt, wobei wiederum zur Lösung des Problems auf das feudalistischen Zeitalter zurückgegriffen wird. Denn das lebendige, belebte Eigentum, das häufig nicht innerhalb einer Generation als Kapital angehäuft werden kann, soll demzufolge auch nicht durch einen ökonomisch induzierten Wechsel verändert werden. Insbesondere stellt sich in der historischen Entwicklung heraus, dass vermittels des Geldvermögens die Möglichkeit besteht, Grundeigentum zu erwerben, allerdings ohne dabei dessen besonderen Charakter zu berücksichtigen.[2] Demgegenüber sind die germanisch orientierten Verfügungsrechte vorzuziehen, weil durch entsprechende Gesetze die Möglichkeit besteht, hierdurch eine Verbindung von Gegenwart und Vergangenheit, Zeit- und Raumgenossen herzustellen.[3] Die Eigentumseigenschaft im Sinne von MÜLLER äußert sich demzufolge in der personalen Situation, die zwischen Mensch und Sache herrscht.[4] Damit kann auch verhindert werden, dass individuell die Vermögens-

---

[1] „Also nicht die Sachen an sich, die, wie sie überhaupt keinen Werth haben, nun meinethalben auch todt seyn mögen, aber die Beziehung der Sachen auf Personen ist das eigentliche Objekt des Eigenthums. Der lebendige Mensch kann an den Sachen nichts brauchen, als die Eigenschaften daran, welche seinem Leben entsprechen, in sein Leben eingreifen, also selbst lebendig sind. Mit diesen lebendigen Eigenschaften streitet er und verträgt sich, contrahirt mit ihnen gerade auf dieselbe Weise, wie mit Personen: er schließt eine Allianz mit ihnen zu gegenseitiger Hülfe und Unterstützung; und so ist das Verhältniß des Menschen zu den Dingen keineswegs ein einseitiges, despotisches, sondern ein gegenseitiges, republicanisches." MÜLLER, Adam (1809), I, 160.

[2] MÜLLER, Adam (1809), I, 169.

[3] „Der Mensch ist bestimmt, [...] gemeinschaftlich mit seinem Eigenthume die Ordnung und den Reichtum in's Unendliche fort zu erzeugen; also reicht ein einzelnes Menschenleben dazu nicht hin; folglich muß durch strenge Erbfolge-Gesetze der einzelne Besitzer an das durch Jahrtausende fortlebende Grundstück geknüpft werden ..." MÜLLER, Adam (1809), I, 169 f.

[4] „So nun entsteht, wenn man die wahre Natur des Eigenthums betrachtet, ein durchaus persönliches Verhältnis zwischen dem Grundbesitzer und seinem Grundstück, zwischen

position des Grundeigentums durch überhöhte Konsumausgaben für seinen Besitzer zu einer ökonomischen Gefährdung führt.

Diese Beschränkung des Verfügungsrechtes findet seine Rechtfertigung darin, dass sämtliche bisherigen Gesellschaftsmitglieder anderenfalls um das Grundeigentum konkurrieren würden. Unter diesem Gesichtspunkt muss zwangsläufig das Eigentum einer gesellschaftlichen Bindung unterworfen werden.[1] Die den Sachen unterstellte Eigenschaft des Lebendigen und die damit verbundene Nutzungseigenschaft findet ihre Bestätigung in allen Gesellschaftsbereichen. Man ist Person, die Gesellschaftsmitglied eines Staates ist. Im gleichen Umfang ist sie auch Sache i. S. eines Objekts, nämlich des Staats, wobei auch hier nicht das Eigentum an der Person in den Vordergrund gerückt wird, sondern die gegenseitige Verpflichtung.[2] Mit dieser Eigentumsvorstellung wird auch die Verpflichtung zu einem ökonomischen Gebrauch der Sachen verbunden. Dadurch unterscheidet sich nämlich der private Haushalt von dem des Staates nicht, denn Merkmal für das gemeinsame Handeln ist Gerechtigkeit im Umgang mit Sachen.[3] Bei der Eigentumsdiskussion trennt MÜLLER nicht zwischen Personen und Sachen, sondern hebt hervor, dass sein idealistischer Eigentumsbegriff davon ausgeht, dass Personen Sachen sind und Sachen Personen.

Mit dem römisch-rechtlichen Eigentumsbegriff werden die feudalistischen Bindungen und gesellschaftlichen Werte zerstört.[4] Damit verändert sich das Leitmotiv des feudalistischen Zeitalters, in dem für Grundeigentum nur Nieß-

---

dem Capitalisten und seinem Capital, zwischen dem Eigenthümer und seinem Eigenthum. Jedes Eigenthum wächst und entwickelt sich unter unsern Augen, wie ein lebendiger Mensch; es ist keineswegs unserer unbedingten und unbeschränkten Willkühr unterworfen, es hat seine eigne Natur, seine Freiheit, sein Recht – welche wir respectieren müssen, wenn wir es gebrauchen wollen …" MÜLLER, Adam (1809), I, 162.

[1] MÜLLER, Adam (1809), I, 164 f.

[2] „Jedes Individuum, welches durch seine Brauchbarkeit zu erkennen giebt, daß es zum Staate gehört, [...] hat eine Art von Bürgerrecht im Ganzen, d. h. es ist Person, und zugleich im edlen Sinne des Wortes, Sache. Als Person, besitzt es; als Sache wird es besessen. Jeder einzelne Bürger ist eine wahre Sache: der Staat ist die große Person, welche ihn besitzt; aber dieser Besitz ist kein todter, keine Leibeigenschaft, kein einseitiges, despotisches Festhalten, sondern ein gegenseitiges Wechselwirken." MÜLLER, Adam (1809), I, 166.

[3] „Wer Sachen, als Sachen, zu gebrauchen, und in ihrer andern Eigenschaft, als Personen, wieder zu schonen, wer lebendigen Gebrauch der Sache, und lebendige Sparsamkeit und Vorsicht in diesem Gebrauche zu vereinigen weiß: den nennen wir einen guten Hauswirth, einen Oekonomen. MÜLLER, Adam (1809), I, 167.

[4] „Das strenge Privat-Eigenthum zerstört das Gefühl der Gemeinschaft. Jeder Einzelne will lieber mit einer arithmetischen Portion abgefunden werden und Andere abfinden, als der geistige Theilnehmer eines ewigen Besitzstückes seyn." MÜLLER, Adam (1809), I, 267.

brauch vorgesehen war, die Gegenleistung für die Überlassung in konkreten persönlichen Leistungen bestand.[1] Weiterhin verändert sich die ökonomische Vorstellung, denn jetzt steht eine Überschussproduktion im Vordergrund, wobei trotz neuer Gesetze und ökonomischer Prosperität die Entwicklung insgesamt als unsicherer angesehen werden muss. Dies gilt insbesondere für den Warenhandel, weil unabhängig von dem individuellen Einsatz das Marktergebnis nicht länger garantiert ist. Diese Unsicherheit ist ein Ergebnis der Geldwirtschaft, obwohl gerade der Handel seine umfangreiche Entwicklung dem geldwirtschaftlichen Moment verdankt.[2]

Im Gegensatz zum Grundeigentümer ist der Vermögenseigentümer in der Lage, das Problem der Raum- und Zeitgenossen – als intertemporales Problem – zu überwinden. Dieser ökonomischen Handlungsmöglichkeit steht ein hohes Maß an politischer Flexibilität gegenüber und bestimmt damit die gegensätzlichen Positionen der beiden Klassen, die in einem gegenseitigen Abhängigkeitsverhältnis zueinander stehen. Denn die gegensätzlichen Interessen führen zu gesellschaftlich wünschenswerten Veränderungen als Ergebnis von unterschiedlichen Interessen.

Steht im Vordergrund der mittelalterlichen Produktion in Zünften die städtische Versorgung mit Gütern, wobei qualitative Eigenschaften den Produktionsprozess bestimmten, tritt durch den Manufakturisten – den Unternehmer-Kapitalisten – eine gravierende Änderung ein. Jetzt wird das Arbeitsergebnis unter Produktivitätsgesichtspunkten betrachtet, wobei der Profit im Vordergrund des Interesses steht. Damit entspricht die Stellung der Arbeitskraft einer durch den maschinellen Produktionsprozess geprägten Lohnarbeit.[3] Die veränderte Einstellung zur Arbeit[4] ist auch mit einer veränderten Eigentumsvorstellung verbunden, denn durch die allgemeine Gewerbefreiheit hat prinzipiell jedes Individuum die Chance seine Position am Markt zu verbessern. Allerdings widerspricht die

---

[1] „... daß der Grundgedanke des gesammten Lehns-Systems eigentlich der ist: Es giebt nur Nießbrauch, aber keinen unbedingten Besitz. Und da man dem zu Folge dem Grundeigenthum etwas Persönliches, Unveräußerliches, Heiliges zugestand, so war der Tausch: Besitz gegen Dienste, keineswegs unnatürlich ...“ MÜLLER, Adam (1809), I, 269.

[2] „Ist nicht, allen unsern haarscharfen Gesetzen über das Privat-Eigenthum zum Trotz, unser Eigenthum jetzt unsicherer, als jemals? ist nicht, trotz allen unsren Credit-Gesetzen und aller staatswirthschaftlichen Präcision, der Handel im gegenwärtigen Augenblick ein unsichres Lotteriespiel, wie es in den Zeiten der Hanse, unter fortdauerndem Einflusse des Lehnsrechtes, nie gewesen ist?“ MÜLLER, Adam (1809), I, 272.

[3] „... anstatt der herzlichen Verbindung des Meisters mit dem zweiten Stande der arbeitenden Gesellen und dem tiers-état der handreichenden und umhertragenden Lehrlingen in der alten Werkstatt, steht in der neuen Manufaktur kalt, calculatorisch und auf das reine Einkommen gerichtet, ein Entrepreneur an der Spitze ...“ MÜLLER, Adam (1809, I, 313.

[4] MÜLLER, Adam (1809), I, 314.

Profiterzielung dem Postulat der Genügsamkeit und erzwingt einen neuen Distributionsmodus. Deshalb wendet sich MÜLLER gegen die seit SMITH und QUESNAY auftretenden Vorstellungen des Nettoprodukts.

Die Vorstellung, dass individuelle ökonomische Aktivitäten nicht dem Zweck einer egoistischen Zielsetzung verbunden sind, sondern jedem einzelnen zu einer angemessenen Lebensführung verhelfen soll, stellt eine gesellschaftliche Verbindung dar, die sich durch Genügsamkeit auszeichnet. Vielleicht ist es in diesem Zusammenhang bezeichnend, dass MÜLLER zwar die personalen Verpflichtungen gegenüber der Gemeinschaft herausstellt, nicht jedoch die großen Vermögensunterschiede thematisiert. Unter diesem Gesichtspunkt kann dann auch den Zünften hinsichtlich ihrer gemeinschaftlichen Verpflichtung und Lösung diese Aufgabe zugeschrieben werden. Andererseits hebt MÜLLER die großen Verdienste des Bürgertums hervor, die durch umfangreiche Handelstätigkeit als neue gesellschaftliche Klasse akzeptiert werden muss. Hierbei wird insbesondere das Mäzenatentum herausgestellt, während die Aktivitäten des Vermögenseigentümers in diesem Argument keine Berücksichtigung finden.[1] Wobei andererseits die kapitalistische Entwicklung und ihre Wirkungen offen benannt werden, und zwar erneut mit dem Hinweis auf die mit dem römischen Recht verbundene Eigentumsentwicklung.[2] Konsequent werden demgegenüber die Forderung nach mittelalterlichen Institutionen, gesellschaftlichen Bindungen des Eigentums sowie einer allgemein akzeptierten moralische Basis in Gestalt der christlichen Religion als Metatheorie für jede Rechtsordnung gefordert.[3] Die Wertlehre wendet sich gegen die Vorstellung der klassischen politischen Ökonomie und deren Maßstab, der in den Gütern enthaltenen Arbeitswerte. Andererseits ist bei MÜLLER der Wert von dem individuellen und gesellschaftlichen Nutzen abhängig, den ein Gut besitzt. Neben der individuellen Bedürfnisbefriedigung trägt demzufolge auch die gesamtgesellschaftliche Nachfrage zur Wertbildung bei. Nicht die Summe der Güter an sich, sondern deren Nützlichkeit stellt damit ihren Wert dar. Güter haben also die Eigenschaft, ein individuelles Bedürfnis zu befriedigen, charakterisiert durch ihren Wert, während ihr Preis (Tauschwert) sich als Folge einer gesellschaftlich empfundenen Nützlichkeit ergibt.[4] Und auch hier wird das Eigentumsproblem wieder deutlich, indem der individuelle Konsum das Gut durch seinen Verbrauch einem bestimmten Individuum zugeordnet werden kann, während vor dem Konsumakt ein gesamtgesellschaftliches Eigentum gedacht werden kann, da die Güter noch keinem zugerechnet werden können.[5] Der gesellschaftliche Zusammenhang, her-

---

[1] MÜLLER, Adam (1809), I, 319.
[2] MÜLLER, Adam (1809), I, 321.
[3] MÜLLER, Adam (1809), I, 326.
[4] MÜLLER, Adam (1809), I, 343.
[5] „Jede Sache ist zuerst unmittelbar an ihren Eigenthümer gebunden, und dann ist sie auch wieder ein Band, zwischen dem Eigenthümer und seinen Nebenmenschen. Jede

gestellt durch Marktgesetzlichkeiten, führt demgemäß auch zu einer scharfen Ablehnung von Produktionsvernichtung aus Spekulationsgründen, weil dadurch gerade die Verbindung zum gesellschaftlichen Nutzen zerstört wird, obwohl die persönliche Handlung aufgrund des Eigentumsrechtes nicht sanktioniert werden kann. Durch die gesellschaftliche Bindung, hergestellt durch den Doppelcharakter der Wertlehre, ist dem Individuum deshalb die letztendliche Verfügung über hergestellte Produkte entzogen, das Ergebnis ist nur gesellschaftlich herstellbar, nämlich aufgrund der Tauschverhältnisse.[1] Damit wird auch die Vorstellung verbunden, dass Staatsinterventionen in den Marktmechanismus eingreifen können.

Geld- und Kredittheorie

Der gesellschaftliche Austausch bedarf des Geldes als Medium. Auch das Geld wird von MÜLLER als eine gesellschaftliche Erscheinung gedacht, die als Maßstab sowohl Personen als auch Gütern als Eigenschaft zugesprochen werden kann.[2] Dabei wird von MÜLLER herausgestellt, dass die Geldeigenschaft keinen Zusammenhang zum immer behaupteten Metallwert haben muss, sondern Geld seine Eigenschaft aus der Tauschmittelfunktion heraus begründet. Demzufolge kann Geld auch losgelöst von seinem Metallwert betrachtet werden, so dass durch Papiergeld im selben Umfang die Tauschmittelfunktion erhalten werden kann. Dem Wert des Papiergeldes liegt nämlich die Vorstellung zugrunde, dass es zwar eines Wertes, nicht jedoch des Edelmetallwertes bedarf, um Geld zu sein. Damit führt MÜLLER die Vorstellung von Papiergeld ein, das seine Tauschmittelfunktion aus der Kreditfähigkeit der Aussteller ableitet. Die Ausdehnung der Geldmenge bei einem steigenden Güterbedarf muss zwangsläufig zu einer Beschränkung des Metallgeldes führen, obwohl damit nicht das wichtige Kriterium, für die Eigenschaft Geld zu sein, beschrieben wird. Vielmehr drückt das Papiergeld die Geldeigenschaft und den damit verbundenen Abstraktionscharakter noch vollständiger

---

Sache ist, weil sie gebraucht, verzehrt und genossen werden kann, dem einzelnen Menschen unterworfen, sie ist Gegenstand des Privat-Eigenthums; aber die, auch gegen Sachen gerechte Natur, hat ihr eine andre Eigenschaft gegeben: die nehmlich, daß sie von Mehreren begehrt werden kann, kraft deren sie gewissermaßen frei und persönlich zu nennen ist; sie ist Gegenstand des National–Eigenthums, und nicht bloß des Privat–Eigenthums." MÜLLER, Adam (1809), I, 343.

[1] MÜLLER, Adam (1809), I, 350.

[2] „Die Sache nun, welche diese Eigenschaft des Vermittelns und des Entscheidens vorzüglich ausübt, d. h. welche am meisten bürgerliche Kraft besitzt, nennen wir, mit Bezug auf diese Kraft: Geld … Geld ist eine Idee; oder, sollte dieses Wort noch etwas Anstößiges haben, Geld ist eine allen Individuen der bürgerlichen Gesellschaft inhärirende Eigenschaft, kraft deren sie mehr oder weniger mit den übrigen Individuen in Verbindung zu treten und auch wieder die verbundenen Individuen aus einander zu setzen vermögen." MÜLLER, Adam (1809), I, 351 f.

aus.[1] Unter diesem Gesichtspunkt stellt sich heraus, dass die Tauschmittelfunktion von der gesellschaftlichen Akzeptanz der austauschenden Individuen abhängig ist. MÜLLER macht zudem darauf aufmerksam, dass der Umfang des Papiergeldes, hervorgegangen aus dem Kreditsystem, Umfang und Entwicklung des gesellschaftlichen Wohlfahrtsniveaus bestimmt.[2]

Damit wird dann die wirtschaftspolitische Forderung verbunden, dass Güterproduktion und Geldausgabe sich in staatlich geordneten Bahnen vollziehen, weil nicht der Freihandel und der damit verbundene höhere Umfang des Güteraustauschs eine Lösung herbeiführt, sondern im Gegenteil realgüterwirtschaftliche und monetäre Probleme einer Lösung bedürfen. Damit steht auch die Sicherung des Geldwertes in Vordergrund, und zwar der jeder einzelnen Volkswirtschaft.[3]

Für frühere Epochen wird behauptet, dass aus der frühen Landnahme das gesellschaftliche Motiv des Schutzes und der Erhaltung der belebten Natur folgt. Das menschliche Bedürfnis strebt nach der menschlichen Gemeinschaft und findet in der Gesellschaft die Möglichkeit, entsprechend der gesellschaftlich garantierten Tauschfunktion des Geldes seine Interessen zu befriedigen. Bei internationalem Tausch muss zwischen dem „Weltmarkt-Wert" und „Nationalmarkt-Wert" des Geldes unterschieden werden. Damit wird einerseits der Binnenwert einer Währung, andererseits deren Austauschverhältnis zu anderen Währungen und dem damit verbundenen Einfluss auf die Güterpreise thematisiert.[4]

Durch internationalen Handel erfolgen Veränderungen der individuellen Vermögenspositionen, weil durch Veränderung der Geldmenge Wirkungen auf das einheimische Preisniveau folgen, ganz im Sinne der quantitätstheoretischen Vorstellung.[5] Neben den Preiswirkungen des internationalen Handels sind damit Wertveränderungen aufgrund von Kursschwankungen angesprochen, die ebenfalls ein Ergebnis der auswärtigen Handelsbeziehungen sind.[6] Gerade für den in-

---

[1] „Wenn man mich aber fragt, was in Oestreich eigentlich Geld sey [...] so sage ich: ein kaiserliches Wort, ein National-Wort, welches hier vermittelst der Theilbarkeit, Beweglichkeit und Deutlichkeit des Papiers, zum allgemeinen ökonomischen Auseinandersetzungs- und Vermittelungs-Instrument wird, wie dasselbe kaiserliche oder National-Wort wieder dort, vermittelst der Klugheit, Beweglichkeit und Gesetzmäßigkeit einer großen Anzahl von Richtern und Beamten aller Art, zum juristischen Auseinandersetzungs- und Vermittelungs-Instrumente [wird, S. P.]." MÜLLER, Adam (1809), I, 353 f.

[2] MÜLLER, Adam (1809), I, 354 f.

[3] „In der Lehre vom Credit, [...] wird jenes höhere, einzig wahre Geld, von dem das Metallgeld nur ein unvollkommener Repräsentant ist, sichtbar, nemlich das National-Wort, oder, was dasselbe sagen will, die National-Kraft." MÜLLER, Adam (1809), I, 359.

[4] MÜLLER, Adam (1809), I, 411.

[5] MÜLLER, Adam (1809), I, 423–426.

[6] MÜLLER, Adam (1809), I, 429.

ternationalen Handel sind Münzen in Gestalt von Edelmetallen für den Austausch ein akzeptiertes Zahlungsmittel. Insoweit wird auch für dieses Geld nur ein Nießbrauch möglich, weil die Silbermünzen als Austausch gegen Güter in der Schatzkammer der (orientalischen) Fürsten gehortet werden.[1] Auch der internationale Handel, verstanden als Folge von individuellen egoistischen Bestrebungen, zu Reichtum zu gelangen, kann durch staatliche Maßnahmen nicht verhindert werden, sondern nur durch entsprechende Maßnahmen bei Kenntnis der realen und monetären Wirtschaftsvorgänge zu einer Gegensteuerung führen, und zwar mit einer geordneten Geldverfassung.[2]

Die staatliche Kreditnachfrage bevorzugt offensichtlich den Vermögenseigentümer. Seinem individuellen Interesse nach Zinseinkünften steht die Begrenzung der Staatsschulden gegenüber. Damit der nationale Gesichtspunkt den individuellen zurückdrängen kann, schlägt MÜLLER vor, diese Kreditfinanzierungen durch Papiergeldausgabe zu finanzieren, wobei das Metallgeld die staatliche Verpflichtung zur Einlösung der aufgenommenen Kredite beinhaltet. Mit dieser Vorstellung wird von MÜLLER die staatliche Verfügung über bereits vorhandenes „Nationalkapital" – den Anspruch auf einen gesellschaftlich erzeugten Überschuss – begründet.[3] Deshalb ist die Staatsfinanzierung auch nicht als eine Möglichkeit der individuellen Kreditaufnahme, sondern im Gegensatz dazu als ein Nationalkredit gedacht, als dessen Grundlage das erzeugte gesellschaftliche Produkt fungiert.[4]

Auch das Geld ist entsprechend der universalistischen Auffassung eine Vorstellung, die alle Gesellschaftsmitglieder in einem Staat miteinander verbindet. Diese Idee findet ihre letzte Ausprägung im Kreditgeld, das durch alle Gesellschaftsmitglieder in Gegenwart und Zukunft geschaffen wird. Unter diesem Gesichtspunkt wird dann die erforderliche Kreditaufnahme des Staates prinzipiell nicht als Verbindlichkeit, sondern als ein berechtigter Anspruch auf gegenwärtiges und zukünftiges Nationaleinkommen gesehen.[5] Entsprechend des Gesellschaftsaufbaus erhält der Bodeneigentümer eine Rente, der Unternehmer-Kapitalist einen Profit sowie der Arbeiter seinen Lohnanteil. Für den Grundeigentümer und Unternehmer-Kapitalist werden Rente bzw. Profit durch das Produktionsergebnis gerechtfertigt, das durch die Auseinandersetzung mit der Natur ent-

---

[1] MÜLLER, Adam (1809), I, 438 f.

[2] MÜLLER, Adam (1089), I, 453.

[3] MÜLLER, Adam (1809), I, 468.

[4] MÜLLER, Adam (1809), I, 474 f.

[5] „Die Regierung hat offenbar die productive Kraft, um die jährlich erforderlichen Zinsen zu zahlen; sie muss also auch das Capital der so genannten National-Schuld schon besitzen, sie muß das wahre Geld schon haben, und, was wir Anleihe nennen, ist nichts weiter als ein Prozeß, um jenes wahre Geld in das für den Augenblick nothwendigere Metallgeld umzusetzen." MÜLLER, Adam (1809), I, 460.

steht.[1] Allerdings werden Vermögenseigentümer und Unternehmer-Kapitalist nicht als Eigentümer, sondern nur als Besitzer gedacht und zwar zum Zwecke eines gesellschaftlich nützlichen Gebrauchs.[2] Nur der wechselseitige Austausch dieser drei Klassen kann als Grundlage für die gesellschaftliche Wertbildung begriffen werden. Zur Lohnbildung wird ausgeführt, dass in einer früheren Periode Ausbildungsaufwendungen entstanden sind, die analog zum angesetzten Kapital des Unternehmer-Kapitalisten gesehen werden können.

Neben den klassischen Einkommensbeziehern hat sich das Bürgertum in Gestalt der Kaufleute herausgebildet, die als Vermittler zwischen den übrigen drei Klassen auftreten und weiterhin die Funktion der Kreditverteilung übernehmen. Wenn einerseits der Unternehmer-Kapitalist als wichtiger Motor für die gesellschaftliche Entwicklung angesehen wird, weil er und andere Vermögenseigentümer den Umfang der Produktion aufgrund des Kapitaleinsatzes erhöhen können und demzufolge den Umfang der Arbeitsteilung erst wirksam anwenden können, müssen auch die negativen Handlungsfolgen berücksichtigt werden.[3] Kapital wird einerseits als Geld, andererseits als eine geistige Eigenschaft in Gestalt von gemeinschaftlichen Erfahrungen verstanden, weil nur durch die Wechselwirkung eine gemeinschaftliche Produktion funktionieren kann.[4] Damit wird auch der Gesellschaftsaufbau neu beschrieben, indem das „Erfahrungskapital“ auch auf die Staatsorganisation und Wissenschaft ausgedehnt wird.[5]

Im Laufe der Entwicklung stellt sich heraus, dass die ursprünglich als Gleichgewichtszustand begriffene gesellschaftliche Klassenteilung eine Veränderung durch die Dominanz des monetären Sektors erfährt. Von dieser negativen Entwicklung ist die Arbeitskraft ebenso betroffen wie das Grundeigentum. Während die Arbeitskraft in der Produktionsorganisation der Manufaktur zu einem reinen Einsatzfaktor verkommt, droht den Landeigentümern der Verlust ihres Besitzes ebenso wie eine Zunahme der arbeitsteiligen Produktion.[6] Diese frühe Kapitalismuskritik macht die gesellschaftlichen Veränderungen deutlich, indem sie die Ursachen in einer Ausdehnung der Produktion und des Handels – verbunden mit der Kapitalakkumulation – sieht. Damit ist die negative Situation beschrieben, sofern Sachen nicht als Besitz, sondern als Privateigentum einer individuellen Aneignungsmöglichkeit unterliegen, ohne das anerkannte gesellschaftliche Grenzen berücksichtigt werden müssen. Deshalb wird angestrebt, bei positiver ökonomischer Entwicklung die untergegangenen Werte des Mittelalters wieder zu

---

[1] MÜLLER, Adam (1809), II, 6.

[2] MÜLLER, Adam (1809), II, 7.

[3] „Das Capital veranlaßt, [...] die Theilung der Arbeit, und macht sie einzig und allein möglich ...“ MÜLLER, Adam (1809), II, 23 sowie 19–21.

[4] MÜLLER, Adam (1809), II, 29.

[5] MÜLLER, Adam (1809), II, 33.

[6] MÜLLER, Adam (1809), II, 38.

erneuern, d. h. Religion, Gemeinschaftswerte und Privateigentum auf eine ständische Organisation zurückzuführen.[1]

Die negativen Folgen der Kapitalakkumulation können bei Zunahme von gesellschaftlichen Konflikten auch zu Revolutionen führen.[2] Angesichts der unterschiedlichen Interessen von Unternehmer-Kapitalist und Nachfragern nach Gütern wird in diesem Zusammenhang eine Einschränkung der Tauschwirtschaft für nötig gehalten. Damit es nicht bei bestimmten lebensnotwendigen Produkten zu Monopolgewinnen kommt, wird es Aufgabe des Staates sein, durch Intervention zu einer gesellschaftlich angemessenen Lösung zu gelangen, damit eine optimale Gleichgewichtslösung hergestellt wird.[3]

Die Eigenschaft des Geldes, Tauschmittel zu sein und andererseits auch als Überschuss der Kapitalakkumulation zu dienen, stellt die Frage nach dem Zins. Seine Begründung findet der Zins, den der Vermögenseigentümer beansprucht, indem er als Kapital zwischen der Gegenwart und der Zukunft vermittelt.[4] Diese Doppelfunktion, Geld zu sein und andererseits auch Kapitaleigenschaft zu besitzen führt zu der Frage der ökonomischen Abhängigkeit vom Vermögenseigentümer.[5] Die Gefährdung des Vermögenseigentümers wird von MÜLLER anhand der staatlichen Kreditnachfrage diskutiert. Die Kreditfinanzierung kann durch zusätzliche Steuereinnahmen finanziert werden, wobei umfangreiche Rückzahlungen zu einem Sinken des Kreditzinses führen werden und damit den Vermögenseigentümern zukünftig nur noch eine geringere Rendite zusteht, weil vorausgesetzt wird, dass sie keine andere Verwendungsmöglichkeit für ihr Geld besitzen. Eine andere Möglichkeit wird in der eigenmächtigen Zinsreduktion unter Verletzung des Kreditvertrages gesehen, ebenfalls zu Lasten der Vermögenseigentümer. Damit die Klasse der Vermögenseigentümer aus der erforderlichen Kreditaufnahme

---

[1] MÜLLER, Adam (1809), II, 41.
[2] MÜLLER, Adam (1809), II, 57.
[3] MÜLLER, Adam, (1809), II, 60–64.
[4] „... es dient zur Circulation, und es dient auch zum Capital; mit andern Worten: es dient zur augenblicklichen Auseinandersetzung und zur ewigen Vermittelung." MÜLLER, Adam (1809), II, 100.
[5] „Da nun aber das Geld die doppelte Bestimmung hat, 1) die Gegenstände der Consumtion unter die einzelnen Individuen zu vertheilen, oder die Individuen auseinander zu setzen, 2) durch seine Aufhäufung der Capitalisation behülflich zu seyn, und dergestalt zwischen den Individuen und der Gegenwart und der Zukunft zu vermitteln: so müssen in der Betrachtung des Geldes beide, Vorrath und Circulation, in Anschlag kommen; der Drang der Menschen, für die Zukunft zu sorgen, zu sparen, zu capitalisiren, muß durch den Vorrat des Geldes unterstützt werden: eben so ihr Verlangen, die Bedürfnisse des gegenwärtigen Moments zu befriedigen, durch die Circulation, obgleich, wie sich von selbst versteht, die Gegenwart oder die Circulation eine unendlich geringere Summe repräsentativer Geldzeichen erfordert." MÜLLER, Adam (1809), II, 104.

des Staates nicht als einzige Klasse diese Situation vorteilhaft ausnutzen kann, wird von MÜLLER stattdessen eine andere Finanzierung vorgeschlagen, nämlich die Ausgabe von Papiergeld, dessen Wert auf gegenwärtige und zukünftige Erträge einer Gesellschaft bezogen wird.[1]

Das Maß für staatliches Handeln kann nicht in dessen Selbsterhaltung liegen, sofern nicht der höhere Zweck, der individuelle Schutz für alle Gesellschaftsmitglieder gewährleistet werden kann.[2] Die Gemeinsamkeit eines Staates wird hergestellt durch die religiösen Bindung ihrer Gesellschaftsmitglieder ebenso wie durch ihr Nationalbewusstsein. Für Individuen gilt, dass sie – im Gegensatz zu HOBBES – irrationale Empfindungen über gegenwärtige und zukünftige Ereignisse haben, die sich damit auch einer rationalen Einordnung entziehen.[3] Durch den Bezug auf eine christliche Kirche wird allerdings die Möglichkeit geschaffen, eine Basis für gesellschaftliche Werte zu begründen, und zwar ganz im Gegensatz zu den Vorstellungen der Aufklärung, wobei hier negativ vermerkt wird, dass eine Beliebigkeit und Begriffsvielfalt an die Stelle der ehemals vorherrschenden Eindeutigkeit getreten ist.[4] Die Herausbildung des Nationalbewusstseins durch den Zusammenhang mit einer gemeinsamen Geschichte, verbunden mit der Religion, führt erst zu einer angemessenen Gesellschaftsvorstellung.

Dass mit dem Privateigentum eine Zunahme der Arbeitsteilung auftritt, wird von MÜLLER hinsichtlich der damit verbundenen negativen Wirkungen angegriffen. Denn den positiven Wirkungen einer höheren Güterproduktion stehen die negativen Folgen einer stärkeren Desintegration des Proletariats gegenüber. Diese Trennung zwischen Arbeit und Kapital widerspricht der natürlichen Gesellschaftsauffassung und muss zwangsläufig zu Belastungen der nichtbesitzenden Klasse führen. Diesem Argument aus der Produktionssphäre steht die kredittheoretische Fundierung gegenüber. Auch hier zeigt MÜLLER, dass Unternehmer–Kapitalist und Vermögenseigentümer die eigentlichen Gewinner einer auf Privateigentum organisierten Gesellschaft sind, während die Last der Staatsausgaben durch die Klasse der Nichtbesitzer zu tragen ist. Aufgrund der unterschiedlichen Klasseninteressen kann zwar eine Gleichgewichtslösung auf den jeweiligen Märkten hergestellt werden, jedoch kein soziales Gleichgewicht, so dass es einer generellen Änderung der Gesellschaftsordnung bedarf, einschließlich deren moralischer Basis in Gestalt der Religion. Die Lösung zur Veränderung der sozialen

---

[1] MÜLLER, Adam (1809), II, 115 f.
[2] MÜLLER, Adam (1809), II, 163.
[3] „... dasselbe Gefühl von Mißtrauen und Furcht, wodurch so oft die Privat-Glückseligkeit gestört wird, stört auch die bürgerliche. – Es ist eine Art von Todesfurcht, persönlicher, die dort, politischer, die hier sich meldet, und die durch kein Argument weltlicher Klugheit zurückgeschlagen werden kann.“ MÜLLER, Adam (1809), II, 170.
[4] MÜLLER, Adam (1809), II, 67 f.

Frage wird in diesem Zusammenhang in der ökonomischen und gesellschaftlichen Rückbildung gesehen, wobei das Ideal in der mittelalterlichen Feudalstruktur gesehen wird. In der Beschränkung der ökonomischen Aktivität liegt die Lösung der sozialen Probleme und findet dementsprechend ihre Antwort in der Beschränkung des Privateigentums. Dass der korporative Staat die angemessene Antwort auf die negativen Entwicklungen der kapitalistischen Wirtschaftsgemeinschaft bietet, wird später auch mit gleicher Vehemenz und theoretischer Basis durch BAADER aufgegriffen. Jedes Mal steht im Vordergrund die Kritik am „römisch-rechtlichen" Eigentumsbegriff, bei dem die Sachen im Vordergrund stehen und nicht mehr der persönliche Wert der Individuen.[1]

Versuche einer neuen Theorie des Geldes (1816)

Die Vorstellung, dass sich mit dem Privateigentum der Umfang der individuellen Freiheit erweitert habe, stellt sich als Irrtum heraus.[2] Die damit verbundene individuelle Freiheit ist nur scheinbare vorhanden, weil jetzt der Besitz des einzelnen aus dem Gesamtzusammenhang herausgerissen ist und kein Zusammenhang mehr zu anderen Individuen erkennbar wird. Als Folge bildet sich die negative Eigenschaft von Individuen, mehr Eigentumspositionen als andere besitzen zu wollen, heraus, wobei der egoistischen Verhaltensweise prinzipiell keine Grenzen gesetzt sind. Damit werden die Folgen einer Marktökonomie beschrieben, deren Gesellschaftsmodell nicht mehr die Vorstellung von eingeschränkten Verfügungsrechten über Sachen kennt.

Demgegenüber geht MÜLLER davon aus, dass gerade gesellschaftliche Ungleichheit in Gesellschaften stabilisierend wirkt, weil die einzelnen Gesellschaftsmitglieder gezwungen sind, sich gegenseitig ihrer Dienste zu versichern. Dabei wird unterstellt, dass diese gesellschaftliche Ordnung durch entsprechenden staatlichen Schutz ein hohes Maß an Stabilität erfährt und unter diesem Gesichtspunkt eine dauerhafte Institution darstellt.[3] Als Motor für menschliches

---

[1] BAADER, Franz (1835): Über das dermalige Mißverhältnis der Vermögenslosen oder Proletaires zu den Vermögen besitzenden Klassen der Societät in Betreff ihres Auskommens sowohl in materieller als intellektueller Hinsicht aus dem Standpunkt des Rechts betrachtet, in: Franz von BAADER, Schriften zur Gesellschaftsphilosophie, hrsg. von Johannes SAUTER, Jena 1925, 325, (Die Herdflamme, 14).

[2] Vgl. hierzu das Beispiel über die Aufteilung des Gemeingentums auf alle Gesellschaftsmitglieder, MÜLLER, Adam (1816), 6 f.

[3] „Der Unterschied größerer und geringerer Glücksumstände, größeren und geringeren Privatreichthums ist nothwendig, wenn eine bürgerliche Ordnung, eine Disciplin und Subordination möglich seyn soll. [...] Diese Ungleichheit und daraus construirte Disciplin muss dauerhaft seyn, weil das Geschick zur Verwaltung des größeren wie des geringeren Vermögens, der auf allgemeine wie auf besondere, gemeinnützige Geschäfte gewendeten Kraft, Zeit braucht, um erlangt zu werden, und weil die meisten

Handeln wird das Bedürfnis nach Vervollkommnung der bedürftigen Menschennatur angenommen, wobei ein ständiger Austausch mit anderen Gesellschaftsmitgliedern aufgrund der eigenen Beschränkung erforderlich ist.[1] Auch die Veränderung von Eigentumspositionen ist ein Ergebnis von Verträgen, wobei die gegenseitige Verpflichtung lautet, die jeweils andere Eigentumsposition zu verbessern.[2] Der damit verbundene Eigentumsbegriff beinhaltet demzufolge eine soziale Verpflichtung und grenzt sich dadurch vom absoluten Eigentumsbegriff ab, der auch das unbeschränkte Verfügungsrecht von Individuen in den Vordergrund stellt.

Im Mittelpunkt des Eigentumsbegriffs des feudalen Zeitalters steht die Person mit ihren Pflichten und Rechten, und zwar nicht reduziert auf den Produktionsbegriff. Vielmehr steht im Vordergrund das persönliche Verhältnis, das durch die kapitalistische Produktion verloren gegangen ist, obwohl noch immer gesellschaftlich produziert wird, hat ein Rollenwandel stattgefunden.[3] Die alte Rechtsordnung des Lehnswesens war durch gegenseitige Leistungen charakterisiert und beinhaltete Nutzungs- und Schutzfunktionen der Lehnsherren. Parallel bildet sich ein besonderes „Eigen“ in Gestalt des lehnsfreien Bodens heraus, das so genannte Allod. Ein Ergebnis, der Aneignung von herrschaftsfreiem Boden und auch als Folge einer unübersichtlichen Lehnsverfassung, da offensichtlich nicht immer entsprechende Lehnsregister geführt wurden. Nun macht MÜLLER darauf aufmerksam, dass gerade die letzte Form des Eigentums sich mit Hilfe des römischen Rechts durchgesetzt habe und damit auch die verbindende soziale Stellung verloren gegangen sei.[4]

---

besonderen Kräfte innerhalb des Staates sich nur erst im Fortgang langer Jahre in ihrer vollen Wirksamkeit bewiesen.“ MÜLLER, Adam (1816), 8 f.

[1] MÜLLER, Adam (1816), 16.

[2] MÜLLER, Adam (1816), 16 f.

[3] „Der einzelne Arbeiter trägt das Privateigenthum seiner mehrstündigen Kraft täglich in die Manufactur, und erhält dafür ein gleichgeltendes Privateigenthum an Tag- oder Wochenlohn zurück: er bleibt in allen dem, was er außer dem Privateigenthum seiner Kraft noch hat oder ist, unbeschränkter Gebieter über seine eigene Person. Eben so der Unternehmer der Manufaktur, ohne sich zu einer weiteren persönlichen Sorge für seinen Arbeiter in Fällen von Krankheit, Unglück, Alter zu verpflichten, gibt das Privateigenthum seiner Vorschüsse, Auslagen, Ablöhnungen für das andere Privateigenthum des fabricirten Productes hin. Kurz wir sehen nur Tausche des Privateigenthums gegen einander: die Persönlichkeit der Tauschenden bleibt fast ganz außer dem Spiel, außer der Verpflichtung.“ MÜLLER, Adam (1816), 28.

[4] Die Überschrift „Feod und Allod“ täuscht, denn MÜLLER führt hier keineswegs eine Untersuchung über den Feudalismus und das Lehnswesen, sondern verwendet nur das Rechtsverhältnis zwischen Herren und Vasallen zur Verdeutlichung der verlorengegangenen sozialen Verpflichtung des Eigentümers gegenüber anderen Gesellschaftsmitgliedern.

Während Unternehmer-Kapitalist und Vermögenseigentümer ihre Interessen aufgrund der privatrechtlichen Stellung des Eigentums durchsetzen, existieren noch immer Gemeineigentum, das eine gemeinsame Verbindung zwischen allen Gesellschaftsmitgliedern herstellt, und zwar unabhängig von ihrer Eigentums- und Vermögenssituation. Damit wird eine gesellschaftliche Geld- und Kredittheorie beschrieben.[1] Die ursprünglich organische Produktion, die alle Gesellschaftsmitglieder verbunden hatte, wird durch die kapitalistische Produktionswahl atomisiert und durch Märkte wieder verbunden. Die Produktion ist zwar immer noch eine gesellschaftliche, wobei die jetzt vereinzelten Individuen durch Tauschvorgänge miteinander verbunden sind. Sie bedürfen der anderen Gesellschaftsmitglieder, um deren Inputs bzw. Nachfrage für sich selbst fruchtbar zu machen. Nicht die Steigerung der Arbeitsteilung ist demzufolge der angemessene Wertmaßstab, sondern die Steigerung der Arbeitsteilung bei entsprechender Kooperation der Wirtschaftsindividuen. Diese gesellschaftlichen Arbeitsteilung, verbunden mit unterschiedlichen ökonomischen Interessen, findet ihren Ausdruck in der Institution des Privateigentums, als dessen Folge die Gesellschaftsmitglieder mit unterschiedlichen Verfügungsrechten ausgestattet sind, die einerseits den trennenden Charakter ausmachen, andererseits aber gerade die Möglichkeit des ökonomischen Austauschs hervorbringen.[2] Mithilfe der Geldfunktion erfährt die individuelle Produktion ihren gesellschaftlichen Charakter, indem zum Zwecke des Austauschs wieder eine Gemeinsamkeit vermittels des Geldes hergestellt wird. Nach Beendigung der Tauschakte finden wir erneut isolierte gesellschaftliche Wesen vor, die sich auf den nächsten gesellschaftlichen Austausch vorbereiten müssen. Die auf Privateigentum basierende arbeitsteilige Gesellschaft erzwingt demzufolge den Austausch mit anderen Privateigentümern und stellt eine ständige Verschränkung von Privateigentum in Gemeineigentum und vice versa dar, sofern nicht unerwünschte Marktreaktionen auftreten sollen.[3] Das Privateigentum hat unter kapitalistischen Bedingungen nur dann Realisierungsmöglich-

[1] „Das Geld demnach, wo es erscheint, und wie es erscheint, ob als Wort oder als Metall ist nur Geld, in wie fern es kein Privateigenthum, sondern in wie fern es wie der Staat selbst, Gemeindeeigenthum möglichst vieler, ja aller ist.“ MÜLLER, Adam (1816), 31.

[2] Vgl. hierzu KOMORZYNSKI, Johann von (1903): Die nationalökonomische Lehre vom Credit, 2. Aufl., Innsbruck 1909, 3–12.

[3] „... daß das Band der Manufactur und des Marktes, eigentlich ein persönliches ist, wie auch das Geld, welches nur circulirend, von einem zum andern übergehend, und zwischen zwey Personen vermittelnd zu denken ist, niemahls ein Gegenstand des unbedingten Privateigenthums seyn kann. – So offenbart sich dann die unglückliche Richtung aller unserer Arbeit auf das Privateigentum, und die Reaction, des versäumten Feod auf das Allod, theils in den Stockungen des Marktes der Arbeit und der Waaren, theils in dem steigenden Schuldenwesen des Staats und der Privaten.“ MÜLLER, Adam (1816), 29 f.

keiten, sofern die gesellschaftliche Organisation das Privateigentum mit anderen Privateigentümern verbindet und damit deren soziale Funktion mit Hilfe des Geld- und Kreditmechanismus stabilisiert.[1]

Die notwendige Verbindung zwischen den Privateigentümern durch das Geld kann nur erfolgen, sofern die wertmäßige Produktion der Privateigentümer auch wirklich zum Austausch gelangt, weil anderenfalls Absatzstockungen und Preissteigerungen zwangsläufig eintreten müssen.[2] Als ein weiteres Problem wird in diesem Zusammenhang die Zunahme des "Staats- und Privatschuldenwesen" gesehen.

Unabhängig von der erforderlichen Funktion des Geldes ist allerdings auch die Krisenanfälligkeit der arbeitsteiligen Wirtschaft zu konstatieren, deren Schwäche in einer ständig steigenden Produktivität und der damit verbundenen Problematik von Absatzsteigerungen liegt, wobei hier auch das Risiko des internationalen Handels mit einbezogen werden muss.[3] Die organische Verbindung kann in der arbeitsteiligen Wirtschaft auch als Gegensatzpaar von Produktion und Konsumtion gesehen werden,[4] wobei der Umfang des erzeugten gesellschaftlichen Produkts auch von der Kreditgewährung abhängig ist.[5] Deshalb kann gegen Adam SMITH auch eingewandt werden, dass nicht eine Überschussproduktion Ziel der arbeitsteiligen Gesellschaft sein kann, sondern eine Produktivitätssteigerung mit gesichertem Güterabsatz. Damit wird das Gütermarktgleichgewicht thematisiert, indem die Produktion des einen die Konsumtion des anderen ist und umgekehrt.[6] Diese Situation wird die Kreditaufnahme des Unternehmer-Kapitalisten verändert. Dieser Kredit stellt eine gesellschaftliche Forderung dar, verpflichtet demzufolge den Kreditnehmer, einen Teil seines erwirtschafteten Privateigentums als Äquivalent zu überlassen.[7] Die Vorstellung eines unbeschränkten Privateigentums widerspricht demzufolge einer gesellschaftlichen Produktion, die für ihre Tauschbeziehungen Geld und Kredit verwenden. Zur Beschränkung der negativen Folgen des internationalen Handels fordert MÜLLER eine Weltorganisation, die nicht die Interessen der einzelnen Staaten und damit die jeweiligen Privatei-

---

[1] MÜLLER, Adam (1816), 31.
[2] MÜLLER, Adam (1816), 33.
[3] MÜLLER, Adam (1816), 40 f.
[4] MÜLLER, Adam (1816), 66.
[5] „Dieses Product aller Producte in der kleinen wie in der großen Haushaltung, wie in der Ordnung der Weltgeschäfte selbst ist der Credit: die größere Zuverläßigkeit, die größere Sicherheit des ökonomischen Daseyns wird producirt, und mit ihr fällt uns die größere Fülle der Güter von selbst zu. Aber diese Fülle der Güter an sich beweist nichts und befriedigt niemand: der Credit ist es, wornach, vornähmlich jetzt, sich jedermann sehnt, er ist der nackte Sinn aller der vielfältig verkleideten ökonomischen Klagen, die unsere Zeit vernehmen läßt.“ MÜLLER, Adam (1816), 72 f.
[6] MÜLLER, Adam (1816), 74.
[7] MÜLLER, Adam (1816), 75 f.

gentümer berücksichtigt, sondern zum Zweck einer Gleichgewichtslösung geschaffen werden soll. Auch hier kann die Vermittlung nur durch Geld hergestellt werden, in diesem Fall durch allgemein akzeptiertes Metallgeld. Ziel ist, eine Gleichgewichtslösung herbeizuführen, indem eine ausgeglichene Handelsbilanz angestrebt wird.

Eine lenkende Funktion wird in dieser arbeitsteiligen Gesellschaft von den Bedürfnissen ausgehen, deren Rangordnung kein Ergebnis von individuellen Entscheidungen ist, sondern gesellschaftlich bestimmt wird. Das erscheint insoweit auch konsequent, als das Ziel der gesellschaftlichen Produktion in der sittlichen Vervollkommnung aller Gesellschaftsmitglieder liegt.[1]

Indem einerseits der Marktmechanismus hinsichtlich der mit ihm verbundenen positiven Entwicklungen gewürdigt wird, macht MÜLLER andererseits auf das dahinter liegende organische Moment aufmerksam, so dass als bewegendes Moment für Tauschprozesse eine Verbindung von Ökonomie und Gesellschaft charakteristisch ist.[2] Die vereinzelten Privateigentümer haben, trotz einer anders erlebten Wirklichkeit, sich noch immer Vorstellungen von einer organischen Gesellschaft bewahrt. Dieses individuelle Bedürfnis wird durch den Produktionsprozess getrennt und findet wieder zu einer Verbindung durch das Geld.[3] Das Geld vermittelt in dem großen Spannungsverhältnis von Gesellschaft und Individuen, so dass allein das Streben nach Geld ökonomisch und gesellschaftlich als Teil eines sinnvollen Handelns angesehen werden kann. Das Geld tritt bei MÜLLER auf in Gestalt von Metallgeld bzw. Kreditgeld. Für den Kredit verwendet er die Chiffre „Wort“ als Ausdruck der Verpflichtung von individuellen und gesellschaftlich akzeptierten Kreditbeziehungen.[4] Die Geldmenge ist demzufolge ein Ergebnis der beiden Geldformen, wobei auch hier eine Wechselbeziehung besteht. Der Kredit kann erst dann zum Geld werden, wenn er ausgemünzt wird. Andererseits erhält das Metallgeld erst seinen Wert durch das Wort, nämlich durch die gesellschaftliche Akzeptanz. Entsprechend den gesellschaftlichen Tauschverhältnissen ist es dann Staatsaufgabe, diese beiden Geldformen entsprechend der Tauschsituation des Landes in ein gleichgewichtiges Verhältnis zu bringen.

Kapitalismuskritik

Die Wirkungen der Tauschgesellschaft werden von MÜLLER insgesamt negativ eingeschätzt. Während das kapitalistische Wirtschaftssystem einerseits die Güter-

---

[1] MÜLLER, Adam (1816), 103.

[2] MÜLLER, Adam (1816), 134 f.

[3] MÜLLER, Adam (1816), 138 f.

[4] „… die edeln Metalle sind das natürlichste Band unter den Sachen, das Wort ist das natürlichste Band unter allen persönlichen Kräften. Das Wort und das edle Metall sind also die beyden großen Formen, unter denen das Geld erscheint; die beyden großen Versinnlichungen des ökonomischen Staates.“ MÜLLER, Adam (1816), 141.

versorgung der wachsenden Bevölkerung garantieren kann, treten gesamtgesellschaftlich negative Wirkungen durch eine Überbetonung der Sachen ein und führen zu Abhängigkeiten, während andererseits das ausschließliche Verfügungsrecht durch das Privateigentum zu willkürlichen Handlungen führt. Neben der Begeisterung für die Entwicklungsfähigkeit ist demzufolge auch der Prozess der Entfremdung und Ausbeutung als Kritik angelegt.[1]

Deshalb wird auch für den Vermögenseigentümer postuliert, dass sein Ziel nicht in der individuellen Einkommensverbesserung liegt, sondern in seinem Bestreben, den Umfang seiner Kreditmöglichkeit ebenso auszudehnen wie seine Kreditfähigkeit zu vermehren. Insoweit stellt die Klasse der Vermögenseigentümer eine Verbindung zu den anderen Ständen her, ganz im Sinne des Prinzips der Wechselwirkung zwischen dem Einzelnen und dem Ganzen.

Deshalb muss auch der Staat dafür Sorge tragen, dass die Geldversorgung keine der gesellschaftlichen Klassen bevorzugt, weil anderenfalls der organische Produktions- und Konsumtionsprozess gestört wird. Die ökonomischen Folgen liegen in Preis- und Zinsveränderungen, welche die einzelnen Wirtschaftssubjekte zu egoistischen Verhaltensweisen veranlassen können. Deshalb unterliegt die Geldmenge keinem eindeutigen quantitätstheoretischen Zusammenhang, sondern muss den gesamtgesellschaftlichen Zusammenhang von Produktion und Konsumtion der unterschiedlichen Klassen einschließlich der gesellschaftlichen Entwicklungsmöglichkeiten berücksichtigen. Denn die unterschiedlich wahrgenommene Situation der Wirtschaftssubjekte ist ein Ergebnis ihres eigenen Handelns in Verbindung mit dem für Geld- und Kreditversorgung zuständigen Staat.[2]

Der notwendige Güteraustausch der Privateigentümer führt dazu, dass ihr Privateigentum ständig in das Gemeineigentum Geld eingetauscht wird und umgekehrt. Indem die Wirtschaftssubjekte bestrebt sind, ihr Privateigentum durch Monetisierung ihrer Bestände einzutauschen, wird es zum Gemeineigentum, der Gesellschaft, weil der Staat der Garant des Geldes ist.[3] Darin liegt auch der Haupteinwand gegen eine quantitätstheoretische Argumentation, bei der die Kreditfunktion des Geldes keine Berücksichtigung findet. Insbesondere wird die gleichgewichtige Lösung zwischen dem sächlichen und dem persönlichen Geld bei einer staatlichen Reduzierung des Stoffgeldes zugunsten des kreditgebenden Vermögenseigentümers gestört.[4]

---

[1] MÜLLER, Adam (1816), 151 f.

[2] MÜLLER, Adam (1816), 267.

[3] „... daß das Streben nach dem Gelde nichts anderes ist, als das Streben, sein Privateigenthum zum Staatseigenthum zu erheben, oder durch die ganze bürgerliche Gesellschaft und ihre vereinigte Kraft zu garantiren." MÜLLER, Adam (1816), 269.

[4] „Sollte sie [die Regierung, S. P.] nun die Geldzeichen eben so mechanisch vermindern ohne zugleich eine Radicalcur zu unternehmen, sollte sie also ihr Privilegium der Gelderzeugung nicht bloß aufheben, sondern das bisher erzeugte Geld zurücknehmen,

Resümee

Im Gegensatz zur klassisch-liberalen Auffassung, entwickelt MÜLLER eine organische Wirtschaftstheorie, bei der die gesellschaftlichen Klassen harmonisch miteinander verbunden sind, allerdings nicht durch eine durch den Marktmechanismus hervorgerufene Gleichgewichtslösung. Vielmehr steht im Vordergrund seiner Erörterungen die Vorstellung einer ständischen Ordnung analog zum Mittelalter. MÜLLER – „der größte Volkswirt seiner Zeit" (SPANN) – geht damit zum Gesellschaftsmodell des feudalistischen Zeitalters zurück, indem er das individualistische Bestreben zugunsten eines sittlichen Gemeinschaftsgedankens zurückdrängt. Die Gleichgewichtslösung bei Adam SMITH, gegen den sich MÜLLER wendet, wird durch den Marktmechanismus hervorgerufen, findet allerdings auch eine gesellschaftliche Begründung in seiner Moralphilosophie. Gerade diesen letzten Gedanken greift MÜLLER nicht auf, wenn er das egoistische Verhalten der Wirtschaftssubjekte thematisiert.

MÜLLER stellt sich auch in den Gegensatz zu den naturrechtlichen Vorstellungen seiner Zeit. Der Staat ist nach seiner Auffassung keine zweckgerichtete Organisation, sondern eine sittliche Gemeinschaft mit der Vorstellung, alle Individuen zu einer höheren Entwicklungsstufe in religiöser und geistiger Absicht zu befähigen. Auch dieser Gedanke verweist auf das deutsche Mittelalter und führt konsequent zur Denunziation des Privateigentums, weil dessen individualistische Ausprägung die Möglichkeit beinhaltet, andere von einer Nutzung – willkürlich – abzuhalten. Das evolutionäre Moment wird in dieser Gesellschaftsvorstellung durch die in der Klassengesellschaft vorhandenen Gegensätze erzeugt. Immer wird jedoch das individuelle bzw. klassenmäßige Handeln nicht vom Einzelnutzen bestimmt, sondern durch eine bewusst vollzogene Bewertung für die Gesamtgesellschaft. Die individuellen Verhaltensweisen sind demgemäß nicht nur das Ergebnis eines gegenwärtigen Handelns, sondern beziehen vergangene und zukünftige gesellschaftliche Erfahrungen und Kenntnisse mit ein, womit eine weitere Kritik an der Wertbildung der klassischen politischen Ökonomie aufgezeigt wird.

Durch die Zurückweisung der individualistischen Auffassung zugunsten einer gesellschaftlichen Orientierung gelingt MÜLLER eine neue Charakterisierung des Privateigentums sowie die Herausbildung einer sozialrechtlich begründeten Geld- und Kredittheorie. Nachdem sich in den entwickelten Tauschwirtschaften das Privateigentum herausgebildet hat, versucht MÜLLER die gesellschaftlichen Zusammenhänge zwischen den Individuen herauszuarbeiten, um damit Grenzen einer individualistischen Wirtschaftsauffassung zu erläutern und statt dessen die

---

so gibt sie damit nur dem Privatcredit, das heißt dem verwöhnten verderbten Privatcredit, oder dem Wucher die förmliche Befugnis in die Hände, die Lücken zu ergänzen, selbst Geldmarken zu machen, und somit seinen verderblichen und vernichtenden Einfluß auf das Ganze nun erst recht zu äußern." MÜLLER, Adam (1816), 273 f.

notwendige Verbindung der vereinzelten Privateigentümer zur Gesellschaft zu verdeutlichen. Während SMITH die notwendige Ausdehnung des Handels bei entsprechenden Produktivitätssteigerungen thematisiert, geht MÜLLER auf den Zusammenhang der Produzenten ein. Produktion und Tausch bedingen einander, sind Gegenstand aller ökonomischen Aktivitäten. Allerdings bedarf es einer gesellschaftlichen Institution für die Übertragung der jeweiligen Eigentümerrechte. Diese Funktion wird durch sachliches bzw. persönliches Geld eingenommen. Damit wird die Vereinzelung der Privateigentümer aufgehoben, indem sie ihre jeweiligen Leistungen gesellschaftlich austauschen. Deshalb kann MÜLLER auf den prinzipiellen Widerspruch des Privateigentums aufmerksam machen, der einerseits in der Beschränkung auf ein Individuum liegt, andererseits in dem notwendigen Austausch, ohne den der Privateigentümer nur auf seine Funktion des Privateigentums zurückgeworfen würde, ohne hierbei allerdings Einkommen und Erträge zu erzielen.

Nur der Austausch zwischen den Privateigentümern erlaubt, von einem funktionsfähigen Wirtschaftssystem zu sprechen. Demzufolge haben die einzelnen Produzenten auch die Bedürfnisse der anderen Gesellschaftsmitglieder zu berücksichtigen, die bei MÜLLER Ausdruck einer gesellschaftlichen Bewertung sind. Sofern hier Abweichungen auftreten, muss es zwangsläufig zu gesellschaftlich unerwünschten Marktlösungen kommen, so dass hiermit auch ein Teil der erforderlichen Staatsaufgabe beschrieben wird.

Obwohl die Geld- und sozialrechtliche Kredittheorie von MÜLLER nur unzureichend entwickelt werden konnte, hat ihre Weiterentwicklung zur Herausarbeitung einer funktionalen Betrachtungsweise des Kredits insbesondere in der historischen Schule durch KNIES geführt.[1]

Die ständische Organisation, verbunden mit einer staatlichen Geld- und Kredittheorie, sichert das gesellschaftliche Gleichgewicht. Dabei zeigt MÜLLER, dass eine Veränderung der Geldmenge von dem Unternehmer-Kapitalisten bzw. Vermögenseigentümer für ihre jeweils individuellen Zwecke ökonomisch verwendet wird, sofern keine gesellschaftlich orientierte Wirtschaftspolitik betrieben wird, die die Interessen aller Klassen berücksichtigt. Der Widerspruch des Privateigentums liegt demzufolge in der gesellschaftlichen Abhängigkeit der einzelnen – sich unabhängig wähnenden – Privateigentümer begründet. Allerdings kann nur eine gesellschaftliche Organisation den privatwirtschaftlichen Verkehr ermöglichen, und zwar durch eine der gesellschaftlichen Situation angemessenen Geld- und Kreditversorgung. Während im reinen Tauschakt eine Verteilung der Güterproduktion zwischen den Produzenten stattfindet, die ihren jeweiligen Bedürfnissen entspricht, findet damit keine Veränderung der Vermögenspositionen statt. Demgegenüber wird durch die Möglichkeit der Kreditaufnahme der individuelle Gü-

---

[1] Vgl. KNIES, Carl, (1873): Das Geld. Darlegung der Grundlehren von dem Gelde, Berlin. Reprint Düsseldorf 1996.

terbestand erhöht, indem der Kreditnehmer aufgrund von damit erhaltenen Verfügungsrechten einen größeren Umfang an Privateigentum erhalten kann.[1]

4.2. Karl Marx / Friedrich Engels: Kritik und die Aufhebung der Eigentumsordnung

Während HEGEL sich noch mit einem frühen Stadium des Kapitalismus auseinandersetzen konnte, sind MARX und ENGELS mit einer Entwicklungsphase konfrontiert, die keinen Zweifel mehr an den negativen Auswirkungen der auf Privateigentum gegründeten Gesellschaftsformation aufkommen lässt. Auch ihre Gesellschaftsanalyse hat die bürgerliche Gesellschaft und deren Funktionsweise zum Ausgangspunkt, wobei der offensichtliche Widerspruch von liberalem Staats- und Gesellschaftsverständnis den Gegenstand der Analyse bildet und neben der Diagnose auch eine gesellschaftspolitische Lösung für die drängenden Probleme der Zeit angeboten wird.

Beeinflusst von den philosophischen und ökonomischen Theorien ihrer Vorgänger, erfahren die Begriffsbildungen von MARX und ENGELS inhaltliche Wandlungen und zielen auf eine gesellschaftliche Veränderung ab. Diese neue Sichtweise von der Gesellschaft und ihren Organisationsprinzipien stehen im Gefolge der Aufklärung, denn gefragt wird nach den realen Chancen für eine Emanzipation des Menschen, die bisher – auch in der bürgerlichen Gesellschaft – nicht für alle Gesellschaftsmitglieder eingelöst werden konnten. Einerseits werden die Leistungen hervorgehoben, die sich mit der bürgerlichen Gesellschaft herausgebildet haben,[2] andererseits sind negative Entwicklungen einer Tauschgesellschaft unübersehbar, die durch Entfremdung und Ausbeutung zumindest eines Teils ihrer Gesellschaftsmitglieder gekennzeichnet ist. Hatte bereits HEGEL auf die Funktion der Arbeit als bestimmendes Moment für Menschen hingewiesen, zieht MARX aus der negativen Entwicklung des Arbeitsprozesses die Schlussfolgerung, dass all diejenigen Verhältnisse aufzuheben sind, in denen das Subjekt Leiden und Unrecht ertragen muss. Als Folge resultiert eine Gesellschaftstheorie, die sich nicht allein als eine Negation von philosophischen Konstrukten begreift, sondern auch

---

[1] „Denn das Vermögen, welches in den dem Creditnehmer in das Eigenthum überlassenen Güter verkörpert war, ist dem Creditgeber rechtlich vorbehalten geblieben. Im Credite löst sich das private Vermögen vom Güterbesitze los, erlangt eine vom Eigenthum verschiedene neue Rechtsform und hierdurch wird es im Credit möglich, eine Correctur der Gütervertheilung nicht lediglich nach der Art, sondern schon nach dem Ausmaasse des Güterbesitzes der einzelnen Wirtschaften herbeizuführen und gleichwohl das Rechtsprincip des privaten Vermögens zu wahren.“ KOMORZYNSKI, Johann von (1903), 24.

[2] MARX, Karl / ENGELS, Friedrich (1848): Manifest der Kommunistischen Partei, in: MEW, Bd. 4, insbes. 462–474.

Elemente einer praktischen Philosophie mit dem Ziel der Veränderung von gesellschaftlichen Verhältnissen in den Vordergrund ihrer Betrachtungen stellt, wie mit der elften Feuerbach-These[1] postuliert wird und ihre politisch-praktische Anwendung in den „Randglossen zum Programm der deutschen Arbeiterpartei"[2] von 1875 erfährt.

Mit zunehmender Herausbildung des Industrieproletariats wird die Funktionsfähigkeit der bürgerlichen Gesellschaft in Zweifel gezogen und den Ursachen für ihre widersprüchliche Entwicklung nachgegangen. Die gesellschaftlichen und sozialen Verhältnisse stehen mit ihren Auswirkungen in einem starken Gegensatz zu HEGELs Vorstellungen der sittlichen Idee der Gesellschaft. Von MARX und ENGELS werden die mit der französischen Revolution errungenen Bürger- und Freiheitsrechte auf ihren ökonomischen Charakter zurückgeführt und damit auch die Grenzen der Emanzipation innerhalb der bürgerlichen Gesellschaft aufgezeigt.[3] Insofern die bürgerliche Revolution zwar als eine wesentliche Stufe für die politische Emanzipation begriffen werden muss, ist deren Zielsetzung, eine Befreiung aller Menschen herbeizuführen, nicht erreicht worden. Während die erfolgreiche politische Revolution den Machtwechsel durch Auflösung der alten Organisationsformen zu ihren Gunsten entscheiden konnte, findet keine entsprechende Veränderung im sozialen Bereich statt,[4] in dem weiterhin die negativen Folgen des Privateigentums auftreten. Wenn dieser Fortschritt der bürgerlichen Gesellschaft dennoch als eine positive Veränderung der Weltgeschichte begriffen wird, lässt MARX andererseits keinen Zweifel an der erforderlichen Veränderung der festgestellten Differenz mit der teleologischen Forderung, eine Gesellschaftsformation aufzulösen, die egoistische Prinzipien positiv sanktioniert und dabei alle Gesellschaftsmitglieder von den ihr eigenen natürlichen Entwicklungsmöglichkeiten abhält.[5]

Ausbeutung und Entfremdung

Während die klassische politische Ökonomie überwiegend die Vorteile der Arbeitsteilung und die damit einhergehende positive Veränderung der gesamtgesellschaftlichen Wohlfahrt in den Vordergrund ihrer Überlegungen stellt (SMITH), wurde bereits durch HEGEL das Faktum des Pauperismus negativ vermerkt. Im Gegensatz dazu unterzieht MARX den bürgerlichen Produktionsprozess einer kritischen Analyse und hebt deren negative Resultate, die in einem persönlichen Verlust innerhalb des Arbeitsergebnisses und weiterhin in der besonderen Orga-

---

1 MARX, Karl (1845): Thesen über Feuerbach, in: MEW, Bd. 3, 7.
2 MARX, Karl (1891): Kritik des Gothaer Programms, in: MEW, Bd. 19, 15–32.
3 MARX, Karl (1843): Zur Kritik der Hegelschen Rechtsphilosophie, MEW, Bd. 1, 379.
4 MARX, Karl (1843 a): Zur Judenfrage, in: MEW, Bd. 1, 369.
5 MARX, Karl (1843 a), 370.

nisation der Produktion liegen, hervor.[1] Unter den Produktionsbedingungen der bürgerlichen Gesellschaft vollzieht sich durch den Prozess der Arbeitsteilung eine Steigerung der Güterproduktion, die durch umfangreiche Mechanisierung und damit auch repetitive Arbeiten charakterisiert ist und den Maschineneinsatz erzwingt bzw. entsprechend den Opportunitätskosten zu einem Maschineneinsatz und zur Steigerung des menschlichen Arbeitseinsatzes mit der Folge führt, dass bei einem höheren Güterangebot und gleich bleibender Nachfrage ein Angebotsüberschuss hervorgerufen wird, der zwangsläufig zu einer Freisetzung der Arbeitskraft führen muss.[2] Indem der Arbeitsprozess aus Wettbewerbsgründen immer stärker durch den Maschineneinsatz bestimmt wird, ist der Arbeiter im Umfang der Produktivitätserhöhungen abhängig vom Ergebnis des Gütermarktes. Die Folgen dieser Arbeitsteilung berühren allerdings nicht nur die menschliche Existenz in ökonomischer Hinsicht, sondern auch die psychische Seite der Subjekte.[3] Je mehr die Individuen durch den arbeitsteiligen Produktionsprozess miteinander verbunden werden und die Entwicklung der Produktivkräfte zu einem höherem gesellschaftlichen Wohlfahrtsniveau führt, desto stärker wird die Abhängigkeit vom Produktionsprozess, seinen Bedingungen und der gesamtwirtschaftlichen Entwicklung.[4] Die Stellung des Arbeiters ist demzufolge als ein Resultat der Produktionsverhältnisse und damit als ein Element der bürgerlichen Gesellschaft zu betrachten. Im Vordergrund der kapitalistischen Warenproduktion steht die Verwertung der Arbeitskraft und nicht die schöpferische Gestaltung im individuellen Umgang mit der Ressource Natur. Diese Reduktion des Arbeiters auf seine unmittelbare Tätigkeit im Produktionsprozess vernachlässigt gerade das schöpferische Moment und stellt nur den ökonomischen Gesichtspunkt der individuellen und gesellschaftlichen Reproduktion in den Vordergrund.[5]

Dieser Widerspruch, einerseits einen höheren Warenumfang zu produzieren und andererseits nicht an diesem Ergebnis partizipieren zu können, liegt in der speziellen Form der kapitalistischen Produktion begründet, in der die menschliche Arbeitskraft zu einer Ware wie jede andere wird, die sich auf dem Arbeitsmarkt verwerten muss. Damit wird ein erster Widerspruch deutlich: der durch die Arbeiter erzeugte Güterumfang wendet sich gegen sie, weil die Arbeiter selbst sich diese widersprüchliche Welt durch ihren Arbeitseinsatz erzeugen. Die weiteren Folgen führen dazu, dass der Arbeit selbst keine positiven Momente mehr unterstellt werden kann, weil der gesellschaftliche Zwang dominiert und dement-

---

[1] MARX, Karl (1844): Ökonomisch-philosophische Manuskripte, in: MEW, Ergänzungsband Teil 1, 512.

[2] MARX, Karl (1844), 477 f., und ders., (1867): Das Kapital, Bd. I, MEW Bd. 23, 377.

[3] MARX, Karl (1844), 476.

[4] MARX, Karl (1844), 477.

[5] MARX, Karl (1857/58): Grundrisse der Kritik der politischen Ökonomie, in: MEW, Bd. 42, 593.

sprechend jede positive Einschätzung der Individuen verloren geht.[1] Damit setzt eine Entfremdung von der Natur sowie von seinem Gattungswesen Mensch ein, weil der Produktionsprozess ganz offensichtlich keine technisch–neutrale Veranstaltung mit eigenen Problemstellungen darstellt, sondern die Fragestellung nach den sozialen Bedingungen und Folgen des kapitalistischen Produktionsprozesses beinhaltet.[2]

Die Ursache für die menschliche Entfremdung und deren Folgen sind spezifischer Ausdruck der kapitalistischen Produktionsweise, die den Individuen den inneren Zusammenhang des Reproduktionsprozesses,[3] als Ausdruck des unaufhebbaren Spannungsverhältnisses von Arbeitskraft und Kapital, nicht mehr deutlich werden lässt.[4] Darin liegt die theoretische Lösung des entfremdeten Verhältnisses zum Produkt der Arbeit. Es impliziert die Verfügungsberechtigung eines anderen über die Arbeit und ihr Resultat, die im Austausch von Lohnarbeit und Kapital als Form der ökonomischen Grundbeziehung innerhalb der bürgerlichen Gesellschaft charakterisiert ist und deren Inhalt in der Produktion des Mehrwerts liegt.[5] Es geht deshalb nicht allein um die notwendige Beseitigung des Privateigentums, sondern um eine gesellschaftliche Umgestaltung,[6] in der die menschlichen Bedürfnisse nicht mehr dem Konkurrenzmechanismus und egoistischen Handlungsweisen unterliegen.[7]

Auch das Geld fungiert aus dieser Sicht als eine Ware, die auch für den Kreditnehmer die Eigenschaft von Kapital in dem Sinne beinhaltet, dass Vermögen des eingegangenen Kreditvertrages den Kreditnehmer in die Lage versetzt, Profit zu erwirtschaften.[8] Durch die Kreditaufnahme wird das Geld des Vermögenseigentümers für einen festgelegten Zeitraum dem Unternehmer-Kapitalisten zur freien Disposition überlassen und damit eine Trennung von Kapitaleigentum und Kapitalverwertung vorgenommen.[9] Diese Trennung des Geldkapitals vom „fun-

---

[1] MARX, Karl (1844), 514.

[2] MARX, Karl (1844), 514.

[3] MARX, Karl (1894): Das Kapital. 3. Bd., in: MEW, Bd. 25, 887.

[4] MARX, Karl (1867), 99 f.

[5] MARX, Karl (1894), 799 f.

[6] MARX, Karl (1844), 536.

[7] MARX, Karl (1844), 539.

[8] „Der Geldbesitzer, der sein Geld als zinstragendes Kapital verwerten will, veräußert es an einen dritten, [...] macht es zur Ware *als Kapital*; nicht nur als Kapital für ihn selbst, [...] als Wert, der den Gebrauchswert besitzt, Mehrwert, Profit zu schaffen; als ein Wert, der sich in der Bewegung forterhält und [...] nach einer bestimmten Zeitfrist, erstens zu seinem Ausgangspunkt zurückzukehren, zweitens aber als realisiertes Kapital zurückzukehren, so daß es seinen Gebrauchswert, Mehrwert zu produzieren, realisiert hat." MARX, Karl (1894), 355 f.

[9] „Der Kredit, als ebenfalls gesellschaftliche Form des Reichtums, verdrängt das Geld und usurpiert seine Stelle. Es ist das Vertrauen in den gesellschaftlichen Charakter der

gierenden" Kapital erzwingt einen Zins für den Vermögenseigentümer, verdeckt allerdings in der Produktionssphäre den Kapitalcharakter der Mehrwertentstehung durch die beiden Kapitalanteile: Kapitalstock als Privateigentum und Kreditaufnahme. Denn im Gegensatz zur Entstehung des Mehrwerts in der Produktion kann der Kredit als unabhängig von der Mehrwertbildung im Produktionsprozess gesehen werden, ohne dass dessen Kapitaleigenschaft sofort zugeordnet werden kann. Gerade hiergegen wendet sich jedoch MARX, weil durch beide Kapitalbestandteile Profit erwirtschaftet wird und der zu entrichtende Zins selbstverständlich aus dem Mehrwert zu zahlen ist.[1] Die Kreditbeziehungen ermöglichen dem Unternehmer-Kapitalisten eine Steigerung der Akkumulation über sein Kapitaleigentum hinaus und verschärfen durch veränderte Angebots- und Nachfragesituationen auf dem Güter- und Arbeitsmarkt die destruktiven Tendenzen der kapitalistischen Gesellschaft.

Wenn im Rahmen der kapitalistischen Produktion die Eigenschaft des Geldes über den Gebrauchswert, Geld für den Warenaustausch zu sein, erweitert wird, stellt die Möglichkeit, auch als Kapital zu agieren, ein wesentliches Merkmal für die Entwicklung von kapitalistischen Gesellschaften dar. Indem der Unternehmer-Kapitalist seine Möglichkeiten der Kapitalakkumulation durch eine Kreditaufnahme erweitern kann, gehen von Seiten des Vermögenseigentümers wichtige Impulse auf die Struktur und Dynamik der kapitalistischen Produktionsweise aus. Entsprechend den Konkurrenzverhältnissen am Kreditmarkt bildet sich ein Zins, der für den Unternehmer-Kapitalisten eine Reduzierung seines Profits bedeutet, sofern er sich des Kapitals des Vermögenseigentümers bedient.

Eine Verschärfung erfährt diese Situation durch eine Ausweitung des Kreditsystems, dass eine stärkere Entwicklung der Produktivkräfte erlaubt und durch die Zentralisation des Kapitals charakterisiert ist. Mit dieser Entwicklung wird die Rolle des Vermögenseigentümers auf die eines reinen Ertragsverhältnisses ohne weitere Verfügung über sein Kapital beschränkt. Die Funktion des Kreditsystems führt also zwangsläufig zu einer Veränderung der kapitalistischen Produktionsweise, indem quasi gesetzmäßig die Vorherrschaft des Privateigentums in der Produktionssphäre zugunsten von Unternehmensformen zurückgedrängt wird, die nicht mehr den Unternehmer-Kapitalisten als den Privateigentümer des Kapitals im Produktionsprozess kennen. Von MARX wird dieser zwangsläufige Prozess anhand der Herausbildung von Aktiengesellschaften und der damit veränderten Situation des Vermögenseigentümers und den damit verbundenen gesellschaftlichen Konsequenzen herausgestellt. Wenn einerseits die Warenproduktion eine Zentralisation des Kapitals erzwingt, wird andererseits die Bedeutung des Vermögenseigentümers hinsichtlich seiner Rolle im Produktionsprozess ein-

---

Produktion, welches die Geldform der Produkte als etwas nur Verschwindendes und Ideales, als bloße Vorstellung erscheinen läßt." MARX, Karl (1894), 588.

[1] MARX, Karl (1894), 837.

geschränkt, während sich andererseits eine neue Klasse von Verwaltern des Kapitals herausbildet, die aufgrund ihrer Stellung im Produktionsprozess in vollem Umfang über das Kapital und seine Verwendung verfügen können, obwohl sie selbst über kein Privateigentum wie der typische Unternehmer-Kapitalist verfügen,[1] stellt sich die Frage nach der Funktion des Privateigentums.

In Anlehnung an LOCKE kann MARX im Gegensatz zum Privateigentum auf das Gemeineigentum als gesellschaftliches Ziel verweisen, weil die Erde allen Menschen gehört. Erst in der kommunistischen Gesellschaft findet der Mensch wieder zu sich und einer ihm adäquaten Lebensform,[2] die sich allerdings auf einem höheren Niveau als dem des Naturzustandes einstellt. Damit wird eine Weltvorstellung skizziert, die sich frei von Konkurrenz und egoistischem Eigentum herausbildet[3] und deren gesellschaftliche Steuerung die Summe von harmonischen individuellen Handlungsweisen impliziert, die durch eine höhere Einsicht gesellschaftlich vermittelt wird.[4] Sofern hierdurch Knappheitsverhältnisse nicht aufgehoben werden können, bestehen allerdings weiterhin in der Produktions- und Distributionssphäre Abstimmungsprobleme, die einer metatheoretischen Rechtfertigung des ökonomischen und politischen Systems bedürfen.[5]

Kapitalverhältnis

Kennzeichnend für die bürgerliche Gesellschaft ist deren Klassenstruktur und die damit verbundene Aufteilung in ein Lohnarbeits- und Kapitalverhältnis. Für das Lohnarbeitsverhältnis gilt der ökonomische Zwang, bei freier Willensentscheidung als Privateigentümer über den Verkauf der Ware Arbeitskraft selbst zu bestimmen. Der „freie Lohnarbeiter", dem der Verkauf der Nutzung seiner Arbeitskraft gelingt, erhält als Äquivalent den reproduktionstheoretisch bestimmten Arbeitslohn, der als Gebrauchswert dem Wert des Einsatzfaktors Arbeit im Produktionsprozess entspricht. Der notwendige Verkauf der Ware Arbeitskraft illustriert die nachgeordnete Stellung des Arbeiters im Produktionsprozess. Außer der Ware Arbeitskraft, seinem Eigentum an der eigenen Person, verfügt er über kein anderes Tauschmittel, das ihm die Möglichkeit zu einer Einkommensbildung bietet.

---

1 MARX, Karl (1894), 452 f.

2 MARX, Karl (1891), 21.

3 MARX, Karl (1844), 540.

4 MARX, Karl / ENGELS, Friedrich (1845/46): Die deutsche Ideologie, MEW, Bd. 3, 69 f.

5 Zu den machttheoretischen Implikationen und Verteilungswirkungen der Nettoproduktion in sozialistischen/kommunistischen Gesellschaften s. HABERMAS, Jürgen (1970): Exkurs über Grundannahmen des Historischen Materialismus, in: Habermas, Jürgen/Luhmann, Niklas (1971): Theorie der Gesellschaft oder Sozialtechnologie – Was leistet die Systemforschung? Frankfurt am Main 1971, 285–290.

Indem sich Käufer und Verkäufer der Ware Arbeitskraft gegenüberstehen, hat der Unternehmer-Kapitalist den ökonomischen Vorteil,[1] durch Kombination der Produktionsmittel eine für sich günstige Wertschöpfung herbeizuführen, denn seine Produktionsmittel sind Kapital.[2] Dabei wird das Kapital nicht isoliert gedacht,[3] sondern stellt als Kapitalverhältnis[4] die in der bürgerlichen Gesellschaft bestimmende Rolle der Wertbildung dar,[5] die ihren Ausdruck in der Produktion des Mehrwerts findet.[6]

Das Privateigentum hat für den Unternehmer-Kapitalisten aufgrund seiner ökonomischen Stellung eine bestimmende Rolle, weil er insgesamt mit einem höheren Umfang von Verfügungsrechten ausgestattet ist, als der nur über sein Produktionsmittel „Arbeitsvermögen" verfügende Arbeiter.[7] Die Bedingungen der kapitalistischen Produktion bestimmen nicht allein die Verhaltensweisen der Arbeiter, sondern finden auch ihren Niederschlag im Verhalten der Unternehmer-Kapitalisten. Der Wettbewerb erzwingt von ihnen eine permanente Kapitalakkumulation, die gesamtwirtschaftlich zu einem verbesserten Güterangebot bei gleichzeitig veränderten technologischen Produktionsbedingungen führt. Ist einerseits die Kapitalakkumulation Voraussetzung für den erfolgreichen Wettbewerbsprozess, erzwingt er andererseits eine Garantie der bürgerlichen Freiheitsrechte, ohne die keine derartige Entwicklung begriffen werden kann.[8] Mit der kapitalistischen Warenproduktion sind, als Ergebnis des dominanten Kapitalverhältnisses, ständige Veränderungen innerhalb des Produktionsprozesses verbunden. Dieses Spannungsverhältnis von Kapital und Lohnarbeit findet seine weitere Entsprechung im Charakter der Ausbeutung sowie der Disposition über die erforderlichen Einsatzfaktoren.[9] Es ist deshalb erforderlich, die Auswirkungen des Kapitalverhältnisses auf den Arbeitsprozess noch einmal deutlich hervorzuheben, weil damit gesamtwirtschaftliche Veränderungen verbunden sind, die das Grundproblem der kapitalistischen Warenproduktion aufzeigen.[10]

Die technologischen Veränderungen, die mit der Entwicklung des Kapitalismus verbunden sind, stellen sich als ein Marktergebnis dar, das auch Rückwirkungen auf die Eigentumsverhältnisse im Produktionsprozess beinhaltet. Der Widerspruch der kapitalistischen Produktionsweise, vermittelt in dem Gegensatz

---

[1] MARX, Karl (1863/65): Resultate des unmittelbaren Produktionsprozesses, Frankfurt 1969, 30 (Archiv sozialistischer Literatur, 17).
[2] MARX, Karl (1867), 247.
[3] MARX, Karl (1894), 822 f.
[4] MARX, Karl (1863–65), 17 f.
[5] MARX, Karl (1894), 887.
[6] MARX, Karl (1863/65), 18.
[7] MARX, Karl (1844), 484.
[8] MARX, Karl (1867), 618.
[9] MARX, Karl (1867), 328 f.
[10] MARX, Karl (1867), 510 f.

von Arbeitskraft und Kapital, erfährt durch den dynamischen Prozess der gesellschaftlichen Entwicklung einen zusätzlichen Widerspruch, der durch den Konkurrenzmechanismus bedingt ist und den einzelnen Unternehmer-Kapitalisten gefährdet.[1] Die kapitalistischen „Bewegungsgesetze" führen bei zunehmender Kapitalakkumulation zu einer disproportionalen Entwicklung der Produktionssektoren, als Ergebnis von Zirkulationskrisen der individuellen Entwicklung der entsprechenden Produktionsabteilungen.[2] Die laufende Akkumulation führt des Weiteren zu einer Konzentration bzw. Zentralisation des Kapitals mit dem Ergebnis von monopolistischen Wettbewerbsstrukturen. Auch unter wettbewerbstheoretischen Gesichtspunkten kann einer monopolistischen Wettbewerbsstruktur durchaus die Tendenz unterstellt werden, die Entwicklung der Produktivkräfte tendenziell zu behindern. Diese Entwicklung bedingt, dass der Umfang der Produktionsentscheidungen von immer weniger Unternehmer-Kapitalisten gesteuert wird. Aufgrund ihrer Verfügungsrechte über die Produktionsmittel erwächst ihnen die Möglichkeit; als Minorität den Produktionsapparat entsprechend ihren ökonomischen Vorstellungen einzusetzen.[3] Sofern für die kapitalistische Produktionsweise sowohl der Reproduktionsprozess als auch die Kapitalakkumulation allein dem Verwertungsinteresse des Unternehmer-Kapitalisten unterliegt, stehen sie damit im Gegensatz zu individuellen Lebensinteressen und erzwingen eine Umwandlung der kapitalistischen Gesellschaft, „die Expropriateurs werden expropriiert".[4] Damit ist die Grenze des Privateigentums bezeichnet, die zwangsläufig mit immer weniger Unternehmer-Kapitalisten die gesellschaftliche Produktion betreibt, weil aufgrund der Konkurrenzverhältnisse immer mehr Unternehmer-Kapitalisten gezwungen werden, ihre Produktion aufzugeben.

Der Einfluss des Vermögenseigentümers auf den Prozess von Konzentration und Zentralisation

Die Konzentration des Kapitals ist ein typisches Ergebnis der marktwirtschaftlichen Aktivitäten und führt zur Akkumulation. Auch die Zentralisation des Kapi-

---

[1] ENGELS, Friedrich (1876/77): Materialien zum „Anti-Düring", MEW, Bd. 20, 619.

[2] Auf die Zufälligkeit einer Gleichgewichtslösung bei unterschiedlich wachsenden Sektoren hat MARX hingewiesen: „Das fortwährende Angebot der Arbeitskraft von seiten der Arbeiterklasse in I, die Rückverwandlung eines Teils des Warenkapitals I in Geldform des variablen Kapitals, der Ersatz eines Teils des Warenkapitals II durch Naturalelemente des konstanten Kapitals II_c – alle diese notwendigen Voraussetzungen bedingen sich wechselseitig, werden aber vermittelt durch einen sehr komplizierten Prozeß, der drei unabhängig voneinander vorgehende aber sich miteinander verschlingende Zirkulationsprozesse einschließt. Die Kompliziertheit des Prozesses selbst bietet ebensoviel Anlässe zu anormalem Verlauf." MARX, Karl (1885): Das Kapital, 2. Bd., in: MEW, Bd. 24, 491.

[3] MARX, Karl (1894), 251.

[4] MARX, Karl (1867), 791.

tals wird durch die Marktorganisation erzwungen, allerdings durch Rückkopplungen vom Geld- und Kreditmarkt auf den Prozess der Zentralisation. Die damit verbundene Herausbildung der monopolistischen Konkurrenz wird nicht allein durch die erforderlichen Größenverhältnisse von Unternehmen als Antwort auf die Konkurrenzbedingungen hervorgebracht, sondern erfährt eine Steigerung durch das sich immer stärker herausbildende Geld- und Kreditsystem. Damit wird eine neue Phase der kapitalistischen Produktionsweise thematisiert, in der neben der Funktion des Geldes als notwendiges Zirkulationsmittel für den Austausch von Waren, Geld für den Vermögenseigentümer zu einer Einkommenskategorie wird. Für die Überlassung seines überschüssigen Geldes beansprucht der Vermögenseigentümer neben der Rückzahlung zu einem festgelegten Zeitpunkt auch einen Preis für die Überlassung seines Geldkapitals.

Mit zunehmender Entwicklung stehen sich allerdings auch hier nicht mehr Vermögenseigentümer („Geldkapitalisten") und Unternehmer-Kapitalisten („industrielle Kapitalisten") unmittelbar gegenüber,[1] sondern ein unter Führung von Banken organisiertes Kreditsystem stellt die Verbindung zwischen den beiden Akteuren dar.[2] Wenn der Beweggrund des Vermögenseigentümers in der individuellen Bereicherung liegt, so verändert sich durch das organisierte Kreditsystem nicht die Zielfunktion, wohl aber die Möglichkeit, seine individuellen Interessen auch unmittelbar durchsetzen zu können. Denn die Zentralisation des Kreditsystems führt zu einer Herausbildung von Kapitalgesellschaften, indem sich beispielsweise Vermögenseigentümer an Aktiengesellschaften beteiligen. Durch diese Bündelung des Kapitals werden nicht nur Skalenvorteile der Produktion hervorgerufen, sondern gerade kapitalintensive Produktionen überhaupt erst ermöglicht.[3] Die monetäre Seite der Zentralisation des Kapitals erzwingt eine veränderte Organisation des Kreditsystems, in dem der Bankensektor neben der Vermögenstransformation zugleich eine Risikosicherung für den Vermögenseigentümer übernimmt. Damit erfährt die ursprünglich starke Stellung des Vermögenseigentümers als einziger Entscheidungsinstanz über die Kreditvergabe bzw. Beteiligung an Unternehmungen eine eingeschränkte ökonomische Rolle. Seine Bedeutung als Vermögenseigentümer ist weiterhin unbestritten, allerdings kann er im Laufe dieses Entwicklungsprozesses nur noch in beschränktem Umfang von seinen Eigentümerrechten Gebrauch machen; er verliert mit der Aufgabe seines Geldvermögens an eine Bank sein unmittelbares Verfügungsrecht. Insoweit ist der Prozess der Zentralisation eine direkte Ergänzung des Akkumulationsprozes-

---

[1] „Es ist in der Tat nur die Trennung der Kapitalisten in Geldkapitalisten und industrielle Kapitalisten, die einen Teil des Profits in Zins verwandelt, die überhaupt die Kategorie des Zinses schafft; und es ist nur die Konkurrenz zwischen diesen beiden Sorten Kapitalisten, die den Zinsfuß schafft." MARX, Karl (1894), 383.

[2] MARX, Karl (1867), 655.

[3] MARX, Karl (1867), 656.

ses. Das Ende der Zentralisation ist in dem jeweiligen Sektor erreicht, sofern der monopolistische Wettbewerb in Gestalt eines Unternehmer-Kapitalisten bzw. einer Kapitalgesellschaft dominiert. Dieser Entwicklungspfad hat ENGELS dazu veranlasst, für die vierte Auflage des Kapitals auf die vorherrschenden US-amerikanischen und englischen Monopolisierungstendenzen aufmerksam zu machen.[1]

Diesen Veränderungen in der Produktion steht die Zentralisation des Kreditwesens gegenüber, wobei der ursprüngliche Vermögenseigentümer seinen Einfluss auf Investitionsentscheidungen nicht mehr geltend machen kann, weil statt seiner die Bank mit ihrer jeweiligen Schuldner- bzw. Gläubigerposition selbstständig über die ihr zur Verfügung gestellten Geldvermögen disponieren kann.[2] Aus der Funktion, als Kapitalsammelstelle zu fungieren und den Produktionssektor mit Kredit zu versorgen, bildet sich die besondere Stellung des Bankensystems heraus, in dem nicht mehr der einzelne Vermögenseigentümer über die Verwendung seines Kapitals entscheidet, sondern sich die Kreditvergabe durch das Bankensystem als eine vergesellschaftete Angelegenheit darstellt.[3] Diese Entwicklung des Kreditsystems führt zu einer Verschärfung der dem Kapitalismus eigenen Widersprüche.

Selbst wenn der Vermögenseigentümer nicht mehr seinen Einfluss auf den Produktionsprozess geltend machen kann, ist damit jedoch noch keine weitere Vorstellung verbunden, in welchem Umfang individuelle Vermögenseigentümer bzw. Gruppen aufgrund ihres Umfanges an Kapital dennoch die Produktion beeinflussen können. Allerdings wird die Dominanz des Bankensystems für diese Phase der Entwicklung ebenso berechtigt hervorgehoben, wie das Entstehen einer neuen Klasse in Produktionsunternehmen, die den früheren Unternehmer-Kapitalisten in seiner Funktion voll und ganz ersetzen. Diese Entwicklung ist einerseits mit einer Verstärkung der monopolistischen Tendenz in allen Sektoren verbunden und führt andererseits zu einer neuen ökonomischen Unsicherheit

---

[1] MARX, Karl (1867), 655 f. FN 77 b.

[2] MARX, Karl (1894), 415–417.

[3] „Dieser gesellschaftliche Charakter des Kapitals wird erst vermittelt und vollauf verwirklicht durch die volle Entwicklung des Kredit- und Banksystems. Andrerseits geht dies weiter. Es stellt den industriellen und kommerziellen Kapitalisten alles disponible und selbst potentielle, nicht bereits aktiv engagierte Kapital der Gesellschaft zur Verfügung, so daß weder der Verleiher noch der Anwender dieses Kapitals dessen Eigentümer oder Produzenten sind. Es hebt damit den Privatcharakter des Kapitals auf, und enthält so an sich, aber auch nur an sich, die Aufhebung des Kapitals selbst. Durch das Bankwesen ist die Verteilung des Kapitals den Händen der Privatkapitalisten und Wucherer als ein besondres Geschäft, als gesellschaftliche Funktion entzogen. Bank und Kredit werden aber dadurch zugleich das kräftigste Mittel, die kapitalistische Produktion über ihre eignen Schranken hinauszutreiben, und eins der wirksamsten Vehikel der Krisen und des Schwindels.“ MARX, Karl (1894), 620 f.

durch Spekulanten, die ganz im Gegensatz zum Unternehmer-Kapitalisten nicht mehr ihr Privateigentum verlieren können, sondern sich als Nichteigentümer durch eingegangene Kreditbeziehungen prinzipiell keiner ökonomischen Grenze für ihr Handeln gegenüber sehen, sofern die Kreditbeziehungen das fehlende Privateigentum substituieren und keine eigentumsähnlichen Sicherungen zu einer Beschränkung führen.[1] Insoweit führt diese Entwicklung auch zu einer Ausbeutung von kleineren und mittleren Vermögenseigentümern, wobei MARX ähnlich wie KEYNES auf die Zufälligkeiten bei Finanzspekulationen hinweist.[2] Noch immer dominiert das Privateigentum, allerdings treten Interessenunterschiede zwischen den einzelnen Kapitalisten auf, die durch die unterschiedliche Verfügungsmöglichkeit über das Kapital hervorgerufen werden. In diesem Zusammenhang wird noch einmal deutlich, dass der Unternehmer-Kapitalist bei seinen Entscheidungen in gewissem Umfang auch zur Stabilität des kapitalistischen Wirtschaftssystems beigetragen hat, weil der Umfang seiner Entscheidungen stets von dem Gedanken getragen war, einer Deprivation durch den Konkurrenzmechanismus zu entgehen. Die ökonomischen Handlungen sind von dem Gedanken getragen, einen Profit zu erzielen, weil er anderenfalls sein Privateigentum und damit seine gesellschaftlich bevorrechtigte Stellung verliert. Diese Zielfunktion verändert sich in dem Maße, wie durch die Zentralisation des Kreditwesens und im Gefolge des Auftretens von anderen Eigentumsformen in der Produktion der Unternehmer-Kapitalist seine dominante Stellung verliert und an seine Stelle Vertreter des Bankensystems treten, die zwar profitorientiert handeln, jedoch bei Fehlleistungen nicht mit dem Verlust ihres Privateigentums bestraft werden.[3]

Die Funktionsweise und Konsequenzen der Zentralisation des Kapitals wurden später noch einmal von ENGELS hinsichtlich ihrer aktuellen Situation hervorge-

---

[1] Diese „Aufhebung der kapitalistischen Produktionsweise innerhalb der kapitalistischen Produktionsweise selbst“ muß zwangsläufig mit der nachfolgenden widersprüchlichen Entwicklung einhergehen: „Er reproduziert eine neue Finanzaristokratie, eine neue Sorte Parasiten in Gestalt von Projektenmachern, Gründern und bloß nominellen Direktoren; ein ganzes System des Schwindels und Betrugs mit Bezug auf Gründungen, Aktienausgabe und Aktienhandel. Es ist Privatproduktion ohne die Kontrolle des Privateigentums.“ MARX, Karl (1894), 454.

[2] MARX, Karl (1894), 456.

[3] Die ökonomischen Handlungen können prinzipiell als unbeschränkt gelten, „... weil ein großer Teil des gesellschaftlichen Kapitals von den Nichteigentümern desselben angewandt wird, die daher ganz anders ins Zeug gehen, als der ängstlich die Schranken seines Privatkapitals erwägende Eigentümer, soweit er selbst fungiert. Es tritt damit nur hervor, daß die auf den gegensätzlichen Charakter der kapitalistischen Produktion gegründete Verwertung des Kapitals die wirkliche, freie Entwicklung nur bis zu einem gewissen Punkt erlaubt, also in der Tat eine immanente Fessel und Schranke der Produktion bildet, die beständig durch das Kreditwesen durchbrochen wird.“ MARX, Karl (1894), 457.

hoben, während durch HILFERDING eine Analyse des Zentralisationsprozesses durchgeführt wird und dabei die fortschreitende Herausbildung von Kapitalgesellschaften sowie der Einfluss des Bankensystems untersucht wird.[1] Wenig später kann LENIN mit Hilfe der MARXschen Analyse und gestützt durch HILFERDING auf die neue Epoche des Kapitalismus aufmerksam machen, der als Imperialismus eine neue Phase erreicht hat. Das charakteristische Merkmal ist das Vorherrschen des monopolistischen Wettbewerbs bei Dominanz des Bankensektors. Nicht mehr der Unternehmer-Kapitalist des 19. Jahrhunderts mit seinem Privateigentum, den schon MARX am Ende seiner Analyse in den Hintergrund des ökonomischen Geschehens rückte, bestimmt damit den Produktionsprozess. Es sind vielmehr diejenigen, die mit Verfügungsrechten über das Kapital ausgestattet sind, bzw. durch Kreditaufnahme den Produktionsprozess kommandieren können. Damit ist die kapitalistische Produktionsweise endgültig zu einer neuen Form gelangt.[2]

In Anlehnung an die Analyse von MARX schlussfolgert LENIN, dass die Herausbildung des monopolistischen Wettbewerbs eine zwangsläufige Gesetzmäßigkeit der kapitalistischen Produktionsweise darstellt. Nur durch veränderte, ökonomisch bedingte Organisationsformen, kann die erfolgreiche Verwertung des Kapitals durchgesetzt werden und erzwingt damit die Herausbildung und Entwicklung von monopolistischen Strukturen. Dieser Prozess stellt sich als ein zwangsläufiges Resultat der ursprünglich freien Konkurrenz dar, und skizziert den vorläufigen Endpunkt der Konzentration und Zentralisation innerhalb der Produktion und des Kapitals.[3] Diesen unmittelbaren Veränderungen des gesellschaftlichen Produktionsverhältnisses entspricht eine Funktionsveränderung des Privateigentums durch den Konzentrationsprozess, weil damit der Einfluss des Unternehmer-Kapitalisten entscheidend zurückgedrängt wird. Wenn demzufolge die „Privateigentumsverhältnisse eine Hülle“ für die kapitalistische Produktion darstellen, werden damit in der bürgerlichen Gesellschaft selbst die Bedingungen geschaffen, die zwangsläufig zu ihrer Auflösung führen müssen. Die Vorstellung von LENIN findet ihre Entsprechung in den einschlägigen Diskussionen über ein WALRASianisches Gleichgewicht und mündet schließlich in der frühen Vorstellung von der Funktionsfähigkeit eines Produktionsministeriums in einem soziali-

---

[1] HILFERDING, Rudolf (1910): Das Finanzkapital, 2. Aufl., Frankfurt am Main 1968.

[2] „... die Monopole [beseitigen, S. P.] nicht die freie Konkurrenz, aus der sie erwachsen, sondern bestehen über und neben ihr und erzeugen dadurch eine Reihe besonders krasser und schroffer Widersprüche, Reibungen und Konflikte. Das Monopol ist der Übergang vom Kapitalismus zu einer höheren Ordnung.“ LENIN, Wladimir, I. (1917): Der Imperialismus als höchstes Stadium des Kapitalismus, in: Werke, Bd. 22, 270.

[3] LENIN, Wladimir I. (1916*): Über eine Karikatur auf den MARXismus und über den ‚imperialistischen Ökonomismus', in: Werke, Bd. 23, 34.

stischen Wirtschaftssystem bei BARONE,[1] wobei keine eindeutige Zuordnung über eine theoriegeschichtliche Rezeption der neoklassischen Gleichgewichtsvorstellungen durch LENIN möglich ist. Für LENIN bildet dieser Prozess der Vergesellschaftung die materielle Basis für die sozialistische Revolution heraus, indem die zunehmende Widersprüchlichkeit der ökonomischen Verhältnisse, die in der Zusammenfassung der Unternehmungen von Privatkapitalisten – die damit ihr Eigentümerfunktion nicht mehr aufrechterhalten können – der damit verbundenen Produktionsentscheidung durch eine geringe Anzahl von Unternehmer-Kapitalisten sowie der gesellschaftlichen Krisenanfälligkeit bei Fehlentscheidungen liegt, eine revolutionäre Lösung erzwingt.[2]

Der Vermögenseigentümer ist selbstverständlich über die Dauer seiner Kreditvergabe weiterhin Eigentümer seines Vermögens, nur kann an seiner Stelle ein anderer durch entsprechende Vertragsgestaltung das mit dem Eigentum verbundene Verfügungsrecht ausüben. Nicht das Privateigentum hat sich demnach als überflüssig erwiesen, es ist vielmehr die Organisation und die Verwendung, die das neue Stadium der kapitalistischen Produktionsweise ausmachen.

In diesem Zusammenhang wird dann geschlussfolgert, dass gerade das Privateigentum an den Produktionsmitteln das krisenhafte Element in kapitalistischen Gesellschaften steigert.[3] Sofern von einer Vergesellschaftung von Produktionen in kapitalistischen Gesellschaften ausgegangen wird, wobei das krisenhafte Element nicht bewältigt werden kann, stellt sich heraus, dass die Leitung der Produktion durch Kapitalisten bzw. deren Vertreter nicht angemessen durchgeführt werden kann. Damit wird allerdings auch deutlich: Die mit Leitungsaufgaben versehenen Unternehmer-Kapitalisten stellen die Ausnahme dar, die Vertreter der Vermögenseigentümer sind in jedem Fall unfähig, die kapitalistischen Krisen zu überwinden. Die Unternehmer-Kapitalisten sind ganz offensichtlich nicht mehr für den kapitalistischen Produktionsprozess erforderlich. Insbesondere durch den Übergang von Privatunternehmungen zu Kapitalgesellschaften wird der Bruch zur vorhergehenden Periode deutlich, denn die Funktion des Unternehmer-Kapitalisten wird nur noch in Ausnahmefällen von ihm selbst versehen und statt seiner durch „Lohnabhängige" vertreten. Diese Vorstellung hat ENGELS schon sehr früh herausgestellt, indem er quasi auf die Funktionslosigkeit von Unternehmer–Kapitalisten innerhalb der gesellschaftlichen Produktion hingewiesen

---

[1] BARONE, Enrico (1908): The Mininstry of Production in the Collectivist State, in: Collectivist Economic Planing. Critical Studies on the Possibilities of Socialism, mit Beiträgen von N. G. PIERSON, Ludwig von MISES, Georg HALM, and Enrico BARONE, hrsg. von Friedrich August HAYEK. London 1935. Reprint New York, o. J., 245–290.

[2] LENIN, Wladimir I. (1894): Was sind die ‚Volksfreunde' und wie kämpfen sie gegen die Sozialdemokraten?, in: Werke, Bd. 1, 169 f.

[3] LENIN, Wladimir I. (1917), 213.

hat.[1] Diese Unterscheidung von Privateigentum und damit verbundenen Verfügungsrechten wird auch von LENIN herausgestellt.[2] Im Gegensatz zu MARX und ENGELS, die die großen Verdienste der kapitalistischen Produktionsweise hervorgehoben haben, kann LENIN die historische Einordnung am Endpunkt einer Entwicklung nicht mehr positiv bewerten.[3]

4.3. Lorenz von Stein: Privateigentum als gesellschaftliches Problem

Als Reflex auf eine Wirtschaftsordnung, die bei zunehmender Industrialisierung nicht mehr in der Lage erscheint, die sozialen Probleme der Zeit einer angemessenen Lösung zuzuführen, bilden sich sozialistische und kommunistische Vorstellungen heraus. Hier entwickeln sich zwei Richtungen, die als Lösung eine radikale Gesellschaftsveränderung bzw. die Berücksichtigung von sozialen Momenten erörtern. Ausgangspunkt ist die naturrechtlich beeinflusste Vorstellung von einer ursprünglichen individuellen Freiheit und Gleichheit in einer prinzipiell harmonischen Gesellschaftsordnung. Durch eine ungleiche Eigentumsverteilung entstehen soziale Probleme, als deren Ursache eine schrankenlose Verwendung des Eigentumstitels erkannt wird. Damit wird die liberale Vorstellung, dass die Verfolgung von Einzelinteressen zwangsläufig mit dem öffentlichen Interesse aller zusammenfallen muss, zurückgewiesen. Der Gesichtspunkt, gesellschaftliche Veränderungen durch bewussten Klassenkampf herbeizuführen, erfährt realhistorisch seine Zuspitzung durch das Anwachsen von Not und Armut und theoretisch durch die Hoffnung des Proletariats auf lebenswürdige Verhältnisse in einer sozialistischen bzw. kommunistischen Gesellschaft. Es war Lorenz von STEIN, der als erster diesen Zusammenhang herstellte, in dem er die klassenspezifische Situation des Proletariats mit der Gesellschafts- und Geschichtstheorie des Sozialismus zusammenführte.

Der Naturzustand

Die Überlegungen zum Naturzustand werden von STEIN nur als eine analytische Kategorie akzeptiert, weil weder die individuelle Reproduktion ohne Arbeitsteilung, noch die Weiterentwicklung von Menschen ohne eine gesellschaftliche Organisation begriffen werden können. Weiterhin fehlt es der Naturrechtskonzeption an Natürlichkeit, weil kein Naturzustand erörtert, sondern nur die erkenntnistheoretische Basis für zukünftige Gesellschaftsordnungen aufgezeigt wird.[4] Der

---

[1] ENGELS, Friedrich (1878), 259.
[2] LENIN, Wladimir I. (1917), 242.
[3] LENIN, Wladimir I. (1915): Sozialismus und Krieg, in: Werke, Bd. 21, 302.
[4] STEIN, Lorenz (1856): Die Gesellschaftslehre. I. Abt., Der Begriff der Gesellschaft und die Lehre von den Gesellschaftsklassen, Stuttgart und Augsburg, 279–282, (System der Staatswissenschaft, 2. Bd.).

Naturzustand ist durch eine individuelle Reproduktion gekennzeichnet, nämlich in der Konsumtion von vorfindbaren Naturergebnissen ohne Verwendung von Produktionsmitteln. Den prinzipiell fehlenden Produktionsmitteln entspricht die Subsistenzmittelbefriedigung bei gleichzeitig geringen intellektuellen Entwicklungsmöglichkeiten der vereinzelten Individuen. Weiterhin ist der Naturzustand durch das Fehlen jeglicher gesellschaftlicher Institutionen charakterisiert.[1]

Gegen ROUSSEAU wird eingewandt, dass dieser Zustand der Vereinzelung amorph ist und insgesamt eine Situation bezeichnet, die sich prinzipiell durch arme, unglückliche und besitzlose Wesen auszeichnet. Jede gesellschaftliche Organisation erzwingt demgegenüber das Privateigentum, weil anderenfalls kein gesellschaftliches Leben stattfinden kann.[2] Es gehört zum menschlichen Streben, den Armutszustand aus ökonomischen und moralischen Gründen zu verlassen. Gerade die ökonomischen Bedingungen sind es, die als Motor für die wirtschaftliche und die moralische Entwicklung von Menschen herausgestellt werden. Ein höheres Gesellschaftsprodukt lässt sich nur durch Produktion, also in Auseinandersetzung mit der Natur erzeugen. Deshalb ist es unerlässlich, Boden zu okkupieren und individuell zu bearbeiten. Die individuelle Aneignungsmöglichkeit bzw. -fähigkeit führt prinzipiell zu einer Gleichverteilung, weil die Aneignung als Funktion der Bearbeitungsmöglichkeit des Bodens gedacht wird.[3] Eine gleiche Verteilung des Privateigentums ist aber gleichbedeutend mit einem stationären Zustand, der durch ein Interessengleichgewicht und Verhinderung von zusätzlichem Eigentumserwerb hervorgerufen wird. Allerdings führt menschliches Verhalten stets zu kompetitiven Situationen, die nicht immer nur im ökonomischen Bereich liegen müssen. Es können nämlich auch positionale Vorzüge versucht werden einzunehmen, beispielsweise eine gesellschaftliche Leitungsfunktion zu übernehmen. Insoweit stellt sich heraus, dass die anfänglich gesellschaftliche Gleichgewichtsverteilung des Eigentums nur eine vorläufige ist.

Als Ergebnis der individuellen Annexion der Natur resultiert Sesshaftigkeit und der Zwang, der das Eigentum garantierenden Gemeinschaft, auch individuelle Leistungen zu erbringen. Weiterhin verändert sich der Charakter der Arbeit, der sich durch zunehmende Arbeitsteilung auszeichnet. Das gesellschaftliche In-

---

[1] „Jeder ist in seiner Armuth auf sich selbst angewiesen; eine Gemeinschaft der Funktionen, ein gemeinsames Gericht, ein gemeinsamer Feldzug, ein gemeinsamer Gottesdienst ist zwar nicht unmöglich, aber er ist auf die Willkür und insgesammt auf den Zufall angewiesen. […] Der wirthschaftliche Naturzustand mit seiner Besitzlosigkeit ist daher für das geistige Leben die Ordnungslosigkeit einerseits, und die Gegensatzlosigkeit andererseits. Das aber ist, zusammengefaßt, die Gesellschaftslosigkeit. Und somit ergibt sich als der wahre Begriff des Naturzustandes der Begriff der Gesellschaftslosigkeit, der dann natürlich dem inneren Zusammenhange von Staat und Recht mit der Gesellschaft zufolge, die Staatlosigkeit und die Rechtlosigkeit enthält." STEIN, Lorenz (1856), 284.

[2] STEIN, Lorenz (1856), 285.

[3] STEIN, Lorenz (1856), 287.

dividuum verliert seine Zeit-Autonomie. Die gesellschaftlichen Funktionen erstrecken sich auf bestimmte gemeinschaftsbildende Funktionen wie Verteidigung, Rechtsprechung sowie Religionsausübung, verbunden mit gesellschaftlichen Festen, die sich ebenfalls als ein Ergebnis der Arbeitsteilung herausbilden. Die ehemalige Gleichverteilung löst sich auf und führt zu gesellschaftlichen Unterschieden, weil einzelne Gesellschaftsmitglieder den Umfang ihres Privateigentums erweitern können.

Der Ertrag des Privateigentums wird für gemeinschaftliche Aktivitäten besteuert und damit dem Eigentümer ein bestimmter Anteil seiner individuellen Verfügung entzogen. Die ursprüngliche Gleichheit war verbunden mit der Vorstellung, dass bei gleichem Eigentumsumfang jede Person den gleichen Aufgabenumfang in der Gesellschaft zu übernehmen hat. Sofern jetzt Unterschiede im Privateigentum auftreten, wird sich bei der gleichen Voraussetzung die Konsequenz herausbilden, dass damit die gesellschaftliche Stellung berührt wird.

Die bürgerliche Gesellschaft

Die Beschreibung und politische Einordnung von sozialen Bewegungen seiner Zeit haben STEIN dazu geführt, neben den systemstabilisierenden Elementen der bürgerlichen Gesellschaft auch deren historische Relativität zu benennen. Konstitutiv für Gesellschaften erscheint die Stellung von Individuen. Trotz unterschiedlicher Anfangsausstattung und individueller Eigenschaften garantiert der Gesellschaftszustand eine denkbare Realisierungsmöglichkeit von Lebenschancen. Allerdings stellt sich heraus, dass mit der Vermögensausstattung nicht allein die gesellschaftliche Stellung präjudiziert, sondern zugleich auch Reproduktionsmöglichkeiten beschränkt bzw. ermöglicht werden.[1] Die Dominanz des Eigentums auf gesellschaftliche Positionen wird als ein historisches Ergebnis begriffen und stellt sich als eine natürliche Ordnung dar, die durch die Rechtsordnung geschützt wird.[2] Dieser als stabil angenommenen Ordnung steht die naturrechtliche Argumentation von individueller Gleichheit gegenüber. Hier ist zu konstatieren, dass gerade die individuellen Entwicklungsmöglichkeiten von der jeweiligen ökono-

---

[1] STEIN, Lorenz (1848): Die socialen Bewegungen der Gegenwart, in: Die Gegenwart, 1. Bd. Leipzig. Reprint in, STEIN, Lorenz von: Schriften zum Sozialismus. 1848, 1852, 1854, Darmstadt 1974, 3 (Libelli, CCLXXVII); (ohne ‚von' abweichend zitiert, weil STEIN erst 1868 geadelt wird).

[2] „Da nun das Recht zunächst jedem Einzelnen den Besitz seines eigenen Vermögens gegen jeden andern Einzelnen schützt, und da ferner auch die Familie und ihr Erbrecht denselben in einem bestimmten Lebenskreise dauernd erhält, so zeigt sich jene Ordnung der menschlichen Gemeinschaft zugleich als eine dauernde; und diese dauernde Ordnung der menschlichen Thätigkeiten, Genüsse und Aufgaben, begründet auf der Vertheilung der allgemein menschlichen Güter unter den Einzelnen, geschützt durch das Recht und erhalten durch die Familie, ist die menschliche Gesellschaft." STEIN, Lorenz (1848), 3.

mischen Ausgangsbasis abhängig sind und demzufolge aufgrund einer ungleichen Einkommens- und Vermögensverteilung keine allgemeine Chancengleichheit für alle Gesellschaftsmitglieder vorliegt.[1] Diese als ungerecht empfundenen Gesellschaftszustände führen bei den unterschiedlichen Gruppen zu bestimmten politischen Aktionen, die in sozialen Bewegungen ihren Ausdruck finden. Während die Klasse der Besitzenden nicht allein nach weiterer Akkumulation, sondern auch nach positionaler Sicherung trachtet und den Staat an ihren Interessen ausrichtet, wird dadurch zwangsläufig die emporstrebende, den Widerspruch benennende Klasse der Besitzlosen unterdrückt.

Mit zunehmender Herausbildung der Industriegesellschaft werden die feudalen Strukturen des Grundeigentums zurückgedrängt; weder gelten soziale Verpflichtungen seitens der Grundeigentümer, noch persönliche Bindungen gegenüber den der Zunftgewalt unterworfenen Meistern. Damit verändert sich nicht nur die persönliche Lebensplanung, sondern auch das Spannungsverhältnis gegenüber dem Eigentümer-Kapitalisten, der durch den Einsatz von Maschinen über den Umfang der Produktion bestimmt. Es bildet sich eine neue Klasse heraus, das Proletariat. Damit wird die das 19. Jahrhundert bestimmende Diskussion eröffnet, die das Spannungsverhältnis von Arbeit und Kapital untersucht. Die Stellung des Lohnarbeiters zeichnet sich durch Unabhängigkeit gegenüber seinem neuen Herrn, dem Unternehmer-Kapitalisten, aus, der im Gegensatz zu früheren Zeiten weder eine persönliche Bindung an den Arbeiter kennt, noch in der Lage ist, dessen Arbeit selbst durchzuführen.[2]

[1] „Es ist gewiß, daß jeder Einzelne einer hohen Vervollkommnung seiner eigenen Persönlichkeit nicht blos fähig, sondern daß er zu derselben seiner höhern Idee nach zugleich bestimmt ist. […] Die Vertheilung des Besitzes beherrscht mithin, daß Höchste der Welt, das Gesetz der persönlichen Entwickelung, und diese Vertheilung ist selber nicht etwa eine geordnete, nach festen Grundsätzen den Bessern das Bessere hingebende, sondern sie ist eine für den Einzelnen durchaus zufällige; in der bestehenden Gesellschaft scheint der Zufall das Absolute, das Gesetz der höchsten menschlichen Vollkommenheit sich unterworfen zu haben. […] Die Gesellschaft aber schließt durch die Vertheilung des Eigenthums für den größern Theil ihrer Glieder diese Entwickelung aus; sie häuft sie auf das Haupt Einzelner und damit Wenige viel haben, müssen Viele nothwendig wenig besitzen." STEIN, Lorenz (1848), 4.

[2] „Vor Allem aber hat der Arbeitgeber, zunächst aus dem rein materiellen Grunde, daß er der Arbeiter zu viele hat, kein Familienverhältniß zwischen sich und seinen Arbeitern. […] Die Folge davon ist …, daß die Maschinenarbeiter dem größten Theile nach selbständige Personen werden, die von vornherein allein auf sich und ihre eigenen Kräfte angewiesen sind. […] Der ganze Stand der Fabrikarbeiter ist daher von vornherein eben durch die Natur seiner Arbeit bestimmt, ein vom Capitalerwerb abgeschlossener Stand zu bleiben. Er hat nichts als seine Arbeit und kann nie mehr als sie gewinnen." STEIN, Lorenz (1848), 7.

Charakteristisch für entwickelte Gesellschaften sind keine gleichen Einkommens- und Vermögensverteilungen, sondern gerade Unterschiede in dem Umfang von Verfügungsrechten und in der gesellschaftlichen Stellung. Die vorliegenden Eigentumsunterschiede sind das Ergebnis eines Prozesses. Neben dem Erbrecht führen gewaltsame Aneignung sowie marktwirtschaftliche Prozesse zu einer Veränderung der Eigentumspositionen. Daraus resultieren unterschiedliche Einkommenssituationen, verbunden mit einem spezifischen Steueraufkommen.[1] Dieses „gesellschaftliche Einkommen" beschreibt die ökonomische Stellung der jeweiligen Klasse, die nicht allein durch ihr Eigentum, sondern auch durch die gemeinsame Vorstellung, einer bestimmten Klasse anzugehören, gebildet wird.[2] Die aus der ökonomischen Ungleichheit resultierende gesellschaftliche Stellung ist ein Ergebnis der ungleichen Eigentumssituation, verbunden mit der damit einhergehenden eingeschränkten Fähigkeit zu gesellschaftlich notwendigen höheren Leistungen. Der Unterschied in den jeweiligen Eigentumspositionen macht demzufolge die Stellung in der Gesellschaft aus, weil die Möglichkeit fehlt, sich an den Staatsausgaben beteiligen zu können [3]. Die ökonomische Stellung sowie deren Auswirkungen führen zu Klassenunterschieden und zu der Forderung nach politischer Partizipation. Hier werden allerdings die Grenzen des liberalen Bürgertums deutlich, das eine parlamentarische Demokratie nur im Spannungsfeld von Eigentum und Bildung zu denken in der Lage ist. Unter dem Gesichtspunkt einer angemessenen Repräsentation wird Bildung im Zusammenhang mit Vermögen als notwendige Voraussetzung für parlamentarische Tätigkeit verstanden. Wenn die Einkommens- und Vermögenssituation über den Umfang der Bildungschancen entscheidet, kann die Gesamtgesellschaft selbstverständlich nur durch diejenigen vertreten werden, die entsprechend der Höhe des Zensus auch in der Lage sind, die staatlichen Ausgaben zu finanzieren. Dementsprechend sollen auch nur diejenigen im Parlament vertreten sein, die diesen Anforderungen entsprechen.[4] Nach dem Zensuswahlrecht sind also nur diejenigen im Parlament vertreten, die entsprechend der Einkommens- und Vermögensverteilung Steuern und Abgaben entrichten. Daraus folgt, dass diejenigen berechtigt ausgeschlossen werden, die über diese Möglichkeiten nicht verfügen. Damit ist die große Gruppe der Proletarier von der Partizipation ausgeschlossen, was offensichtlich mit den Gleichheitsvorstellungen kollidiert. Diese Situation kann als ein Mangel empfunden werden, allerdings nicht, wenn jeder nur prinzipiell die Möglichkeit haben muss, durch Eigentum ebenfalls dem Wahlzensus zu unterliegen. Durch von STEIN wird dieser Einwand zurückgewiesen, weil es gerade in der Natur des Proletariats liegt, weder Güter noch Vermögen erwerben zu können. Insoweit wird durch einen Wahl-

[1] STEIN, Lorenz (1856), 292; 304.
[2] STEIN, Lorenz (1856), 304.
[3] STEIN, Lorenz (1856), 305.
[4] STEIN, Lorenz (1848), 8.

zensus die Arbeiterklasse von der politischen Beteiligung ausgeschlossen.[1] Der Gedanke der Gleichheit und die damit verbundene Vorstellung einer allgemeinen Emanzipation werden durch das Zensuswahlrecht hintergangen, indem das Bürgertum die ehemals feudalen Ausschlusskriterien durch den Umfang des Vermögens ersetzt.

Das Klassenbewusstsein gibt der vermögenden Klasse nicht nur das ökonomische Recht, sondern auch die moralische Verpflichtung, gesellschaftslenkende Aufgaben auszuüben. Die Klassenunterschiede sind demzufolge ein zwangsläufiges Resultat des Gesellschaftsprozesses und könnten nur durch gewaltsame Abschaffung des Privateigentums geändert werden. Von STEIN geht allerdings davon aus, dass Klassengesellschaften eine gesellschaftliche Notwendigkeit darstellen, und die Führungselite entsprechend ihrer ökonomischen Stellung in der Gesellschaft auch eine geistige Vormachtstellung beanspruchen und durchsetzen kann. Der ökonomischen Arbeitsteilung entspricht demgemäß die intellektuelle und partizipative Tätigkeit. Zur Aufgabe der führenden Klasse gehört es, eine allgemeine Wohlfahrtsförderung im Interesse des Gemeinwohls zu unterstützen.[2] Unter dieser Prämisse kann eine Herrschaft der Besitzlosen über die Privateigentümer berechtigt zurückgewiesen werden, weil deren Interessenlage zwangsläufig mit einer Verschlechterung der Eigentumsposition verbunden wäre. Andererseits entsteht dort ein gesellschaftlicher Widerspruch, wo die Klasse der Privateigentümer ihren sittlichen Verpflichtungen nicht angemessen nachkommt. Sie gefährden damit ihre Position und auch die Gesellschaftsordnung.

Mit der Herausbildung der Industriegesellschaft bleibt zwar die Klassengesellschaft weiterhin bestehen, jedoch erfährt sie durch neu hinzukommende Klassen eine Erweiterung, die zugleich Auswirkungen auf die gesellschaftlichen Wertvorstellungen beinhaltet. Das Vermögen ist für den Unternehmer-Kapitalisten Ausgangsgröße für materielle und individuelle Entwicklungschancen, jedoch nicht mehr verbunden mit dem sittlichen Moment der Bildung. Angesichts der knappen Ressource Boden besteht für die Mittelklasse nicht die Möglichkeit, ihr Vermögen anders als durch den Einsatz von Produktionsmitteln auszudehnen. Damit wird auch ihre Möglichkeit, sich klassenmäßig zu verbessern, angemessen beschrieben. Auch hierbei gilt, dass der Mittelstand sich durch umfassende Bildung auszeichnen kann, während ihm der große Vermögensanteil aufgrund der festgelegten Vermögensverteilung an Grund und Boden verwehrt wird.[3] Damit wird

---

[1] STEIN, Lorenz (1848), 9.

[2] „Das gesellschaftliche Einkommen der höheren Klasse wird seiner Natur nach zur sittlichen Pflicht für die höhere, dem geistigen Leben ihre Kräfte zu widmen, während der Mangel desselben die unmittelbare Pflicht der niederen nach sich zieht, der höheren zu folgen.“ STEIN, Lorenz von (1856), 306.

[3] „ Während daher der Grundbesitz der Gesellschaftsordnung das feste und erhaltende Moment in der Gesellschaft und ihrer Klassen vertritt, ist der gewerbliche Besitz die

trotz aller Gegensätze eine Möglichkeit der gesellschaftlichen Entwicklung in harmonisch erscheinenden Stadien charakterisiert. Indem die jeweils höhere Klasse aufgrund ihrer Vermögenspositionen auch zu der moralischen Einsicht einer Weiterentwicklung der niederen Klasse gelangt, können Klassengegensätze positiv aufgehoben werden.

Zwischen der Klasse der dominierenden Privateigentümer und der Klasse der Besitzlosen wird außerdem eine „Mittelklasse" angenommen, die allerdings nicht durch den gesellschaftlichen Einfluss ihres Privateigentums in den Vordergrund tritt, sondern aufgrund der ökonomischen Wirkungen. Einerseits werden sie als gesellschaftlicher Motor für die gesellschaftliche Weiterentwicklung bezeichnet, andererseits stehen sie in der Gefahr ihr Privateigentum durch Marktprozesse zu verlieren. Ganz offensichtlich wird hiermit der Unternehmer-Kapitalist beschrieben, der zweifelsohne der führenden Gesellschaftsklasse näher steht, allerdings noch gezwungen ist, durch Kapitalakkumulation seine Einkommenssituation zu verbessern, ganz im Gegensatz zu der Gruppe von Privateigentümern, die aus ihrer umfangreichen Vermögensmasse zu leben in der Lage sind. Entsprechend der ökonomischen Stellung in der Gesellschaft ist damit auch eine angemessene Lebensweise verbunden, die ebenfalls einen klassenspezifischen Ausdruck erfährt, der von den Individuen nicht ungestraft verlassen werden kann.[1] Die ökonomisch bedingte Stellung der Klassen erfährt ihren Schutz und ihre Rechtfertigung durch die Rechtsordnung,[2] die unmittelbar mit der Herrschaft der führenden Klasse verbunden ist. Das Recht entspricht dieser Interessenlage.[3] Sofern die führende Klasse ihre dominante Rolle nur noch zu Vorteilsnahmen ausübt, verliert sie ihren sittlichen Führungsanspruch.

Gesellschaftliche Bewegungsgesetze

Unabhängig von der Vorstellung der Gesellschaft als einem geschlossenen Kreislauf stellt sich heraus, dass die individuellen Interessen und Leidenschaften zu einem wichtigen gesellschaftlichen Motor werden, indem versucht wird, die vor-

---

Grundlage der Bewegung in der materiellen, der geistige Besitz die Grundlage des Fortschritts in der geistigen Welt." STEIN, Lorenz (1856), 429.

[1] STEIN, Lorenz (1856), 312.

[2] „Zuerst schützt das bürgerliche Recht jeden Besitz ohne Unterschied; mithin auch denjenigen, der das gesellschaftliche Einkommen bietet, und mithin auch die in ihm liegende Klassenordnung." STEIN, Lorenz (1856), 321.

[3] „Die herrschende Klasse im strengen und eigentlichen Sinne ist daher die, welche vermöge ihres Besitzes rechtlich und gesetzlich den entscheidenden Einfluß auf Willen und That der Gemeinschaft auszuüben berufen und befugt ist. Die herrschende Klasse reicht daher zugleich in das öffentliche Recht hinein; vermöge der herrschenden Klasse und dieses ihres Wesens ist es, daß die Gestalt der Gesellschaft stets die Grundlage für die Verfassung und Verwaltung der Staaten wird." STEIN, Lorenz (1856), 323.

handene Klassenordnung zu überwinden. Angesichts des politischen Einflusses durch den Umfang des Eigentums setzen hier Wettbewerbsprozesse ein, die auf eine Einkommensveränderung abzielen. Damit ist das Moment der Klassendurchlässigkeit, nicht jedoch die Aufhebung der Klassengesellschaft, angesprochen. Während der erste Gesichtspunkt aus der individuellen Freiheit abgeleitet wird, widerspricht die Aufhebung der Klassengesellschaft dem Ordnungsgedanken.[1] Insoweit kommt der „Mittelklasse" für die gesellschaftliche Entwicklung eine besondere Bedeutung zu. Sie kann noch nicht vom Ertrag ihres Privateigentums existieren, andererseits verfügt sie über Geld, das sie in die Lage versetzt, Produktionsmittel zu erwerben. Damit wird der Unternehmer-Kapitalist charakterisiert, der zwar der Wettbewerbssituation ausgesetzt ist, Preissenkungen jedoch durch Erhöhung des eigenen Arbeitseinsatzes begegnen kann, ganz im Gegensatz zur Arbeiterklasse. Diese Selbständigkeit zeichnet die mittlere Klasse aus, die aufgrund ihres personalen Arbeitseinsatzes eine gedankliche Nähe zur niederen Klasse, durch ihr Vermögen zur wirtschaftlich dominanten Klasse herstellt.

Der Mittelstand bildet demzufolge das Bürgertum ab und symbolisiert damit auch das Spannungsverhältnis von Arbeit und Kapital. Angesichts dieses Spannungsverhältnisses kann gerade die Mittelklasse die gesellschaftliche Polarisierung durch ihre ökonomischen Aktivitäten aufheben. Diese Vermittlerrolle ist ein Ergebnis der Dreiklassen-Gesellschaft und ohne sie nicht denkbar. Mit zunehmender Einkommensverbesserung wird damit der Mittelstand zu einer gesellschaftlich bewussten Macht, die auch sittlich berechtigt mit der herrschenden Klasse um den gesellschaftlichen Führungsanspruch konkurriert. Dem ökonomischen Wettbewerb – verstanden als wirtschaftlicher Kampf – entspricht die emanzipatorische Vorstellung, auch für das Proletariat Bürgerrechte zu erkämpfen.[2] Eine permanente Kapitalakkumulation, verbunden mit der wertschöpfenden Arbeit der Mittelklasse, gefährden die Vormachtstellung der herrschenden Vermögenseigentümer,[3] wobei diese sich zum Schutz ihrer Eigentumspositionen des herrschenden Rechts bedienen.[4]

Reformvorschläge

Mit Hinweis auf die negative Erscheinung des Naturzustandes und deren gesellschaftsfeindliche Tendenz wird für die weitere gesellschaftliche Entwicklung die Forderung nach ökonomischer Unterstützung der besitzlosen Klasse erhoben.[5] Die Veränderung der Armut ist einerseits ein sittliches Gebot, andererseits ein wirtschaftlicher Gesichtspunkt. Eine positive Entwicklung ist für die Nichteigen-

---

[1] STEIN, Lorenz (1856), 328.
[2] STEIN, Lorenz (1856), 335.
[3] STEIN, Lorenz (1856), 335.
[4] STEIN, Lorenz (1856), 336.
[5] STEIN, Lorenz (1856), 285 f.

tümer dadurch zu erwarten, dass ihnen entweder Kredite vorgeschossen werden oder sie durch entsprechende Bildungsmaßnahmen gesellschaftlich integriert werden.[1] Dieser entwicklungstheoretische Aspekt hebt allerdings die Gegensätze zwischen den Gesellschaftsklassen nicht auf, weil das jeweilige Klasseninteresse ein bestimmendes Moment der Güter- und Vermögensverteilung darstellt. Indem jede Klasse ihr Sonderinteresse in den Vordergrund stellt, strebt sie nach Stabilisierung des bestehenden Gesellschaftssystems und Ausdehnung des Machtpotentials durch die dominante Klasse, während die Besitzlosen eine andere Einkommens- und Vermögensverteilung anstreben. Damit verkehrt sich die ursprünglich gesellschaftlich wünschenswerte Wettbewerbssituation in einem Kampf um die politische und wirtschaftliche Vorherrschaft, und zwar als Gegensatz von Arbeit und Kapital.

Als positiv wird der Versuch der niederen Klasse gewertet, ihre ökonomische und gesellschaftliche Position zu verändern. Immerhin ist die gesellschaftliche Entwicklung ein Ergebnis der Arbeitsteilung und gerade diese Klasse verfügt über sie in ausreichendem Maße. Von daher wird ihr Interesse dahingehend formuliert werden, dass jede gesellschaftliche Stellung unabhängig von der Eigentumsposition verteilt werden muss. Angesichts der bestehenden Klassenordnung ist diese Vorstellung jedoch nicht einzulösen, so dass eine Veränderung nur infolge eines höheren Lohnsatzes, der durch Sparen zu Vermögen führen kann, hergestellt wird. Damit wird die Lohnhöhe nicht allein eine ökonomische Kategorie der Reproduktion, sondern zugleich mit der gesellschaftlichen Stellung verbunden. Diese positive Sicht wird durch eine skeptische Variante ergänzt. In den revolutionären Veränderungen scheint die einzige Lösung für das Proletariat zu liegen, das bei permanenter Wohlfahrtszunahme der Gesellschaft selbst nicht die Möglichkeit haben wird, durch Lohnerhöhungen eine veränderte Einkommensverteilung zu erreichen.[2] Gegenüber der Vorstellung von höheren Löhnen wird – ähnlich wie bei RICARDO – eingewandt, dass diese schließlich nur zu Preissteigerungen der Konsumgüter führen und damit der ursprüngliche Konsum, durch die Lohnhöhe begrenzt, keine positive Veränderung erfahren kann. Demgegenüber wird die Sparquote ebenso sinken wie die gestiegenen Arbeitslöhne zu einer geringeren Nachfrage nach Arbeitskraft führen werden und damit Arbeitslosigkeit begründen. Unter diesem Gesichtspunkt erscheint es zwangsläufig zu sein, das Proletariat auf die Hebung des allgemeinen Wohlfahrtsniveaus zu vertrösten, weil deren Lohnerhöhungen nur denkbar sind, sofern die bestehende Einkommens- und Vermögensverteilung verändert wird. Nur durch eine entsprechende Aufklärung über diese theoretischen Zusammenhänge kann die besitzlose Klasse davon abgebracht werden, ihre Forderungen auch durchzusetzen, was gleichbedeutend

---

[1] STEIN, Lorenz (1856), 339 f.

[2] STEIN, Lorenz (1848), 11.

mit der Veränderung von Eigentumspositionen aller vermögenden Gesellschaftsmitglieder wäre.[1]

Da sich die führende Klasse überwiegend aus Großgrundbesitzern zusammensetzt, muss auch der niederen Klasse die Möglichkeit des Bodenerwerbs eingeräumt werden. Ein weiteres Verteilungsmerkmal stellt die Arbeitszeit dar. Nicht allein Lohnsteigerungen werden der arbeitenden Klasse zu einem höheren Wohlfahrtsniveau verhelfen, sondern eine Veränderung der Arbeitszeit zum Zwecke einer Ausbildung ihrer geistigen Fähigkeiten. Weiterhin wird eine Auflösung der vorherrschenden Kapitalkonzentration postuliert, weil anderenfalls die Nachfragemacht nicht nur Lohnsenkungen herbeiführt, sondern auch durch Wettbewerb kleinere Produzenten vom Markt verdrängen kann.[2]

Bereits im „Lehrbuch der Finanzwissenschaft" wird auf die praktischen Konsequenzen der sozialen Frage für die Finanzwissenschaft verwiesen, wobei die Auffassung vertreten wird, dass der Sozialismus insgesamt noch über keine angemessene theoretische Fundierung verfügt. Hier wird außerdem die Befürchtung geäußert, dass durch eine entsprechende Steuergesetzgebung prinzipiell die Möglichkeit besteht, die Einkommens- und Vermögensunterschiede so lange zu verändern, bis sich eine egalitäre Gesellschaft herausgebildet hat.[3] In diesem Sinne wird es als nicht gerecht empfunden, wenn durch Steuergesetze eine Vermögensumverteilung einsetzt, die aufgrund der Steuerhöhe die Eigentumsposition des Vermögenseigentümers so beeinflusst, dass dieser seines Vermögens beraubt wird. Eine derartige Verhaltensweise muss zwangsläufig die Dynamik der Gesellschaft negativ beeinflussen, weil damit ein wichtiger Anreiz für gesellschaftliche Entwicklung verloren geht.[4] In letzter Konsequenz wird mit Hilfe der Steuergesetzgebung die Möglichkeit geschaffen, eine kommunistische Gesellschaft zu installieren, in der weder persönliches Eigentum noch Verfügungsrechte am Produktionsergebnis vorhanden sind. Diese „eigentumslose Welt" erscheint auch

---

[1] STEIN, Lorenz (1848), 11.

[2] STEIN, Lorenz (1856), 358–362.

[3] STEIN, Lorenz von (1885): Finanzwissenschaft und Staatssozialismus, in: Anhang zu Adolph WAGNER, Finanzwissenschaft und Staatssozialismus (1887), Frankfurt am Main 1948, 100, (Sozialökonomische Texte, 15).

[4] „Erkennt man nun, [...] daß die Grundlage aller gesellschaftlichen Ordnung der Klassenunterschied, der Fortschritt aller gesellschaftlichen Freiheit aber die freie Klassenbewegung von unten nach oben und umgekehrt ist, daß der erste auf dem gegebenen Kapital, der zweite aber auf dem kapitalbildenden Einkommen beruht, [...] so ergibt sich als das letzte soziale Prinzip alles Steuerwesens, daß die Besteuerung alles Einkommens das erworbene Kapital selbst nie verzehren und damit ihre eigene Basis angreifen darf, das ist seinem höhern sozialen Begriff nach da ihre Grenze finden muß, wo sie beginnt das Einkommen so weit zu verringern, daß es seine kapitalbildende Kraft verliert." STEIN, Lorenz von (1885), 101.

wegen des Fehlens der als stabil angenommenen Organisationen praktisch nicht durchführbar zu sein.[1]

Die Vorstellung einer sozialistischen bzw. kommunistischen Gesellschaft als Extremsituation wird von der Idee einer sozial gerechten Wirtschaftsordnung abgegrenzt, die durch eine gezielt eingesetzte Finanzpolitik herbeigeführt werden kann. Unter diesem Gesichtspunkt wird es als Aufgabe der Wissenschaft angesehen, die Ursachen und Folgen aufzuzeigen, die sich aus bestimmten ökonomischen Situationen ergeben. Durch die Ziel-Mittel-Problematik bezieht STEIN eindeutig Stellung gegenüber dem so genannten Staatssozialismus, der eine grundlegende Veränderung der Gesellschaft bezweckt.[2] In diesem Sinne wird die sozialistische Kritik an dem Gesellschaftssystem aufgegriffen und unter Vermeidung der gesellschaftlichen Neuordnung, die soziale Frage als reformerische Möglichkeit in den Zielkatalog der Wirtschafts- und Gesellschaftskritik aufgenommen. Selbst wenn diese Erweiterung des Staatsziels als positiv angenommen wird, entgeht von STEIN dem Werturteil, weil keine andere wissenschaftliche Aussage gefällt wird als die, Bedingungen und Wirkungen zu thematisieren, nicht jedoch das Ziel einer sozialen Gesellschaft.[3]

Den prinzipiell unendlichen Ausgabenvorstellungen der Sozialreformer steht die Budgetbeschränkung des Staates gegenüber. Daraus resultiert für eine Finanzwissenschaft die Aufgabe, die Wirkungen von Steuereinnahmen und -ausgaben deutlich zu machen. Angesichts der sozialen Ausgleichsfunktion durch das Steuersystem, wird diese neue Staatsfunktion mit dem Begriff des Staatssozialismus bezeichnet, wobei die wissenschaftliche Aufgabe darin gesehen wird, die Auswirkungen jedweder staatlichen Intervention zu benennen. Der Staatssozialismus findet dort seine Grenze, wo durch zunehmende soziale Ansprüche eine zwangsläufige Enteignung der besitzenden Klasse erfolgt, die sich für das Gesellschaftssystem substanzgefährdend herausstellt, weil dadurch die individuelle Motivation von Individuen bzw. Gruppen zur Leistungserstellung verhindert werden.[4] Die Situation verschärft sich, weil bei parlamentarischen Entscheidungen davon auszugehen ist, dass gerade die einkommens- und vermögenslosen Klassen über einen höheren Stimmenanteil verfügen und demzufolge die Steuerentscheidungen stets zu Lasten der Vermögenseigentümer fallen müssen. Unter diesem Gesichtspunkt wird dann durch von STEIN geschlussfolgert, dass prinzipiell die Gefahr einer finanzwirtschaftlichen Vermögensumverteilung den bürgerlichen

---

[1] STEIN, Lorenz von (1885), 102.

[2] STEIN, Lorenz von (1885), 103.

[3] STEIN, Lorenz von (1885), 104.

[4] „Indem ich mit der Steuer, ganz gleich zu welchem Zweck, das Einkommen nehme, vernichte ich durch die Besteuerung ihre eigene Quelle. Es ist unmöglich, darauf etwas anderes zu erwidern, als daß man überhaupt das Einkommen des Einzelnen, also auch das Kapital desselben negiert …“ STEIN, Lorenz von (1885), 107.

Staat bedroht und damit nicht allein den Wissenschaftszweig Finanzwissenschaft obsolet werden lässt. Als weitere Folge übernimmt eine andere staatliche Organisation die Aufgabe der Wohlfahrtsförderung, jetzt allerdings ohne die erforderlichen Beschränkungen einer kritischen Wissenschaft und möglicherweise auch mit einer anderen Legitimationsbasis.

Die mögliche Übertragung von Eigentumspositionen erfährt die Begründung durch das Gleichheitspostulat. Werden einerseits Vermögensunterschiede als gesellschaftlich gewollt und erforderlich postuliert, darf andererseits aus Gründen der gesellschaftlichen Dynamik eine mögliche Veränderung nicht ausgeschlossen werden. Anderenfalls werden nicht nur eigentumslose Klassen auf Dauer von der Vermögensbildung ausgeschlossen, sondern zugleich wird das Gleichheitspostulat verletzt.[1]

Institutionen und gesellschaftliche Entwicklung

Der entwicklungstheoretische Gedanke wird auch in den nationalökonomischen Vorstellungen deutlich herausgestellt. Auch hier wird die unterschiedliche Einkommens- und Vermögensverteilung als Motor für gesellschaftliche Entwicklungen benannt.[2] Denn der Umfang des Privateigentums beinhaltet die individuellen Entwicklungschancen und zugleich die gesellschaftliche Möglichkeit, ökonomische und politische Macht über andere auszuüben[3] Damit ist dann auch das Charakteristikum einer Gesellschaft bezeichnet, die sich durch eine realhistorisch bedingte Einkommens- und Vermögensverteilung auszeichnet und zugleich einen Regelmechanismus der Über- und Unterordnung beinhaltet. Die Regelungen, ohne die eine Gesellschaftsordnung nicht verstanden werden kann, werden durch das Recht hergestellt und gesichert.

Für die bürgerliche Gesellschaft gilt nun, dass deren individuelles Organisationsprinzip einer besonderen Regelung der Einzelhandlungen bedarf, damit sich in ihr der Austausch rechtmäßig vollziehen kann. Dazu gehört der Schutz des mit dem Individuum unmittelbar verbundenen Privateigentums ebenso wie dessen Übertragungsmöglichkeit durch Verträge.[4] Das zielgerichtete Handeln der Individuen wird durch ihr Eigeninteresse und die Möglichkeit einer Selbstverwirkli-

---

[1] STEIN, Lorenz (1856), 369.

[2] „Diese Vertheilung ist dann allerdings zuerst bloß eine Thatsache; dann aber wird sie zur Grundlage des wirthschaftlichen Fortschrittes durch den Satz, daß erst die in ihr gegebene Verschiedenheit jedem Einzelnen einen Werth für den Andern verleiht, während die Gleichheit die Werthlosigkeit der Einzelnen zur unabwendbaren Folge hat." STEIN, Lorenz von (1887): Lehrbuch der Nationalökonomie. 3. Aufl. Wien, 1887, 76.

[3] STEIN, Lorenz von (1887), 76.

[4] „Die Unverletzlichkeit der Persönlichkeit wird nämlich im bürgerlichen Recht vermöge des Begriffes der Güter zum Begriff des Eigenthums." STEIN, Lorenz von (1887), 81.

chung durch Arbeit bestimmt.[1] Die individuellen Handlungen, die mit der Gütererzeugung verbunden sind, bestimmen die jeweilige Wirtschaftsgesellschaft, allerdings unter der Vorstellung, dass Individuen nur über eingeschränkte individuelle Fähigkeiten verfügen, so dass sie zwangsläufig mit anderen kooperieren müssen. Daraus entstehen Organisationsgebilde mit entsprechenden rechtlichen Regelungen. Die Herausbildung von Unternehmungen wird ganz in diesem Sinne als „wirtschaftliche Persönlichkeit“ beschrieben und damit die Stellung des Unternehmer-Kapitalisten deutlich hervorgehoben. Für die entwickelte Tauschwirtschaft gilt, dass als Maßstab für die individuelle Einkommensbildung nicht mehr die menschliche Arbeitskraft angesehen wird.[2]

Der individuellen Grenze bei der Güterherstellung mit Werkzeugen steht im Industriezeitalter ein anderes Produktionsmittel gegenüber, dass eine gesellschaftliche Veränderung herbeiführt: Geld. Die Auswirkungen der Geldmengenveränderung bzw. Änderung der erzeugten Gütermenge wirken entsprechend der quantitätstheoretischen Vorstellungen unmittelbar auf das Preisniveau.[3] Eine steigende Güterproduktion birgt deshalb die Gefahr einer gesellschaftlichen Unterversorgung mit Geld, der konsequent eine Preissenkung aller Güter gegenüberstehen müsste. Als Lösung wird für diese Situation die Einführung von Banknoten thematisiert. Denn durch das Papiergeld wird die Grenze der gedachten Edelmetallproduktion aufgehoben, wobei die Tauschmittelfunktion weiterhin garantiert ist. In der historischen Entwicklung erörtert STEIN die Entstehung von Schuldscheinen und die damit verbundene Möglichkeit, sie als Zahlungsmittel mit der Folge der Geldmengenerhöhung zu verwenden. Für entwickelte Tauschwirtschaften verschärft sich das Problem des Geldes, weil zwar der Binnenwert innerhalb der jeweiligen Landesgrenzen bestimmt werden kann, nicht jedoch am internationalen Geldmarkt.[4]

---

[1] STEIN, Lorenz von (1887), 91 f.

[2] STEIN, Lorenz von (1887), 92–94.

[3] STEIN, Lorenz von (1887), 143 f.

[4] „Der allgemeine Grundsatz dafür ist, daß die Verleihung des Zahlungsrechts an ein bestimmtes Geld durch den bestimmten Staat aus dem Metallgeld ein Landesgeld macht, und das Zahlungsrecht selbst wird damit, als auf den Verkehr des einzelnen Landes beschränkt, die Landeswährung. Vermöge des Rechtsbegriffes der Landeswährung hat folglich kein Geld außerhalb der Landesgrenzen ein Zahlungsrecht. Da aber dennoch der Weltverkehr einen internationalen Zahlungsproceß in den größten Dimensionen entwickelt, so vollzieht sich nach den Gesetzen des Geldwesens sofort ein Proceß, den man sich gerade in unserer Zeit wohl vergegenwärtigen muß, und den keine Verwaltungsmaßregel ändern kann. Dieser Proceß besteht darin, daß das Landesgeld, so wie es die Grenzen des eigenen Landes verläßt, den Werth seines Zahlungsrechts verliert, und dadurch bei jeder Zahlung von seiner rechtlichen auf seine wirthschaftliche Zahlungsfähigkeit reducirt wird. Diese wirthschaftliche Zahlungsfähigkeit besteht [...] im Metallgewichte. Es ist daher keiner Währung eines Lan-

Die gesellschaftliche Wertbildung erfolgt durch den Produktionsprozess, den der Unternehmer-Kapitalist organisiert. Die damit verbundenen Entscheidungen sind durch individuelle Leistungen und den Einsatz von Kapital sowie die damit einhergehenden Veränderung des Kapitalstocks gekennzeichnet. Dieses „persönliche Kapital“ bildet das Privateigentum des Unternehmer-Kapitalisten. Ganz reproduktionstheoretisch gedacht, muss der durch die Produktion erfolgte Werteverzehr ersetzt werden können, und zwar nicht erst am Ende der Produktionsperiode. Die Differenz zwischen dem Warenwert und dem Marktpreis beinhaltet das verteilungstheoretische Spannungsverhältnis zwischen Arbeit und Kapital. Und auch hier wird ganz im Sinne der klassischen politischen Ökonomie argumentiert, wenn STEIN die Reproduktionskosten für die einzelnen am Produktionsprozess beteiligten Einsatzfaktoren entsprechend ihrer Wertbestimmung auch für die verteilungstheoretische und -politische Argumentation benennt.[1] Der Profit fällt dem Unternehmer-Kapitalisten zu, weil sein Kapitalstock einen Vorschuss für die Produktionsperiode bildet.

Auch für den Vermögenseigentümer stellt sich die Frage nach der Rechtfertigung seiner Zinseinkünfte aufgrund seines vorhandenen Geldkapitals. Durch die Nachfrage nach Geld zur Ausdehnung der Güterproduktion erhält das Geld seinen gesellschaftlichen Wert. Mit der Kreditvergabe erhält der Unternehmer-Kapitalist die Möglichkeit der Produktionserweiterung, wobei am Ende des Produktionsprozesses auch die Rückzahlung einschließlich der Zinsen gewährleistet sein muss. Eine Begründung findet der Zins in der Produktivität des eingesetzten Kredits, weil dadurch ein höherer Wert erzeugt werden konnte. Der Anspruch des Vermögenseigentümers rechtfertigt sich aus dem Prozessgedanken, weil anderenfalls nur eine einfache Reproduktion gewährleistet wäre. STEIN geht demgegenüber von einer wirtschaftlichen Entwicklung aus, die ohne eine angemessene Kreditversorgung der Wirtschaft zu keiner höheren Wertbildung gelangen kann.[2] Auch diese Argumentation wird auf alle Gesellschaftsformationen ausgedehnt.[3]

Landes möglich, dem Landesgeld außerhalb des Landes eine andere als jene wirthschaftliche Zahlungsfähigkeit zu geben; oder: alle internationale Zahlungsfähigkeit eines Landesgeldes bestimmt sich einzig und allein nach dem reinen Metallgehalt desselben.“ STEIN, Lorenz von (1887), 160.

[1] STEIN, Lorenz von (1887), 193 f.

[2] „Das höhere Wesen des Zinses erscheint daher keineswegs darin, daß es dem Geldcapital sein Einkommen verschafft, sondern es besteht vielmehr darin, daß der Zins im Güterleben die das Geldcapital bildende Kraft ist, deren dasselbe niemals entbehren kann.“ STEIN, Lorenz von (1887), 203.

[3] „Und wieder ist es dabei ansich ganz gleichgültig, ob man das gesammte Geldcapital als ein Gemeingut, oder als eine Reihe von Privatcapitalien betrachtet, denn die Function des Geldcapitals ist stets die gleiche. Dieselbe muß daher auch dann vorhanden sein, wenn alle Unternehmungen der Gemeinschaft gehören, und muß stets im richtigen Verhältniß zu der Summe der Unternehmungen auch in der Gütergemein-

Zinsansprüche sind demzufolge notwendiger Teil der Allokationsmechanismus, weil anderenfalls keine angemessene Entscheidung über die Verwendung des Geldkapitals erfolgen kann. Die Berechtigung des Zinses macht andererseits auch deutlich, dass der Unternehmer-Kapitalist seine Produktionsausweitung nur in Relation vom verfügbaren Geldkapital durchführen kann. Damit entsteht eine Abhängigkeitsbeziehung zum Vermögenseigentümer und seiner Forderung nach Zinsen. Hierbei wird der Frage nachgegangen, ob der Vermögenseigentümer prinzipiell die Möglichkeit besitzt, einen beliebigen Preis für die Aufgabe seines Vermögens zu fordern, der möglicherweise auch eine Produktion verhindern könnte. Einerseits wird durch von STEIN deutlich herausgestellt, dass der Zins das Ergebnis von Angebots-Nachfrage-Konfigurationen ist. Andererseits können durch hohe Zinsen nicht nur ökonomische Aktivitäten verhindert werden, sondern auch zur Geschäftsaufgabe führen, sofern der Anspruch auf Zinsen seitens der Vermögenseigentümer nicht mehr die Reproduktion der anderen Produktionsfaktoren erlaubt. Damit ist jedoch nicht allein der Unternehmer-Kapitalist gefährdet, sondern auch der Vermögenseigentümer, der seine Eigentumsposition auch verlieren kann.[1]

Angesichts der unterschiedlichen Interessen zwischen dem Vermögenseigentümer und den anderen Gesellschaftsklassen sind Verteilungskonflikte nicht vermeidbar.[2] Der Zins erfährt seine Rechtfertigung demzufolge aus der jeweiligen Marktsituation oder entspricht der Risikoprämie, die der Vermögenseigentümer für seine Geldanlage fordert. Daraus resultiert eine prinzipielle Erhöhung des Marktzinses, weil anderenfalls dem Sicherheitsbedürfnis des Vermögenseigentümers nicht Rechnung getragen werden würde.[3] Mit dieser Prämie soll der „Gefährdung des Capitals“ Rechnung getragen werden, also der Möglichkeit, seines Vermögens verlustig zu gehen. Damit beeinflusst die ökonomische Entscheidung

---

schaft wachsen, in welchem sich die ersteren vermehren. [...] Auch der Communist muß den Zins zahlen gerade so gut wie beim Privateigenthum; nur daß er ihn durch Abzug von seiner Einnahme dem Ganzen zahlt, statt selbständig dem Gläubiger.“ STEIN, Lorenz von (1887), 203 f.

[1] STEIN, Lorenz von (1887), 205.

[2] „... daß der wirkliche Zinsfuß stets das Ergebniß des Zusammenwirkens des Werthgesetzes und des Einzelinteresses des Geldcapitals in der Weise enthält, daß der Zinsfuß den das letztere fordert, beständig durch das erstere davon abgehalten wird, durch seine Höhe das Einkommen der anderen productiven Factoren ganz für sich zu absorbiren. Das ist das organische Moment in diesem, für jeden einzelnen Fall allerdings selten ohne Kampf und auf dem Gebiete der socialen Frage nie ohne den erbittertsten Gegensatz sich vollziehenden Zinsbildungsprocesse.“ STEIN, Lorenz von (1887), 206.

[3] Der Risikozuschlag („Sicherheitszinsfuß“) wird nicht am Kreditmarkt bestimmt, sondern ist abhängig von der individuellen Einschätzung der Vermögenseigentümer, vgl. STEIN, Lorenz von (1887), 207.

der Kreditvergabe auch die über zukünftigen Lebenssituationen, sofern sie sich ökonomisch als fehlerhaft herausstellt.[1] Denn im Gegensatz zu den anderen am Produktionsprozess beteiligten Einsatzfaktoren muss der Vermögenseigentümer sich nicht durch eigenen Arbeitseinsatz reproduzieren. Das macht ihn einerseits unabhängig vom Unternehmer-Kapitalisten und führt andererseits zu der seine Verhaltensweise bestimmenden Eigenschaft, stolz auf den Umfang seines Vermögens zu sein. Dem steht andererseits die denkbare Konfrontation mit dem Vermögensverlust bei einer falschen Investitionsentscheidung gegenüber, so dass diese Klasse sich durch ein hohes Maß an Unsicherheit bzw. Ängstlichkeit auszeichnet. Denn immer ist der Vermögenseigentümer von den Entscheidungen der Unternehmer-Kapitalisten und deren Erfolg abhängig. In dieser Situation von Unsicherheit muss die Rechtsordnung den Interessenschutz der Vermögenseigentümer übernehmen, wenn schon die Unsicherheit von ökonomischen Entscheidungen ihre Eigentumsposition gefährdet.[2]

4.4. John Maynard Keynes: Instabilität von Marktwirtschaften durch Privateigentum

Mit den nachfolgenden Erörterungen soll der Zusammenhang aufgezeigt werden, der mit der Begründung von Staatseingriffen innerhalb der KEYNESianischen Theorie verbunden ist. Gegenstand ist entsprechend den bisherigen Untersuchungen kein Gesamtüberblick, sondern die der Stellung des Privateigentums bei unterschiedlichen Handlungsdispositionen der Wirtschaftssubjekte.

---

[1] „In allen diesen Formen aber fordert das Geldcapital seinen Zins, sowohl unter dem Communismus als unter dem Einzeleigenthum; in allen ist er ein von der Productivität unabhängiges, selbständiges Einkommen; aber indem er nun vermöge des Einzeleigenthums zugleich in das Leben der Einzelnen hineingreift, entwickelt er auch hier seine Gewalt über die Einzelpersönlichkeit neben seiner wirthschaftlichen Bedeutung." STEIN, Lorenz von (1887), 209.

[2] „In der That nämlich ist diese persönliche Bedeutung des Geldcapitals zuerst eine psychologische. [...] Da aber gerade der Geldbesitz und sein Erwerb nicht auf eigner Kraft beruhen, so verbindet sich derselbe stets mit Sorge und Angst, und diese Aengstlichkeit des an sich wehrlosen Geldbesitzes zeigt uns, daß alle Sorgen und Aengsten der Psychologie einander keineswegs gleich sind. [...] Das Geldcapital muß, um zur Productivität zu gelangen seinen Eigenthümer verlassen. Alles Geldcapital selbst sowie sein Zinserwerb wird daher mehr oder weniger von dem guten Willen und der Gewissenhaftigkeit des Dritten abhängig; und diese Abhängigkeit ist es, welche den Einfluß des Geldcapitals auf die Gesittung erzeugt und ordnet." STEIN, Lorenz von (1887), 209 f.

Der Friedensvertrag von Versailles und die Gesellschaftsanalyse Europas

Unter dem Eindruck des beendeten 1. Weltkrieges und des Versailler Friedensvertrages stehend, wird von KEYNES das Problem des Privateigentums erörtert. Die umfangreichen Enteignungen des Deutschen Reichs werden aus ökonomischer[1] und mit Einschränkungen auch aus völkerrechtlicher Sicht kritisiert[2], wobei insbesondere die Festsetzung der Entschädigung von Vermögenspositionen durch die Siegermächte als willkürlich bezeichnet wird[3]. Bekanntermaßen waren neben dem Gebietsverzicht in Europa auch die überseeischen Kolonien betroffen. Das Privateigentum stellt sich demzufolge als eine historisch relative Größe dar, deren bewusste Einschränkung im Versailler Vertrag nicht nur zur Kriegsentschädigung, sondern auch zur Verringerung der ökonomischen deutschen Konkurrenz eingesetzt wurde.[4] Die von KEYNES ermittelten Abgaben aus der Kohleförderung zeigen, dass für den inländischen Bedarf eine zu geringe Menge veranschlagt wird.[5] Als Folge aus dem Versailler Vertrag wird eine bewusst erzwungene geringe Konsumquote angenommen, die bei Haushalten zu geringeren bzw. sogar sinkenden Einkommenssituationen führen könnte, zumal hierdurch die Unternehmensnachfrage nach Investitionen und Arbeitskräften tangiert wird. Für beide Wirtschaftssektoren ist deshalb zu befürchten, dass Motivationsstörungen durch Leistungseinbußen eintreten, sofern die individuellen Dispositionen über Eigentumspositionen zu stark eingeschränkt werden.[6] Daneben gilt es auch fest-

---

[1] Hier ging es um den Umfang der Enteignungen und der Verrechnung von Überschüssen aus dem Verkauf von Eigentumspositionen durch die Gläubigerländer, vgl. KEYNES, John Maynard (1919): Die wirtschaftlichen Folgen des Friedensvertrages, München und Leipzig 1920, 50–55.

[2] KEYNES, John Maynard (1919), 55–63. Die umfangreiche Aufhebung des Privateigtentums wird an anderer Stelle mit Beispielen als willkürlich benannt und die ökonomischen Konsequenzen herausgearbeitet, vgl. KEYNES, John Maynard (1920): Der Friedensvertrag von Versailles, Berlin 1921, 20 f.

[3] Damit ist als Eigentumsposition das Problem von Schäden gegenüber der Zivilbevölkerung einschließlich kriegsbedingter Entschädigungszahlungen für körperliche und persönliche Schäden angesprochen. KEYNES, John Maynard (1919), 124–127.

[4] Das galt u. a. für die Beeinträchtigung der deutschen Eigentumsrechte an Wasserwegen und Flüssen, die unter internationale Kontrolle gestellt wurden, s. KEYNES, John Maynard (1919), 86–90; vgl. auch: KEYNES, John Maynard (1920), 19–22.

[5] KEYNES, John Maynard (1920), 23–25.

[6] „Auch haben wir über die Seelenverfassung einer weißen Rasse unter nahezu sklavereiartigen Lebensbedingungen noch keine Erfahrung. Man nimmt jedoch allgemein an, daß, wenn einem Menschen die Gesamtheit seiner Reinerträge entzogen wird, seine Leistungsfähigkeit und sein Fleiß sich vermindern. Der Unternehmer und Erfinder wird nicht arbeiten, der große und kleine Händler nicht sparen, der Arbeiter sich nicht anstrengen, wenn die Früchte ihres Fleißes nicht zum Besten ihrer Kinder, ihres Al-

zustellen, dass die durch den Friedensvertrag hervorgerufene Situation der Unsicherheit standortgebundene Investitionen verhindern wird.[1] Lediglich der Vermögenseigentümer konnte durch – illegale – Transfers seine Eigentumsposition verbessern bzw. zumindest sichern.[2]

Als ein weiterer Gesichtspunkt der Veränderungen des Privateigentums werden Inflationen und deren Folgen erörtert. Der im Vordergrund stehende Finanzierungsgesichtspunkt von staatlichen Defiziten führt durch Inflation zu radikalen Vermögensveränderungen und verstärkt damit Unsicherheit[3] Die höhere Bewertung des Anlagevermögens übervorteilt denjenigen, der über entsprechende Bestände verfügen kann und muss zwangsläufig zu einer verschlechterten ökonomischen Stellung der Rentiers, also der Klasse der Vermögenseigentümer führen. Damit wird allerdings auch der gesellschaftliche Konsens des 19. Jahrhundert zwischen den unterschiedlichen Einkommensarten – sofern es ihn jemals gegeben hat – endgültig zerstört, dem die Vorstellung von einer ökonomischen Sicherheit, verstanden als vertragliche Illusion der Wert-Sicherung für Real- und Nominalgüter, zugrunde lag, ohne durch ein neues Gesellschaftsbild substituiert zu werden.[4] Darüber hinaus unterliegt die Klasse der Unternehmer-Kapitalisten selbst

ters, ihres Stolzes und ihrer Lage, sondern für die Genüsse eines fremden Eroberers bestimmt sind." KEYNES, John Maynard (1919), 169 FN 130.

[1] So beispielsweise für die Eisen- und Stahlindustrie im Saarland: „Weiter wird die Unsicherheit über das schließliche Schicksal der Saar die Berechnungen der Kapitalisten stören, die neue Industrien in Frankreich anlegen wollen." KEYNES, John Maynard (1919), 79.

[2] KEYNES, John Maynard (1919), 145 f.

[3] „Durch fortgesetzte Inflation können Regierungen sich insgeheim und unbeachtet einen wesentlichen Teil des Vermögens ihrer Untertanen aneignen. Auf diese Weise konfiszieren sie nicht nur, sondern sie tun es auch willkürlich, und während viele arm werden, werden einige in der Tat reich. Der Anblick dieser willkürlichen Verschiebung des Reichtums vernichtet nicht nur die Sicherheit sondern auch das Vertrauen auf die Gerechtigkeit der bestehenden Verteilung des Reichtums. [...] Je mehr die Inflation wächst [...] desto mehr geraten alle dauernden Beziehungen zwischen Schuldnern und Gläubigern, die die unterste Grundlage des Kapitalismus bilden, in Unordnung, bis sie fast ihre Bedeutung verlieren, und die Reichtumsbildung zum Spiel und zur Lotterie wird." KEYNES, John Maynard (1919), 192.

[4] „Diese Kriegsgewinner sind, allgemein gesprochen, die Unternehmerklasse unter den Kapitalisten, d. h. das tätige und aufbauende Element der ganzen kapitalistischen Gesellschaft, die in einer Zeit reißend steigender Preise schnell reich werden müssen, ob sie es wünschen oder nicht. Wenn die Preise beständig steigen, macht jeder Händler, der Vorräte eingekauft hat oder Vermögen und Anlagen besitzt, unvermeidlich Gewinn. Durch Erregung und Haß gegen diese Klasse führen daher die europäischen Regierungen die verhängnisvolle Entwicklung, die Lenins feiner Geist bewußt begrif-

Irritationen, die ihre gesellschaftliche Position betreffen, diese sogar in Zweifel ziehen und unter diesem Gesichtspunkt leicht für politische Lösungen anfällig sind, die eine positionale Verbesserung versprechen.[1] Von daher scheint die kapitalistische Welt, geprägt von den Vorstellungen des 19. Jahrhunderts, im Aufbruch begriffen, ohne dass deren Ziel kurz nach dem 1. Weltkrieg schon deutlich benannt werden könnte. Allerdings ist festzustellen, dass keine Entwicklung ohne eine relativ stabile Eigentumsordnung vorstellbar ist.[2]

Die Schwächen der bürgerlichen Gesellschaft: Das Ende des laissez-faire

Kurz nach Beendigung des 1. Weltkrieges hatte KEYNES die Umwälzungen in Europa thematisiert und war zu dem Resultat einer instabilen Gesellschaft gelangt. Mit der weiteren Analyse wird deutlich, dass die positiven Entwicklungen auf zufälligen Ergebnissen beruhen und keine gewollte Steuerung durch die Wirtschaftsakteure darstellen. Außerdem wird herausgestellt, dass die philosophischen Grundannahmen zwar als wesentliche Grundmuster dienten, jedoch keine angemessene Erklärung bzw. Beschreibung der gesellschaftlichen Entwicklung darstellten.

Die Nützlichkeitserwägungen BENTHAMS im 19. Jahrhundert – eine Modifizierung von HUMES Moralphilosophie[3] – sowie die unterschiedlichen staatstheoretischen Vorstellungen von LOCKE, HUME, ROUSSEAU, BURKE und GOODWIN führten entwicklungsgeschichtlich zu einer sowohl konservativen als auch systemtranszendierenden Theoriesicht, wobei die ökonomischen Gleichgewichtsvorstellungen, hergestellt durch egoistische Verhaltensweisen, der jeweiligen Theorie zu einer weiteren gesellschaftlichen Akzeptanz verhalfen. Dieses Konglomerat von Theorien führte in letzter Konsequenz zu der noch immer anzutreffenden Vorstellung des laissez-faire als einer ökonomischen und politischen Situation ohne die

---

fen hatte, noch einen Schritt weiter. Die Kriegsgewinner sind eine Folge, nicht eine Ursache der Preissteigerung." KEYNES, John Maynard (1919), 193.

[1] KEYNES, John Maynard (1919), 194.

[2] „Revolution ist eine Waffe gegen politische Tyrannei und Ungerechtigkeit. Aber welche Hoffnungen kann sie denen bieten, die unter wirtschaftlichen Entbehrungen leiden, wenn diese Entbehrung nicht aus der Ungerechtigkeit der Verteilung entspringt, sondern allgemein ist? Die einzige Sicherung gegen Revolutionen in Mitteleuropa ist allerdings die Tatsache, daß sie selbst den Verzweifelten keine Aussicht auf irgendeine Besserung ihrer Lage bietet." KEYNES, John Maynard (1919), 242.

[3] Auf das zu maximierende Nützlichkeitskalkül zwischen individuellem Handeln und gesellschaftlicher Anerkennung durch angenehme Eigenschaften bei Hume macht KEYNES, John Maynard (1926): Das Ende des Laissez-Faire, München und Leipzig, 6, aufmerksam. Demzufolge ist tugendhaftes Handeln das Resultat eines permanten Prozesses, der durch individuelle Wertungen gekennzeichnet ist: „Die einzige Mühe, die sie verlangt, ist die einer genauen Abwägung und einer beständigen Bevorzugung des größeren Glücks." HUME, David (1751), IX.2, 209.

Notwendigkeit von größeren Staatseingriffen.[1] Diese geistesgeschichtlichen Wirkungen wurden durch politische Entwicklungen unterstützt, wobei die Alltagserfahrung mit der öffentlichen Verwaltung das Moment des laissez-faire bestätigen konnte.[2] Dem stand andererseits eine Phase der ökonomischen Prosperität gegenüber, die als Resultat von individuellen Handlungen angesehen werden muss und insoweit eine zweckmäßige und ideologische Ergänzung des Laissez-faire-Gedankens darstellte. Verstärkt wird diese Entwicklung durch die neue naturwissenschaftliche Auffassung DARWINS und der sich damit auch in der gesellschaftlichen Entwicklung bestätigende Gedanke, dass ein Wirtschaftssystem am besten durch das Wettbewerbsmodell und dessen zufälligen, auf schneller Anpassung basierenden, individuellen Entscheidungen gesteuert wird.[3] KEYNES geht nun davon aus, dass es sich um eine grandiose Fehlinterpretation philosophischer und ökonomischer Theorien handelt,[4] die zugleich als ein Resultat des gesellschaftlichen Sozialisationsprozesses verstanden werden muss, in dem die klassischen Autoren nicht angemessen rezipiert, bzw. durch eine hohe Akzeptanz kritische

---

[1] „Adam Smith war grundsätzlich bereit, zuzugeben, daß sich das Allgemeinwohl auf das ‚natürliche Streben jedes Individuums, seine eigenen Lebensverhältnisse zu verbessern', gründe; aber erst zu Beginn des neunzehnten Jahrhunderts hat sich diese Theorie voll und bewußt entwickelt. Dem Prinzip des *laissez-faire* war es gelungen, Individualismus und Sozialismus miteinander zu versöhnen und *Humes* Egoismus mit dem größten Glück der größtmöglichen Anzahl zu vereinen. Der Staatsphilosoph konnte nunmehr dem Geschäftsmann das Feld räumen – denn dieser vermochte das *Summum Bonum* des Philosophen zu erreichen, wenn er lediglich seinen eigenen Vorteil verfolgte." KEYNES, John Maynard (1926), 9 f.

[2] „Vor allem aber hat die Unfähigkeit der Staatsbeamten den Mann der Praxis sehr zugunsten des *laissez-faire* beeinflußt – ein Gefühl, das auch heute noch keineswegs überwunden ist. Fast alles, was der Staat im achtzehnten Jahrhundert über seine Mindestobliegenheiten hinaus unternommen hat, war oder schien entweder schädlich oder erfolglos." KEYNES, John Maynard (1926), 10.

[3] „Man konnte das Prinzip vom Überleben des Tüchtigen als die weiteste Verallgemeinerung der *Ricardo*schen Wirtschaftslehre auffassen. Sozialistische Einmischungen erschienen im Lichte dieser grandiosen Synthese nicht bloß als unnütz, sondern sogar als gotteslästerlich, weil sie angeblich den Fortschritt jedes mächtigen Geschehens verzögerte, das uns gleich Aphroditen dem Urschleim des Meeres entsteigen ließ." KEYNES, John Maynard (1926), 11 f.

[4] „Man hat *angenommen*, daß die Ökonomen jene Dinge gesagt hätten. In Wirklichkeit finden wir nichts dergleichen in den Schriften der großen Autoritäten; vielmehr stammen diese Aussprüche nur von den Popularisatoren und Verbreitern jener Lehren her. [...] Die Ausdrucksweise der Ökonomen gab sich sehr gut zur Begründung des *laissez-faire* her. Aber die Popularität der Lehre ist mehr auf die Staatsphilosophen jener Zeit zurückzuführen, denen sie zufällig in den Kram paßte, als auf die Nationalökonomen." KEYNES, John Maynard (1926), 14.

Positionen oder andere Auffassungen verhindert werden.[1] Insoweit ist das Argument zutreffend, dass mit diesen inhaltlichen Vorstellungen des laissez-faire auch die Ideologie der Zeit abgebildet wurde und dies für die Klasse der Vermögenseigentümer eine Legitimation ihrer Handlungen darstellte,[2] so dass als historisches Ergebnis – fälschlicherweise – weitestgehend die positiven Vorstellungen von individuellen Handlungen in den Vordergrund gerückt werden.[3] Ähnlich haben später auch MACPHERSON und Leo STRAUSS aus ideologiekritischer Sicht argumentiert.[4] Weiterhin arbeitet KEYNES heraus, dass der Begriff „laissez-faire" keine ökonomische Kategorie der klassischen politischen Ökonomie darstellt, sondern ursprünglich ein politischer Kampfbegriff aus dem feudalen Frankreich ist, der erst mit BENTHAM als eine Begründung für den Freihandel Eingang in die ökonomische Theorie erfährt.[5] Diese idealisierten Vorstellungen entsprechen einerseits dem modelltheoretischen Prinzip der Einfachheit ohne weitergehende Berücksichtigung von realitätsnahen Einflüssen und finden andererseits eine Unterstützung in sozialphilosophischen Vorstellungen in Gestalt des Sozialdarwinismus (SPENCER). Wirtschaftspolitisch resultiert aus dieser Anschauung der bewusste Verzicht auf jegliches staatliche Eingreifen, weil hier lediglich eine Ziel-Mittel-Relation betrachtet wird, ohne dass deren externe Effekte eine gesellschaftliche Internalisierung erfahren. Die Vorstellung vom wirtschaftlichen Gemeinwohl als Summe der Individualinteressen ist insofern für jede Wirtschaftspolitik aus zwei Gründen praktikabel. Erstens kann jedes Individuum durch die ei-

---

[1] „Wir haben diese Autoren nicht gelesen – wahrscheinlich würden wir ihre Beweisführung albern finden, wenn uns ihre Bücher zufällig in die Hände fielen. Und trotzdem glaube ich nicht, dass wir heute so dächten wie wir es tatsächlich tun, wenn *Hobbes*, *Locke*, *Hume*, *Rousseau*, *Paley*, *Adam Smith*, *Bentham* und Miß *Martineau* nie gedacht und geschrieben hätte." KEYNES, John Maynard (1926), 12 f. Zu diesem Aperçu vgl. die Einleitung von 1938 zu Hume, David (1745) in: The Collected Writings of John Maynard Keynes, Vol. XXVIII, 373–390; (zitiert als Collected Writings *xx*).

[2] „Der Individualismus und das *laissez-faire* hätten sich schließlich trotz ihrer tiefen Verwurzelung in der politischen und moralischen Philosophie [...] doch nicht ihren dauernden Einfluß auf die Leitung der öffentlichen Angelegenheiten bewahren können, wenn sie sich nicht mit den Bedürfnissen und Wünschen der Geschäftswelt jener Tage gedeckt hätten." KEYNES, John Maynard (1926), 27.

[3] „Ein orthodxer Glaube ist in Gefahr, und je überzeugender die Argumente sind, desto größer ist die Lästerung. Trotzdem habe ich mich in die Höhle des schlafenden Ungeheuers gewagt, jedenfalls habe ich seine Ansprüche und seinen Stammbaum verfolgt, um zu beweisen, daß es uns mehr durch erbliche Vorrechte als durch persönliches Verdienst beherrscht hat." KEYNES, John Maynard (1926), 29.

[4] Vgl. STRAUSS, Leo (1953): Naturrecht und Geschichte, Frankfurt am Main 1977; MACPHERSON, Crawford Brough (1962).

[5] KEYNES, John Maynard (1926), 15–19.

gene Bedürfnisbefriedigung auch den eigenen Reichtum vermehren, wobei mögliche Fehlschläge stets als ein individuelles Versagen angesehen werden. Zweitens findet eine Entlastung der politischen Steuerungsinstanz statt, während aus der ersten Situation keine Verantwortung für individuelle Fehler bei ökonomischen Handlungen übernommen werden müssen. Die Funktionsfähigkeit ist also abhängig von den einfachen Modellannahmen, die unbeschränktes individuelles Handeln fordern und auch ermöglichen, selbst auf die Gefahr der ökonomischen Existenzvernichtung. Die damit verbundene gesellschaftliche Entwicklung beruht auf einem materiellen Anreizsystem, das durch „die Liebe zum Gelde“ als individuellem Motor eine gesamtwirtschaftliche Wohlfahrt herbeiführt.[1]

Eine theoretisch angemessene Gesellschaftsanalyse hat stattdessen die Interessenharmonie von individuellen und gesellschaftlichen Zielen aufzugeben. Insbesondere für John Stuart MILL und Alfred MARSHALL gilt, dass mit diesen beiden Autoren die notwendige Beschränkung der individuellen Handlungsweisen zum Thema der ökonomischen Theorie und damit das Auseinanderfallen von individuellen und gesellschaftlichen Interessen deutlich herausgestellt wird.[2] KEYNES zeigt auf, dass die einfachen Hypothesen der Gleichgewichtsvorstellungen nicht der Realität entsprechen und verweist auf die folgenden bedeutenden Gesichtspunkte für entwickelte Wirtschaftsgesellschaften:[3]

- Diskrepanz von Produktionspotential und Konsumentennachfrage,
- Problem der Preisbildung bei hohem Fixkostenanteil,
- Problem der Anpassung bei wirtschaftlichem Wachstums- und Konjunkturverlauf,
- fehlende Markttransparenz,
- eingeschränkter Wettbewerb durch Monopolisierungstendenzen.

Als weitere Probleme werden gesellschaftliche Wirkungen hervorgehoben, die durch bzw. infolge des Konkurrenzmechanismus entstehen und umfassend als „soziale Kosten“ der gesellschaftlichen Produktion bezeichnet werden können und als Problem von individueller Armut und der Verteilungsgerechtigkeit eine ökonomisch bedeutsame Fragestellung beinhalten.[4]

---

[1] KEYNES, John Maynard (1926), 23 f.

[2] KEYNES, John Maynard (1926), 20 f.

[3] KEYNES, John Maynard (1926), 25.

[4] „... die Kosten und die Art des Daseinskampfes [...] sowie die Tendenz zur Verteilung des Reichtums an Stellen, an denen er nicht am meisten geschätzt wird. Wenn uns das Wohl der Giraffen am Herzen liegt, so dürfen wir die Leiden derer mit kürzeren Hälsen, die ausgehungert werden, nicht übersehen ...“ KEYNES, John Maynard (1926), 25.

Die Vorurteile des laissez-faire beinhalten eine relative positionale Sicherheit und, damit verbunden, individuelle Ansprüche. Insoweit wendet sich KEYNES gegen einen Gesellschaftsvertrag, der Rechtsansprüche und deren Übertragungsmöglichkeit garantiert und damit auch gesellschaftliche Entwicklungen nur hinsichtlich einer determinierten eindimensionalen Richtung zulässt. Die postulierte Interessenharmonie erweist sich als Fiktion und muss nicht zwangsläufig mit positiven gesellschaftlichen Ergebnissen korrelieren. Im Hinblick auf soziale Handlungen sowie die bisherige Stellung des Individuums in den theoretischen Erörterungen wird deren mögliche positionale Schwäche ebenso herausgestellt, wie eine vermeintliche Gruppenrationalität in Zweifel gezogen wird.

Sofern das Postulat der sich automatisch einstellenden gesamtgesellschaftlichen Wohlfahrt bei der Verfolgung von individuellen Interessen aufgegeben wird, kann diese Leerstelle nur durch eine sich neutral gebende Instanz eingenommen werden. Damit wird eine rationale Wirtschafts- und Gesellschaftspolitik begründet. Die zukünftige ökonomische Produktion soll deshalb nicht allein durch individuelle Konzepte bestimmt werden, sondern bewusst gesellschaftliche Momente einbeziehen. Unter diesem Gesichtspunkt werden halb-autonome Körperschaften vorgeschlagen, allerdings unter demokratischer Kontrolle.[1]

Im Laufe der ökonomischen Entwicklung hat sich herausgestellt, dass die Stellung des Privateigentums eine Veränderung erfahren hat. Der ursprünglichen Handlungsweise des Unternehmer-Kapitalisten liegt das Kalkül der Gewinnerzielung zugrunde. Dieser ökonomische Gesichtspunkt tritt bei Aktiengesellschaften für den Vermögenseigentümer insoweit in den Hintergrund, als Manager über die Zielfunktion des Unternehmens und damit auch den Umfang der Gewinnerzielung bestimmen. KEYNES macht in diesem Zusammenhang auf den Zielkonflikt zwischen der Unternehmensleitung, die womöglich auf Sicherheit, Stabilität und öffentliche Anerkennung bedacht ist, und der Gewinnerzielung der Aktionäre aufmerksam. Im ungünstigsten Fall kann hier die Situation eintreten, dass durch die Unternehmensleitung eine als angemessen bezeichnete Dividende erwirtschaftet wird, der die Aktionäre ausgeliefert sind. Idealtypisch betrachtet, kann in einer derartigen Situation die Tendenz liegen, jegliche Dividende im Laufe der Zeit zu verhindern und damit einen „Sozialisierungseffekt“ einzuleiten.[2] Wird einerseits auf die Notwendigkeit von Kapitalgesellschaften aus Gründen der Finanzierungserfordernisse und des Gemeinwohls verwiesen, muss andererseits konstatiert werden, dass damit der „Unternehmungsgeist“ verloren geht, der gerade das negative Moment des Staatssozialismus auszeichnet. So wird gegen den doktrinären Staatssozialismus eingewandt, dass dieser von einer falschen Prämisse ausgeht, nämlich einem liberalen Gesellschaftsmodell, bei dem es darum gehe, die negativen Auswirkungen einer freien Konkurrenz aufzuheben. Unabhängig

[1] KEYNES, John Maynard (1926), 32.
[2] KEYNES, John Maynard (1926), 32 f.

von diesen Erörterungen wird allerdings deutlich, dass die zukünftige Entwicklung keineswegs durch den Unternehmer-Kapitalisten geprägt sein wird, sondern dieser durch größere Produktionseinheiten, die sich des Geldvermögens bedienen, abgelöst wird.

Neben der erforderlichen Kontrollfunktion werden als Staatsaufgabe diejenigen Bereiche benannt, in denen – obwohl gesellschaftlich wünschenswert – keine privatwirtschaftliche Produktion stattfindet. Es handelt sich hierbei um die Bereitstellung von öffentlichen Gütern als eine normative Vorstellung, dass nur durch staatliches Handeln eine ökonomisch gewünschte Lösung hergestellt werden kann, allerdings ohne die Grundelemente des kapitalistischen Wirtschaftssystems zu beseitigen. Daneben werden „Risiko, Unsicherheit und Unwissenheit" als typische Eigenschaften von marktwirtschaftlich verfassten Systemen bezeichnet, die ökonomisch und damit auch gesellschaftlich wünschbare Situationen verhindern.[1] Damit werden ökonomische Probleme benannt, die häufig durch individuelles Handeln verstärkt werden. Als deren Folge sind Krisen unvermeidlich und die negativen Auswirkungen führen zwangsläufig zu Arbeitslosigkeit und Rückgang der gesellschaftlichen Produktion. Aus dem Blickwinkel des individuellen Interesses gelingt es, aus den unvollkommenen Informationen anderer und sogar aus Krisensituationen für einzelne bzw. Gruppen für sich ökonomische Vorteile zu erwirtschaften. Unter diesem Gesichtspunkt können als deren Folgen sogar ökonomische Krisentendenzen eine Verstärkung erfahren. Eine Lösung aus diesem Dilemma kann nur der Staat durch umfassende Wirtschaftsinformationen und -kontrollen herbeiführen. Es geht also um „mögliche Verbesserungen der Technik des modernen Kapitalismus durch das Mittel kollektiver Betätigung".[2] Hierzu werden eine staatliche Aufsicht sowie unterstützende Kontrollfunktionen in den folgenden Bereichen erforderlich:[3]

- Währungs- und Geldpolitik,
- statistische Informationen,
- Durchsetzung der Publizitätspflicht bei Unternehmen.

Dieses wirtschaftspolitische Instrumentarium sollte geeignet sein, zur Krisenvermeidung beizutragen, und zwar ohne größere Einschränkungen in die ökonomische Handlungsfreiheit der Individuen in marktwirtschaftlich verfassten Gesellschaftssystemen.[4] Dass damit weiterhin offene Probleme und Tendenzen zu

[1] KEYNES, John Maynard (1926), 35.
[2] KEYNES, John Maynard (1926), 38.
[3] KEYNES, John Maynard (1926), 36.
[4] „Durch diese Maßnahmen wäre die Gesellschaft in der Lage, durch entsprechende Organe die geistige Führung bei inneren Komplikationen der Privatwirtschaft zu übernehmen, doch ohne daß private Initiative und privater Unternehmungsgeist durch sie angetastet würden. Sollten sich diese Maßnahme auch als unzureichend erweisen,

Krisen immanent vorhanden sein werden, wird durch den Hinweis auf eine optimale gesellschaftliche Verteilung des Sparvermögens, bei der die individuellen Entscheidungen beeinflusst werden sollten, ebenso deutlich, wie beim MALTHUSianischen Argument einer als notwendig angenommenen gesellschaftlichen Geburtenkontrolle. Obwohl auch hier noch kein theoretisches Argument für eine Fehlallokation erörtert wird, ist der Hinweis auf eine Fehlsteuerung durch Gewinnorientierung und Zufall, der den Geld- und Vermögensmarkt bestimmt, überdeutlich. Hier gilt es, aus einem gesamtgesellschaftlichen Interesse heraus Maßnahmen zur Regulierung zu ergreifen[1].

Die Vorschläge erscheinen recht technisch orientiert und reflektieren die zeitgenössische Sozialismusdiskussion, zumindest als Möglichkeit für ein nicht reformierbares Wirtschaftssystem. Die KEYNESianische Antwort ist hier eindeutig: Seine Vision ist kein dritter Weg zum Sozialismus, sondern der Versuch einer Rettung eines insgesamt effizient funktionierenden Wirtschafts- und Gesellschaftssystems unter dem Gesichtspunkt eines möglichst großen Freiheitsspielraums für alle Gesellschaftsmitglieder. Deshalb sind die Funktionsbedingungen zu verändern, damit das prinzipiell als liberal begriffene Wirtschaftssystem sich gegenüber anderen autoritären Gesellschaftsformationen durchzusetzen vermag.[2] Unter diesem Gesichtspunkt bedarf es dann einer Erweiterung des liberalen Zielsystems um soziale Gesichtspunkte.[3]

Sofern die Grundentscheidung für ein liberales Wirtschaftssystem im Vordergrund steht, muss der Versuch unternommen werden, nicht allein den Lebensstandard der Gesellschaftsmitglieder zu gewährleisten, sondern auch ein hohes Maß an sozialer Gerechtigkeit herzustellen. Insoweit wird die Staatsaufgabe prinzipiell darin gesehen, immer dort einzugreifen, wo privatwirtschaftliche Aktivitäten nicht angemessen funktionieren, um eine ökonomisch und gesellschaftlich angemessene Lösung herbeizuführen. Neben der erforderlichen staatlichen Wirtschaftspolitik zur Stabilisierung findet im Unternehmenssektor selbst eine Veränderung statt, in dem eine Reduktion des Einflusses von Eigentumspositionen eine

---

so werden sie uns zum mindesten doch bessere Anhaltspunkte dafür geben, welche Schritte wir in Zukunft zu unternehmen haben.“ KEYNES, John Maynard (1926), 36.

[1] KEYNES, John Maynard (1926), 37.

[2] „The transition from economic anarchy to a régime which deliberately aims at controlling and directing economic forces in the interests of social justice and social stability, will present enormous difficulties both technical and political. I suggest, nevertheless, that the true destiny of New Liberalism is to seek their solution.“ KEYNES, John Maynard (1925): Am I a Liberal?, in: Essays in Persuasion, Collected Writings, Vol. IX, 305.

[3] „The political problem of mankind is to combine three things: economic efficiency, social justice, and individual liberty.“ KEYNES, John Maynard (1926 a): Liberalism and Labour, in: Collected Writings IX, 311.

Tendenz der „Selbstsozialisierung“ beinhaltet, wobei diese „natürliche Evolution“ weiterhin positiv gegenüber einer sozialistische Wirtschaftsgesellschaft favorisiert wird. Der gesellschaftliche Einfluss auf die privatwirtschaftlich organisierte Produktion und damit auf die Disposition über Vermögensanteile kann teilweise auch dazu führen, dass die ursprüngliche Grenze zu Staatsbetrieben nicht mehr zu ziehen ist.

Instabilität durch Eigentumspositionen: „Treatise on Money“ (1930)

Dass Konjunkturprobleme kapitalistische Wirtschaftssysteme nachhaltig in ihrer Substanz gefährden, wird von KEYNES am Beginn der Depression deutlich herausgestellt.[1] Erneut bestreitet KEYNES die Stabilität der Wirtschaft und betont das Beschäftigungsmoment und Inflationsproblem.[2] Deutlich wird herausgearbeitet, dass Unternehmer in wirtschaftlichen Perioden des Wachstums und der Inflation Profitsteigerungen verzeichnen, während sie von Depressionsphasen mit einhergehender Deflation nicht im gleichen Umfang betroffen sind oder zumindest über die Möglichkeit der Verlustminimierung verfügen.[3] Im Gegensatz zu Lohn- und Gehaltsempfängern verstärkt dieser Prozess die Kapital- und Vermögensakkumulation und führt dadurch prinzipiell zu gesellschaftlich unerwünschten Veränderungen, deren Akzeptanz allein durch die erforderliche Entwicklung des Gesellschaftssystems gerechtfertigt werden kann, weil anderenfalls eine weitere ökonomische Zurückhaltung von Vermögenseigentümern bei prinzipiell profitablen Anlagemöglichkeiten und damit eine Verstärkung von negativen Entwicklungen befürchtet werden muss.[4] Da in kapitalistischen Wirtschaftsgesellschaften die

---

[1] „Mir ist während der vergangenen elf Jahre die Rolle der Kassandra zugefallen, zuerst bezüglich der wirtschaftlichen Folgen des Friedensvertrags und sodann bezüglich derjenigen einer Rückkehr zum Golde; ich hoffe, dass es bei dieser Gelegenheit nicht auch so sein wird. [...] Wenn das eintritt, so wird das gegenwärtige Regime des kapitalistischen Individualismus sicherlich durch einen weitgehenden Sozialismus ersetzt werden.“ KEYNES, John Maynard (1930): Vom Gelde, Berlin 1931. Reprint, 3. Aufl., Berlin 1983, 608 f.

[2] KEYNES, John Maynard (1930), 222.

[3] „Sodann muss den Erwägungen der sozialen Gerechtigkeit einige Beachtung geschenkt werden. In einer Wareninflation sind die Erträge der Produktionsfaktoren weniger wert als das, was sie produzieren, und die Differenz wird als ständiger Zuwachs ihres Vermögens willkürlich unter die Mitglieder der Unternehmerklasse verteilt; denn die Unternehmer sind gewöhnlich imstande, an den Gewinnen der Inflation stärker zu partizipieren als an den Verlusten der Deflation.“ KEYNES, (1930), 238.

[4] „Die Vorteile in bezug auf den ökonomischen Fortschritt und die Vermögensakkumulation werden schwerer ins Gewicht fallen als die soziale Ungerechtigkeit, besonders wenn die letzte von dem allgemeinen Steuersystem berücksichtigt und zum Teil beseitigt werden kann, aber selbst ohne dieses Mittel, wenn das Gemeinwesen von

ökonomische Entwicklung durch den Vermögenseigentümer determiniert ist, muss zwangsweise eine ungleiche Vermögensverteilung zu Lasten der Profitrate in Kauf genommen werden.

Neben einer fehlenden Verteilungsgerechtigkeit, deren Akzeptanz als Bestandsgarantie des kapitalistischen Wirtschaftssystems begriffen werden muss, ist jeder Staatseingriff in den Wirtschaftsprozess mit der präferenztheoretischen Fragestellung hinsichtlich der Güterproduktion verbunden.[1] Eine Erweiterung findet dieses Argument durch die Auslandsaktivitäten des Vermögenseigentümers. Bei einer unbeschränkten Kreditvergabe an das Ausland wird bei prinzipiell steigendem Volkseinkommen zwar ein Einkommensvorteil für den Vermögenseigentümer resultieren, jedoch Lohnsteigerungen erst in späteren Perioden anfallen.[2] Sofern die Bedingungen eines freien Kapitalverkehrs vorliegen, wird sich in jedem Land ein gleicher Zinssatz einstellen, der bei Geltung der Produktivitätstheorie zu einer Lohnangleichung führt.[3] Unter diesem Gesichtspunkt wird auch hier eine Kontrolle der Aktivitäten von Vermögenseigentümern erforderlich, und zwar im Rahmen eines internationalen Währungssystems. Von daher ist zur Rettung des kapitalistischen Wirtschaftssystems im internationalen Rahmen eine entsprechende Geldpolitik erforderlich. Darüber hinaus gilt es allerdings auch zu konstatieren, dass jegliche nationale Ökonomie von der Illusion des Vermögenseigentümers lebt, nämlich der Vorstellung über zukünftige Erträge. Es bedarf demzufolge einer entsprechenden Geldpolitik, damit durch Nachfrage nach Produktions-

---

einem niedrigen Vermögensstand ausgeht und einer raschen Kapitalakkumulation dringend bedarf." KEYNES, John Maynard (1930), 241.

[1] „Die Philosophie des 19. Jahrhunderts ging von der Voraussetzung aus, daß die Zukunft stets der Gegenwart vorzuziehen sei. Aber die modernen Gemeinwesen neigen stärker dazu, das Recht der Entscheidung darüber in Anspruch zu nehmen, in welchem Umfang sie sich auf diese harte Lehre verpflichten wollen." KEYNES, John Maynard (1930), 551.

[2] „Uneingeschränkte Auslandsausleihungen können zu einem rascheren Anwachsen des Nationalvermögens führen, aber es kann dies nur dadurch erfolgen, dass der Zeitpunkt, an dem den Arbeitern des Landes der Vorteil dieser wachsenden Kapitalakkumulation in Gestalt von höheren Löhnen zufällt, hinausgeschoben wird." KEYNES, John Maynard (1930), 551.

[3] „Andernfalls wird die Tendenz bestehen, daß die Auslandsausleihungen eines Landes mit relativ hohen Leistungslöhnen seine Auslandsbilanz übersteigen, so daß zur Aufrechterhaltung des Goldbestandes eine Gewinndeflation erforderlich ist, und zwar so lange, bis unter dem Druck der Beschäftigungslosigkeit eine Einkommensdeflation eintritt und die Löhne schließlich auf den gleichen Stand wie anderwärts herabgedrückt werden. Das bedeutet, daß die Arbeiter in einem alten Lande nicht direkt von dem Segen seiner großen Kapitalakkumulation in Gestalt von höheren Löhnen, als sie den Arbeitern im Ausland gezahlt werden, profitieren können ..." KEYNES, John Maynard (1930), 550f.

faktoren ein bestimmter Beschäftigungsumfang gesichert werden kann.[1] Anderenfalls sind die ökonomischen Entwicklungsmöglichkeiten trotz des vorliegenden Kapitalstocks nicht gesichert, weil der Vermögenseigentümer permanente Gewinneinbußen durch Einkommensreduzierungen beantworten wird.[2] Darin liegt noch einmal die Einsicht begründet, dass jede Kapitalakkumulation als Ergebnis von positiven Einflüssen, d. h. Gewinnerwartungen gedeutet werden muss, wobei Gerechtigkeitserwägungen hinter der Funktionsfähigkeit des Wirtschaftssystems zurückzustehen haben.[3]

Dass aus den Gründen einer Wohlfahrtsgerechtigkeit die Einkünfte des Vermögenseigentümers eingeschränkt werden sollten, macht KEYNES am Beispiel der Kriegsfinanzierung deutlich. Sofern Kriegsausgaben allein durch Steuereinnahmen und staatliche Kredite finanziert würden, resultiert am Ende des Krieges ein höherer Konsumanspruch zu Lasten der weniger besitzenden Klassen. Den prinzipiell steigenden Lohneinkünften steht aufgrund der Kriegssituation ein geringeres Güterangebot gegenüber, so dass eine Art Zwangssparen eingeführt werden muss. Sofern bei steigenden Preisen die Arbeitsintensität zunimmt, kann die Klasse der Lohnabhängigen im gleichen Umfang den Konsum befriedigen, ohne dass sie wegen der Kriegsauswirkungen Einschränkungen unterworfen würde. Das bedeutet allerdings auch, dass allein der Vermögenseigentümer die Kriegsausgaben zu begleichen hätte. Als Folge der Inflation reduziert der Vermögenseigentümer seinen Anteil an der Kriegsfinanzierung.[4] Zur Vermeidung von sozialen Ungerechtigkeiten erscheint es angemessen, den Konsum auf eine spätere Periode zu verlagern. Hierbei wird es allerdings wichtig, dass Klassen mit

---

[1] „Die Heilung sollte, wie ich glaube, aus der allgemeinen Einsicht erwachsen, daß die Investitionstätigkeit nicht unbedingt außerhalb unserer Kontrolle liegt, wenn wir bereit sind, unser Bankwesen dem Zwecke dienstbar zu machen, eine angemessene Anpassung des Marktzinsfußes herbeizuführen. Es könnte genügen, nur einen allgemeinen Glauben an eine langandauernde Periode sehr niedriger kurzfristiger Sätze zu wecken. Die Wandlung wird sich fortpflanzen, nachdem sie einmal begonnen hat." KEYNES, John Maynard (1930), 609.

[2] Hierbei wird unterstellt, daß der Marktzins sinkt, allerdings „niemals stark genug, um den natürlichen Zinsfuß einzuholen, so dass eine wiederkehrende Gewinndeflation eintritt, die zu einer wiederkehrenden Einkommensdeflation und einem wegsackenden Preisniveau führt." KEYNES, John Maynard (1930), 609.

[3] „Vom Standpunkt einer gerechten Verteilung mag es vorzuziehen sein, Unternehmer zugunsten des Konsumenten statt den Konsumenten zugunsten des Unternehmers zu berauben. Wir dürfen jedoch die Tatsache nicht übersehen, daß das erste mit Unterbeschäftigung und Kapitalverlust verbunden ist, während das letzte gleichbedeutend ist mit voller Beschäftigung, vielleicht Überbeschäftigung und mit einem großen Zuwachs an Kapitalvermögen." KEYNES, John Maynard (1930), 222.

[4] KEYNES, John Maynard (1940): How to pay for the war, in: Essays in Persuasion, Collected Writings IX, 385 ff.

einem geringeren Einkommen keine Senkung des verfügbaren Einkommens erfahren, währenddessen bei vermögenden Einkommensschichten eine Senkung des Realeinkommens vorgenommen werden kann. Die aufgenommenen Kredite werden zu einem geringen Zinssatz verzinst und sind erst nach Beendigung des Krieges fällig. Damit wird nicht allein das monetäre Problem auf eine spätere Periode verschoben, sondern insgesamt einer positiven Lösung zugeführt. Es kann nämlich davon ausgegangen werden, dass eine erhöhte Nachfrage zu einer Vollbeschäftigung der Ressourcen führen wird. Unter diesem Gesichtspunkt wird der Vermögenseigentümer insgesamt stärker belastet, als Einkommensbezieher aus dem Verkauf ihrer Arbeitskraft. Weiterhin soll prinzipiell durch eine allgemeine Steuererhöhung zur Finanzierung des Krieges verhindert werden, dass gerade Vermögenseigentümer durch Kriegsanleihen bevorzugt werden.

Privateigentum als Vermögen: „General Theory of Employment, Interest and Money" (1936)

Die „Allgemeine Theorie der Beschäftigung, des Zinses und des Geldes" erscheint 1936 als theoretischer Disput mit der längsten und schwersten internationalen Wirtschaftskrise. Sie stellt die wissenschaftliche Auseinandersetzung mit der klassisch-neoklassischen Theorie dar, die als Sonderfall benannt wird. Die von der neoklassischen Theorie angebotene Diagnose des Ungleichgewichts bestand in einem nicht-marktgerechten Verhalten des Staates, in der Einschränkung der freien Konkurrenz durch oligopolistische bzw. monopolistische Marktstrukturen sowie in der Koalition der Arbeitnehmer in Gewerkschaften als Gründe eines suboptimalen Wirtschaftsverlaufs. Ein Vollbeschäftigungsgleichgewicht konnte nicht realisiert werden, weil Löhne und Preise nach unten „starr" sind und daher in der Rezession auf einem Niveau bleiben, das mit Vollbeschäftigung nicht vereinbar ist. Die KEYNESianische Revolution stellt sich in den Gegensatz des Laissez-faire-Liberalismus, indem Störungen durch staatliche Maßnahmen positiv geändert werden können, weil die optimistische Haltung eines zur Vollbeschäftigung tendenziell neigenden kapitalistischen Wirtschaftssystems nur noch eingeschränkt Geltung beanspruchen kann.[1] Damit werden die Konsequenzen aus den vorangegangenen Analysen gezogen und die Möglichkeiten einer theoretischen Fundierung der Staatsintervention als liberale Alternative zwischen Staatssozialismus und einem doktrinären laissez-faire gezogen.[2]

---

[1] „Seit der *General Theory* und der Ausbreitung und Ausarbeitung ihrer Ideen gelten Konjunkturkrisen als weitestgehend vermeidbar; Ökonomen und Regierungen fällt die Aufgabe zu, entsprechende ‚Keynessche' Gegenreaktionen zu treffen." SCHERF, Harald (1986): Marx und Keynes. Frankfurt am Main 1986, 71.

[2] So beispielsweise SURÁNYI-UNGER: „Erst 1936 ist mit dem Erscheinen des wichtigsten Buches von J. M. Keynes die wirtschaftswissenschaftliche Grundlage gegeben worden, auf der eine Reform des Kapitalismus möglich war." SURÁNYI-UNGER, Theo (1967): Wirtschaftsphilosophie des 20. Jahrhunderts, Stuttgart 1967, 56.

Der zunehmende Staatseinfluss auf die privatwirtschaftlichen Aktivitäten wird erforderlich, um den Fortbestand der kapitalistischen Wirtschaftsgesellschaft zu ermöglichen. Insbesondere auch zur Vermeidung von Arbeitslosigkeit, deren Existenz eine permanente Gefährdung der kapitalistischen Wirtschaft darstellt.[1] Damit ist auch die künftige Entwicklung des Vermögenseigentümers determiniert. Beispielsweise haben sich im Zustand einer stationären Ökonomie, Kapitalakkumulation und Profite entsprechend anzupassen, weil anderenfalls eine Bestandsgefährdung des Systems auftreten kann.[2] Sofern das kapitalistische Wirtschaftssystem wegen seiner Vorteile nicht in Zweifel gezogen wird, bedarf es einer Korrektur der zahlreichen Mangelerscheinungen, die insbesondere in der ungleichen Einkommen- und Vermögensverteilung liegen und zu einer interventionistischen Wirtschaftspolitik führen müssen.[3] Die sich prinzipiell einstellende, aber häufig nicht vorhandene Gleichgewichtssituation, ist ein Ergebnis von unterschiedlichen Interessen in kapitalistischen Wirtschaftsgesellschaften. Die Krisenerscheinungen sind das Ergebnis einer fehlenden effektiven Nachfrage nach Gütern, die die Höhe der Beschäftigung bestimmt. Weiterhin wird die Begrenzung durch den Vermögenseigentümer und seine spekulativen Handlungen bestimmt,[4] so dass die

---

[1] „If capitalist society rejects a more equal distribution of income and the forces of banking and finance succeed in maintaining the rate of interest somewhere near the figure which ruled on the average during the nineteenth century [...] then a chronic tendency towards the underemployment of resources must in the end [...] destroy that form of society." KEYNES, John Maynard (1937 b): Some Economic Consequences of a Declining Population, in: Collected Writings XIV, 132.

[2] „... to maintain the liberties and independence of our present system, wilst its more signal faults gradually suffer euthanasia as the diminishing importance of capital accumulation and the rewards attaching to it fall into their proper position in the social scheme." KEYNES, John Maynard (1937 b), 133.

[3] „Die hervorstechenden Fehler der wirtschaftlichen Gesellschaft, in der wir leben, sind ihr Versagen, für Vollbeschäftigung Vorkehrung zu treffen und ihre willkürliche und unbillige Verteilung des Reichtums und der Einkommen." KEYNES, John Maynard (1936 a): Allgemeine Theorie der Beschäftigung, des Zinses und des Geldes. München–Leipzig 1936. Reprint Berlin 1955, 314; (1936, 372).

[4] Die Instabilität der konjunkturellen Entwicklung durch unterschiedliche Nachfrage nach Investitionsgütern kann prinzipiell soweit ausgedehnt werden, dass durch die Grenzleistungsfähigkeit des Kapitals Produktionskosten und Einkommen gesichert werden können: „Obschon dieser Zustand nun sehr wohl mit einem gewissen Maß von Individualismus vereinbar wäre, würde er doch den sanften Tod des Rentners bedeuten, und folglich den sanften Tod der sich steigernden Unterdrückungsmacht des Kapitalisten, den Knappheitswert des Kapitals auszubeuten. Kapitalzinsen sind heute keine Belohnung für ein wirkliches Opfer, sowenig wie die Pachtzinsen von Land. Der Besitzer von Kapital kann Zinsen erhalten, weil das Kapital knapp ist, gerade wie der Besitzer von Land einen Pachtzins erhalten kann, weil das Land knapp ist. Aber

eigenartige Situation von unbeschäftigten Ressourcen durch das „paradox of poverty in the mids of plenty" gekennzeichnet werden kann.[1]

In den nachfolgenden Erörterungen stehen nicht die Ursachen der Unterkonsumtion im Vordergrund, sondern die Handlungen von Unternehmern und Vermögenseigentümern hinsichtlich ihrer Wirkungen auf das Wirtschaftssystem. Bei aller Skepsis gegenüber der ökonomischen und humanen Entwicklung des kapitalistischen Gesellschaftssystems, lässt KEYNES allerdings keinen Zweifel daran aufkommen, dass unter Berücksichtigung der sowjetischen Entwicklung keine Systemveränderung intendiert ist, sondern weiterhin ein individualistisch orientiertes Wirtschaftssystem mit den beiden Zielen Vollbeschäftigung und soziale Gerechtigkeit die Analyse bestimmen.[2]

Eine Verschärfung der Krisensituation tritt in kapitalistischen Ländern durch eine veränderte Wirtschaftsorganisation ein, die in zunehmendem Maße den Unternehmer durch das Management in Kapitalgesellschaften ersetzt. Für den Vermögenseigentümer, der sich nicht mit einer angemessenen Aktiendividende zu-

---

während an sich Gründe für die Knappheit von Land bestehen mögen, bestehen an sich keine Gründe für die Knappheit des Kapitals. Ein Grund an sich für eine solche Knappheit im Sinne eines wirklichen Opfers, das nur durch das Angebot einer Entschädigung in der Form von Zinsen hervorgerufen werden könnte, würde auf lange Dauer nicht bestehen, ausgenommen, wenn sich der einzelne Hang zum Verbrauch als derart erweisen würde, dass die Reinersparnis in Zuständen der Vollbeschäftigung zu einem Ende kommt, bevor das Kapital reichlich genug geworden ist. Aber selbst dann würde es immer noch möglich sein, die gemeinsame Ersparnis durch die Vermittlung des Staates auf einem Niveau aufrechtzuerhalten, das das Wachstum des Kapitals bis auf den Punkt zulassen wird, auf dem es aufhört knapp zu sein." KEYNES, John Maynard (1936 a), 317; (1936), 375 f.

[1] „Denn das bloße Vorhandensein einer Unzulänglichkeit der wirksamen Nachfrage kann und wird oft die Zunahme der Beschäftigung zum Stillstand bringen, *bevor* ein Niveau der Vollbeschäftigung erreicht worden ist. Die Unzulänglichkeit der wirksamen Nachfrage wird den Vorgang der Erzeugung hemmen, obschon das Grenzerzeugnis der Arbeit immer noch den Wert des Grenznachteils der Beschäftigung übersteigt." KEYNES, John Maynard (1936 a), 26; (1936), 30 f.

[2] „Die ökonomische Umformung einer Gesellschaft muß langsam vollzogen werden. Wir haben nicht eine plötzliche Revolution zu diskutieren, sondern die Richtung eines säkularen Trend. Das abschreckende Beispiel des heutigen Rußland zeigt die üblen Folgen einer wahnsinnigen und unnützen Hast. Die Opfer und Verluste der Umstellung sind weit größer, wenn das Tempo forciert wird. Das gilt vor allem für den Übergang zu größerer Selbstgenügsamkeit und zu heimischer Planwirtschaft, denn ihrer Natur nach sind die ökonomischen Prozesse an die Zeit gebunden. Ein plötzlicher Übergang würde so viel echte Wohlstandszerstörung mit sich bringen, daß der neue Zustand im Anfang weit schlechter sein würde, als der alte." KEYNES, John Maynard (1933): Nationale Selbstgenügsamkeit, 569; Collected Writings XXI, 245.

frieden geben will, besteht die Möglichkeit einer ausländischen Kapitalanlage. Es wird erforderlich, durch geld- und währungspolitische Steuerungen die Sparquote ebenso wie die Investitionsnachfrage zu beeinflussen und nicht länger den individuellen Entscheidungen zu überlassen.[1] Gerade die Investitionen in der Real- oder Finanzsphäre können bei fehlender internationaler Zusammenarbeit der Zentralbanken entweder staatliche Ausgabenprogramme oder eine merkantilistische Wirtschaftspolitik erforderlich machen.[2] Nachdem die Vermögenseigentümer ihre wesentliche Aufgabe zur ökonomischen Weltentwicklung beigetragen haben, soll die weitere ökonomische Entwicklung nicht mehr dem Zufall und dem individuellen Gewinnmotiv überlassen werden.[3] Die kurzfristige Orientierung des Vermögenseigentümers an der Grenzleistungsfähigkeit des Kapitals führt überwiegend zu kurzfristigen Finanzanlagen, die eventuell gesellschaftlich nicht wünschenswert, jedoch individuell höchst profitabel sind. Dieser moderne Casino-Kapitalismus[4] und seine individuelle Gewinnorientierung steht im krassen Ge-

[1] „Die Trennung von Eigentum und tatsächlicher Unternehmerverantwortlichkeit ist in einem Lande bedenklich, wenn als Folge des Vorherrschens der Aktienunternehmungen der Besitz zwischen einer Anzahl von Individuen zersplittert ist, die heute ihren Anteil kaufen und ihn morgen verkaufen und Sachkenntnisse und Verantwortlichkeit gegenüber ihrem augenblicklichen Besitz vermissen lassen. Wenn aber das gleiche Prinzip international angewendet wird, ist es in unruhigen Zeiten unerträglich – ich verhalte mich unverantwortlich gegenüber meinem Besitz, und die, die mit meinem Eigentum operieren, sind unverantwortlich mir gegenüber.“ KEYNES, John Maynard (1933), 563; Collected Writings XXI, 236.

[2] Als positives Ergebnis des Freihandels werden der Umfang der Arbeitsimmigranten im 19. Jahrhundert und die damit verbundene ökonomische Entwicklung einschließlich der Kapitaltransfers aus Großbritannien genannt. Für die umfassende Entwicklung war der Vermögenseigentümer – mit seinen spekulativen Finanzanlagen – unbedingt erforderlich. Angesichts eines ähnlichen Niveaus der Entwicklung der Produktivkräfte besteht offensichtlich kein Erfordernis für weitere umfangreiche Kapitaltransfers. KEYNES, John Maynard (1933), 564; Collected Writings XXI, 237 f.

[3] „Wir wollen nicht dem Zufall des freien Spiels der Kräfte in der Welt ausgeliefert sein, die irgendeinem Gleichgewicht nach dem sogenannten idealen Prinzipien des laissez-faire-Kapitalismus zustreben oder zuzustreben versuchen.“ KEYNES, John Maynard (1933), 566; Collected Writings XXI, 240.

[4] Spekulation wird abgegrenzt zur Tätigkeit des Unternehmer-Kapitalisten, sofern sie ihre Ertragserwartungen allein auf Finanzmärkte ausrichten: „Spekulanten mögen unschädlich sein als Seifenblasen auf einem steten Strom der Unternehmungslust. Aber die Lage wird ernsthaft, wenn die Unternehmungslust die Seifenblase auf einem Strudel der Spekulation wird. Wenn die Kapitalentwicklung eines Landes das Nebenerzeugnis der Tätigkeit eines Spielsaales wird, wird die Arbeit voraussichtlich schlecht getan werden. Wall Street, als Einrichtung betrachtet, deren eigentlicher sozialer Zweck die Leitung neuer Investitionen in die einträglichsten Kanäle, in Größen des

gensatz zur gesellschaftlichen Produktions- und Beschäftigungsmöglichkeit.[1] In diesem Zusammenhang wird die Frage aufgeworfen, wie die staatliche Zielfunktion zur Erreichung eines höheren Wohlfahrtsniveaus beschaffen sein muss, damit unter Beibehaltung der privatkapitalistischen Eigentumsordnung eine gesellschaftlich erwünschte Effizienz erzielt werden kann. Es wird deutlich, dass auch die gesamtwirtschaftliche Koordination der Regulierung bedarf,[2] und zwar als Ausgleich für fehlgeleitetes individuelles Handeln der Vermögenseigentümer. Damit wird die Frage nach den Determinanten aufgeworfen, die die ökonomischen Handlungen der Eigentümer, und zwar sowohl derjenigen an Produktionsmitteln als auch der Vermögenseigentümer beeinflussen.

Die unternehmerischen Investitionsentscheidungen sind abhängig von individuell rational begründbaren Einschätzungen einer bestimmten Wirtschaftssituati-

---

zukünftigen Erträgnisses gemessen, ist, kann nicht Anspruch darauf erheben, dass der von ihr erreichte Erfolgsgrad ein hervorstechender Triumph des *laissez-faire* Kapitalismus ist – was nicht überraschen kann, wenn meine Annahme richtig ist, dass die besten Köpfe von Wall Street in der Tat auf eine andere Aufgabe gerichtet sind.“ KEYNES, John Maynard (1936 a), 134;. (1936), 159.

[1] Kritisch wird auf die negativen Auswirkungen des kapitalistischen Wirtschaftssystems hingewiesen, dessen alleinige Orientierung am Profitstreben zu sozialen Mißständen geführt hat, deren Beseitigung als gesellschaftliche Aufgabe begriffen wird: „Das 19. Jahrhundert machte den finanziellen Erfolg zum entscheidenden Kriterium. Es sah ihn als Rechtfertigung jedes privaten oder kollektiven Handelns an. [...] Anstatt die wachsenden materiellen und technischen Hilfsmittel für den Bau einer Wunderstadt zu gebrauchen, baute man slums und glaubte, es sei richtig und ratsam, slums zu bauen, weil sie sich von Standpunkt der privaten Unternehmungen aus ‚rentierten' ... Heute nun widmen wir unsere Zeit [...] dem Versuch, unseren Landsleuten klar zu machen, daß die Nation als Ganzes sicherlich reicher sein wird, wenn unbeschäftigte Maschinen und Menschen zum Bauen notwendiger Wohnungen verwendet werden, als wenn sie für ihren Müßiggang unterstützt werden.“ KEYNES, John Maynard (1933); 567; Collected Writings XXI, 241 f.

[2] Ökonomisch ist diese Entwicklung von dem Optimismus getragen, hierdurch den Umfang der Armut beseitigen zu können. Auf der anderen Seite resultiert, darauf macht KEYNES aufmerksam, beispielsweise eine Anpassungsnotwendigkeit in Sekoren wie der Landwirtschaft, sowie der Verlust von früheren Werten: „Heute sind wir enttäuscht, nicht weil wir ärmer geworden sind als wir es waren, – im Gegenteil, wenigstens in Großbritannien erfreuen wir uns heute eines höheren Lebensstandards, als zu irgendeiner früheren Zeit – sondern weil andere Werte geopfert sind und zudem unnütz geopfert sind. Denn unser ökonomisches System gestattet uns tatsächlich nicht, den höchsten Stand ökonomischer Wohlfahrt zu erreichen, der durch den Fortschritt unserer Technik ermöglicht wird, sondern bleibt weit dahinter zurück und läßt in uns das Empfinden aufkommen, daß wir den Ertrag besser hätten verwenden können.“ KEYNES, John Maynard (1933), 567; Collected Writings XXI, 241 f.

on, wobei die psychische Disposition ebenfalls zu berücksichtigen ist.[1] Eine Nachfrage nach Investitionsgütern ist im Gegensatz zur neoklassischen Theorie nicht mehr abhängig von der aktuellen Grenzproduktivität des Kapitals, sondern von den erwarteten zukünftigen und damit ungewissen Kapitalerträgen in späteren Perioden. Eine Investitionsentscheidung wird dann als rentabel eingeschätzt, wenn Unternehmer eine Rendite erwarten, die verglichen mit einem durchschnittlichen Marktzinssatz, höher liegt. Sofern das ökonomische Handlungskalkül erst dann Investitionen sinnvoll erscheinen lässt, wenn sich eine positive Differenz zwischen Marktzins und der erwarteten Rendite ergibt, resultiert aus dieser Beziehung für den gesamten Wirtschaftsprozess ein hohes Maß an Instabilität. Die Grenzleistungsfähigkeit des Kapitals stellt in einer Welt mit unvollständigen Informationen den Versuch dar, Unsicherheit über zukünftige Ereignisse individuell zu modellieren. Methodisch geht KEYNES von der Annahme einer auf induktivem Vermutungswissen basierenden Handlung aus und skizziert damit das „Induktionsproblem des Alltagsverstandes“ (POPPER). Die ökonomische Handlungsweise wird demzufolge durch das Vertrauen von erlebten und danach als vermutet regelmäßig ablaufenden Ereignissen geprägt, die individuell oder gruppenspezifisch erfahren werden.[2] Indem psychologische Faktoren als heuristisches Moment in die ökonomische Theorie eingeführt werden, wird die Erwartungsbildung zu einer wichtigen Größe für ökonomische Handlungen.[3] Bereits kurz vor Erscheinen der „General Theory“ wurden Zweifel an der neoklassischen Gleichgewichtlösung erhoben, die nur durch vollkommene Information herbeigeführt

---

[1] „Eine konventionelle, auf der Massenpsychologie einer großen Zahl unwissender Menschen beruhende Bewertung ist heftigen Schwankungen ausgesetzt als Folge einer plötzlichen Meinungsänderung, verursacht durch Faktoren, die eigentlich keinen großen Einfluß auf das voraussichtliche Erträgnis haben, weil der Überzeugung die starken Wurzeln fehlen, die sie stetig halten können. Besonders in anormalen Zeiten, wenn die Hypothese einer unbegrenzten Dauer der bestehenden Geschäftslage weniger einleuchtend ist als gewöhnlich, obschon keine besonderen Gründe für die Vorwegnahme einer bestimmten Änderung bestehen, wird der Markt Wellen von Optimismus und Pessimismus ausgesetzt sein, die unvernünftig und doch in einem Sinne gerechtfertigt sind, wenn keine solide Grundlage für eine vernunftgemäße Berechnung besteht.“ KEYNES, John Maynard (1936 a), 130; (1936), 154.

[2] Dieser Sachverhalt wurde von POPPER als psychologisches Induktionsproblem bei HUME charakterisiert, dessen irrationale Basis zwar als evolutorische Überlebensstrategie zweckmäßig sein kann, jedoch keineswegs wahrheitsfähig. Vgl. POPPER, Karl R. (1972): Objektive Erkenntnis. Ein evolutionärer Entwurf, Hamburg 1973, insbes. 16 f., 83, 105.

[3] KEYNES, John Maynard (1936), 194 ff.; (1936 a), 162 ff.

werden kann,[1] währenddessen erst mit individuellen Erwartungen und Berücksichtigung von monetären Vorgängen das Moment von Unsicherheit umfassend durch KEYNES in die ökonomische Theorie eingeführt wird.[2] Jeder Entscheidungssituation liegt neben der vagen Vorstellung über eine Ausgangssituation auch die berechtigte Vermutung einer Umweltveränderung als Konsequenz des eigenen Handelns ebenso zugrunde wie die notwendige Alternativenbewertung. Handlungstheoretisch wird damit die Vorstellung verbunden, dass auch die Reaktionen der anderen Wirtschaftsakteure angemessen in das eigene Entscheidungskalkül einzubeziehen sind. Die daraus abgeleiteten individuellen Aktionen – aktives oder passives Handeln – führen als Resultat zu veränderten Umweltbedingungen, die sich auf Güter-, Arbeits- und Vermögensmärkten in Preis- und Mengenreaktionen widerspiegeln. Damit wird das Moment der Rückkopplung zu einer weiteren Variable innerhalb des individuellen Entscheidungsprozesses.[3] Zur Herbeiführung einer erwarteten Situation bedarf es zumindest der Informationskosten, sofern besondere persönliche Fähigkeiten nicht weiter berücksichtigt werden. Andererseits haben veränderte Umweltzustände auch beeinflussende Konsequenzen für den weiteren Entscheidungsprozeß.[4] Die Handlungsakteure müssen, sofern sie auf Märkten erfolgreich agieren wollen, eine Alternativenaus-

---

[1] MORGENSTERN, Oskar (1935): Vollkommene Voraussicht und wirtschaftliches Gleichgewicht, in: Zeitschrift für Nationalökonomie, 4, 337–358. Wierderabdruck in: ders.: Spieltheorie und Wirtschaftswissenschaft, Wien–München 1963, 43–70.

[2] Aus Sicht der Stockholmer Schule vgl. MYRDAL, Gunnar (1933): Der Gleichgewichtsbegriff als Instrument der geldtheoretischen Analyse, in: Beiträge zur Geldtheorie, hrsg. von F. A. von HAYEK, Wien 1933, 361–488.

[3] Der durch die Stockholmer Schule eingeführte dynamische Gesichtspunkt der Rückkopplung wird für Erwartungen auf dem Gütermarkt folgendermaßen charakteriert: „Im Punkt t_0 habe ich eine bestimmte Preisbildungslage unter dem Eindruck der bekannten (richtig vorausgesehenen) Preisbildungslage im Punkt t_1 ausgebildet; wenn ich dann die ‚Periode' t_0–t_1 zurückgelegt habe, so kommen äussere Veränderungen hinzu, die eine neu Abschätzung der Lage und einen neuen Beschluss erfordern. Im Zeitmoment t_1 erfolgt also eine Änderung, die *zeitlos* die Basis der Kalkulation ändert, wodurch der Unternehmer durch seine Beurteilung unter Berücksichtigung des Bekannten (richtig Vorausgesehenen) die Preislage für den Punkt t_2 konstruiert. Ist man dann bei diesem Punkt angelangt, so erfolgt ein neuer ‚Ruck' usw." Åkermann, Johann (1938): Das Problem der Sozialökonomischen Synthese, Lund, 264.

[4] Diese Situation wird von SAVAGE wie folgt beschrieben: „Consequences might appropriately be called states of the person, as opposed to states of the world. They might also be referred to, with some extension of the economic notion of income, as the possible incomes of the person. [...] An act may therefore be identified with its possible consequences. Or, more formally, an *act* is a function attaching a consequence to each state of the world." SAVAGE, Leomard J. (1972): The Foundations of Statistics, New York, 14.

wahl formulieren und danach strategische Entscheidungen zur Zielerreichung treffen. Insoweit hat sich der erfolgreiche Vermögenseigentümer analog zu Schönheitswettbewerben zu verhalten, um den Durchschnittsgeschmack der übrigen Teilnehmer zu schätzen, hier: den gewünschten Ertrag zu erzielen.[1] Eine Vorstellung, die später Eingang in die von NEUMANN und MORGENSTERN entwickelte Spieltheorie gefunden hat.[2]

Demgegenüber wird bei Unsicherheit der Unternehmer-Kapitalist seine Erwartungen häufig an gegenwärtigen Situationen ausrichten und diese in die Zukunft prolongieren.[3] In diesem Spannungsverhältnis zwischen Wissen und Unsicherheit wird auf wahrscheinlichkeitsverteilte Entscheidungen bei subjektiver Schätzung eines Ereigniseintritts zurückgegriffen werden müssen.[4] Diese Argumentation stellt für KEYNES eine Weiterführung der in der „Treatise on Probability"[5] aufgenommenen Problemstellung über durchzuführende Handlungen bei eingeschränk-

---

[1] „... kann die berufliche Investition mit jenen Zeitungswettbewerben verglichen werden, bei denen die Teilnehmer die sechs hübschesten Gesichter von hundert Lichtbildern auszuwählen haben, wobei der Preis dem Teilnehmer zugesprochen wird, dessen Wahl am nächsten mit der durchschnittlichen Vorliebe aller Teilnehmer übereinstimmt ... Es handelt sich nicht darum, jene auszuwählen, die nach dem eigenen Urteil wirklich die hübschesten sind, ja sogar nicht einmal jene, welche die durchschnittliche Meinung wirklich als die hübschesten betrachtet. Wir haben den dritten Grad erreicht, wo wir unsere Intelligenz der Vorwegnahme desssen widmen, was die durchschnittliche Meinung als das Ergebnis der durchschnittlichen Meinung erwartet." KEYNES, John Maynard (1936 a), 131 f.; (1936), 156.

[2] Vgl. hierzu MORGENSTERN, Oskar (1950): Die Theorie der Spiele und des wirtschaftlichen Verhaltens, in: Jahrbuch für Sozialwissenschaft, 1, 113–139. Wierderabdruck in: ders.: Spieltheorie und Wirtschaftswissenschaft. Wien–München 1963, 71–110 sowie in: Ott, Alfred E. (Hrsg.): Preistheorie, 3. Aufl., Köln–Berlin 1968, 437–464.

[3] „Insofern keine ausgesprochenen Gründe für die Erwartung einer Veränderung bestehen, handeln daher die Erzeuger vernünftig, wenn sie ihren Erwartungen die Annahme zugrunde legen, daß die zuletzt erzielten Ergebnisse andauern werden. [...] Dennoch dürfen wir nicht vergessen, daß im Falle von Dauergütern die kurzfristigen Erwartungen des Erzeugers auf die laufenden langfristigen Erwartungen des Investors gestützt werden, und es liegt in der Natur der langfristigen Erwartungen, daß sie nicht in kurzen Zeiträumen im Lichte der erzielten Ergebnisse geprüft werden können." KEYNES, John Maynard (1936 a), 45; (1936), 51.

[4] „Der Zustand der langfristigen Erwartung, auf die sich unsere Entscheidungen stützen, beruht daher nicht nur auf der wahrscheinlichsten Voraussage, die wir machen könen. Er stützt sich auch auf das *Vertrauen*, mit dem wir diese Voraussage machen können, das heißt darauf, wie hoch wir die Möglichkeit einschätzen, dass unsere beste Voraussage sich als ganz falsch erweisen wird." Keynes, John Maynard (a), 125; (1936), 148.

[5] KEYNES, John Maynard (1921): A Treatise on Probability, in: Collected Writings, Vol. VIII.

ten Informationsmöglichkeiten dar. Das Problem der subjektiven Wahrscheinlichkeit liegt darin, dass nur eine Aussage über den „Grad an Gewissheit", den eine Person einem zukünftigen Ereigniseintritt unterstellt, angegeben werden kann. Damit ist das Charakteristikum für Entscheidungen unter Unsicherheit skizziert, dass jedem hypothetischen Ereignis zugleich auch dessen Möglichkeit des Eintreffens durch einen bestimmten Grad des Vertrauens unterstellt.[1] Mit dieser Wissensbasis ausgerüstet, versucht der Unternehmer-Kapitalist seine Investitionsnachfrage gewinnmaximal zu steigern,[2] und zwar mit dem Versuch einer strategischen Risikominimierung.[3] Damit wird ökonomische Ungewissheit durch statistische Wahrscheinlichkeit ersetzt. Unter diesem Aspekt kann gegen die neoklassische Theorie eingewandt werden, dass zwar auch sie wahrscheinlichkeitsverteiltes Handeln unterstellt, allerdings in einer determinierten Welt und damit als eine berechenbare Größe ohne den wesentlichen Gesichtspunkt der Unsicherheit und ohne angemessene Berücksichtigung der Geldfunktion. Letztendlich wird daraus auch die falsche Schlussfolgerung gezogen, dass der Zins und nicht

---

[1] Zur entscheidungstheoretischen Diskussion vgl. GÄFGEN, Gérard (1968): Theorie der wirtschaftlichen Entscheidung. Untersuchungen zur Logik und ökonomischen Bedeutung des rationalen Handelns, 2. Aufl., Tübingen 1968, 13. Kapitel, Maximen der Entscheidung unter Ungewißheit, 325 ff.

[2] „Ein Unternehmer, der zu einem praktischen Entschluß über seinen Erzeugungsskala kommen muß, stützt sich natürlich nicht auf eine einzige bestimmte Erwartung über den Verkaufserlös einer gegebenen Produktion, sondern auf verschiedene hypothetische Erwartungen von verschiedenen Wahrscheinlichkeits- und Bestimmtheitsgraden. Ich verstehe daher unter seiner Erwartung des Erlöses jene Erwartung des Erlöses, die, wenn sie mit Sicherheit angenommen werden könnte, zum gleichen Verhalten führen würde, wie das Bündel unbestimmter und verschiedener Möglichkeiten, die tatsächlich seinen Erwartungszustand ausmachen, wenn er seine Entscheidung trifft." KEYNES, John Maynard (1936 a), 21 FN 1; (1936), 24 FN 3.

[3] „Es wäre einfältig, wenn wir bei der Bildung unserer Erwartungen zuviel Gewicht auf Faktoren legen würden, die sehr ungewiß sind. Es ist daher vernünftig, daß wir uns in einem beträchtlichen Maß durch die Tatsachen leiten lassen, hinsichtlich derer wir uns einigermaßen zuversichtlich fühlen, obschon sie von weniger ausschlaggebender Bedeutung für den Ausgang sein mögen als andere Faktoren, über die unsere Kenntnis unbestimmt und spärlich ist. Aus diesem Grunde werden die Tatsachen der gegenwärtigen Lage gewissermaßen unverhältnismäßig in die Bildung unserer langfristigen Erwartungen einbezogen, da es unser übliches Verfahren ist, die gegenwärtige Lage zu nehmen, in die Zukunft zu verlängern und sie nur in dem Maß abzuändern, in welchem wir mehr oder weniger bestimmte Gründe für die Erwartung einer Änderung haben." KEYNES, John Maynard (1936 a), 124 f.; (1936), 148.

die Grenzleistungsfähigkeit des Kapitals die Nachfrage nach Investitionsgütern bestimmt.[1]

Die Ermittlung der Grenzleistungsfähigkeit des Kapitals beinhaltet ein Informationsproblem über zu erwartende Erträge auf unterschiedlichen Märkten, den Vermögens- und Gütermärkten. Für Produktionsmittelinvestitionen gilt in bestimmtem Umfang das Moment der Zinselastizität,[2] wobei die Grenzleistungsfähigkeit des Kapitals mit zunehmendem Kapitalstock abnimmt.[3] Eine gesamtwirtschaftliche Abnahme der Grenzleistungsfähigkeit des Kapitals wird zumindest in diesem Stadium eine andere Investitionsform herbeiführen, nämlich die Finanzinvestitionen.[4]

Analog zu Realinvestitionen werden auch Finanzanlagen unter dem Gesichtspunkt von zukünftigen Erträgen durchgeführt. Diese Investitionsform ist nicht allein das Ergebnis einer ständig sinkenden Profitrate, sondern der Ausdruck für unterschiedliche Investitionsentscheidungen, die im Realgüterbereich durch die Grenzleistungsfähigkeit des Kapitals, im Bereich der Finanzanlagen durch einen

---

1 KEYNES, John Maynard (1937 a): The General Theory of Employment, in: The Collected Writings of John Maynard Keynes, Vol. XIV, 122 f.

2 „Nachdem somit der Wichtigkeit des Einflusses von kurzfristigen Änderungen im Zustand der langfristigen Erwartung, im Gegensatz zu Änderungen im Zinsfuß, volle Anerkennung gezollt worden ist, dürfen wir den letzteren, zum mindesten unter normalen Verhältnissen, immer noch einen großen, wenn auch nicht entscheidenden Einfluß auf die Rate der Investition zuschreiben. Nur die Erfahrung kann jedoch zeigen, inwiefern die Handhabung des Zinsfußes die angemessene Menge der Investition anregen kann.“ KEYNES, John Maynard (1936 a), 138; (1936), 164.

3 „Die täglichen Neubewertungen an der Börse aber, obschon sie in erster Linie zur Erleichterung der Übertragung alter Investitionen von einem Einzelnen auf den anderen gemacht werden, üben unvermeidlicherweise einen entscheidenden Einfluß auf die Rate der laufenden Investition aus. Denn es hat keinen Sinn, eine neue Unternehmung mit höheren Kosten aufzubauen, als jene, zu denen eine ähnliche bestehende Unternehmung gekauft werden kann ...“ KEYNES, John Maynard (1936 a), 127; (1936), 151.

4 „Wenn die Investition in irgendeiner gegebenen Art Kapital während irgendeines Zeitabschnittes vermehrt wird, wird sich die Grenzleistungsfähigkeit jener Art Kapital mit der Zunahme der Investition verringern, teilweise weil sich das voraussichtliche Erträgnis mit der Zunahme jener Art Kapital verringern wird und teilweise, weil ein Druck auf die Möglichkeiten der Erzeugung dieser Art Kapital in der Regel eine Zunahme seines Angebotspreises verursachen wird. [...] Es ist nun offensichtlich, daß die tatsächliche Rate der laufenden Investition bis auf den Punkt getrieben wird, auf dem es keine Klasse von Kapitalwerten mehr gibt, deren Grenzleistungsfähigkeit den laufenden Zinsfuß übersteigt. Mit anderen Worten, die Investitionsrate wird auf den Punkt in der Nachfragetabelle der Investition getrieben werden, auf dem die Grenzleistungsfähigkeit des Kapitals im allgemeinen gleich dem Marktzinsfuß ist.“ KEYNES, John Maynard (1936 a), 115; (1936), 136.

Marktzins entlohnt werden. Weiterhin hat der Vermögenseigentümer die Möglichkeit, gänzlich auf Investitionen und damit auf Ertrag und Verzinsung zu verzichten, weil es aus Sicherheitsgründen vorteilhaft erscheint, auf eine Vermögensanlage zu verzichten. Da der Zins als Belohnung für die Aufgabe der Liquidität angesehen wird, müssen Wirtschaftssubjekte eine angemessene Rendite für ihre Vermögensanlage erhalten, und zwar als Entschädigung für den Verlust der Verfügungsgewalt über ihr Geldvermögen. KEYNES macht deutlich darauf aufmerksam, dass sich im Laufe der kapitalistischen Entwicklung eine Veränderung vollzogen habe, bei der zwischen dem Unternehmer-Kapitalisten und dem Vermögenseigentümer zu trennen ist. Für den typischen Unternehmer-Kapitalisten des 19. Jahrhunderts galt, dass er nicht nur Eigentümer an den Produktionsmitteln, sondern auch über das Profitinteresse durch die Produktion motiviert war. Demgegenüber ist das Interesse der Vermögenseigentümer allein renditeabhängig.[1] Der Unterschied zwischen Real- und Finanzinvestitionen liegt demzufolge in der größeren Risikobereitschaft und längeren Anlagedauer, die mit hohem Verlust an Liquidität verbunden sind und entsprechend ihrer besonderen Eigenschaft für eine längere Periode quasi als endgültig betrachtet werden müssen.

Mit dem Übergang zu neuen Eigentumsverhältnissen wandelt sich für KEYNES der Charakter der kapitalistischen Produktionsweise. Die für das 19. Jahrhundert angenommene Einheit von Vermögenseigentümer und Investor (Unternehmer-Kapitalist) erfährt mit dem Aufkommen von Kapitalgesellschaften eine grundlegende Veränderung. Ursprünglich besaß der Unternehmer-Kapitalist auch das Eigentumsrecht an seinen Produktionsmitteln und hatte damit auch das alleinige

---

[1] „In früheren Zeiten, als die Unternehmungen hauptsächlich im Besitze jener waren, die sie durchführten, oder ihrer Freunde und Teilhaber, stützte sich die Investition auf ein genügendes Angebot von Einzelnen von sanguinischer Veranlagung und schöpferischen Eingebungen, die sich das Geschäft zur Lebensaufgabe machten, ohne wirklich auf eine genaue Berechnung des voraussichtlichen Gewinnes zu vertrauen. Das Geschäft war teilweise eine Lotterie, deren endgültiges Ergebnis allerdings zum großen Teil davon abhing, ob die Fähigkeiten und der Charakter der Leiter über oder unter dem Durchschnitt waren. Einigen mißlang es, andere waren erfolgreich. Aber selbst nach dem Ereignis wußte niemand, ob die durchschnittlichen Ergebnisse, an den investierten Summen gemessen, den bestehenden Zinsfuß überstiegen hatten, ihm gleich waren, oder unter ihm geblieben waren, obwohl es wahrscheinlich ist, [...] daß die tatsächlichen durchschnittlichen Ergebnisse der Investitionen, [...] die Hoffnungen, die sie veranlaßten, enttäuscht haben. Geschäftsleute treiben ein Spiel, in dem Geschicklichkeit und Zufall vermischt sind, und dessen durchschnittliche Ergebnisse den Spielern, die sich daran beteiligen, nicht bekannt sind. Wenn die menschliche Natur nicht versucht wäre, etwas zu wagen, keine Befriedigung (abgesehen von Gewinn) in der Erstellung einer Fabrik, einer Eisenbahn, eines Bergwerkes oder eines Bauerngutes fände, würde als bloßes Ergebnis kalter Berechnung vielleicht wenig Investition übrig bleiben." KEYNES, John Maynard (1936 a), 126 f., (1936), 150.

Verfügungsrecht über Art und Umfang der Produktion. Mit der Herausbildung von neuen Gesellschaftsformen bilden sich gleichzeitig institutionalisierte Geld- und Kreditmärkte heraus. Auf ihnen sucht der Vermögenseigentümer eine angemessene Anlageform für sein überschüssiges Geldkapital. Weiterhin führt die veränderte Produktionsstruktur zu einer neuen Technokratieelite (GALBRAITH), welche zwar die Interessen des Vermögenseigentümers zu vertreten haben, jedoch nicht mehr aufgrund eines Eigentumstitels, sondern durch vertragliche Bindung an ein Unternehmen. Kennzeichnend ist die Trennung vom Eigentum an Produktionsmitteln durch den Vermögenseigentümer und der Verfügungsmacht durch ein externes Management. Die Eigentumsposition verbleibt demzufolge noch immer beim Vermögenseigentümer, wobei dieser allerdings auch von der Möglichkeit Gebrauch machen kann – ganz anders als der Unternehmer-Kapitalist – sein in Produktivvermögen angelegtes Geldkapital jederzeit dem Unternehmen zu entziehen, sofern sich eine vermeintlich bessere Anlagemöglichkeit abzeichnet. Darüber hinaus bildet sich auf dem Kapitalgütermarkt eine bestimmte Organisation heraus, die durch ihre Existenz Unsicherheit herbeiführt. Hierbei handelt es sich um die Börse und ihren Einfluss auf den Umfang von Investitionen.[1] Die Investitionsentscheidungen sind demzufolge nicht allein von kurzfristigen Erwartungen bestimmt, sondern beinhalten außerdem langfristige Vorstellungen und Vermutungen, deren Einfluss vom Finanzmarkt (Wertpapiermarkt) ausgeht. Neben einer problematischen Wissensbasis stellen sich die durchgeführten Bewertungen als ein Ergebnis von Spekulationen über zukünftige Situationen dar, wobei ungewisse und damit nur vermutete Ertragsraten zu antizipieren sind.[2]

---

[1] „Mit der heute vorherrschenden Trennung von Besitz und Leitung und mit der Entwicklung organisierter Investitionsmärkte ist jedoch ein neuer Faktor von großer Wichtigkeit eingeführt worden, der zuweilen die Investition erleichtert, zuweilen aber auch stark zu der Unbeständigkeit des Systems beiträgt. Ohne Wertpapierbörsen hätte der Versuch einer häufigen Neubewertung einer Investition, an der wir beteiligt sind, keinen Zweck. Die Börse schätzt aber viele Investitionen jeden Tag neu ein, und die neuen Bewertungen geben dem Einzelnen (obschon nicht dem Gemeinwesen als ganzem) häufige Gelegenheit, seine Beteiligungen zu ändern. Es ist, als ob ein Bauer, nachdem er nach dem Frühstück aufs Barometer geklopft hat, sich entscheiden könnte, sein Kapital vom Bauerngeschäft zwischen zehn und elf Uhr vormittags zurückzuziehen und wiedererwägen könnte, ob er es später in der Woche wieder einsetzen solle.“ KEYNES, John Maynard (1936 a), 127; (1936), 150 f.

[2] Nicht willkürliches Verhalten, sondern stabile Erwartungen über die Beurteilung von zukünftigen Ertragschancen bestimmen das Handeln auf Finanzmärkten: "... der Zustand der langfristigen Erwartung ist oft beständig, und selbst wenn er es nicht ist, üben die anderen Faktoren doch ihre ausgleichenden Wirkungen aus. Wir wollen uns lediglich erinnern, daß menschliche Entscheidungen, welche die Zukunft beeinflussen, ob persönlicher, politischer oder wirtschaftlicher Art, sich nicht auf strenge mathematische Erwartung stützen können, weil die Grundlage für solche Berechnungen

Die Erwartungsbildung der Investoren auf Finanzmärkten widerspiegelt sich in den aktuellen Wertpapierkursen. Unter diesem Gesichtspunkt wird davon ausgegangen, dass auch der Vermögenseigentümer alle von ihm als erforderlich eingestuften Informationen für sein Anlageverhalten berücksichtigt,[1] allerdings auch unter Unsicherheit.

Der Vermögenseigentümer hat die Entscheidungsfreiheit, zwischen Anlagemöglichkeiten auf Finanzmärkten bzw. auf dem Realgütermarkt zu disponieren.[2] Allerdings führt gerade das besondere Verhalten der Vermögenseigentümer zu instabilen Wirtschaftssituationen, da sie im Gegensatz zu den Unternehmer-Kapitalisten eine andere Motivationsstruktur aufweisen. Neben einer als mangelhaft bezeichneten Kenntnis über die Realgütermärkte, an denen sie spekulieren, wird weiterhin die schnelle Reaktionsmöglichkeit bzw. -fähigkeit von Finanzmärkten herausgestellt. Diese instabile ökonomische Situation wird verstärkt, indem die geringe Sachkenntnis der Wirtschaftsakteure durch massenpsychologische Faktoren substituiert wird.[3] Aus gesamtwirtschaftlicher Sicht ist es deshalb

---

nicht besteht; und daß es unser angeborener Drang zur Tätigkeit ist, der die Räder in Bewegung setzt, wobei unser vernünftiges Ich nach bestem Können seine Wahl trifft, rechnend, wo es kann, aber oft für seine Beweggründe zurückfallend auf Laune, Gefühl oder Zufall." KEYNES, John Maynard (1936 a), 137; (1936), 162 f.

[1] „Wir setzen tatsächlich voraus, daß die bestehende Marktbewertung, wie sie auch immer erreicht wurde, in bezug auf unsere Kenntnis der das Erträgnis der Investition beeinflussenden Tatsachen eindeutig *richtig* ist, und daß sie sich nur im Verhältnis zu Änderungen in dieser Kenntnis ändern wird, obschon sie, philosophisch gesprochen, nicht eindeutig richtig sein kann, weil die Kenntnis, die wir haben, keine genügende Grundlage für eine berechnete mathematische Erwartung schafft. Tatsache ist, dass in der Marktbewertung allerlei Arten von Erwägungen einbezogen werden, die in keiner Weise für das erwartete Ertrtägnis von Belang sind." KEYNES, John Maynard (1936 a), 128; (1936), 152.

[2] „The owner of wealth, who has been induced not to hold his wealth in the shape of horded money, still has two alternatives between which to choose. He can lend his money at the current rate of money interest or he can purchase some kind of capital asset. Clearly in equilibrium these two alternatives must offer an equal advantage to the marginal investor in each of them. This is brought about by shifts in the money prices of capital assets relative to the prices of money loans. The prices of capital assets move until, having regard to their prospective yields and account being taken of all those elements of doubt and uncertainty, interested and disinterested advice, fashion, convention and what else you will which affect the mind of the investor, they offer an equal apparent advantage to the marginal investor who is wavering between one kind of investment and another." KEYNES, John Maynard (1937), 117 f.

[3] „Sie befassen sich nicht damit, welchen Wert eine Investition wirklich für einen Menschen hat, der sie als Daueranlage kauft, sondern damit, wie sie der Markt, unter

erforderlich, die notwendigen Realgüterinvestitionen durch staatliche Lenkungsmechanismen herbeizuführen,[1] und zwar durch Geldpolitik bzw. Nachfragestimulierung.

Vermögenseigentümer

Die Gemeinsamkeit beim Investitionsverhalten auf Finanz- und Realgütermärkten liegt darin, dass beide Investitionsarten über eine unsichere Informationsbasis verfügen,[2] wobei das Entscheidungskalkül als Resultat des Vertrauens in die eigenen Vorstellungen angesehen wird.[3] Neben Durchsetzungsfähigkeit, Entschlusskraft und Stimmungen wird Vertrauen über zukünftige Entwicklungen, die keine zeitlichen Beschränkungen enthalten, zur Entscheidungsbasis.[4] Eine Ver-

---

dem Einfluß der Massenpsychologie, nach drei Monaten oder nach einem Jahr bewerten wird.“ KEYNES, John Maynard (1936 a), 130; (1936), 154 f.

[1] „Ich bin darauf gefaßt, daß der Staat, der die Grenzleistungsfähigkeit der Kapitalgüter auf lange Sicht und auf der Grundlage des allgemeinen sozialen Wohls berechnen kann, eine immer wachsende Verantwortung für die unmittelbare Organisation der Investition übernehmen wird. Denn es ist wahrscheinlich, daß die Schwankungen in der Marktbewertung der Grenzleistungsfähigkeit verschiedener Arten von Kapital, nach den oben beschriebenen Grundsätzen berechnet, zu groß sein werden, als daß sie durch irgendwelche durchführbaren Änderungen im Zinsfuß ausgeglichen werden könnten.“ KEYNES, John Maynard (1936 a), 138; (1936), 164.

[2] „Die hervorstechende Tatsache ist die äußerste Fragwürdigkeit der Wissensgrundlage, auf der unsere Schätzungen des voraussichtlichen Erträgnisses gemacht werden müssen. Unsere Kenntnis der Faktoren, die das Erträgnis einer Investition nach einigen Jahren bestimmen werden, ist gewöhnlich sehr gering und oft bedeutungslos. Wenn wir ehrlich sein wollen, müssen wir zugeben, daß unsere Grundlage der Kenntnis für die Schätzung des Erträgnisses nach zehn oder sogar fünf Jahren einer Eisenbahn, eines Kupferbergwerks, einer Weberei, des Markenwertes einer Patentmedizin, eines atlantischen Dampfers, eines Gebäudes in der City von London sehr gering und manchmal null ist. In der Tat sind jene, die ernsthaft versuchen, eine solche Schätzung zu machen, oft derartig in der Minderheit, daß ihr Verhalten den Markt nicht beherrscht.“ KEYNES, John Maynard (1936 a); 126; (1936), 149 f.

[3] KEYNES, John Maynard (1936 a), 125; (1936), 148.

[4] Weiterhin werden dem Investor Handlungsentschlossenheit ohne Berücksichtigung von sozialen Wertungen unterstellt, wobei deren alleinige Vorstellung in der Gewinnerzielung liegt: „Auch ohne die Unbeständigkeit als Folge der Spekulation, bleibt noch die Unbeständigkeit aus der Eigenheit der menschlichen Natur, die bewirkt, daß ein großer Teil unserer positiven Tätigkeiten mehr von spontanem Optimimus als von einer mathematischen Erwartung, sei sie moralisch, hedonistisch oder ökonomisch abhängt. Wahrscheinlich können die meisten unserer Entschlüsse, etwas Positives zu tun, dessen volle Wirkungen sich über viele künftige Tage ausdehnen werden, nur auf Lebensgeister zurückgeführt werden [im Original: as a result of animal spirits, S. P.] – auf einen plötzlichen Anstoß zur Tätigkeit, statt zur Untätigkeit, und nicht auf den

schärfung erfährt diese Situation durch politische Aktivitäten, deren Auswirkungen sich in einem Vertrauensverlust auswirken können und positive Grundhaltungen für Investitionen verhindern.[1] Dennoch macht KEYNES – trotz aller individuellen und massenpsychologisch bedingten Einschätzungen und der damit verbundenen Fehlspekulationen der Vermögenseigentümer und Unternehmer – darauf aufmerksam, dass deren Verhalten Krisen herbeiführt bzw. diese von ihnen verstärkt werden können. Andererseits werden sie nicht von irrationalen Motiven bei ihrer Investitionsanlage geleitet. Vielmehr wird mit dieser Problemskizze auf den Problemumfang hingewiesen, der mit der Bewertung von zukünftigen Erträgen verbunden ist. Dabei werden auch die Rückwirkungen berücksichtigt, damit Investoren eine Entscheidungsmöglichkeit unter Unsicherheit durchführen können.[2] Das Investitionsverhalten für Unternehmer-Kapitalisten führt immer dann zu positiven Wirkungen auf Realgütermärkten, wenn die ermittelte Grenzleistungsfähigkeit des Kapitals keine alternativen Anlagemöglichkeiten auf Kapital- und Kreditmärkten erzwingt.[3] Demgegenüber hat der Vermögenseigentümer sein Verhalten an den Bedingungen des Finanzmarktes auszurichten, indem er sich situationsadäquat für monetäre Anlagemöglichkeiten bzw. eine liquide Geldhaltung entscheidet.[4] Prinzipiell wird für individuelle Entscheidungen von zwei Al-

---

gewogenen Durchschnitt quantitativer Vorteile, multipliziert mit quantiativen Wahrscheinlichkeiten." KEYNES, John Maynard (1936 a), 136; (1936), 161.

[1] „Dies bedeutet unglücklicherweise nicht nur, daß Stockungen und Niedergänge in ihrer Stärke übertrieben werden, sondern daß auch wirtschaftlicher Aufschwung übermäßig von einer politischen und gesellschaftlichen Stimmung abhängig ist, die dem durchschnittlichen Geschäftsmann zusagt. Wenn die Angst vor einer Arbeiterregierung oder einem ‚New Deal' die Unternehmungslust bedrückt, braucht dies weder auf eine vernunftgemäße Berechnung noch auf eine Verschwörung in politischer Absicht zurückzuführen sein – es ist lediglich die Folge einer Störung der empfindlichen Gleichgewichtslage des spontanen Optimismus. In der Schätzung der Aussichten einer Investition müssen wir daher die Nerven und die Hysterien, sogar die Verdauung und die Wetterabhängigkeit jener berücksichtigen, auf deren plötzliche Tätigkeit sie zum großen Teil angewiesen ist." KEYNES, John Maynard (1936 a), 137; (1936), 162.

[2] KEYNES, John Maynard (1936 a), 137; (1936), 162 f.

[3] „Man kann sagen, daß die Tabelle der Grenzleistungsfähigkeit des Kapitals die Bedingungen beherrscht, zu denen leihbare Geldmittel für den Zweck neuer Investitionen gefragt werden, während der Zinsfuß die Bedingungen beherrscht, zu denen Geldmittel laufend angeboten werden." KEYNES, John Maynard (1936 a), 139; (1936), 165.

[4] „Die psychologischen time-preferences eines Einzelnen erfordern zu ihrer vollständigen Ausführung zwei verschiedene Reihen von Entscheidungen. Die erste beschäftigt sich mit jener Ansicht der time-preference, die ich den *Hang zum Verbrauch* genannt habe, und die [...] Beweggründe, bestimmt, wieviel jeder einzelne aus seinem Einkommen verbrauchen, und wieviel er in irgendeiner Form von Verfügungsrecht über zukünftigen Verbrauch zurücklegen wird. Nach dieser Entscheidung muss er aber eine

ternativen ausgegangen, die gegenwärtige und zukünftige Handlungen miteinander verbinden. Diese Vorstellungen von einer individuellen Zeitpräferenz beinhaltet die Idee, über gegenwärtige und zukünftige Entscheidungen über die Einkommensverwendung – determiniert durch den Hang zum Verbrauch – sowie einer Vermögensaufteilung, in dem der gegenwärtige Konsum auf eine spätere Periode zu Gunsten von Eigentumssrechten verschoben wird, informiert zu sein: Hiermit wird die Stellung des Vermögenseigentümers deutlich, dessen Anlageverhalten zu Investitionen auf Realgütermärkten führen kann, oder durch die Möglichkeit der Geldhaltung eine Ausdehnung von Investitionen verhindert. Die Auswirkungen betreffen auch den Umfang der nachgefragten Beschäftigungsmenge.

Resümee: Unternehmer, Vermögenseigentümer und die Zukunft des Kapitalismus

Angesichts der Vorstellung, dass langfristig nur geringe Steuerungsmöglichkeiten in kapitalistischen Wirtschaftsgesellschaften vorliegen, sofern zwischen der Grenzleistungsfähigkeit des Kapitals und dem geringen Marktzins nur eine geringe Schwankungsbreite vorherrscht, stellt sich die grundlegende Frage nach dem Fortbestand dieser Gesellschaftsformation und damit auch eine nach der Legitimation des Privateigentums.

Diese Problemlage erfährt eine Zuspitzung, sofern die Investitionsentscheidung der Unternehmer hinsichtlich des Zinses als vollständig zinsunelastisch angenommen wird. In einem derartigen Wirtschaftssystem ist die Tendenz zur Vollbeschäftigung nicht mehr gesichert. Andererseits führt eine elastische Investitionsnachfrage auch nicht automatisch zu einer höheren Beschäftigungsmenge. Denn bei einer gegebenen Spar- und Investitionsneigung ist die Höhe des Gleichgewichtseinkommens insoweit vom Zinssatz abhängig, als mit steigenden Zinssätzen prinzipiell sinkende Einkommen zu vermuten sind.[1] Weiterhin sind negative Auswirkungen im elastischen Bereich sowie im klassischen Bereich des

---

weitere Entscheidung treffen, nämlich die Entscheidung, in *welcher Form* er das Verfügungsrecht über zukünftigen Verbrauch halten soll, das er aus seinem laufenden Einkommen oder aus früheren Ersparnissen zurückgestellt hat. Soll er es in der Form eines sofort flüssigen Verfügungsrechtes (das heißt in Geld oder etwas Gleichwertigem) halten? Oder soll er auf das sofortige Verfügungsrecht für einen bestimmten oder unbestimmten Zeitabschnitt verzichten und zukünftigen Marktverhältnissen die Bestimmung der Bedingungen überlassen, zu denen er, falls notwendig, das aufgeschobene Verfügungsrecht über bestimmte Güter in ein sofortiges Verfügungsrecht über Güter im allgemeinen umwandeln kann?" Keynes, John Maynard (1936 a), 139 f.; (1936), 166.

[1] „Auf die Frage, wie sich die Investition bei Zinsvariationen ändert, kann der Unternehmer kaum eine Antwort geben, welche die Wirkung des Zinses zu isolieren gestattet. Seine Welt ist einfach nicht eine Welt des ‚ceteris paribus'. Die ‚anderen Faktoren' sind nicht konstant." ROSE, Klaus (1967): Einkommens- und Beschäftigungstheorie, in: Kompendium der Volkswirtschaftslehre, Bd. 1, 3. Aufl., Göttingen 1972, 201.

IS/LM-Modells zu erwarten, die zu einer Nachfragelücke und damit zu Unterbeschäftigung führen können.

Das Investitionsverhalten des Unternehmer-Kapitalisten wird also stark beeinflusst durch die Handlungen des Vermögenseigentümers am Kreditmarkt, der durch seine ökonomischen Erwartungen Zinsänderungen herbeiführt, die Auswirkungen auf den Gütermarkt und damit auch auf den Arbeitsmarkt haben. Dieser Gesichtspunkt hat offensichtlich KEYNES veranlasst, eine Zusammenführung der Realgüter- mit der monetären Sphäre zu vermitteln, weil anderenfalls keine angemessene Modellierung einer auf Geld basierenden Produktionsökonomie durchgeführt werden kann. Insbesondere wird hierdurch die Möglichkeit eröffnet, das Moment der Unsicherheit ebenso wie die Eigenschaft des Geldes und die Zinsbildung zu berücksichtigen.[1] Der methodische Unterschied zur neoklassischen Theorie liegt damit in der Andersartigkeit der ökonomischen Vorstellung von der Wirtschaftsgesellschaft, die nicht in einer Addition von Geld, sondern in einem die ökonomischen Verhältnisse verändernden Charakter liegt. Mit der Aufgabe der Vorstellung vom neutralen Geld wird die Grundlage für eine monetär begründete Konjunkturtheorie gelegt.[2]

Der Ausschluss des Anlagerisikos kann dem Unternehmer-Kapitalisten nur gelingen, sofern er alternative Anlagemöglichkeiten auf dem Geld- und Vermögensmarkt findet. Das Anlagerisiko würde bei totaler Geldhaltung immerhin Null sein und stellt eine prinzipielle Alternative zur Anlage im Gütermarkt dar. Hierbei ist der Umfang abhängig von den alternativen Kosten der Geldhaltung im Hinblick auf das Moment der Sicherheit bei den zu erwartenden Erträgen. Die Verbindung von gegenwärtigem Handeln und ungewissen zukünftigen Ereignissen (Erträgen) wird durch den monetären Aspekt hergestellt, wobei der Vermögenseigentümer sein Handlungsfeld allein auf monetäre Erträge abstellt, die zu veränderten Produktionsmöglichkeiten und damit auch zu höheren Beschäftigungsmöglichkeiten führen können, allerdings als ein zufälliges Ergebnis. Damit werden sowohl für den Unternehmer als auch für den Vermögenseigentümer Informationsmängel für deren Handlungsweise leitend, deren Koordination bei ver-

---

[1] „The theory which I desiderate would deal [...] with an economy in which money plays a part of its own and affects motives and decisions and is, in short, one of the operative factors in the situation, so that the course of events cannot be predicted, either in the long period or in the short, without a knowledge of the behaviour of money between the first sat and the last. And this is which we ought to mean when we speak of a monetary economy." KEYNES, John Maynard (1933 a): Der Stand und die nächste Zukunft der Konjunkturforschung, in: Festschrift für Arthur SPIETHOFF, hrg. von Gustav CLAUSING, München 123–125; engl. A Monetary Theory of Production, in: Collected Writings, Vol. XIII, 408 f.

[2] „I am saying that booms und depressions are phenomena peculiar to an economy in which – in some significant sense which [...] money is not neutral." KEYNES, John Maynard (1933 a), 411.

änderten Grundannahmen nicht mehr zu einem WALRASianischen Gleichgewicht führen kann, sofern CLOWERS „Hypothese zweistufiger Entscheidungen“ und ihre Trennung in faktische und hypothetische Angebots- und Nachfragesituationen als eine charakteristische Wirtschaftssituation vorausgesetzt wird. Für marktwirtschaftlich organisierte Systeme gilt, dass der durch den Auktionator herbeigeführte Koordinationsmechanismus ein Resultat von faktischen Angebots- und Nachfragemengen äußert, wobei das veränderte Konsumverhalten zu einem Nachfrageausfall und damit auch einer verringerten Beschäftigungsmenge führt, wobei allerdings das zusätzliche Arbeitsangebot der Haushalte und damit eine zukünftige – hypothetische – Konsumgüternachfrage einsetzen könnte, die von den Unternehmer-Kapitalisten nur hinsichtlich des Arbeitsmarktes zur Kenntnis genommen wird. Unter diesem Gesichtspunkt führt die duale Entscheidungshypothese auf unterbeschäftigten Märkten nicht zu der gewünschten Gleichgewichtslösung.[1]

Damit wird die Frage nach den Koordinationsbedingungen in einer Geldwirtschaft gestellt, wobei vergangene und zukünftige Informationen angemessen zu modellieren sind.[2] Offensichtlich werden für den Koordinationsmechanismus nicht allein kostenwirksame Informationen erforderlich, sondern auch finanzielle Transaktionen.[3] Damit wird das Charakteristikum für marktwirtschaftlich verfasste Gesellschaften herausgehoben, die sich gerade dadurch von Naturalwirtschaften unterscheiden, insofern das Geld eine entscheidende Wertgröße für den Güteraustausch darstellt.[4] Im Gegensatz zu einem Naturaltausch erfolgt durch das Tauschmittel Geld für Unternehmer keine Information über zukünftige Marktsituationen, so dass weder der Güter- noch Arbeitsmarkt zwangsläufig zu einer gleichgewichtigen Lösung kommen müssen.

Das Privateigentum führt bei KEYNES zur Krisenanfälligkeit des marktwirtschaftlichen Systems. Sein Begriff vom Eigentum wird durch den Vermögensbe-

---

[1] CLOWER, Robert (1963): Die Keynesianische Gegenrevolution: eine theoretische Kritik, in: Schweizerische Zeitschrift für Volkswirtschaft und Statistik, 99, 8–31. Wiederabdruck in: Hagemann, Harald/Kurz, Heinz D./Schäfer, Wolf, Hrsg., (1981): Die neue Makroökonomik. Marktungleichgewicht, Rationierung und Beschäftigung, Frankfurt/Main–New York, 50–54.

[2] CLOWER, Robert (1975): Über die Keynesianische Verwirrung, in: HAGEMANN, Harald/KURZ, Heinz D./SCHÄFER, Wolf, Hrsg. (1981), 92 f.

[3] Vgl. CLOWER, Robert (1975), 101.

[4] „A commodity is regarded as money for our purposes if and only if it can be traded directly for all other commodities in the economy. Correspondingly, a money economy is one in which not all commodities are money. [...] *Money buys goods and goods buy money; but goods do not buy goods.* This restriction is – or ought to be – the central theme of the theory of a money economy.“ CLOWER, Robert (1967): A Reconsideration of the Microfoundations of Monetary Theory, in: Western Economic Journal, 6, 1–9. Wiederabdruck in: ders., Hrsg., (1969): Monetary Theory, Harmondsworth, 1969, 207 f.

griff erweitert, der auch Geld beinhaltet. Auch Geld ist Eigentum und verschafft gesellschaftliche Vorteile. Der Vermögenseigentümer trifft unabhängig die Entscheidung über seine Liquiditätsaufgabe. Diese Entscheidungssituation hat Auswirkungen auf den Gütermarkt, weil Investitionsentscheidungen zu Lasten von Anlagen im Vermögensmarkt verhindert werden. Der Unternehmer als Besitzer/Eigentümer von Produktionsmitteln hat die Möglichkeit der Kreditnachfrage entsprechend der Grenzleistungsfähigkeit des Kapitals. Diese Markthierarchie führt zur Benachteiligung eines anderen Eigentümers, nämlich jenen, der von der gesamtwirtschaftlichen Nachfrage des Arbeitsmarktes abhängig ist. Allerdings ist der Umfang des Kreditangebots nicht nur von den Sektoren Haushalte und Unternehmen abhängig, sondern von der Geldpolitik einer Zentralbank zu beeinflussen. Für den Gläubiger gilt, dass seine Kreditvergabe vom zu erzielenden Zins und der Unsicherheit über zukünftige Zinsentwicklungen auf dem Vermögensmarkt bzw. der Zahlungsfähigkeit des Schuldners abhängig ist. Diese Geldhaltung ist rational begründet und verhindert möglicherweise ökonomische Entwicklungen, wenn die Transaktion durch mangelndes Vertrauen in die Zukunft verhindert wird. Neben einem Informationsproblem besteht auch ein Bewertungsproblem für zukünftige Entwicklungen.

Kapitel 5

Schlussfolgerungen

Wie die Analyse zeigt, konnte die der Untersuchung zugrunde gelegte These, dass in markwirtschaftlich organisierten Gesellschaften Eigentum in der Verkürzung auf eine Rechtsposition, daher belastet mit weitreichenden Erklärungsdefiziten, interpretiert wird, und dass der Ursprung eines veränderten Eigentumsbegriffs, der dessen Rolle beim Gelingen des Markgeschehens anzuzeigen vermag, in der klassischen Rechtsphilosophie zu finden sein könnte, in einem überwiegenden Maße wie folgt bestätigt werden:

In Kapitel 2 zeigt die Erörterung des Weges, den die Entwicklung der Institution des Eigentums, ausgehend vom Naturzustand mit dessen wesentlichem Element einer Grundausstattung mit Gütern, bis zu Marktwirtschaften hin durchläuft, dass das Potential für eine erweiterte Eigentumsauffassung nicht genutzt werden konnte. Die diskutierten kontraktualistischen Konzepte lassen erkennen, dass das Ergebnis eine bloß formale Kennzeichnung von Eigentum ist. Damit ist für marktwirtschaftlich organisierte Gesellschaften erreicht, dass ein gleicher Schutz des Eigentums für alle garantiert ist.

Ein Gleichheitsprinzip, distributive Gleichheit, das auch die inhaltliche Ausstattung mit Ressourcen und Gütern berücksichtigt, kann mit diesem Eigentumsbegriff nicht eingelöst werden. Die Festlegung des Inhaltes von Eigentum ist im Kontraktualismus offen geblieben. Hätte die dem Gesellschaftskontrakt grundsätzlich eigene Gleichheitsidee auch inhaltlich eingelöst werden sollen (vgl. die natürliche Gleichheit bei HOBBES), wäre dies auf die Forderung gleichen Eigentums für alle hinausgelaufen.

Obwohl historisch gesehen dieser Gedanke der Gleichheit des materiellen Eigentums Diskussionspunkt war, ist heute diese Forderung als unerfüllbar aufgegeben. In der gegenwärtigen Diskussion dieser Frage, die in dieser Arbeit nicht verfolgt wird, da es hier um eine differenzierte Darstellung der historischen Entwicklung geht, ist die Gleichheit des materiellen Eigentums der Erörterung der sozialen Gerechtigkeit zugeordnet. Gefragt ist nach demjenigen Eigentum, das gerechterweise in einer sozialen Ordnung dem Einzelnen zusteht.

Das zentrale Ergebnis der Erörterung der Genesis des Eigentums ist, dass dem unterstellten gleichen Besitz im Naturzustand eine Ungleichheit in den Eigentumsverhältnissen in vertraglich geregelten sozialen Ordnungen mit Notwendigkeit entsteht: Im Naturzustand sind die Menschen insofern gleich, als sie qua Geburt besitzlos sind. Wegen der unterschiedlichen Ausstattung mit natürlichen Fähigkeiten verfügen die Menschen über unterschiedliche Chancen zum Erwerb an Besitz von Gütern. Damit beginnt die kontraktualistische soziale Ordnung mit einer Ungleichheit des Eigentums, das unabhängig vom – bereits im Naturzu-

stand herausgebildeten – Umfang für alle gleichermaßen geschützt ist. Die aus dem Naturzustand übertragenen ungleichen Besitzstände bedingen so im Staat eine unterschiedliche Ausstattung mit Gütern.
Überblickartig lässt sich die Genesis des Eigentums aus dem naturrechtlichen Besitz sowie dessen argumentativer Verkürzung auf den formalen Aspekt wie folgt zusammenfassen:

Für den vorgesellschaftlichen Naturzustand wurde festgestellt, dass der „Kampf aller gegen alle" dem Standard entsprach (HOBBES 1651). Vereinzelte Individuen oder menschliche Gruppen haben zwar die Möglichkeit der Naturaneignung und damit der Produktion für den eigenen Bedarf. Allerdings ist hier zu berücksichtigen, dass – entsprechend der menschlichen Leidenschaften – der angeeignete Besitz nicht dauerhaft sein wird, weil andere im gleichen Umfang auf die Ressource Natur zugreifen wollen und auch werden. Die skizzierte Kampfsituation ist durch permanente Unsicherheit von Leben und Besitz gekennzeichnet, denn es besteht immer die Möglichkeit der Wegnahme durch stärkere Individuen. Diese systematische Bedrohung verlangte nach Schutz und Sicherheit.

Die Beendigung des Naturzustandes wird als Resultat rationalen Handelns erörtert, das zu wechselseitigen Vertragsverpflichtungen führt. Hiermit wird die Frage nach der Vorteilhaftigkeit gestellt, denn die Legitimität einer derartigen Vertragsgestaltung ist gerade davon abhängig, dass alle Beteiligten aus dem neuen Gesellschaftszustand einen positiven Beitrag für ihre jeweilige Lebenssituation ziehen können. Im Naturzustand sind offensichtlich Leib, Leben und Güter von anderen nicht uneingeschränkt sicher. Allerdings ist jeder sein eigener Richter bei der Durchsetzung von Interessen und damit evtl. auch erfolgreich bei der Besitzverteidigung. Die Folge: Nur im Naturzustand ist der einzelne Mensch frei, aber sozial isoliert. Mit dem Gesellschaftsvertrag wird auf die regellose Machtausübung verzichtet. Was bewegt die ursprünglich vereinzelten Individuen zum Abschluss eines derartigen Vertrages? Immerhin erfolgt durch den Gesellschaftszustand ein Verlust von individueller Handlungsfreiheit, also ein Nutzenverlust. Der Vertragsschluss lässt sich durch einen Nutzenzuwachs, der in dem Moment einer friedensstiftenden Ordnung liegt, legitimieren. Durch den Kontrakt verpflichten sich alle, den wilden Zustand aufzugeben und ihre Macht auf gesellschaftliche Organisationen zu übertragen. Dafür wird ihnen durch die Rechtsordnung eine einheitliche und für alle Gesellschaftsmitglieder verbindliche Regelung garantiert. Die neue Sicherheit beinhaltet neben der Integrität der Person auch die garantierte Herrschaft über Ressourcen und konkretisiert in ihrer Rechtsordnung das römisch-rechtliche Erbe mit der Erlaubnis einer beliebigen individuellen Nutzung, Nießbrauch, Übertragung durch Schenkung oder Erbe und dem möglichen Ausschluss von unberechtigten Dritten. Erst jetzt verfügen die Gesellschaftsmitglieder über gesicherte Eigentumspositionen. Denn mit dem Recht an einer Sache erhält der Eigentümer die Befugnis, über die Sache zu verfügen, sie zu benutzen und selbstverständlich auch die Möglichkeit, die Früchte aus ihr zu ziehen. Hier wird deutlich, dass mit der Herausbildung des Gesellschaftszustandes jede sich im Privateigentum befindliche Ressource zu einer gesicherten Rechtsposition wird, und zwar auch Eigentumspositionen, die im vorgesellschaftlichen Stadium lediglich Besitz waren.

Die Eigentumsgarantie führt nunmehr zu gesicherten Tauschverhältnissen. Allerdings ist zu berücksichtigen, dass durch den Gesellschaftsvertrag nicht nur die menschlichen Leidenschaften kanalisiert, sondern auch die unterschiedliche Ressourcenausstattung des Naturzustandes festgeschrieben wurden. Der positiven Wirkung des gesellschaftlichen Schutzes von Privateigentum steht die negative Situation von gesellschaftlicher Ungleichheit durch unterschiedliche Anfangsbestände gegenüber. Durch die Aufgabe des Naturzustandes wird die individuelle bzw. gemeinsame Landnahme legalisiert, wobei sich alle weiteren sozialen Folgen für die Produktion und Einkommensverteilung aus diesen legalisierten Besitz- und Eigentumsverhältnissen ableiten.

Durch das Überführen des Besitzes aus dem Naturzustand in das Eigentum der vertraglich geregelten Ordnung wurde auch eine Ungleichheit in der Verteilung von Gütern hergestellt. Diese Differenz ist erörtert worden und führt beispielsweise bei QUESNAY (1760) zu der Behauptung, dass die dominante Stellung der Grundeigentümer in der Urbarmachung des angeeigneten Landes liegt, während TURGOT (1766) die Fähigkeit der Aneignung zur Legitimation des Privateigentums im Gesellschaftszustand sieht. Aus gesellschaftlicher Sicht wird das Problem der legalisierten Erstausstattung durch MILLAR (1779) als Phänomen des Arbeitsmarktes gelöst, denn die ungleiche Vermögensverteilung kann durch Einkommenserzielung verändert werden. Die weitere Entwicklung in kapitalistischen Gesellschaften zeigt, dass zwar die Sicherung von wohlerworbenen Rechten garantiert werden kann, allerdings keine adäquate Lösung hinsichtlich der Gerechtigkeit bei unterschiedlicher Ressourcenausstattung gefunden werden konnte. Dieser Aspekt wird später als Problem der ursprünglichen Akkumulation erörtert (MARX 1867).

Diese Problematik läuft letztlich auf ein Kompensationsproblem hinaus: Einerseits ist der aus dem Naturzustand übernommene Besitzstand, der in vertraglichen Gesellschaften Ungleichheit im Eigentum herstellt, gesellschaftlich gewollt und damit legitimiert. Gemäß den Grundgedanken des Gesellschaftsvertrags ist dies jedoch ein problematischer Sachverhalt, weil eine der Grundideen des Kontraktualismus besagt, dass jeder gleichermaßen in der Lage sein muss, sich seinen Fähigkeiten entsprechend zu entwickeln. Damit erwächst aus einer solchen ungleichen, aber juristisch legitimierten Eigentumsausstattung ein Gerechtigkeitsproblem, das auf kompensatorischem Wege gelöst werden soll.

Aus der in Kapitel 3 geführten Diskussion der ökonomischen Theorien lässt sich das folgende Fazit ziehen:

Hinsichtlich der Analyse, welche Rolle das Eigentum für das Gelingen des wertgleichen Tausches der Klassik spielt, hat sich folgendes Ergebnis gezeigt:

Für das Tauschgeschehen nach klassischer Vorstellung sind zwei Festlegungen von Bedeutung: Zum einen gilt als Tauschregel der äquivalente Tausch. Damit werden die klassischen Ideale der Gerechtigkeit, Gleichheit, Freiheit, Brüderlichkeit usw., die grundsätzlich die Gesellschaftsstruktur des jetzt persönlich freien Bürgers charakterisieren, auch als Ideale des Marktes festgeschrieben. Was der Tauschpartner durch den persönlichen Einsatz seiner eigenen Arbeitskraft geleistet hat, soll ihm der Markt nicht streitig machen. Vielmehr soll er ihn gerecht, d. h. mit einem wertadäquaten Tauschprodukt versorgen. Wenn beide Tauschpartner zur Herstellung ihres Tauschprodukts ein übereinstimmendes Quantum an Arbeitszeit eingesetzt haben und dieses übereinstimmende Quantum Maßstab des Tausches ist, dann sind beide im Tausch gerecht bedient worden.

Um diesen Aspekt des klassischen Tausches darstellen zu können, reicht die Vorstellung vom Eigentum der Tauschpartner (an Material und Werkzeugen) als einer formalen Kategorie vollkommen aus. Der gesetzliche Schutz des Eigentums an Rohstoffen und Arbeitsgeräten ist hinreichend dafür, dass das Prinzip der Wertgleichheit problematisiert und damit real erfüllt werden kann.

Das zweite wesentliche Merkmal des klassischen Tausches ist die soziale Zuordnung, d. h. die Klassengebundenheit der Tauschpartner: Anders als in der Neoklassik, in der allein die formalen Marktfunktionen von Angebot und Nachfrage für die Gestaltung des Marktgeschehens zählen, d. h. auf die Einbeziehung inhaltlicher Bezüge wie der sozialen Zugehörigkeit der Marktpartner absichtlich verzichtet wird, betont die klassische Ökonomie diese inhaltliche Charakterisierung des Marktes mit allem Nachdruck.

Aus dieser Einbeziehung auch sozialer Voraussetzungen als Gelingensbedingungen von Tausch folgt nun die interessante Konsequenz für die Rolle des Eigentums in diesem Fall: Die von der Klassik eingeführten sozialen Klassen der Grundbesitzer, der Unternehmer/Pächter sowie der Arbeiter als der produktiven Klasse zeichnen sich dadurch aus, dass sie – gemäß der klassischen Grundüberzeugung – gleichermaßen mit Arbeitsfähigkeit ausgestattet sind, die einzige Grundlage von Wertschöpfung sein kann.

Während das Eigentum an Arbeitskraft aber für den Arbeiter die einzige Eigentumsart und damit Einkommensquelle ist, kommt der Klasse der Grundbesitzer sowie der Unternehmer wegen der für diese geltenden sozialen Besonderheiten eine weitere Art von Eigentum zu, nämlich das Eigentum an Boden bzw. an Produktionsmitteln. Beide soziale Klassen – Grundeigentümer und Unternehmer – haben damit die zusätzliche Möglichkeit, ein Einkommen aus eben diesem Zusatzeigentum, nämlich aus Grund und Boden bzw. aus Produktionsmittelbesitz zu erzielen.

Da der Tausch intersektoral erfolgt, ergibt sich das Tauschmotiv aus der Unterschiedlichkeit des Eigentums in den drei Sektoren: an Arbeit, an Boden und an Produktionsmitteln.

Um diese Besonderheit des klassischen Tauschs zu reflektieren, reicht der formale Eigentumsbegriff nicht mehr aus. Vielmehr wird eine inhaltliche, nämlich klassengebundene Bestimmung von Eigentum erforderlich.

Insofern zeigt die Diskussion der klassischen Ökonomie, dass sie wegen ihrer alleinigen Verwendung des formalen Eigentumsbegriffs zu kurz greift, weil sie damit ihr spezifisches Konzept des klassengebundenen Tausches nicht zutreffend zu begründen vermag.

Welche Rolle das Eigentum für das Gelingen des Tausches unter neoklassischen Voraussetzungen spielt, geht aus den Besonderheiten des subjektiven Charakters der neoklassischen Theorie hervor.

Anders als im Fall der klassischen Ökonomie, für die ein objektives Wertverständnis charakteristisch ist, wonach der dem Gut inhärente Wert der zu dessen Herstellung notwendigen Arbeitszeit entspricht, versteht Neoklassik Wert als eine subjektive Schätzgröße: Es ist das subjektive Urteil darüber, welchen Nutzen ein bestimmtes Gut zur Befriedigung der individuellen Bedürfnisstruktur leistet. Die Analyse des neoklassischen Ansatzes ergibt, dass es zwei notwendige Bedingungen vorliegen müssen, damit es zum Tausch kommt:

Die grundsätzliche Voraussetzung ist, dass verschiedenartige Güter getauscht werden müssen, weil nur so ein zusätzlicher, subjektiver Vorteil im Hinblick auf die eigene Präferenzstruktur erreicht werden kann. Diese Kernprämisse reicht jedoch als Begründung des neoklassischen Tausches nicht aus: Es muss zusätzlich für die Tauschpartner möglich sein, ein höheres Niveau an Bedürfnisbefriedigung zu erzielen als dies ohne Tausch der Fall wäre. Die neoklassische Tauschregel meint also stets den Vorteilstausch. Im Hinblick auf diese zwei notwendigen Bedingungen von Tausch ergibt sich hinsichtlich des Verhältnisses von Tauschmotiv und Tauschregel ein wesentlicher Unterschied zum klassischen Modell. Während in der klassischen Ökonomie beide Kategorien auseinanderfallen, entsprechen sie sich im subjektivistischen Modell der Neoklassik.

Die klassische Tauschregel der Wertgleichheit ist etwas anderes als das Motiv zum Tausch, nämlich die Güter der je anderen sozialen Klasse (Boden, Produktionsmittel) zu beanspruchen. Im neoklassischen Modell fallen das Motiv zum Tausch und dessen regelhafter Verlauf zusammen, weil in beiden Fällen ausschließlich der Wunsch nach einer besseren subjektiven Bedürfnisbefriedigung besteht.

Wie die Analyse zeigt, stehen die beiden Gelingensbedingungen des neoklassischen Tausches mit der Eigentumsfrage wie folgt in Verbindung: Für eine Rechtfertigung der ersten Bedingung des generellen Tausches unterschiedlicher Güter reicht eine formale Eigentumsauffassung aus. Bei dem Tauschvorgang muss ich mich grundsätzlich darauf verlassen können, dass die getauschten Güter unter dem gesetzlichen Schutz des Eigentums stehen. Ich darf nicht befürchten müssen, dass das Eigentum an den Tauschgütern im Vollzuge des Tausches verloren geht.

Wenn aber auch die zweite notwendige Tauschbedingung erfüllt, d. h. mittels des Tausches auch ein höheres Niveau an Bedürfnisbefriedigung erzielt werden soll, wird ein inhaltlicher Eigentumsbegriff erforderlich. Denn was eine bessere Bedürfnisbefriedigung ausmacht, lässt sich formal nicht bestimmen. Die Erhöhung des Befriedigungsniveaus kann eben allein auf dem Wege der subjektiven

Nutzenschätzung festgestellt werden. Sie ist nicht nach einem allgemeingültigen Schema berechenbar. Damit zeigt sich für die Analyse des Eigentums in der Neoklassik wegen ihrer alleinigen Verwendung einer formalen Eigentumsauffassung, dass die Rolle des Eigentums bei der Erfüllung der zwei notwendigen Tauschbedingungen nicht mit hinreichender Klarheit aufgezeigt werden kann. Zumindest kann nicht nachgewiesen werden, wie das Eigentum hilft, im Tausch auch eine Niveauerhöhung in der Bedürfnisbefriedigung zu erzielen. Wofür das neoklassische Eigentumskonzept ausreicht, ist lediglich die Begründung dafür, warum überhaupt getauscht wird.

In Geldwirtschaften findet eine Verschärfung des Ungleichheitsproblems insofern statt, als Geld auch Vermögensbildung ermöglicht, an der ebenso Eigentum erworben werden kann. Da sich in der Vermögensbildung aber nur die als Ausgang vorhandenen ungleichen Eigentumsverhältnisse an Gütern wiederfinden können, bedeutet die fortgeschriebene Ungleichheit in der Vermögensverteilung eine nochmalige Verstärkung der Ungleichheitsproblematik.

In Kapitel 4 wird die Weiterentwicklung von der ursprünglichen Gesellschaft bis hin zur Geldwirtschaft zugrunde gelegt. Hier zeigten sich zwei Besonderheiten: Zum einen wurde sichtbar, dass in Geldwirtschaften, in denen Eigentum auch an der neuen Ware Geld erworben werden kann, im Zuge einer verfehlten Geldpolitik, z. B. bei einer inflationären Entwicklung, Geld auch einen Wertverlust erleiden kann. Das bedeutet, dass die Schutzfunktion des Staates in Geldwirtschaften nicht ohne weiteres aufrechterhalten werden kann.

Am Beginn der Gesellschaftsvertragsdiskussion standen bindende Verträge, mit denen Sicherheit und formale Gleichheit garantiert werden. Der Gesellschaftszustand ist davon abhängig, dass die wechselseitigen Verträge eingehalten werden. Dabei stellte sich heraus, dass offensichtlich keine ökonomische Gleichheit intendiert war, denn die Erstausstattung der Gesellschaftsmitglieder ist unter dieser Sicht ungleich. Allerdings hat HOBBES (1651) dieses Problem gesehen und durch eine autoritäre Ressourcenaufteilung des Souveräns zu umgehen versucht. Eine Verschärfung erfährt der Gesellschaftszustand, wenn das marktwirtschaftliche Ergebnis nicht als reine Tauschökonomie, sondern als eine Theorie der Geldwirtschaft erörtert wird. Offensichtlich werden auch im frühen Gesellschaftszustand Waren mit Geld gekauft. Mit der Herausbildung der Geldwirtschaft werden nicht länger Waren gegen Waren, sondern Waren gegen Geldleistungen übertragen. Damit wird auch die Möglichkeit eröffnet, ursprünglich an das Bodeneigentum gebundene Landarbeiter in Geld zu entlohnen. Die Verbindung von Grundeigentum und Arbeitskraft wird aufgelöst und nunmehr kann auch die persönliche Arbeitsleistung als Ware auf dem Arbeitsmarkt angeboten und nachgefragt werden. Angesichts der zunehmenden Bedeutung der Geldwirtschaft – und Arbeitsteilung erzeugt Geldwirtschaft – wird in Analogie zu HARVEYS Blutkreislauf durch HOBBES diese Modellierung auf den Wirtschaftskreislauf übertragen: „Geld ist das Blut des Gemeinwesens“ (HOBBES 1651 c, 213). Mit dieser frühen Vorstellung wird die Tauschmittel- und Wertaufbewahrungsfunktion erfasst. Dabei wird unterschieden in Weltgeld (Gold und Silber) für den Außenhandel und dem Landesgeld, das durch die Aktivitäten des Leviathan Wertveränderungen ausgesetzt ist, indem es in das Herz des Leviathan – also der Staatskasse bzw. Zentralbank gebracht wird – und dort „mit Leben erfüllt", also in Umlauf gebracht oder dem Wirtschaftskreislauf entzogen wird (HOBBES 1651 c, 214). Die Folgen der Geldpolitik liegen in einer inflationären bzw. deflationären Entwicklung des Geldwertes, die das Privateigentum an Vermögen betreffen oder zu einer Verhinderung des Außenhandels bei individuell eingeschränkter Verfügungsmacht auf Weltgeld führen. Aus merkantilistischer Sicht wird durch eine Veränderung des Geldwertes zum Ausland der Außenhandel behindert. Auch FICHTE (1800) unterscheidet zwei Arten des Geldes: Weltgeld und Geld des Landesherrn. Das Geldvermögen an ausländischen Beständen (Weltgeld) wird zwangsweise in Landesgeld eingetauscht, wodurch sich die inländische Geldmenge erhöht und zugleich zu einer relativen Erscheinung wird, die der inländischen staatlichen Manipulation ausgesetzt ist.

Die vorliegende Arbeit soll mit einem Ausblick über Besonderheiten des Eigentumsproblems in entwickelten Geldwirtschaften schließen, für die Vermögensbildung auch durch Kreditnahme möglich wird.

Als Ausgangspunkt der Betrachtung gilt die aus dem Naturzustand übernommene Ungleichheit der Eigentumsverhältnisse, die für die Eigentumsfrage in Tauschwirtschaften diskutiert wurde. Für weiter entwickelte Geldwirtschaften mit dem konstitutiven Element der Kreditgewährung ist ausblickartig zu überlegen, inwiefern Vermögensbildung mittels Kredit die bestehende Ungleichheit in der Eigentumsverteilung nochmals zu verschärfen vermag oder ohne einen Einfluss auf die Eigentumsverhältnisse bleibt. Es spricht einiges dafür, dass unter Nutzung der Funktionen des Geldes ein unmittelbarer Einfluss auf das Eigentum angenommen werden kann, der dessen Ungleichverteilung nochmals in der folgenden Weise verschärft:

Von den zwei Aufgaben des Geldes, der Transaktionsfunktion einschließlich der Funktion als Recheneinheit, und der Wertaufbewahrungsfunktion wirkt Erstere in Geldwirtschaften prinzipiell, während die Spekulationen ermöglichende Wertaufbewahrungsfähigkeit des Geldes konstitutiv für entwickelte Geldwirtschaften ist und entsprechend einen direkten Einfluss auch auf die Eigentumsverhältnisse nimmt.

Dabei geht es um die Frage, wer in entwickelten Geldwirtschaften kreditberechtigt ist: Hierbei zeigt sich, dass auch die Kreditgewährung bereits an vorhandenes Eigentum anschließt, d. h. für den Kreditnehmer bereits ein Verfügen über Eigentum voraussetzt. Derjenige Eigentümer, der bereits über Produktionsmittel verfügt, wird Kredite – bezogen auf die Höhe seines Vermögens – ohne größere Schwierigkeiten erhalten können.

Das bedeutet auch, dass ein Kreditnehmer wegen seiner bereits vorhandenen umfangreicheren Spekulationskasse mittels des Kredits, der diese Geldfunktion noch einmal stärkt, eine nachdrückliche Verbesserung seiner Eigentumsposition erzielen kann. Der Lohnabhängige hingegen, der als Eigentum allein seine Lohnhöhe einzusetzen vermag und damit nur über eine vergleichsweise geringere Spekulationskasse verfügen wird, ist nicht nur hinsichtlich der Kredithöhe begrenzt, sondern ebenso auf einen stabilen Arbeitsmarkt angewiesen, um seine lohnbedingte Kreditfähigkeit längerfristig überhaupt aufrecht erhalten zu können.

Der Einfluss dieser zwei unterschiedlichen Eigentumspositionen, die eine unterschiedliche Nutzung des gewährten Kredits zur Aufbesserung der jeweiligen Spekulationskasse und damit Verbesserung der Eigentumsposition ermöglichen, hat damit auch unterschiedliche Folgen für eine eventuelle Änderung der vorliegenden Eigentumsordnung.

Der Besitzer von Produktionsmitteln wird aller Wahrscheinlichkeit nach den gewährten Kredit zur Stärkung seiner Eigentumsposition nutzen können. Eine Verschärfung der Ungleichheit der Eigentumsverteilung ist hier die zwangsläufige die Folge. Diese Wirkung kann selbstverständlich durch äußere Restriktionen wie beispielsweise durch eine ungünstige Geldpolitik mit Inflationsverlusten gemindert werden.

Der Lohnabhängige kann den auf einem ungleich niedrigeren Niveau gewährten Kredit selbstverständlich nutzen, um jetzt ebenso Produktionsmittel zu erwerben. Inwieweit sich diese kurzfristige Verbesserung seiner Eigentumsposition iterativ fortsetzen und so auch längerfristig bewähren kann, wird eher vom Zufall bestimmt sein. Der Lohnabhängige kann die Möglichkeit haben, das Glück eines günstigen Kontextes nutzen zu können und so zum Produktionsmittelbesitzer „aufzusteigen", womit er seine Eigentumsstellung kategorial verbessern kann. Er kann aber auch in den Sog herrschender wettbewerbsbedingter Macht- und Herrschaftsverhältnisse geraten, von denen gerade schwache Marktteilnehmer besonders stark betroffen sein werden. Für diesen Fall wird er mit seinem Unterfangen der kreditbedingten Verbesserung seiner Eigentumslage scheitern und Lohnabhängiger bleiben. Insofern wäre auf dem Wege der Kreditgewährung die bestehende Ungleichheit der Eigentumsverteilung nicht wesentlich verändert.

Somit ergibt sich als abschließende Bemerkung: Die bestehende Ungleichheit der Eigentumsverhältnisse mit der Regel, dass verlässlicher Eigentumserwerb immer schon Eigentum voraussetzt, kann mit Notwendigkeit eben stets nur ausgehend vom vorhandenen Eigentum verschärft werden. Ein Aufbrechen dieses Musters erfolgt dadurch, dass ausgehend auch von einem lohnbedingten Eigentum das Eigentum an Produktionsmitteln begründet, d. h. dass aus dem Lohnempfänger der Produktionsmitteleigentümr werden könnte, und damit eine deutliche Verschiebung der bestehenden Ungleichheit des Eigentums erzielbar wäre, bleibt für entwickelte Geldwirtschaften eher unwahrscheinlich.

Literaturverzeichnis

Åkermann, Johann (1938): Das Problem der Sozialökonomischen Synthese, Lund, (Publications of the New Society at Lund, 21).

Avineri, Shlomo (1972): Hegels Theorie des modernen Staates. Frankfurt am Main 1976.

Baader, Franz (1835): Über das dermalige Mißverhältnis der Vermögenslosen oder Proletaires zu den Vermögen besitzenden Klassen der Societät in Betreff ihres Auskommens, sowohl in materieller als intellektueller Hinsicht aus dem Standpunkt des Rechts betrachtet, in: Franz von Baader, Schriften zur Gesellschaftsphilosophie, hrsg. von Johannes Sauter, Jena 1925, 319–338, (Die Herdflamme, 14).

Beloch, J. (1911): Artikel „Zinsfuß (Geschichte)", in: Handwörterbuch der Staatswissenschaften, 3. Aufl., Bd. VIII, S. 1017–1023

Berger, Peter L./ Luckmann, Thomas (1966): Die gesellschaftliche Konstruktion der Wirklichkeit. Eine Theorie der Wissenssoziologie. 3. Aufl., Frankfurt am Main 1972.

Barone, Enrico (1908): The Ministry of Production in the Collectivist State, in: Collectivist Economic Planning. Critical Studies on the Possibilities of Socialism mit Beiträgen von N. G. Pierson, Ludwig von Mises, Georg Halm, and Enrico Barone, hrsg. von Friedrich August Hayek, London 1935. Reprint New York, o. J., S. 245–290.

Bloch, Ernst (1961): Naturrecht und Menschliche Würde, in: Gesamtausgabe Band 6, Frankfurt am Main 1977.

Bloch, Ernst (1962): Subjekt-Objekt. Erläuterungen zu Hegel, Frankfurt am Main 1971.

Bloch, Ernst (1972): Vorlesungen zur Philosophie der Renaissance, Frankfurt am Main.

Böhm, Franz (1950): Die Idee des ORDO im Denken Walter Euckens, in: Ordo, Bd. III, S. XV–LXIV.

Brandt, Karl (1992): Geschichte der Deutschen Volkswirtschaftslehre, Band 1, Von der Scholastik bis zur klassischen Nationalökonomie, Freiburg i. Br.

Briefs, Goetz (1915): Untersuchungen zur klassischen Nationalökonomie. Mit besonderer Berücksichtigung des Problems der Durchschnittsprofitrate, Jena.

Brünneck, Alexander von (1984): Die Eigentumsgarantie des Grundgesetzes, Baden-Baden.

Clower, Robert (1963): Die keynesianische Gegenrevolution: eine theoretische Kritik, in: Schweizerische Zeitschrift für Volkswirtschaft und Statistik, 99, S. 8–31. Wiederabdruck in: Hagemann, Harald/Kurz, Heinz D./Schäfer, Wolf, Hrsg., (1981): Die Neue Makroökonomik. Marktungleichgewicht, Rationierung und Beschäftigung, Frankfurt-Main–New York, S. 37–59 (Campus, Politische Ökonomie).

Clower, Robert (1967): A Reconsideration of the Microfoundations of Monetary Theory, in: Western Economic Journal, 6, S. 1–9. Wiederabdruck in: ders., Hrsg., (1969): Monetary Theory, Harmondsworth, S. 202–211, (Penguin modern economics Readings).

Clower, Robert (1975): Über die keynesianische Verwirrung, in: Hagemann, Harald/Kurz, Heinz D./Schäfer, Wolf (Hrsg.) (1981): Die Neue Makroökonomik. Marktungleichgewicht, Rationierung und Beschäftigung, Frankfurt-Main–New York 1981, S. 86–104, (Campus, Politische Ökonomie).

Damaschke, Adolf (1919): Geschichte der Nationalökonomie. Eine erste Einführung. 2. Bd., 11. Aufl., Jena.

Diderot, Denis : Artikel Kunst, in: Artikel aus der von Diderot und D'Alembert herausgegebenen Enzyklopädie, 2. Aufl., Leipzig 1984, S. 82–86.

Eichler, Hermann (1938): Wandlungen des Eigentumsbegriffes in der deutschen Rechtsauffassung und Gesetzgebung, Weimar.

Eichler, Hermann (1994): Die Rechtsidee des Eigentums, Berlin.

Engels, Friedrich (1878): Herrn Eugen Dührings Umwälzung der Wissenschaft (Anti-Dühring), in: Marx-Engels-Werke, Band 20, 10. Aufl., Berlin 1990.

Engels, Friedrich (1884): Der Ursprung der Familie, des Privateigentums und des Staats, in: Marx-Engels-Werke, Band 21, Berlin 1973, S. 25–173.

Engels, Friedrich (1894): Herrn Eugen Dührings Umwälzung der Wissenschaft, in: Marx-Engels-Werke, Band 20, Berlin 1990, S. 5–303.

Euchner, Walter (1969): Demokratietheoretische Aspekte der politischen Ideengeschichte, in: ders. (1973): Egoismus und Gemeinwohl. Studien zur Geschichte der bürgerlichen Philosophie, Frankfurt am Main.

Feuerbach, Ludwig (1847): Geschichte der Neuern Philosophie von Bacon von Verulam bis Benedikt Spinoza, 2. Aufl., Leipzig, 1990.

Fichte, Johann Gottlieb (1793 a): Zurückforderung der Denkfreiheit von den Fürsten Europens, die sie bisher unterdrückten. Eine Rede, in: ders., Schriften zur französischen Revolution, hrsg. von Manfred Buhr, Leipzig 1988, S. 5–36.

Fichte, Johann Gottlieb (1793 b): Beitrag zur Berichtigung der Urteile des Publikums über die französische Revolution. Zur Beurteilung ihrer Rechtmäßigkeit, in: ders., Schriften zur französischen Revolution, hrsg. von Manfred Buhr, Leipzig 1988, S. 37–326.

Fichte, Johann Gottlieb (1796): Grundlage des Naturrechts nach Principien der Wissenschaftslehre, in: Fichtes Werke, hrsg. von Immanuel Hermann Fichte, Band III, Zur Rechts- und Sittenlehre I, Berlin 1845/1846. Reprint Berlin 1971, S. 1–187.

Fichte, Johann Gottlieb (1797): Grundlage des Naturrechts nach Principien der Wissenschaftslehre, II. Theil, oder Angewandtes Naturrecht, in: Fichtes Werke, hrsg. von Immanuel Hermann Fichte, Band III, Zur Rechts- und Sittenlehre I, Berlin 1845/1846. Reprint Berlin 1971, S. 191–385.

Fichte, Johann Gottlieb (1798): System der Sittenlehre nach den Principien der Wissenschaftslehre, in: Fichtes Werke, hrsg. von Immanuel Hermann Fichte, Band IV, Zur Rechts- und Sittenlehre II, Berlin 1845/1846. Reprint Berlin 1971, S. 1–365.

Fichte, Johann Gottlieb (1800): Der geschlossene Handelsstaat. Ein philosophischer Entwurf als Anhang zur Rechtslehre und Probe einer künftig zu liefernden Politik, in: Fichtes Werke, hrsg. von Immanuel Hermann Fichte, Band III, Zur Rechts- und Sittenlehre I, Berlin 1845/1846. Reprint Berlin 1971, S. 387–513.

Fichte, Johann Gottlieb (1812): Das System der Rechtslehre, in: Fichtes Werke, hrsg. von Immanuel Hermann Fichte, Band X, Berlin 1845/1846. Reprint Berlin 1971, S. 493–652.

Fichte, Johann Gottlieb (1813): Die Staatslehre oder über das Verhältnis des Urstaates zum Vernunftreiche, in: Fichtes Werke, hrsg. von Immanuel Hermann Fichte, Bd. IV, S. 369–600.

Fleiner-Gerster, Thomas (1980): Allgemeine Staatslehre, 2. Aufl., Berlin–Heidelberg 1995.

Foucault, Michel (1975): Überwachen und Strafen. Die Geburt des Gefängnisses, 2. Aufl., Frankfurt am Main 1977.

Friedman, Milton (1962): Kapitalismus und Freiheit, München 1976.

Gäfgen, Gérard (1968): Theorie der wirtschaftlichen Entscheidung. Untersuchungen zur Logik und ökonomischen Bedeutung des rationalen Handelns. 2. Aufl., Tübingen.

Gossen, Hermann Heinrich (1854): Entwickelung der Gesetze des menschlichen Verkehrs, und der daraus fließenden Regeln für menschliches Handeln, Braunschweig. Reprint Düsseldorf 1987.

Güth, Werner (1992): Theorie der Marktwirtschaft, Berlin–Heidelberg.

Güth, Werner (1996): Theorie der Marktwirtschaft, 2. Aufl., Berlin–Heidelberg.

Gumplowicz, Ludwig (1905): Grundriss der Soziologie, 2. Aufl., Wien.

Gurjewitsch, Aaron J. (1972): Das Weltbild des mittelalterlichen Menschen, Dresden 1978.

Habermas, Jürgen (1970): Zur Logik der Sozialwissenschaften. Materialien, Frankfurt am Main.

Habermas, Jürgen (1971): Exkurs über Grundannahmen des Historischen Materialismus, in: Habermaß, Jürgen/Luhmann, Niklas (1971), Theorie der Gesellschaft oder Sozialtechnologie – Was leistet die Systemforschung? Frankfurt am Main, S. 285–290.

Habermas, Jürgen (1981): Theorie des kommunikativen Handelns. Bd. 1, Handlungsrationalität und gesellschaftliche Rationalisierung, Frankfurt am Main.
Hayek, Friedrich A. v. (1931): Preise und Produktion, (Beiträge zur Konjunkturforschung, 3) Wien.
Hegel, Georg Wilhelm Friedrich (1805/06): Jenaer Realphilosophie, in: Georg Wilhelm Friedrich Hegel, Frühe politische Systeme, hrsg. von Gerhard Göhler, Frankfurt/Main–Berlin–Wien 1974, S. 201–289.
Hegel, Georg Wilhelm Friedrich (1833): Vorlesungen über die Geschichte der Philosophie, Band III, in: Werke, Band 20, Frankfurt am Main 1986.
Hegel, Georg Wilhelm Friedrich (1802/03): System der Sittlichkeit, in: Georg Wilhelm Friedrich Hegel, Frühe politische Systeme, hrsg. von Gerhard Göhler, Frankfurt/Main–Berlin–Wien 1974, S. 13–102.
Hegel, Georg Wilhelm Friedrich (1821): Grundlinien der Philosophie des Rechts. Naturrecht und Staatswissenschaft im Grundrisse, in: Werke, Band 7, Frankfurt am Main 1986.
Hegel, Georg Wilhelm Friedrich (1818): Konzept der Rede beim Antritt des philosophischen Lehramtes an der Universität Berlin, (Einleitung zur Enzyklopädie-Vorlesung), in: Werke, Band 10, Frankfurt am Main 1986, S. 399–417.
Hegel. Volk, Staat, Geschichte, bearbeitet von Friedrich Bülow, Stuttgart, 1942.
Heineccius, Johann Gottlieb (1737): Grundlagen des Natur- und Völkerrechts, hrsg. von Christoph Bergfeld, Frankfurt am Main–Leipzig 1994 (Bibliothek des deutschen Staatsdenkens, 2).
Hicks, John Richard (1946): Value and Capital. An inquiry into some fundamental principles of economic theory, 2. Aufl., London 1950
Hilferding, Rudolf (1910): Das Finanzkapital, 2. Aufl., Frankfurt am Main 1968.
Hobbes, Thomas (1640): Naturrecht und allgemeines Staatsrecht in den Anfangsgründen. Mit einer Einführung von Ferdinand Tönnies, Essen 1926. Reprint mit einem Vorwort von Arthur Kaufmann, Darmstadt 1983.
Hobbes, Thomas (1642): Vom Bürger, in, ders.: Vom Menschen. Vom Bürger, (Elemente der Philosophie II, III), Hamburg 1959. Reprint der 2. Aufl., Hamburg 1977, S. 59–327.
Hobbes, Thomas (1651): Leviathan, or The Matter, Forme & Power of a Common-Wealth Ecclesiasticall and Civil, London. Reprint Düsseldorf 1990.
Hobbes, Thomas (1651a): Leviathan, oder Stoff, Form und Gewalt eines kirchlichen und bürgerlichen Staates, hrsg. von Iring Fetscher, 4. Aufl., Frankfurt (Main) 1991.
Hobbes, Thomas (1651b): Leviathan oder Materie, Form und Gewalt eines kirchlichen und staatlichen Gemeinwesens, hrsg. von Hermann Klenner, Leipzig 1978.
Hobbes, Thomas (1651c): Leviathan, hrsg. von Hermann Klenner, Hamburg 1996.
Hobbes, Thomas (1655): Vom Körper, 2. Aufl., Hamburg 1967.

Hobbes, Thomas (1679): Behemoth oder Das Lange Parlament, Frankfurt am Main 1991.
Hume, David (1739): Ein Traktat über die menschliche Natur. Reprint der 2. Aufl., Hamburg 1989.
Hume, David (1745): Brief eines Edelmannes an seinen Freund in Edinburgh, in: ders., Abriß eines neuen Buches, betitelt: Ein Traktat über die menschliche Natur, etc. Brief eines Edelmannes an seinen Freund in Edinburgh, hrsg. von Jens Kuhlenkampff, Hamburg 1980, S. 63–127.
Hume, David (1748): Eine Untersuchung über den menschlichen Verstand. Reprint der 2. Auflage, Stuttgart 1990.
Hume, David (1751): Eine Untersuchung über die Prinzipien der Moral, hrsg. von Gerhard Streminger, Stuttgart 1984.
Hume, David (1777): Politische und ökonomische Essays. Band I, II, Hamburg 1988.
Hume, David (1777 a): Über Handel, in: ders.,Politische und Ökonomische Essays, Band 2, S. 175–190.
Hume, David (1777 b): Über Verfeinerung in den Künsten, in: ders., Politische und Ökonomische Essays, Band 2, S. 191–204.
Hume, David (1777 d): Über Zinsen, in: ders., Politische und Ökonomische Essays, Band 2, S. 219–231.
Hume, David (1777 i): Über Staatskredit, in: ders., Politische und Ökonomische Essays, Band 2, S. 273–290.
Hume, David (1777 j): Über Würde und Gemeinheit, in: ders., Politische und Ökonomische Essays, Band 1, S. 86–93.
Hume, David (1777 k): Über den ursprünglichen Vertrag, in: ders., Politische und Ökonomische Essays, Band 2, Hamburg 1988, S. 301–324.
Hume, David (1777 l): Über passiven Gehorsam, in: ders., Politische und Ökonomische Essays, Band 2, S. 325–328.
Hume, David (1777 m): Über Aufstieg und Fortschritt der Künste und Wissenschaften, in: ders., Politische und Ökonomische Essays, Band 1, S. 122–153.
Hume, David (1777 n): Über nationale Charaktere, n: ders., Politische und Ökonomische Essays, Band 1, S. 154–173.

Illing, Gerhard (1985): Geld und asymmetrische Information. Berlin–Heidelberg, (Studies in Contemporary Economics, 13).

Jonas, Friedrich (1968): Geschichte der Soziologie, Band 1. Reinbek bei Hamburg.

Kant, Immanuel (1784): Beantwortung der Frage: Was ist Aufklärung? In: Was ist Aufklärung? Thesen und Definitionen, hrsg. von Ehrhard Bahr, Stuttgart 1984.

Kant, Immanuel (1785): Grundlegung zur Metaphysik der Sitten, in: Werke VII, hrsg. von Wilhelm Weischedel, Frankfurt am Main 1968.

Kant, Immanuel (1788): Critik der practischen Vernunft, 2. Aufl., Frankfurt und Leipzig 1791.

Kant, Immanuel (1793): Über den Gemeinspruch: Das mag in der Theorie richtig sein, taugt aber nicht für die Praxis, in: Kant/Gentz/Rehberg: Über Theorie und Praxis, Frankfurt am Main 1967, S. 39–87, (Theorie 1).

Kant, Immanuel (1795): Zum ewigen Frieden. Ein philosophischer Entwurf. Reprint Berlin 1987.

Kant, Immanuel (1797): Die Metaphysik der Sitten, in: Werke VIII, hrsg. von Wilhelm Weischedel, 8. Aufl., Frankfurt am Main 1989.

Keynes, John Maynard (1919): Die wirtschaftlichen Folgen des Friedensvertrages, München und Leipzig 1920.

Keynes, John Maynard (1920): Der Friedensvertrag von Versailles, Berlin 1921, (Die Europäische Bücherei, III).

Keynes, John Maynard (1921): A Treatise on Probability, in: The Collected Writings of John Maynard Keynes, Vol. VIII, London and Basingstoke 1973

Keynes, John Maynard (1925): Am I a Liberal, in: The Collected Writings of John Maynard Keynes, Vol. IX, London and Basingstoke 1973, S. 295–306.

Keynes, John Maynard (1926 a): Liberalism and Labour, in: The Collected Writings of John Maynard Keynes, Vol. IX, London and Basingstoke 1973, S. 307–311.

Keynes, John Maynard (1926): Das Ende des Laissez-Faire. Ideen zur Verbindung von Privat- und Gemeinwirtschaft, München und Leipzig.

Keynes, John Maynard (1930): A Treatise on Money, Vol. I, II, in, ders.: The Collected Writings of John Maynard Keynes, Vol. V, VI, London and Basingstoke 1971.

Keynes, John Maynard (1930 a): A Treatise on Money, Vol. I, II, London.

Keynes, John Maynard (1930 b): Vom Gelde. Reprint, 3. Aufl., Berlin 1983.

Keynes, John Maynard (1933 a): Der Stand und die nächste Zukunft der Konjunkturforschung, in: Festschrift für Arthur Spiethoff, hrsg. von Gustav Clausing, München, S. 123–125; engl. A Monetary Theory of Production, in: The Collected Writings of John Maynard Keynes, Vol. XIII, London and Basingstoke 1973, S. 408–411.

Keynes, John Maynard (1933): Nationale Selbstgenügsamkeit, in: Schmollers Jahrbuch für Gesetzgebung, Verwaltung und Volkswirtschaftslehre im Deutschen Reich, Bd. 57, II (1933), S. 561–570; sowie inhaltlich abweichend, National Self-Sufficiency, in: The Collected Writings of John Maynard Keynes, Vol. XXI, London and Basingstoke 1982, S. 233–246.

Keynes, John Maynard (1936): The General Theory of Employment Interest and Money. London and Basingstoke. Reprint 1970.

Keynes, John Maynard (1936a): Allgemeine Theorie der Beschäftigung, des Zinses und des Geldes. München–Leipzig 1936. Reprint Berlin 1955.

Keynes, John Maynard (1936 b): The General Theory of Employment, Interest and Money, in: The Collected Writings of John Maynard Keynes, Vol. VII, London and Basingstoke 1973.

Keynes, John Maynard (1936 c): Allgemeine Theorie der Beschäftigung, des Zinses und des Geldes, München 1936. Reprint Berlin 1955.

Keynes, John Maynard (1937 a): The General Theory of Employment, in: Collected Works Vol. XIV, 109–123.

Keynes, John Maynard (1937 b): Some Economic Consequences of a Declining Population, in: The Collected Writings of John Maynard Keynes, Vol. XIV, London and Basingstoke 1973, S. 124–133.

Keynes, John Maynard (1938): Einleitung (gemeinsam mit Sraffa) zu Hume, An Abstract of A Treatise on Human Nature, in: The Collected Writings of John Maynard Keynes, Vol. XXVIII, London and Basingstoke 1982, S. 373–390.

Keynes, John Maynard (1940): How to pay for the war, in: The Collected Writings of John Maynard Keynes, Vol. IX, London and Basingstoke 1973, S. 367–439.

Klenner, Hermann (1980): Menschenrecht, friedliche Koexistenz und das Völkerrecht der Gegenwart, in: Menschenrechte im Klassenkampf, Bd. I, Potsdam-Babelsberg, S. 152–177 (Aktuelle Beiträge der Staats- und Rechtswissenschaft, H. 207).

Klenner, Hermann (1980 a): Mr. Locke beginnt zu publizieren oder Das Ende der Revolution, in: Locke, John: Bürgerliche Gesellschaft und Staatsgewalt. Sozialphilosophische Schriften. 2. Aufl., Berlin 1986, S. 295–328.

Klenner, Hermann (1984): Gesellschaftsvertragtheorien vom 17. bis zum 20. Jahrhundert, in: Reinmar Müller/Hermann Klenner, Gesellschaftsvertragstheorien von der Antike bis zur Gegenwart, Sitzungsberichte der Akademie der Wissenschaften der DDR, Gesellschaftswissenschaften, Nr. 2/G, Berlin 1985, S. 31–75.

Knies, Carl (1873): Das Geld. Darlegung der Grundlehren von dem Gelde, mit einer Vorerörterung über das Kapital und die Uebertragung der Nutzungen, Berlin. Reprint Düsseldorf 1996.

Komorzynski, Johann von (1903): Die nationalökonomische Lehre vom Credit, 2. Aufl., Innsbruck 1909.

Lampe, Ernst-Joachim (Hrsg.) (1987): Persönlichkeit, Familie, Eigentum. Grundrechte aus der Sicht der Sozial- und Verhaltenswissenschaften, in: Jahrbuch f. Rechtssoziologie und Rechtstheorie, XII, Opladen.

Leisner, Walter (1998): Demokratie. Betrachtungen zur Entwicklung einer gefährdeten Staatsform, Berlin.

Lenin, Wladimir I. (1894): Was sind die ‚Volksfreunde' und wie kämpfen sie gegen die Sozialdemokraten?, in: Werke, Band 1, Berlin 1977, S. 119–338.

Lenin, Wladimir I. (1915): Sozialismus und Krieg, in: Werke, Bd. 21, Berlin 1970, S. 295–341.

Lenin, Wladimir I. (1916*): Über eine Karikatur auf den Marxismus und über den ‚imperialistischen Ökonomismus', in: Werke, Bd. 23, Berlin 1957, S. 18–71.

Lenin, Wladimir, I. (1917): Der Imperialismus als höchstes Stadium des Kapitalismus, in: Werke, Bd. 22, Berlin 1960, S. 189–309.

List, Friedrich (1834): Arbeit - Arbeitsteilung, in: Friedrich List's kleinere Schriften, 1. Teil, Zur Staatswissenschaft und politischen Ökonomie, hrsg. von Friedrich Lenz, Jena 1926, S. 341–365, (Die Herdflamme, 10).

List, Friedrich (1841): Das nationale System der politischen Oekonomie, 6. Aufl., Jena 1950.

Locke, John (1694): Über den menschlichen Verstand, Bd. I, II, 2. Aufl., Berlin (DDR) 1968, (Philosophische Studientexte).

Locke, John (1689): Zwei Abhandlungen über die Regierung, hrsg. von Walter Euchner, 2. Aufl., Frankfurt am Main 1977.

Locke, John (1980): Bürgerliche Gesellschaft und Staatsgewalt. Sozialphilosophische Schriften, hrsg. von Hermann Klenner, 2. Aufl., Berlin 1986.

Locke, John (1697): Plan zur Beseitigung der Arbeitslosigkeit, in: ders.: (1980), Bürgerliche Gesellschaft und Staatsgewalt, S. 271–288.

Lüderssen, Klaus (1996): Genesis und Geltung in der Jurisprudenz, Frankfurt am Main.

Luhmann, Niklas (1981): Rechtszwang und politische Gewalt, in: ders. (1981): Ausdifferenzierung des Rechts. Beiträge zur Rechtssoziologie und Rechtstheorie, Frankfurt am Main, S. 154–172.

Lukács, Georg (1948): Der junge Hegel. Über die Beziehungen von Dialektik und Ökonomie, Band 1, 2, Frankfurt am Main, 1973.

Mackie, John Leslie (1977): Ethik. Auf der Suche nach dem Richtigen und Falschen, Stuttgart 1981

Macpherson, Crawford Brough (1962): Die politische Theorie des Besitzindividualismus. Von Hobbes bis Locke, Frankfurt am Main 1973.

Mandeville, Bernard (1714): The Fable of the Bees: or, Private Vices, Publick Benefits, London. Reprint Düsseldorf 1990.

Marcuse, Herbert (1941): Vernunft und Revolution. Hegel und die Entstehung der Gesellschaftstheorie, Darmstadt und Neuwied 1972.

Marx, Karl (1843): Zur Kritik der Hegelschen Rechtsphilosophie, in: Marx-Engels-Werke, Band 1, Berlin 1972, S. 378–391.

Marx, Karl (1843 a): Zur Judenfrage, Marx-Engels-Werke, Band 1, Berlin 1972, S. 347–377.

Marx, Karl (1843/44): Zur Kritik der Hegelschen Rechtsphilosophie. Einleitung, in: Marx-Engels-Werke Band 1, S. 373–391.

Marx, Karl (1844): Ökonomisch-philosophische Manuskripte, in: Marx-Engels-Werke, Ergänzungsband Teil 1, Berlin 1973, S. 465–588.

Marx, Karl (1845): Thesen über Feuerbach, in: Marx-Engels-Werke, Band 3, Berlin 1969, S. 5–7.
Marx, Karl (1857/58): Grundrisse der Kritik der politischen Ökonomie, in: Marx-Engels-Werke, Band 42, Berlin 1983.
Marx, Karl (1862/83): Theorien über den Mehrwert, 1. Teil, in: Marx-Engels-Werke, Band 26.1, 2. Aufl., Berlin 1971.
Marx, Karl (1863/65): Resultate des unmittelbaren Produktionsprozesses, Frankfurt 1969, (Archiv sozialistischer Literatur, 17).
Marx, Karl (1867): Das Kapital. Kritik der politischen Ökonomie, 1. Band, in: Marx-Engels-Werke, Band 23, Berlin 1970.
Marx, Karl (1885): Das Kapital, 2. Band, in: Marx-Engels-Werke, Band 24, Berlin 1963.
Marx, Karl (1891): Kritik des Gothaer Programms, in: Marx-Engels-Werke, Band 19, Berlin 1987, S. 15–32.
Marx, Karl (1894): Das Kapital. 3. Band, in: Marx-Engels-Werke, Band 25, Berlin 1965.
Marx, Karl/Engels, Friedrich (1848): Manifest der Kommunistischen Partei, in: Marx-Engels-Werke, Band 4, Berlin 1972, S. 459–493.
Mehring, Franz (1910): Deutsche Geschichte vom Ausgange des Mittelalters, in: Gesammelte Schriften, Band 5, 3. Aufl., Berlin 1975.
Mises, Ludwig von (1932): Die Gemeinwirtschaft. Untersuchungen über den Sozialismus. Reprint München 1981, (The International Carl Menger Library).
Mises, Ludwig von (1940): Nationalökonomie, Theorie des Handelns und Wirtschaftens. Reprint München 1980, (The International Carl Menger Library).
Mill, John Stuart (1863): Der Utilitarismus, Stuttgart 1976.
Mill, John Stuart (1871): Grundsätze der politischen Ökonomie, 1. Band, 2. Aufl., Jena 1924.
Mill, John Stuart (1871): Grundsätze der politischen Ökonomie, 2. Band, Jena 1921.
Millar, John (1779): Vom Ursprung des Unterschieds in den Rangordnungen und Ständen der Gesellschaft, Frankfurt am Main 1967, (Theorie 1).
Mises, Ludwig von (1940): Nationalökonomie. Theorie des Handelns und Wirtschaftens. Reprint München 1980, (The International Carl Menger Library).
Mombert, Paul (1927): Geschichte der Nationalökonomie, Jena, (Grundrisse zum Studium der Nationalökonomie, 2).
Morgan, Lewis H. (1891): Die Urgesellschaft. Untersuchungen über den Fortschritt der Menschheit aus der Wildheit durch die Barbarei zur Zivilisation. Stuttgart.
Morgenstern, Oskar (1935): Vollkommene Voraussicht und wirtschaftliches Gleichgewicht, in: Zeitschrift für Nationalökonomie, 4, S. 337–358. Wiederabdruck in: ders., Spieltheorie und Wirtschaftswissenschaft, Wien–München 1963, S. 43–70.

Morgenstern, Oskar (1950): Die Theorie der Spiele und des wirtschaftlichen Verhaltens, in: Jahrbuch für Sozialwissenschaft, 1, S. 113–139. Wiederabdruck in: ders., Spieltheorie und Wirtschaftswissenschaft, Wien–München 1963, S. 80–110 sowie in: Ott, Alfred E. (Hrsg.): Preistheorie, 3. Aufl., Köln–Berlin 1968, S. 437–464.

Müller, Adam (1809): Die Elemente der Staatskunst. Bd. I, II, Wien–Leipzig 1922, (Die Herdflamme, 1).

Müller, Adam (1816): Versuche einer neuen Theorie des Geldes, Jena 1922 (Die Herdflamme, 2).

Myrdal, Gunnar (1932). Das politische Element in der nationalökonomischen Doktrinbildung, Hannover 1963.

Myrdal, Gunnar (1933): Der Gleichgewichtsbegriff als Instrument der geldtheoretischen Analyse, in: Beiträge zur Geldtheorie, hrsg. von F. A. von Hayek, Wien, S. 361–488.

Petty, William (1690): Political Arithmetick, London, 1690. Reprint Düsseldorf 1992.

Popper, Karl Raimund (1945): Die offene Gesellschaft und ihre Feinde. Band II, Falsche Propheten. Hegel, Marx und die Folgen, 7. Aufl., Tübingen 1992.

Popper, Karl R. (1972): Objektive Erkenntnis. Ein evolutionärer Entwurf, Hamburg 1973.

Pufendorf, Samuel von (1673): Über die Pflicht des Menschen und des Bürgers nach dem Gesetz der Natur, hrsg. von Klaus Luig, Frankfurt am Main–Leipzig 1994, (Bibliothek des deutschen Staatsdenkens, 1)

Radford, R. A. (1945): The Economic Organization of a P.O.W. Camp, Economica, 12 (1945), S. 194–198. Reprint in: Monetary Economics, controversies in theory and policy, hrsg. von Jonas Prager, New York 1971, S. 6–8.

Raiser, Thomas (1992): Recht der Kapitalgesellschaften. Ein Handbuch für Praxis und Wissenschaft, München.

Karner, Josef, d. i. Karl Renner (1904): Die soziale Funktion der Rechtsinstitute besonders des Eigentums, Wien, (Marx-Studien, I)

Renner, Karl (1928): Die Rechtsinstute des Privatrechts und ihre soziale Funktion. Ein Beitrag zur Kritik des bürgerlichen Rechts, Stuttgart 1965 (Arbeits- und sozialrechtliche Studien, 4).

Ricardo, David (1809): Der hohe Preis der Edelmetalle, ein Beweis für die Entwertung der Banknoten, in: ders., Grundsätze der politischen Ökonomie und der Besteuerung, hrsg. von Fritz Neumark, Frankfurt am Main, 1972, S. 317–350.

Ricardo, David (1815): Ein Versuch über den Einfluß eines niedrigen Getreidepreises auf den Kapitalgewinn, in: David Ricardo's kleinere Schriften, I. Schriften über Getreidezölle, Jena 1922, S. 1–43.

Ricardo, David (1821): Grundsätze der politischen Ökonomie und der Besteuerung, hrsg. von Fritz Neumark, Frankfurt am Main 1972.
Ricardo, David (1822): Zollschutz zugunsten der Landwirtschaft, in: David Ricardo's kleinere Schriften, I. Schriften über Getreidezölle, Jena 1922, S. 49–116.
Riedel, Manfred (1969): Kritik der historisch urteilenden Vernunft. Kants Geschichtsphilosophie und die Grundlagenkrise der Historiographie, in: Die neue Rundschau, Jg. 80, 1969; wieder abgedr. in: ders., Urteilskraft und Vernunft. Kants ursprüngliche Fragestellung, Frankfurt am Main 1989, S. 125–147.
Riedel, Manfred (1975): Einleitung, in: Materialien zu Hegels Rechtsphilosophie, Bd. 1, hrsg. von Manfred Riedel, Frankfurt am Main, 1975, S. 11–49.
Riedel, Manfred (1978): Moral- und Rechtsnormen. Zu einigen Grundfragen der Normentheorie, überarbeiteter Widerabdruck in: ders., Norm und Werturteil. Grundprobleme der Ethik. Stuttgart, 1979, S. 48–65.
Riese, Hajo (1983): Geldökonomie, Keynes und die Anderen. Kritik der monetären Grundlagen der Orthodoxie, in: Ökonomie und Gesellschaft, 1: Die Neoklassik und ihre Herausforderungen, Frankfurt–New York, S. 103–156, wieder abgedr. in: ders., Grundlegungen eines monetären Keynesianismus, Ausgewählte Schriften 1964–1999, Bd. 1, Das Projekt eines monetären Keynesianismus, hrsg. von Karl Betz u. a. Marburg 2001, S. 17–76.
Riese, Hajo (1990): Geld im Sozialismus, Zur theoretischen Fundierung von Konzeptionen des Sozialismus, Regensburg, (Studien zur monetären Ökonomie, 6).
Riese, Hajo (2000): Georg Simmel und die Nationalökonomie. Anmerkungen zur Renaissance seiner „Philosophie des Geldes", in: Georg Simmels Philosophie des Geldes. Einhundert Jahre danach, hrsg. von Jürgen G. Backhaus und Hans-Joachim Stadermann, Marburg 2000, S. 95–111.
Ritter, Joachim (1961): Person und Eigentum. Zu Hegels ‚Grundlinien der Philosophie des Rechts' §§ 34 bis 81, in: ders., Metaphysik und Politik. Studien zu Aristoteles und Hegel, 2. Aufl., Frankfurt am Main 1988, S. 255–280.
Robinson, Joan (1971): Ökonomische Theorie als Ideologie. Über einige altmodische Fragen der Wirtschaftstheorie, Frankfurt am Main 1974.
Robinson, Joan (1975): Value before Capitalism, in: Kyklos, Vol. 28, 1, S. 143–148.
Roscher, Wilhelm (1874): Geschichte der National-Oekonomik in Deutschland, hrsg. durch die histor. Commission bei der königl. Akademie der Wissenschaften (Geschichte der Wissenschaften in Deutschland, 14). Reprint Düsseldorf 1992.
Rose, Klaus (1967): Einkommens- und Beschäftigungstheorie, in: Kompendium der Volkswirtschaftslehre, Band 1, 3. Auflage, Göttingen 1972, S. 176–236.
Rosenzweig, Franz (1920): Hegel und der Staat. 2. Band, München und Berlin.

Rousseau, Jean-Jacques (1989): Kulturkritische und Politische Schriften in zwei Bänden, hrsg. von Martin Fontius, Berlin 1989.
Rousseau, Jean-Jacques (1751): Abhandlung über die ... gestellte Frage: Hat das Wiederaufleben der Wissenschaften und Künste zur Besserung der Sitten beigetragen?, in: ders., Frühe Schriften, hrsg. von Winfried Schröder, Berlin 1985, S. 27–62.
Rousseau, Jean-Jacques (1755 a): Politische Ökonomie, hrsg. von Hans-Peter Schneider/Brigitte Schneider-Pachaly, Frankfurt am Main 1977, (Klostermann Texte Philosophie).
Rousseau, Jean-Jacques (1755 b): Abhandlung über die Politische Ökonomie, in: ders., (1989), Bd. 1, S. 335–380.
Rousseau, Jean-Jacques (1762): Vom Gesellschaftsvertrag, in: ders., (1989), Bd. 1, S. 381–508.
Rousseau, Jean-Jacques (1754): Abhandlung über den Ursprung und die Grundlagen der Ungleichheit unter den Menschen, in: ders., (1989), Bd. 1, S. 185–318.

Savage, Leornard J. (1972): The Foundations of Statistics. New York.
Scherf, Harald (1986): Marx und Keynes, Frankfurt am Main.
Schmitt, Carl (1928): Verfassungslehre, 7. Aufl., Berlin 1989.
Schmitt, Carl (1931): Freiheitsrechte und institutionelle Garantien der Reichsverfassung, in: ders., Verfassungsrechtliche Aufsätze aus den Jahren 1924–1954. Materialien zu einer Verfassungslehre, 3. Aufl., Berlin 1985, S. 140–173.
Schmitt, Carl (1938): Der Leviathan in der Staatslehre des Thomas Hobbes. Sinn und Fehlschlag eines politischen Symbols. Reprint Köln-Lövenich 1982.
Schmitt, Carl (1953): Nehmen / Teilen / Weiden. Ein Versuch, die Grundfragen jeder Sozial- und Wirtschaftsordnung vom Nomos her richtig zu stellen, in: ders., Verfassungsrechtliche Aufsätze aus den Jahren 1924–1954. Materialien zu einer Verfassungslehre, 3. Aufl., Berlin 1985, S. 489–504.
Schumpeter, Joseph Alois (1911): Theorie der wirtschaftlichen Entwicklung. Eine Untersuchung über Unternehmergewinn, Kapital, Kredit, Zins und den Konjunkturzyklus, 7. Aufl., Berlin 1987.
Schwemmer, Oswald (1976): Theorie der rationalen Erklärung, Zu den methodischen Grundlagen der Kulturwissenschaften, München.
Smith, Adam (1761): Theorie der ethischen Gefühle. Hamburg 1926. Reprint Hamburg 1985.
Smith, Adam (1776 a): Der Wohlstand der Nationen. Eine Untersuchung seiner Natur und seiner Ursachen, hrsg. von Horst Claus Recktenwald, München 1978.
Smith, Adam (1776 b): Untersuchung über Wesen und Ursachen des Reichtums der Völker, hrsg. von Erich Streissler, Bd. I, II, Düsseldorf 1999.
Sohmen, Egon (1976): Allokationstheorie und Wirtschaftspolitik. Tübingen.

Spann, Othmar (1918): Fundament der Volkswirtschaftslehre. 2. Aufl., Jena 1921.
Spann, Othmar (1923): Der wahre Staat. Vorlesungen über Abbruch und Neubau der Gesellschaft, Leipzig.
Spann, Othmar (1928): Artikel im Handwörterbuch der Staatswissenschaften, 4. Aufl., Jena 1928, „Klasse und Stand" (Bd. V, S. 692–705); „Universalismus" (Bd. VIII, S. 453–463).
Stein, Ekkehart (1995): Demokratisierung in der Marktwirtschaft, Baden-Baden.
Stein, Lorenz (1856): Die Gesellschaftslehre. I. Abteilung, Der Begriff der Gesellschaft und die Lehre von den Gesellschaftsklassen. Stuttgart–Augsburg, (System der Staatswissenschaft, 2. Bd.).
Stein, Lorenz (1848): Die socialen Bewegungen der Gegenwart, in: Die Gegenwart, 1. Band Leipzig, 1848. Reprint in: Lorenz von Stein, Schriften zum Sozialismus, 1848, 1852, 1854. Darmstadt 1974. (Libelli, CCLXXVII), (der Autor wird abweichend vom Titel ohne ‚von' zitiert, weil Stein erst 1868 geadelt wird).
Stein, Lorenz von (1885): Finanzwissenschaft und Staatssozialismus, in: Anhang zu Adolph Wagner (1887), Finanzwissenschaft und Staatssozialismus, Frankfurt am Main 1948, (Sozialökonomische Texte, 15).
Stein, Lorenz von (1887): Lehrbuch der Nationalökonomie. 3. Aufl., Wien.
Steinvorth, Ulrich (1981): Stationen der politischen Theorie, Stuttgart.
Stiglitz, Joseph E./Weiss, Andrew (1981): Credit Rationing in Markets with Imperfect Information, in: American Economic Review, Vol. 71 (3), S. 393–410.
Strauss, Leo (1953): Naturrecht und Geschichte, Frankfurt am Main 1977.
Suranyi-Unger, Theo (1923): Philosophie in der Volkswirtschaftslehre. Ein Beitrag zur Geschichte der Volkswirtschaftslehre, 1. Band, Jena.
Suranyi-Unger, Theo (1926): Philosophie in der Volkswirtschaftslehre, Ein Beitrag zur Geschichte der Volkswirtschaftslehre, 2. Band, Jena.
Surányi-Unger, Theo (1967): Wirtschaftsphilosophie des 20. Jahrhunderts, Stuttgart.

Tawney, Richard H. (1921): The Acquisitive Society. Reprint London 1952.
Tawney, Richard H. (1925): Religion and the Rise of Capitalism, London 1929.
Tönnies, Ferdinand (1926): Das Eigentum, Wien und Leipzig, (Schriften der Soziologischen Gesellschaft in Wien).
Tully, James (1993): An approach to political philosophy: Locke in contexts, Cambridge, (Ideas in Context).
Turgot, Anne Robert Jaques (1766): Betrachtungen über die Bildung und Verteilung der Reichtümer, hrsg. von Marguerite Kuczynski, Berlin 1981 (Ökonomische Studientexte, 7).

Vester, Michael (1970): Die Entstehung des Proletariats als Lernprozeß. Die Entstehung antikapitalistischer Theorie und Praxis in England 1792–1848, 3. Aufl., Frankfurt am Main 1975.

Walras, Léon (1886): Theorie des Geldes. Die Stabilisierung des Geldwertes als das Problem von heute und vor fünfzig Jahren, hrsg. von Richard Kerschagl/Stephan Raditz, Jena 1922.

Walras, Léon (1926): Elements of pure economics, London 1954.

Weber, Max (1922): Wirtschaft und Gesellschaft. Grundriß der verstehenden Soziologie, hrsg. von Johannes Winckelmann, 5. Aufl., Tübingen 1985.

Wesel, Uwe (1984): Juristische Weltkunde. Eine Einführung in das Recht, Frankfurt am Main.

Willms, Bernard (1987): Thomas Hobbes. Das Reich des Leviathan, München.

FSC
www.fsc.org
MIX
Papier | Fördert
gute Waldnutzung
FSC® C083411

Kolibri 360 GmbH
Ferdinand-Jühlke-Straße 7
99095 Erfurt, Deutschland
produktsicherheit@kolibri360.de